亲历

共和国70年

历史进程中的重大事件与决策

丁晨 编

人民出版社

目　录

《共同纲领》的制定

　　1949 年秋，国民党的军事力量已经土崩瓦解，阶级力量对比发生了根本性变化，革命即将获得全国性胜利。革命胜利后将要建立一个什么样的国家，如何把革命胜利的成果用法律形式固定下来，并且规定新中国成立后的大政方针，作为全国人民共同遵循的政治准则，这就迫切需要制定一部具有根本法性质的法律文件。

　　但要制定一部根本法性质的法律还有一定的困难：当时中国大陆还未全部解放，战争尚在进行；反革命势力还很猖獗，各项社会改革尚未开展；社会秩序还不够安定；遭受长期战争破坏的国民经济尚未恢复；人民群众的组织程度和觉悟程度尚未达到应有的水平；等等。在当时的国际和国内环境下，还不能立即召开由普选产生的全国人民代表大会并且制定一部完善的正式宪法。在这种情况下，中国共产党邀请各民主党派、人民团体、人民解放军、各地区、各民族以及国外华侨等各方面的代表 635 人，组成中国人民政治协商会议，代表全国各族人民的意志，在普选的全国人民代表大会召开以前代行全国人民代表大会的职权。

　　1949 年 9 月 29 日，中国人民政治协商会议第一届全体会议选举产生了中央人民政府委员会，宣告了中华人民共和国的成立，并且通过了起临时宪法作用的《中国人民政治协商会议共同纲领》（以下简称《共同纲领》）。在 1954 年《中华人民共和国宪法》颁布以前，实际上起了临时宪法的作用。

　　《共同纲领》总结了中国人民百余年来斗争的经验，特别是二十多年来中国共产党领导中国人民反对帝国主义、封建主义和官僚资本主义革命斗争的经验，根据中国的国情制定了符合全国人民利益和意志的国家大法。它是一部人民民主的建国纲领。《中国人民政治协商会议共同纲领》包括序言、7 章 60 条，它规定：中华人民共和国是"新民主主义即人民民主主义的国家"，是中国工人阶级、农民阶级、小资产阶级、民族资产阶级及其他爱国民主分子的人民民主统一战线的政权。"实行工人阶级领导的、以工农联盟为基础的、团结各民主阶级和国内各民族的人民民主专政"。国家保障人民广泛的民主权利，人民有思想、言论、出版、集会、结社、通讯、人身、居住、迁徙、宗教信仰及示威游行的自由权。

　　《共同纲领》还规定：中华人民共和国经济建设的根本方针是以公私兼顾、劳资两利、城乡互助、内外交流"的政策，达到发展生产、繁荣经济之目的。国营经济、合作社经济、农民和手工业者的个体经济、私人资本主义经济和国家资本主义经济成分并存，在国营经济的领导下，"分工合作，各得其所，以促进整个社会经济的发展。"

　　《共同纲领》还规定了中华人民共和国的文化教育、外交、民族等各方面的基本政策。它保障了全国人民享有广泛的民主权利，也规定了人民必须遵守的若干义务。

　　《共同纲领》对于团结一切力量，彻底完成民主革命和过渡到社会主义革命的转变具有重要意义。

　　刘少奇在中国人民政治协商会议第一届全体会议上指出："我们认为这个共同纲领是中国历史上一个极端重要的文献。它说到了我们的一般纲领，确定了我们国家的政权机构和军事制度，决定了我们国家的经济政策、文化教育政策、民族政策和外交政策。它是如此的坚定明确，清楚地指出了哪些事是应该做而且必须做的，又哪些事是不应该做而且不允许做的。这是总结了中国人民在最近一百多年来特别是最近二十多年来反对帝国主义、封建主义和官僚资本主义的革命斗争的经验，而制订出来的一部人民革命建国纲领。"

【 作者简介 】

胡乔木，1912 年生，江苏盐城人。1932 年加入中国共产党。1941 年起任毛泽东秘书、中共中央政治局秘书，1945 年参与起草《关于若干历史问题的决议》。1948 年和 1949 年先后担任新华通讯社社长和新闻总署署长。新中国成立后，任新华社社长、新闻总署署长、中共中央宣传部副部长等。1954 年任中共中央副秘书长，参与起草第一部《中华人民共和国宪法》。1977 年后，任中国社会科学院院长、顾问、名誉院长，中共中央副秘书长，毛泽东主席著作编辑出版委员会办公室主任，中共中央党史研究室主任，国务院学位委员会主任委员，《中国大百科全书》总编辑委员会主任。1980 年当选为中共中央政治局委员、中共中央书记处书记。主持起草了《中国共产党中央委员会关于建国以来党的若干历史问题的决议》等重要文件。1992 年 9 月 28 日在北京逝世。时为毛泽东的秘书。

建立新中国准备工作的主要任务之一，是起草《中国人民政治协商会议共同纲领》。《共同纲领》从开始起草到经中国人民政治协商会议第一届全体会议通过，中间随着革命形势的发展变化，曾三次起稿，三次命名。至于修改的次数就很难统计清楚了。

第一次起稿：《中国人民民主革命纲领草稿》

中共中央和毛主席在发起召开新的政治协商会议之时，就提出了制定《共同纲领》的问题。1948 年 4 月 27 日，毛主席在给中共北平市委书记刘仁同志的信中，即让他明确告诉北平的民主人士，我党准备邀请他们来解放区开各民主党派各人民团体的代表会议，讨论的事项包括：

1949年10月1日下午3时，首都北京30万军民在天安门广场隆重举行开国大典。图为毛泽东在天安门城楼上宣读《中华人民共和国中央人民政府公告》，宣布中华人民共和国成立。

"（甲）关于召开人民代表大会成立民主联合政府问题；（乙）关于加强各民主党派各人民团体的合作及纲领政策问题。""会议的名称拟称为政治协商会议"。这里把加强与会各党派、各团体的合作及为加强这一合作而制定为各方认同的"纲领政策"，作为新的政治协商会议的两大任务之一。4月30日，中共中央发布纪念"五一"劳动节口号二十三条，其中经毛主席亲自改写的第五条，正式向全国各民主党派、各人民团体、各社会贤达发出"迅速召开政治协商会议，讨论并实现召集人民代表大会，成立民主联合政府"的号召，由此揭开了筹建新中国的序幕。

为了促进召开新政协主张的实现，毛主席于5月1日又致信民革主席李济深先生和民盟负责人沈钧儒先生，征求他们的意见。信中说："在目前形势下，召集人民代表大会，成立民主联合政府，加强各民主党派、各人民团体的相互合作，并拟订民主联合政府的施政纲领，业已成为必要，时机亦已成熟。""但欲实现这一步骤，必须先邀集各民主党派，各人民团体的代表开一个会议。在这个会议上，讨论并决定上述问题。此项会议似宜定名为政治协商会议。"毛主席提议由民革、民盟和中共"于本月内发表三党联合声明，以为号召"。他还亲自拟了一个联合声明的草案，由当时中共派驻香港的负责人潘汉年一并送达。

中共的号召，得到各民主党派、无党派民主人士和海外华侨的热烈响应，一个规模巨大、催动新中国诞生的新政协运动在全国兴起。为适应这种形势的需要，1948 年 9 月中共中央决定将中央城市工作部改名为中央统一战线工作部，负责管理当时国民党统治区工作、国内少数民族工作、政权统战工作、华侨工作及东方兄弟党的联络工作。原城工部所管的解放区城市政策的研究工作，划归中央政策研究室。统战部在毛主席、恩来同志的领导和李维汉同志的主持下，为筹备新政协和拟定共同纲领，作了大量具体工作。

1948 年八九月份，已有部分民主党派代表及无党派民主人士陆续到达华北解放区河北平山县李家庄（中央统战部所在地）和东北解放区哈尔滨。为了更具体地同这些民主人士商谈召开新政协的各项事宜，毛主席向恩来同志提出："似宜将名单及其他各项拟成一个文件，内容字句均须斟酌。"恩来同志和中央统战部在同到达李家庄的民主人士商讨后，拟定了《关于召开新的政治协商会议诸问题（草案）》。这个草案经毛主席审改后，于 10 月 8 日由中共中央电发东北局。中央指示高岗、李富春约集在哈的民主人士"会谈数次"，告以这是中共中央提出的"书面意见"，请各民主人士"过细加以斟酌"。之后，中共中央又通过华南分局征求了在香港的各民主党派负责人和著名无党派民主人士的意见。11 月 25 日，高岗、李富春代表中共中央与在哈的民主人士达成了《关于召开新的政治协商会议诸问题的协议》。该协议第二项第五款规定：新政协应讨论和决定两项重要问题："一为共同纲领问题，一为如何建立中华人民民主共和国临时中央政府问题。共同纲领由筹备会起草，中共中央已在起草一个草案。"这是正式使用"共同纲领"一词较早的文献。其中所说"中共中央已在起草一个草案",即指中共中央第一次起草的《中国人民民主革命纲领草稿》。

《中国人民民主革命纲领草稿》第一稿是在李维汉主持下,1948 年 10 月 27 日写出的,然后上报周恩来同志,恩来同志又通过中央办公厅分送刘少奇、朱德、陆定一、胡乔木、齐燕铭、李维汉等人审阅。该稿除简短的序言外,分总则、政治、军事、土地改革、经济财政、文化教育、社会政策、少数民族、华侨、外交十部分,共四十六条。

这个草稿的着重点是在"人民民主革命"方面,按照维汉同志给恩来同志的信的说法,稿子是"勉强凑来",意即比较粗糙,但它还是把即将诞生的新中国应实行的最基本的纲领、政策规定了出来。如它规定:纲领的基本原则,即新政协各成员"共同奋斗的准则",是"新民主主义亦即革命三民主义";"人民为国家的主人,国家的一切权力出自人民大众,属于人民大众";"中华人民民主共和国各级政权的构成,不采取资产阶级民主的三权鼎立制,而采取人民民主的民主集中制";国家各级权力机关和行政机关,是各级人民代表大会及其选出的各级人民政府;实行耕者有其田的土地制度;没收官僚资本归国家所有,"国有经济为全部国民经济的领导成分";"发展生产,繁荣经济,公私兼顾,劳资两利,应定为全部国民经济建设的总方针";有计划有步骤地发展工业,争取若干年内"使中国由农业国地位上升到工业国地位";"发展民族的、科学的、大众的文化与教育";各民族一律平等,建立民族自治区;等等。这些规定,反映了我们党长期以来形成的新民主主义的立国思想,因此大都为后来各个稿本所采纳。

同年 11 月,《中国人民民主革命纲领草稿》形成第二稿。第二稿的结构不同于第一稿,它分为人民解放战争的历史任务、建立人民民主共和国的基本纲领、战时具体纲领三大部分。第一部分叙述人民解放战争的历程、主要经验及其要完成的推翻三大敌人和国民党反动统治的历史任务,号召全国人民"继续支持人民解放战争直至解放全中国的彻底胜利"。第二部分规定中华人民民主共和国的新民主主义性质以及它的国家构成、政权构成、经济构成、文化教育、外交政策。第三部分就全力支援人民解放战争、巩固人民解放区、建立临时中央政府三个方面，作出34条规定。

这一稿对成立中华人民民主共和国临时中央政府的程序，作了新的规定。1948年发布"五一口号"时提出：由政协"讨论并实现召集人民代表大会，成立民主联合政府"。在哈尔滨的民主人士讨论中共中央提出的关于召开新政协诸问题协议草案时，对如何成立中央政府一项，产生不同意见，有人主张新政协即等于临时人民代表会议，即可产生临时中央政府。中共中央赞同这种意见，在11月3日给东北局指示电中说：依据目前形势的发展，临时中央人民政府有很大可能不需经全国临时人民代表会议，即经由新政协会议产生。这一稿明确规定：由新政协直接选举临时中央政府。随后，1948年12月30日，毛主席在为新华社写的新年献词《将革命进行到底》中宣布：1949年将要召集没有反动分子参加的、以完成人民革命任务为目标的政治协商会议，"宣告中华人民民主共和国的成立，并组成共和国的中央政府"。1949年1月8日中共中央政治局会议通过相应决议。这样，关于政协的使命，又有了新的规定。

这一稿明显地带有宣言的性质，是宣言与纲领相结合的一个文件。同第一稿相比，它更着重于战时任务的规定。1949年2月27日，恩来同志对该稿作文字修改，把它同《关于召开新的政治协商会议诸问题的协议》《新政治协商会议筹备会组织条例（草案）》《参加新政协筹备会各单位民主人士候选名单》、《中华人民民主共和国政府组织大纲（草案)》一起编印成册，名为《新的政治协商会议有关文件》。

第二次起稿：《新民主主义的共同纲领（草案初稿）》

中共中央起草纲领草案的同时，在香港的各民主党派也展开了有关纲领问题的讨论。围绕要不要以"新民主主义"作为建国指导原则问题，出现多种意见。除大多数人赞成"新民主主义"外，有人主张用"革命的三民主义"，有人主张用"人民民主主义"，有人主张用不加"新"字的"民主主义"。个别人还拟定了与中国共产党讨价还价的"纲领"。为了推动各民主党派和无党派民主人士进一步统一思想，更加坚定地站到新民主主义立场上来，并解除他们之中某些人对共产党和人民革命的一些疑虑，党中央做了大量工作。

1949 年 1 月 22 日中共中央发出《关于对待民主人士的指示》，指出：我党对待已经到达解放区的民主人士的方针，应该是以彻底坦白与诚恳的态度，向他们解释政治的及有关党的政策的一切问题，积极地教育与争取他们。对政策问题，均予以正面解答，不加回避。对政策实行的情况，亦应据实相告。党中央的指示还要求，由我党各部门的负责同志作有关战争、军事政策、政权、土改、外交、经济、文化教育、妇运等方面的报告，以及通过举行座谈会、同我党负责人谈话、进行日常接触和交谈、组织参观、提供学习材料和资料、关心生活及健康等方式，做民主人士的工作。当时不少部门的负责人都作过报告。毛主席本人同许多著名民主人士都有书信往来或直接交谈。他写的 1949 年新年献词《将革命进行到底》和宣布同国民党谈判八项条件的《关于时局的声明》，更对广大民主人士提高认识起了推动作用。

在毛主席的直接关怀下，到达解放区的民主人士 55 人于 1949 年 1 月 22 日发表《对时局的意见》，表示完全赞同中共的革命立场。其中说："全国真正为民主革命而努力的人士，必能一致努力，务使人民民主阵线之内，决无反对派立足之余地，亦决不容许有所谓中间路线之存在。"对毛主席提出的"真正的人民民主和平的八项条件"，"彻底支持"。"在人民解放战争进行中愿在中共领导下，献其绵薄，共策进行，以期中国人民民主革命之迅速成功，独立、自由、和平、幸福的新中国之早日实现。"

大体说来，从 1948 年中共发布"五一口号"到 1949 年春，由于各种因素的推动，各民主党派和无党派民主人士中的绝大多数人，在彻底推翻国民党反动统治和建立新民主主义中国这两个基本问题上，与共产党取得了共识。这为共同纲领的正式制定，创造了必要的前提。

1949年3月召开的党的七届二中全会和6月底毛主席发表的文章《论人民民主专政》，进一步丰富了中国共产党有关革命和建国的理论，从而也就为《共同纲领》的制定奠定了更坚实的理论基础和政策基础。

毛主席在七届二中全会上的报告，根据中国的经济状况阐述了我党的经济政策，指出新中国的经济主要由五种成分构成，"国营经济是社会主义性质的，合作社经济是半社会主义性质的，加上私人资本主义，加上个体经济，加上国家和私人合作的国家资本主义经济，这些就是人民共和国的几种主要的经济成分，这些就构成新民主主义的经济形态"。

七届二中全会后，毛主席又提出"公私兼顾、劳资两利、城乡互助、内外交流"的经济方针，以此照顾四面八方的利益，达到"发展生产，繁荣经济"的目的。

"五种经济成分"理论和"四面八方"政策，构成了《共同纲领》中经济政策的基本内容。

在《新民主主义论》和《论联合政府》两篇著作中，毛主席已详细讨论过新民主主义政权的基本原则。1948年1月《关于目前党的政策中的几个重要问题》的党内指示明确指出："新民主主义的政权是工人阶级领导的人民大众的反帝反封建的政权。"所谓人民大众，包括工人阶级、农民阶级、城市小资产阶级和民族资产阶级。国家的权力机关是各级人民代表大会及其选出的各级政府。6月，中共中央宣传部的一个文件提出了"人民民主专政"的概念。此后，毛主席在1948年9月政治局扩大会议和1949年3月七届二中全会，尤其是在《论人民民主专政》文章中，对建立人民民主专政的历史必然性及这一理论的各个方面，作了充分阐述。他指出：工人阶级（经过共产党）领导的以工农联盟为基础的人民民主专政，是我们的基本经验、基本纲领。这个政权，在人民内部实行民主，对反动派实行专政，这两个方面"互相结合起来，就是人民民主专政"。它的任务，是使中国"稳步地由农业国进到工业国，由新民主主义社会进到社会主义社会和共产主义社会"。毛主席的这些思想，澄清了当时在新中国政权性质问题上仍然存在的模糊认识，构成了共同纲领中有关政权部分的主要内容。

人民民主统一战线是中国革命的主要法宝之一。到人民解放战争后期，这一统一战线达到了空前广阔的规模，并已集合在新民主主义的旗帜之下，新政协就是它的最好的组织形式。毛主席在七届二中全会上指出：为了革命的彻底胜利和新中国的建设事业，"我党同党外民主人士长期合作的政策，必须在全党思想上和工作上确定下来，我们必须把党外大多数民主人士看成和自己的干部一样，同他们诚恳地坦白地商量和解决那些必须商量和解决的问题，给他们工作做，使他们在工作岗位上有职有权，使他们在工作上做出成绩来"。在这个问题上，"必须反对右的迁就主义和'左'的关门主义或敷衍主义两种倾向，而采取完全正确的态度"。正是出于这样的指导思想，中国共产党认为，不仅在全国人民代表大会召开以前，政协全体会议将执行全国人民代表大会的职权，而且在全国人民代表大会召开以后，政协也将作为政权以外的统一战线组织长期存在，对政权机关起着参谋、协商和推动作用。《共同纲领》关于政协地位的规定，就是中国共产党统一战线思想的具体体现。

1949 年 6 月 15 日，新政治协商会议筹备会在北平成立。筹备会由 23 个单位、134 人组成，以毛主席为常务委员会主任。常委会下设 6 个小组，分别进行各项筹备工作。每组均为自愿报名参加。负责起草《共同纲领》的是第三小组，由周恩来、许德珩担任组长、副组长。组员有陈劭先、章伯钧、章乃器、李达、许广平、季方（严信民代）、沈志远、许宝驹、陈此生、黄鼎臣、彭德怀（罗瑞卿代）、朱学范、张晔、李烛尘、侯外庐、邓初民、廖承志、邓颖超、谢邦定、周建人、杨静仁、费振东。

6 月 18 日，第三小组成立。恩来同志在成立会上说明了起草《共同纲领》工作的重要及以往工作的情况。他说：起草《共同纲领》，任务繁重。这个纲领决定联合政府的产生，也是各党派各团体合作的基础。去年在哈尔滨的各党派代表曾委托中共方面拟定一个草案，中共方面也曾两度起草。但去年工作重心在动员一切力量参加和支援解放战争，而现在的重点却在建设新民主主义中国及肃清反动残余，这是长期性的工作，因此，中共方面的第二稿也已不适用，必须根据新的形势的需要重新起草。会议决定委托中共方面再次草拟初稿，而小组成员则按照自愿参加的原则分为政治法律、财政经济、国防外交、文化教育、其他（包括华侨、少数民族、群众团体、宗教等问题）5 个分组进行讨论和拟定具体条文，供起草人参考。参加新政协筹备会的各单位、各代表及第三小组各成员亦可提出自己的书面意见。至 7 月上旬，各分组均拟就了具体条文。

中共方面再次草拟初稿，仍在恩来同志领导下进行。大约过了两个月时间，写出了一个草案初稿。由于我们所要建立的新中国是一个新民主主义性质的国家，所以把题目定为《新民主主义的共同纲领》。8 月 22 日，恩来同志将草案初稿送交毛主席审阅。毛主席仔细阅读了这份初稿，并对其中的一些段落作了删改，重新改写了几段文字。

这份《新民主主义的共同纲领（草案初稿）》，除简短的序言外，分一般纲领和具体纲领两大部分。同前述《中国人民民主革命纲领（草稿）》相比，它删除了"人民解放战争的历史任务"一部分，在具体条文的规定上，增添了不少新的内容。一般纲领中规定：参加政治协商会议的各个单位，要以"奉行新民主主义"作为"长期合作的政治基础"，新民主主义是"统一战线的纲领"；"新民主主义的国家制度，是工人阶级领导的以工农联盟为基础的团结各民主阶级及中国境内各民族的人民民主专政的国家制度"；"新民主主义的政治制度，是民主集中制的人民代表大会的政治制度"，"在整个新民主主义制度期间，既不是一个阶级专政，也不是一党独占政府"，而应是各民主党派及人民团体在新民主主义纲领之下的联合政府。此外规定了"新民主主义的国防"、"新民主主义的经济"、"新民主主义的文化"、"新民主主义的国际关系"。具体纲领部分，按"解放全中国""政治法律""财政经济""文化教育""国防""外交侨务"6 个方面，共列 45 条。这份草案初稿，构成了此后不久正式提出的《中国人民政治协商会议共同纲领（草案）》的基础。

讲到这里，需要解释一下政协会议名称的改变问题。最初，在 1948 年中共中央发布的"五一口号"和其他一些文件中，沿用了 1946 年使用过的"政治协商会议"的名称。但这将是在新的形势下召开的具有新的性质、新的阵容、完成新的历史使命的会议，所以便很快采用了"新政治协商会议"的提法。待 1949 年 6 月新政协筹备会成立，新政协组织起草小组首先感到只以一个"新"字来区别于旧政协，并不够确切。第一，旧政协包括国民党在内，新政协排除了国民党反动派；第二，新政协虽然沿用"政治协商会议"这一名称，但它并不完全发源于旧政协，它是百年来民族民主革命特别是 30 年来新民主主义革命的伟大成果，是中共历来倡导的统一战线的组织形式；第三，新政协就其参加成分来说，已具有了全国人民代表会议的性质，名称与实际应该相符；第四，政治协商会议是长期存在的、固定的统一战线的组织，它的名称也应该是正式的、固定的。因此，应把"新政治协商会议"改称"中国人民政治协商会议"。8 月 22 日完成的《新民主主义的共同纲领》草案初稿，已开始使用"中国人民政治协商会议"的名称。随后，恩来同志把这一意见提交筹备会常委会讨论，得到常委们的赞同。毛主席也曾就这一名称问题，同各民主党派主要负责人进行协商，取得了一致意见。到 9 月 17 日筹备会召开第二次全体会议时，正式将新政协定名为"中国人民政治协商会议"。

第三次起稿：《中国人民政治协商会议共同纲领》

进入 1949 年 9 月以后，《共同纲领》的起草工作进入最后阶段。纲领的名称随着政协名称的变动而改为《中国人民政治协商会议共同纲领》。其结构也做了改动，不再分一般纲领和具体纲领，而是在序言之后平列七章。这已是第三次起稿。在这个阶段，毛主席直接参加了各次过程稿的修改工作。

根据有关档案材料，从9月3日至13日，毛主席至少四次对草案稿进行了细心修改，改动总计有200余处。不仅如此，他还亲自校对和督促印刷。9月3日，他写便条："乔木：纲领共印三十份，全部交我，希望今晚十点左右交来。题应是《共同纲领》。"当把框架基本定型并第一次正式称作《中国人民政治协商会议共同纲领》的草案稿送到他那里以后，他立即动笔逐字、逐句、逐段修改，并在竖写的题目左侧亲笔加上"（一九四九年九月五日，初稿）"的字样。9月5日晚，毛主席修改后的稿本送去付印，不久，又接到主席的便条指示："乔木：今晚付印的纲领，请先送清样给我校对一次，然后付印。"第二天，他把校对过的清样交下，指示："照此改正，印成小册子一千本。"他在改过9月11日稿后又批示："乔木：即刻印一百份，于下午六时左右送交勤政殿齐燕铭同志，但不要拆版，俟起草小组修正后，再印一千份。"

总之，纲领最后阶段的修改和印制工作，都是在毛主席直接参与和细心指导下进行的。毛主席夜以继日地工作，他身边的工作人员，也随时配合。大家睡眠时间都很少。9月3日的那张便条上，毛主席特意嘱咐："你应注意睡眠。"这虽然是很难做到的事，但仍表明了领袖对身边工作人员的关怀。

《共同纲领》最后阶段的修改，是同筹备会及所有出席代表的讨论结合一起进行的。从中共方面正式提出草案初稿，到政协全体会议召开，共经过了七次讨论，计：由到达北平的全体政协代表分组讨论两次，纲领起草小组讨论三次，筹备会常委会讨论两次。此外，政协各参加单位还组织各自成员进行了讨论。代表们字斟句酌，反复推敲，畅所欲言，互相商讨，真正做到了集思广益。讨论中提出的修改意见，有的被采纳或基本被采纳，有的为进一步修改提供了参考。有的当场进行了热烈讨论。至于提出的意见究竟有多少条，是很难统计清楚的。这里只举出几个例子。

关于国名及国名简称问题。本来，在发出新政协号召前后，在中央文件和领导人的著作中，即多次有"中华人民共和国"的提法（《新民主主义论》中称"中华民主共和国"），如 1948 年 1 月 18 日毛主席为中共中央起草的党内指示《关于目前党的政策中的几个重要问题》、2 月 15 日完稿的《中共中央关于土地改革中各社会阶级的划分及其待遇的规定（草案）》、8 月 1 日毛主席复香港各民主党派与民主人士电等，都把新中国定名为"中华人民共和国"。但是，随后在 10 月上旬提出、11 月 25 日达成协议的《关于召开新的政治协商会议诸问题》及随之起草的《新政治协商会议筹备会组织条例（草案）》和《中华人民民主共和国政府组织大纲（草案）》中，又改用"中华人民民主共和国"的名称，直至新政协筹备会召开。筹备会期间，黄炎培、张志让等主张用"中华人民民主国"，张奚若等主张用"中华人民共和国"，最后决定采用后一种意见。

引起热烈争论的，倒不是国名的确定问题，而是国名的简称问题。最初起草的《中华人民民主共和国政府组织大纲（草案）》中有"中华人民民主共和国简称中华民国"一条，筹备会召开后，该大纲草案改称《中华人民共和国中央人民政府组织法草案》，简称一说仍旧保留着。代表们对要不要保留这个简称及是否把简称写入《共同纲领》之中，展开了热烈的讨论和争论。一些代表主张，不仅在政府组织法中应注明"简称中华民国"，而且要把这一简称写入《共同纲领》，因为《共同纲领》要具有照顾统一战线中各个组织的意义，应该沿用习惯了的称呼。更多的代表认为，不应简称"中华民国"，因为"中华民国"并不是一个简称，而是代表旧中国统治的一切，反动派标榜"中华民国"，而人民对它已产生反感，人民的新中国是新民主主义的，不能与之混同，如果要用简称，就简称"中国"。还有的代表主张，既不应简称"中华民国"，也不必在纲领条文中注明简称"中国"，因"中国"是习惯用法，不是简称。最后，所有政协文件均没有写简称。

关于社会主义目标问题。一部分代表认为，既然我们将来的目标是实现社会主义，那就应该在纲领中把这一目标写出来，使全国人民了解未来社会的远景以及共同奋斗的最终目标。另一些代表则认为，在今天的政协中提出社会主义问题还为时过早，《共同纲领》是新民主主义性质的，以不写社会主义为好，而且，新民主主义本身就预示着社会主义方向。中共中央和毛主席支持后一种意见，少奇、恩来同志都在大会上对这一问题作了说明。这里基本的原因是：第一，《共同纲领》是属于国家政权在现阶段的施政纲领，是从客观实际出发、为现阶段需要而制定的，它不应去描绘现阶段尚不能实现的理想。新中国成立以后，中国人民面临的任务就是建设新民主主义，如在《共同纲领》中过早地写进社会主义目标，就很容易混淆现阶段实际步骤与将来的理想。第二，新民主主义的《共同纲领》是在各民主党派、各人民团体和无党派民主人士对新民主主义取得共识的基础上制定的，要把共产党的第二步奋斗目标——社会主义写进国家的基本文件中，也必须经过一个解释、宣传和实践的过程，只有全国人民通过实践认识到这是唯一的最好的前途，才会真正承认它，并愿意为它而奋斗。所以暂时不写上社会主义目标，并不是否定它，而是更加郑重地看待它。第三，纲领的经济部分已实际保证了向社会主义前途迈进。其实，还在1947年中共中央"十二月会议"期间，毛主席针对有人提出应把社会主义前途写进会议文件的意见，就曾讲过这样一段话："这也是急性病，人家一九一七年十月革命搞了十五六年，到一九三二年才正式搞社会主义，今天我们还在消灭封建，社会主义还早着哩！何必提社会主义！"在讨论《共同纲领》草案过程中，中共中央坚持了毛主席这一看法。

关于"爱国民主分子"问题。有的代表提出：序言里"中国人民民主专政是中国工人阶级、农民阶级、小资产阶级、民族资产阶级及其他爱国民主分子的人民民主统一战线的政权"一句中的"爱国民主分子"应删去，因为这里讲的是阶级，爱国民主分子也属于四个阶级之内。少奇同志在参加小组讨论中对此作了解释：有些爱国民主分子不属于四个阶级，例如地主、官僚资产阶级中之开明分子，单独提出"爱国民主分子"，是给他们开门，让他们进来。

关于"人身自由"问题。纲领初稿规定："中华人民共和国人民有思想、言论、出版、集会、结社、通讯、居住、迁徙、宗教信仰及示威游行的自由权。"其中未提"人身自由"。许多代表对此提出意见，认为人身自由是最根本的自由，如无人身自由，其他自由都将谈不到，因此必须在各种自由权之中加入"人身自由"一项。这一意见在下一个印稿中即被采纳。

关于联苏问题。有的产业界的代表出于同外国做生意的考虑，认为关于外交政策的条文不必突出联合苏联的内容。这一意见未得到响应。中国国民党革命委员会、三民主义同志联合会、中国国民党民主促进会三个国民党民主派的政协代表就这个问题专门进行了讨论，他们的意见是："本党十三年改组时提出联合以平等待我之民族共同奋斗，就是指的苏联，今天应明确地说出来。""联苏的口号非公开提出不可"。纲领草案保留了"首先是联合苏联、各人民民主国家和各被压迫民族"的条文。

除这几点以外，代表们提出的修改意见还有很多。如：在第二章"政权机关"开头一条应加上"中华人民共和国政权属于人民"《中国人民民主革命纲领草稿》一、二稿均列有国家权力属于人民的条文，后来《新民主主义的共同纲领（草案初稿）》和《中国人民政治协商会议共同纲领(草案)》9月5日印稿，没有列入这样的内容，故代表们提出意见。政协组织成分中的"知识界"应改为"知识分子"；"反对贪污、浪费"的提法太轻，应改为"肃清（或严惩、根绝）贪污，禁止浪费"；调剂五种经济成分的关系，应加上金融政策、技术政策两个方面；等等。这些意见基本被后来的修改稿所采纳。另有一些建议，如文字改革、对日和约等，均属不是现在所能做到和不必即行准备去做的事项，故没有列入条文。

经各方反复讨论和毛主席多次修改的《中国人民政治协商会议共同纲领（草案）》，于1949年9月17日为政协筹备会第二次全体会议所接受。9月21日，中国人民政治协商会议第一届全体会议开幕。9月22日，恩来同志就纲领草案起草的经过向大会作报告。大会组成包括《共同纲领（草案）》整理委员会在内的6个分组委员会，以最后完成各项文件的起草工作。《共同纲领（草案）》整理委员会由出席政协的45个单位和特邀代表中派人组成。中共方面为周恩来。45个单位中，只有民盟派出两人：章伯钧、罗隆基，其他均为一人。28日，政协各单位及纲领草案整理委员会分别举行会议，对纲领草案作最后一次讨论。至本日，整理委员会又收到代表意见21件，经讨论，除对9月20日印稿中的不正规字体加以规整和增添一处标点外，全体一致通过保持原文送交大会主席团。29日，政协全体会议一致通过《中国人民政治协商会议共同纲领》。10月1日，刚刚当选为中华人民共和国中央人民政府主席的毛泽东发布公告，宣布中央人民政府"接受中国人民政治协商会议共同纲领为本政府的施政方针"。

《中国人民政治协商会议共同纲领》分序言和总纲、政权机关、军事制度、经济政策、文化教育政策、民族政策、外交政策7章，总计60条，7000余字。这个纲领是全国人民意志和利益的集中表现，是革命斗争经验的总结，也是中华人民共和国在相当长的时期内的施政准则。它规定中华人民共和国是新民主主义即人民民主主义的国家；政权是工人阶级、农民阶级、小资产阶级、民族资产阶级及其他爱国民主分子的人民民主统一战线的政权，而以工农联盟为基础，以工人阶级为领导；目标是反对帝国主义、封建主义和官僚资本主义，为中国的独立、民主、和平、统一和富强而奋斗。它给新中国制定了政权机关、军事制度以及经济政策、文化教育政策、民族政策、外交政策的总原则。它规定了人民享有的广泛的民主权利和应尽的义务。《共同纲领》的制定和通过表明，中国共产党的最低纲领即新民主主义纲领，已被集中代表各民主党派、各人民团体、各民主阶级、各少数民族、海外华侨及其他爱国民主分子意志的中国人民政治协商会议所一致接受，成为新中国的建设蓝图。

历史证明，《共同纲领》是中国共产党和中华人民共和国历史上非常成功的文件之一。由于它切合实际而又坚定明确，清楚地指出了哪些事是应该做而且必须做的，哪些事是不应该做而且不允许做的，所以对刚刚诞生的人民共和国的各项工作，都起了规范和指导作用。它凝结了以毛泽东为主要代表的中国共产党人、各民主党派和无党派民主人士的心血，又经过反复讨论、修改，所以得到了全国各方面人士的一致拥护。

召开政协和拟定纲领的过程，突出体现了中国共产党领导下的党派协商精神。毛泽东、周恩来等中国共产党领导人大智大勇，虚怀大度，既能提出完整正确的立国方案，又能虚心听取其他民主党派和无党派民

1949 年 10 月 1 日，参加开国大典的北京军民。

主人士的意见，平等协商国家大事。其他民主党派和无党派人士亦能本着共同负责的精神，竭智尽力，为国献策，大胆发表意见，敢于进行争论。这种精神，为我国政治生活留下了一种宝贵的传统。

（选自鲁林、卫华、王刚主编：《红色记忆——中国共产党历史口述实录（1949—1978)》，济南出版社 2002 年版。）

两个伟人的会面

导　读

1949 年 12 月 16 日中午 12 时，中共中央主席、中华人民共和国中央人民政府主席毛泽东抵达莫斯科，开始了他对苏联的第一次访问。

中华人民共和国的成立，结束了中国百余年来屈辱外交的历史。按照中国共产党的外交政策原则，新中国旗帜鲜明地站在以苏联为首的和平民主阵营一边，反对帝国主义的侵略政策和战争政策。

12 月 16 日，斯大林在克里姆林宫会见了毛泽东，并与毛泽东举行了正式会谈。当时，中国政府既要争取苏联对新中国的支持和援助，又要面对双方之间的一些历史遗留问题，如何处理中苏关系，难度很大。

毛泽东在苏联参加了一系列活动，受到了热烈欢迎。12 月 21 日，为庆贺斯大林 70 岁生日，在苏联大剧院举行了隆重的会议。出席会议的有许多外国共产党领导人，毛泽东在会上致了祝词。

在毛泽东与斯大林确定了中苏之间的会谈原则之后，1950 年 1 月 20 日，中国政务院总理兼外长周恩来率中国政府代表团抵达莫斯科，参加双边会谈。

1950 年 2 月 14 日，中国和苏联在莫斯科签订了《中苏友好同盟互助条约》，同年 4 月 11 日生效，有效期 30 年。如在条约期满前一年任何一方均未表示废除，则每次自动延长 5 年。

条约的主要内容是：①缔约国双方保证共同尽力采取一切必要的措施，以期制止日本或其他直接间接在侵略行为上与日本相勾结的任何国家之重新侵略与破坏和平。②一旦缔约国任何一方受到日本或与日本同盟的国家之侵袭而处于战争状态时，缔约国另一方即尽其全力给予军事及其他援助。③缔约国双方均不缔结反对对方的任何同盟，并不参加反对对方的任何集团及任何行动或措施。④缔约国双方根据巩固和平与普遍安全的利益，对有关中苏两国共同利益的一切重大国际问题，均将进行彼此进行协商。⑤缔约国双方保证以友好合作的精神，并遵照平等、互利、互相尊重国家主权与领土完整及不干涉对方内政的原则，发展和巩固中苏两国之间的经济与文化关系，彼此给予一切可能的经济援助，并进行必要的经济合作。

缔约的同时，两国还签署了《关于中国长春铁路、旅顺口及大连的协定》及《关于苏联贷款给中华人民共和国的协定》。规定：在缔结对日和约后，但不迟于 1952 年年底，苏联将把中苏共管的中长铁路属于苏方的一切权利及财产无偿移交中国；在同一期限内，苏军从中苏共同使用的旅顺口海军基地撤退，并将该地区的设备移交中国，中国偿付苏联自 1945 年起对上述设备之恢复与建设的费用；大连的行政权完全属中国，苏联在大连租用或临时代管的一切财产移交中国；苏联在 5 年内贷款给中国 3 亿美元，作为中国偿付苏联出售给中国的机器设备和器材之用。此外，两国外长还以换文形式声明，1945 年 8 月苏联与中国国民政府缔结的各项条约与协定均失效，重申蒙古人民共和国的独立地位，宣布苏联在中国东北从日本获得的财产和过去在北京的兵营房产全部无偿移交中国。

2 月 16 日，斯大林在克里姆林宫举行宴会，为毛泽东饯行。2 月 17 日，毛泽东登上回国的专列，结束了这次具有历史意义的苏联之行。

毛泽东的这次访苏之行，使中苏两国关系跃上了一个新的台阶。《中苏友好同盟互助条约》的缔结，对于保障中国的国家安全，推动和加速中国国民经济的恢复发展与社会主义建设事业，都产生了重大的影响。1951 年 10 月 23 日，毛泽东在政协第一届全国委员会第三次会议上讲话说：条约定下来比不定好。定下来，就有了靠，可以放手做别的事。

现在把两国的友谊在条约上固定下来，我们可以放手搞经济建设。外交上也有利。"我们是新起的国家，困难多，万一有事，有个帮手，这样可以减少战争的可能性"。

作者简介 ▶

　　师哲，1905 年生，陕西省韩城（今韩城市）人。1926 年加入中国共产党。1948 年被任命为中央书记处政治秘书室主任。曾随刘少奇秘密访苏，担任随行翻译。新中国成立后，先后随毛泽东、周恩来、朱德等人访问苏联及东欧。在毛泽东首次访苏过程中，他担任翻译。1950 年 10 月至 1952 年，随周恩来、彭德怀、刘少奇等人五次访苏，商讨抗美援朝、朝鲜停战、中国第一个五年计划方案等问题。1954 年 4 月至 7 月，随周恩来出席新中国第一次参加的大型会议——日内瓦会议，担任了俄文翻译和照顾周恩来生活的工作。1956 年"波匈事件"后，师哲再次随刘少奇等人访苏，商讨处理匈牙利事件的对策，以巩固社会主义阵营。他还主持了中共中央马列著作编译局、俄语专修学校和外文出版社的工作，任首任局长、校长、社长，同时还兼任毛泽东、周恩来、刘少奇、朱德等中央领导的俄文翻译。1950 年年初，中央决定成立《毛泽东选集》编委会，他与费德林、尤金一道负责中文译俄文工作。1957 年 1 月，出任中共山东省委书记处书记。"文化大革命"被捕入狱。1975 年 5 月，被释放出狱。1998 年 8 月 17 日在北京逝世。时为毛泽东的俄文秘书。

　　中华人民共和国一成立，就着手为毛主席访苏作具体准备。主要是准备文字材料和礼品。文字材料是在毛主席、周总理亲自过问和指导下完成的；礼品委托杨尚昆去办理，但江青偏插手瞎指挥。她提出，一定要带山东的特产。于是除湘绣、瓷器、茶叶、竹笋外，一车皮大多是山东的大葱、大白菜和大萝卜。

1949年12月16日至1950年2月17日，毛泽东主席访问苏联。图为1949年12月21日，在莫斯科举行的庆祝斯大林70寿辰宴会上，毛泽东和斯大林在一起。

1949年12月21日是斯大林70寿辰。毛主席率中共中央和中华人民共和国政府代表团前往祝寿，并就两党之间所关心的问题交换意见，商谈和签订有关条约、协定等。中央政治局对毛主席此行的决定是：给斯大林祝寿之后，毛主席就在苏联休息，条约的谈判则由周总理随后去办。

毛主席的随行人员很少，只有陈伯达、叶子龙、汪东兴和我。我的名义是顾问。苏联驻中国大使罗申和负责中长铁路恢复工作的科瓦廖夫也同行。罗瑞卿、李克农、毛岸英负责送行。

12月6日，毛主席一行从北京乘火车出发。

12月16日火车正点开进莫斯科北站（也叫雅罗斯拉夫尔车站），大钟正打12点，这是苏方精心安排的。到站迎接毛主席的有苏联部长会议第一副主席莫洛托夫、元帅布尔加宁、外贸部长孟希科夫、副外长葛罗米柯、莫斯科卫戍司令西尼洛夫中将等。由于天气寒冷，怕毛主席吃不消，欢迎仪式进行得很快，匆匆检阅了仪仗队，便乘车前往下榻之处——莫斯科郊外斯大林战时的住所。

罗申把我们送到住处，只说"你们好好休息"便离去。莫洛托夫招呼毛主席休息，并告诉我们下午6时斯大林约请毛主席在克里姆林宫会面。

我们休息以后，警卫人员按时将毛主席送到克里姆林宫斯大林的会客室，比约定时间早到了3分钟。斯大林的秘书请毛主席到他的房间坐一下，他去通报。苏联其他领导人到斯大林那里集中是一分钟也不能差的。6时整，斯大林的门打开了，请客人进去。以斯大林为首，莫洛托夫、马林科夫、贝利亚、布尔加宁、卡冈诺维奇、维辛斯基等在斯大林身后排成一字行列。斯大林双手紧握毛主席的手，注视端详了一阵，说："你还很年轻嘛！很健康嘛！"回过头来，又把莫洛托夫等一一介绍给毛主席。大家在大厅站成一圈，相互问好、祝愿。斯大林非常激动，对毛主席赞不绝口，说："伟大，真伟大！你对中国人民的贡献很大，你是中国人民的好儿子！我们祝愿你健康！"毛主席回答说："我是长期受打击排挤的人，有话无处说……"毛主席言犹未尽，斯大林却把话接了过去："胜利者是不受谴责的。不能谴责胜利者，这是一般的公理。"

然后开始了会谈，一边是苏联人，坐了一长串；一边是毛主席和我。斯大林坐在中间。斯大林还是关心并询问毛主席的健康，希望毛主席多加注意。他说："中国革命的胜利，将会改变世界的天平，国际革命中加重了砝码，我们全心全意祝贺你们的胜利！希望你们进一步取得更多更大的胜利！"接着，斯大林问："我们这次应该做些什么？你有什么想法或愿望？"毛主席是这样表达他的意思的："这次来是要完成某项事情的，应该搞出个什么东西的，它必须是既好看，又好吃。"如果我直接译出，苏联同志肯定不会明白，所以我在翻译时作了解释："好看就是形式好看，冠冕堂皇；好吃就是说内容有味，实实在在。"然而苏联同志仍然不能理解那是何物，全都目瞪口呆，贝利亚竟笑出声来。斯大林沉着冷静，仍婉转地继续询问。毛主席说他打算邀周恩来来莫斯科一趟。斯大林还是不能明白毛主席的意思，反问道："如果我们不能确定要完成个什么事情，请周恩来来干什么？"毛主席没有再回答。

斯大林的愿望是：不管中苏签订什么条约或协定，都应由他代表2亿人民的苏联和毛泽东代表5亿人民的中国来签署。至于签订什么样的条约和协定，斯大林也不愿意先提出，以避"强加于人"之嫌，因为他在中国革命问题上犯过错误，所以表现得尤其谨慎小心。然而毛主席却不了解斯大林的愿望，或者根本就不愿由自己签约。所以尽管斯大林一再询问，他却不做更明确的回答。

斯大林为了摸清毛主席的想法和愿望，这次会谈后，在休息过程中，又两次打电话给毛主席，仍是问他有什么打算，有什么要求，毛主席总不说。

12月21日，斯大林70大寿，在莫斯科大剧院举行庆祝大会。到会的都是苏联的高级干部。斯大林和各兄弟党的代表都在主席台就座。毛主席挨着斯大林，我在毛主席身边翻译。毛主席的祝词是费德林代读的，高度评价了斯大林对国际共产主义运动的贡献，反响很大。在大会进行过程中，斯大林一再侧过脸来同毛主席说话。

大会以后，宴请并观看了文艺演出。斯大林和毛主席坐在一个包厢，这是旧时沙皇的专用包厢。演出结束后，观众全都回过头来欢呼："斯大林！毛泽东！""毛泽东！斯大林！"毛主席举手向群众致意，并呼口号："斯大林万岁！""光荣归于斯大林！"全场口号声、欢呼声、鼓掌声响成一片，持续了很长时间。

祝寿之后，欧洲各国党的代表团都回去了，我们仍留在莫斯科。

毛主席参观了莫斯科斯大林汽车制造厂，受到热烈欢迎，并接受少年儿童的献礼和祝愿。

在莫斯科期间，为了调节毛主席的生活，我找了几十部俄国和欧洲的历史人物传记影片给他放映，例如《彼得大帝》《拿破仑》《库图佐夫》《涅夫斯基》《加斯豆斯·加林诺夫》等。在一次毛主席拜会斯大林时，斯大林对我说："毛泽东真聪明，有空就看人物传记片，这是了解历史的最简捷的办法。"我把这话告诉了毛主席。

在给斯大林祝寿之前和以后的一段时间，对毛主席的行动很少报道，英国一家报纸造谣说"毛主席被斯大林软禁起来了"。于是苏方安排毛主席参观列宁格勒，同时等候周总理的到来。王稼祥（时为新中国第一任驻苏大使——编者注）还向苏联外交部建议发个公报。他们同意，毛主席也立即同意了，在毛主席赴列宁格勒的前一天，中苏联合发了公报，说中苏友好条约正在商谈拟定中。公报一发，震动很大，政治空气为之一新。

得知周总理一行从北京启程的确切日期，毛主席便赴列宁格勒。当地领导隆重迎接，并安排毛主席到斯莫尔尼宫休息。但是毛主席要直接去波罗的海。遵照毛主席的愿望，汽车直奔波罗的海芬兰湾。大海和陆地已被冰连在一起分不出界线了，冰层在 1—1.5 米的厚度。这里可以看到十月革命时工人暴动的地方——喀琅施达特要塞。毛主席下车后在冰上踱步，举目眺望，激情地说："这真是千里冰封啊！"又说："我的愿望是从海参崴——太平洋的西岸到波罗的海——大西洋的东岸；然后从黑海边到北极圈，把苏联的东西南北都走遍！"苏联同志顿时活跃起来，欢腾、鼓掌，被毛主席的激情和广阔胸怀所感动。

在列宁格勒期间，毛主席参观了基洛夫机器制造厂，看了十月革命时炮击冬宫的"阿芙乐尔"号巡洋舰，看了苏德战争中的防御工事，还参观了冬宫，沙皇的寝室、藏书室和客厅等。

估计周总理快到莫斯科了，毛主席返回莫斯科。第二天，周总理从新西比尔斯克打来电话。谈了一会儿，因传音不良，毛主席听不清楚，改为到了乌拉尔山的斯维德洛夫斯克再通话。这次毛主席同周总理在电话里讲了一个多小时。毛主席把自己的活动、愿望及将要签订的条约内容都讲了，也征求了周总理的意见。这样，周总理心中有了数，一到莫斯科即可投入工作。

王稼祥到 200 公里以外的雅罗斯拉夫尔去迎接周总理一行。莫斯科北站也有仪仗队迎接，比迎接毛主席规模小些。

周总理工作很紧张，一方面要在克里姆林宫谈判条约，一方面要到李富春率领的一批人那里指导工作。正好这时孙维世从欧洲回国经莫斯科来看周总理，我建议孙维世留下帮助周总理料理生活，周总理同意了。

斯大林直接给毛主席打电话共三次。前两次是我接的，第三次是我正在克里姆林宫帮周总理工作之时，孙维世接的。因意思表达不够明白，斯大林又把我叫到他的办公室，要我把他的话翻译给毛主席，还是问毛主席的打算和愿望。此时，条约虽在拟定，但是斯大林对谁来签约，仍不知毛主席的想法，所以又来一次试探。毛主席的回答是："我没有意见，有意见都在周恩来那里，周恩来不是正在克里姆林宫谈吗?!"我把原话译给了斯大林。

中苏双方最有成效的一次会谈，中国方面参加的有毛主席和周总理，苏联方面有莫洛托夫、布尔加宁、马林科夫、贝利亚等。我任翻译。谈判的主要内容有：在新疆方面要拟定几个协定，有石油的开采、有色金属的开发、稀有金属的开发以及将苏联在我新疆边境贮存的大量武器移交中国的问题。赛福鼎·艾则孜（时任新疆人民政府主席——编者注）随后去莫斯科，就是为了签订这些协定。在东北方面，有中苏合作使用中长铁路以及移交问题，旅顺口、大连驻苏联空军，在东北设苏联领事馆，在海参崴、赤塔、伯力等地设中国领事馆（中国领事馆后来形同虚设），还有苏联侨民问题。十月革命后许多白俄逃到我国东北，在那里办了许多企业，苏联这时决定将这些企业统归秋林公司并收归国有。对以上问题作了原则的讨论，然后交李富春带领中国方面的工作人员同苏联具体研究拟订各项协定。

在工作人员拟订条约和协定时，毛主席和周总理一同到克里姆林宫拜访斯大林。在这次会见中，斯大林提出，为了总结中国革命的经验，建议毛主席把自己写的文章、文件等编辑出版。毛主席说他也有此意。毛主席还提出希望斯大林派一位理论上强的同志帮助完成这项工作。斯大林立即答应派尤金来华。后来尤金参加了《毛泽东选集》第一卷、第二卷的编辑工作。在编辑过程中，由我随时译成俄文，邮寄斯大林阅读。《实践论》和《矛盾论》是单独抽出提前编译的。斯大林阅后指示在苏联《布尔什维克》杂志上发表。

中苏条约的名称，起先是叫"中苏友好同盟条约"，后来周总理建议加上"互助"二字，就是最后签订的《中苏友好同盟互助条约》。

签字仪式于 2 月 14 日在克里姆林宫举行，苏联外长维辛斯基代表苏联，周总理兼外长代表中国签字。维辛斯基和周总理都发表了讲话。

斯大林原打算在签约的同时，签订贸易协定。可是到了举行签字仪式时，由于苏方工作人员的粗心，出了差错，修改纠正耽误了时间，所以没能将贸易协定按时拿出来。斯大林问及，他的下属竟说："中文没有准备好。"斯大林让我把这话译给毛主席，我译了。毛主席说："总而言之，一切错误都在中国人身上！"斯大林感觉到了，再三追问我毛主席说了什么。我说："是我们私下的话。"他就不便再问了。

签字仪式后，斯大林举行招待宴会。宴会时间很短，中午 12 时过后，我们就回到了住处。王稼祥立即着手告别宴会的准备工作。

位于克里姆林宫附近的米特勒保尔大旅社的第一层，2 月 14 日这天，全部由中国大使馆租用。

下午 6 时半，来宾陆续来到，包括苏联的高级干部和各国驻苏使节约 500 人。他们都不知道斯大林今天会来。毛主席和周总理在门口迎接。一会儿，在严密的保卫下，斯大林率全体中央政治局委员来到。毛主席和斯大林握手后，陪斯大林向餐厅的正席走去。许多苏联高级干部都没有这么近看过斯大林，客人们全惊呆了，接着便是热烈的掌声，直到毛主席和斯大林穿过大厅就座之后才停息。

宴会厅是用玻璃板壁隔成的一大一小两厅。毛主席、周总理、斯大林及苏共中央政治局委员等在小厅，其他来宾均在大厅。到祝酒讲话时，因玻璃板壁隔音，大厅里的人听不清讲话，都拥向小厅。眼看玻璃快要挤碎了，周总理见势不妙，忙叫人把活动板壁拆去，两厅成一厅，才使大家安定下来。

宴会祝酒重新开始。费德林给周总理翻译，我给斯大林翻译。周总理事先把自己的讲话稿给费德林看过，费德林译成俄文拿在手里。周总理临场并未拿稿子，可是宣布开会和祝贺词共 2000 字竟说得与原稿一字不差。内容主要是讲中苏友好要世世代代传下去；中苏两党两国兄弟般的团结对世界革命是最大的贡献；感谢苏联的无私援助；中国要向老大哥学习；等等。周总理的祝词深深地激动着人心，全场热烈鼓掌。斯大林讲话很轻松。他说，中苏友好、兄弟情谊要保持下去，周恩来都说了，也代表了他的意思，社会主义阵营也应像周恩来讲的那样，可惜今天与会者缺少了一员——南斯拉夫未被邀请，原因是南斯拉夫自己把自己划到外面去了。斯大林表示惋惜。接着讲了团结就是力量。

席间，毛主席曾举杯祝斯大林健康并祝中苏友好万岁！斯大林也数次举杯，祝毛主席、周总理健康。宴会持续至午夜。尽欢而散。

（选自鲁林、卫华、王刚主编：《红色记忆——中国共产党历史口述实录》(1949—1978)，济南出版社 2002 年版。)

第一个五年计划的编制

从 1949 年 10 月中华人民共和国成立到 1952 年年底，是中国国民经济的恢复时期。这一时期，新中国采取了一系列方针、政策和措施，一方面，制止了中华民国时期国民党政府遗留下来的恶性通货膨胀，稳定了市场物价，恢复了被战争严重破坏的国民经济；另一方面，基本上完成对封建土地制度的改革，解放农村生产力，发展社会主义国营经济，确立了国营经济对资本主义经济和个体经济的领导地位，为有计划地进行经济建设创造了有力条件。但是，我国那时还是一个落后的农业国，许多工业产品的人均拥有量远远低于发达国家。毛泽东对此有过一段形象的描述："现在我们能造什么？能造桌子椅子，能造茶碗茶壶，能种粮食还能磨成面粉，还能造纸，但是一辆汽车、一架飞机、一辆坦克、一辆拖拉机都不能造。"

为了有计划地进行社会主义建设，中国政府编制了发展国民经济的第一个五年计划。根据党在过渡时期总路线的要求，第一个五年计划的基本任务是：集中主要力量进行以苏联帮助我国设计的 156 个建设项目为中心的、由限额以上的 694 个大中型建设项目组成的工业建设，以建立我国社会主义工业化的初步基础；发展部分集体所有制的农业生产合作社，并发展手工业生产合作社，以建立对农业和手工业社会主义改造的初步基础，基本上把资本主义工商业分别纳入各种形式的国家资本主义的轨道，建立对私营工商业社会主义改造的基础。

1952 年 6 月，中央财经委员会在用一年多时间调查酝酿的基础上，开始编制第一个五年计划草案。这个计划草案经过多次补充和修改，最后经 1955 年 7 月第一届全国人民代表大会第二次会议通过。

第一个五年计划的编制工作，由周恩来、陈云主持，从 1951 年开始着手先后历时 4 年，五易其稿，到 1954 年 9 月基本定案。自 1953 年至 1957 年为第一个五年计划时期。

到 1957 年年底，各项经济建设指标，一般都大幅度超额完成，特别是工业和交通运输业喜报频传。川藏、青藏、新藏公路修到"世界屋脊"，密切了祖国内地同边疆的联系，也便利了经济文化的交流。从此，我国开始改变了工业落后的面貌，向社会主义工业化迈进。

第一个五年计划主要经验：第一，注意从国情、国力出发，在发展速度上，把需要与可能结合起来；第二，注意在发展生产的基础上改善人民生活；第三，注意做好综合平衡，留有一定后备力量，并兼顾重点与一般的关系；第四，为适应多种经济成分的存在和发展，采取了一些灵活政策。

1957 年 12 月 7 日下午，当时国务院副总理李富春在中国工会第八次全国代表大会上作报告，题目是"关于我国第一个五年计划的成就和今后社会主义建设的任务、方针的报告"。他在这个报告中详细说明了我国在执行第一个五年计划中整个国民经济的巨大发展和以后社会主义建设的任务和方针。

不过，在第一个五年计划期间，经济工作也出现过一些偏差，例如 1955 年年底和 1956 年年初，许多部门和地区的生产建设出现过要求过急、盲目冒进的倾向，也为我国社会主义建设带来了一些负面影响。

▎作者简介▶

宋劭文，1910 年生，山西太原人。1933 年加入中国共产党。曾任山西五台县县长，山西省第一区行政主任公署政治主任，晋察冀边区行政委员会主任，华北人民政府农业部部长，华北财经工委秘书长。新中

国成立后，任政务院财经委员会委员、财经计划局局长。1952 年 8 月
任中央财经委员会秘书长，轻工业部副部长，国务院第四办公室副主
任，国家经委副主任，中央财经领导小组秘书长，国家建委、国家计
委、国家机械工业委员会副主任，国家计委顾问兼国务院物价小组副组
长，国务院经济技术社会发展研究中心总干事等。1994 年 8 月 14 日在
北京逝世。时为政务院财经委员会委员、财经计划局局长。

　　1951 年 2 月，中共中央召开政治局扩大会议，毛泽东提出"三年
准备、十年计划经济建设"的思想。决定自 1953 年起，实行发展国民
经济的第一个五年计划，并要求立即着手进行编制五年计划的各项准备
工作，争取在 22 个月（即 1951—1952 年）的时间内完成试编工作。经
周恩来同志提议，成立了一个 6 人领导小组加强领导。小组成员有：周
恩来、陈云、薄一波、李富春、聂荣臻、宋劭文。当时，周恩来任中央
人民政府政务院总理，全面主持我国的内政外交工作，陈云同志任政务
院副总理兼政务院财政经济委员会（简称"中财委"）主任，薄一波和
李富春同志任副主任，聂荣臻同志任代总参谋长，我任中央财经计划局

1952 年 8 月，中央财经委员会编制出第一个五年计划的轮廓草案。
8 月 17 日，周恩来率领中国政府代表团赴苏联，与苏联领导人商谈关
于中国第一个五年计划的有关问题。图为代表团到达莫斯科。

局长。

1952年5月，抗美援朝战争还在继续进行，党中央根据中财委提出的建议，确定了"边打、边稳、边建"的方针，并积极组织力量着手第一个五年计划的编制工作。中央指出，今后的5年，即1953—1957年，是我国长期建设的第一阶段，其基本任务是：为国家工业化打下基础，以巩固国防，提高人民的物质与文化生活，并保证我国经济沿着社会主义道路前进。根据毛泽东以重工业为中心的意见，明确五年建设的方针为：（1）工业建设以重工业为主，轻工业为辅。重工业优先建设钢铁、煤炭、电力、石油、机械制造、军事工业、有色金属及基本化学工业。轻工业优先发展纺织、造纸和制药工业。（2）工业的建设速度，在可能的条件下，力求迅速发展。（3）工业的地区分布，应有利于国防和长期建设，并且结合实际情况，充分发挥东北及上海原有工业基地的作用，继续培养与利用已有工业基础与技术条件，为建设新厂矿、新工业基地创造条件。（4）铁路建设以沟通西南、西北和中南为主要任务，以适应在国防安全条件下，长期建设的需要。当时，中财委编制第一个五年计划总的指导思想是：（1）经济建设要确实保证重点。（2）建设的规模和速度，要按实际需要和财力、物力、人力条件的可能进行安排，并且配套建设。（3）第一个五年计划应同第二个五年计划相衔接。1952年6月，中财委汇总各大区和工业部门上报的经济建设指标，试编出按部门和行业划分的《一九五三年至一九五七年计划轮廓（草案）》及其《总说明》。这个计划轮廓（草案），实际上只有国营工业（特别是重工业）、铁路运输、重大水利工程是直接计划，农业、手工业和资本主义工商业都是间接计划，也就是说直接计划在"一五"计划中大约只占40%。在这个草案中，对我国钢铁、机械、煤炭、石油、电力、化学、电器制造、轻纺、航空、坦克、汽车、造船等工业，提出了具体建设指标和要求，对重大水利、铁路、桥梁建设也做出总体规划。通过"一五"计划，拟扩（改）建与新建若干个重工业区，即：以钢铁和机器制造工业为中心的鞍山、武汉、包头三个区域，以石油化工、有色金属和机器制造工业为中心的兰州区域，以动力设备、重型机械制造工业为中心的哈尔滨、沈阳、齐齐哈尔、西安区域，以化学工业为中心的吉林区域，以煤炭和采矿设备制造为中心的抚顺、大同区域，以及以机器制造工业为中心的洛阳、成都区域，以初步形成我国工业建设的新框架与大致合理的布局。"一五"计划轮廓（草案）尽管比较粗略，但作为我国第一个中长期经济发展计划的雏形，不仅为我国政府与苏联政府谈判援助我国第一个五年计划项目提供了基本依据，而且也为我国即将展开的有计划的大规模经济建设，勾画出一幅宏伟的蓝图。

陈云（前左）、林伯渠（前中）、朱德（前右）、邓小平（后三）等视察官厅水库。

1952年8月下旬，以周恩来为团长，陈云、李富春同志为副团长的中国政府代表团，应邀前往莫斯科，与苏联政府商谈援助中国第一个五年计划建设等问题。

到莫斯科后过了两三天，斯大林在克里姆林宫设晚宴招待了以周总理为首的中国代表团。9月中旬，斯大林会见周恩来、陈云和李富春同志，就援助中国的"一五"计划问题，谈了三点意见：（1）经过第一个五年计划，中国应当能够制造汽车、飞机、军舰。（2）中国工业的发展速度一定很快，但是做计划应留有余地，要有后备。（3）苏联对中国的援助。价格便宜，技术也是头等的。斯大林的意见，实际上表达了苏联政府援助我国"一五"计划的总方针。现在看来，在当时以美国为首的帝国主义阵营对我国封锁禁运，第二次世界大战刚刚结束不久，苏联的重建工作任务很重，再加上苏联在还从来没有搞过这样大规模的对外援助的历史条件下，他们对我国的援助，确实是尽了努力的。

9月底，周恩来和陈云同志先期回国，留李富春领导中国政府代表团继续与苏联政府谈判。离开苏联以前，周总理亲自将他经手办理的与苏方往来的有关文件逐一清点，移交给富春同志的秘书吴俊扬同志。苏联对中国政府代表团的接待工作，转由苏共中央政治局委员、苏联国家计委主席萨布洛夫负责。苏联国家计委极为重视，曾组织人员，集中力量，着重审查中国的第一个五年计划和要求援助的项目。中国代表团团员则分头向苏联有关部、局介绍情况、交换意见。苏联方面，详细地审查了全部的地质资料，为此，总理和陈云同志于1952年10—11月间特地派遣地质部副部长宋应同志到莫斯科接受咨询，并再度让柴树藩同志到莫斯科协助沈鸿等同志参与谈判。1952年冬季，富春同志去海滨疗养期间，由我负责收集中苏双方会谈情况，向富春汇报，并转达他的意见。当时还成立了由李富春、苏联国家计委主席、第一副主席、外贸部代理部长和总顾问5人组成的中心组，负责审查我国第一个五年计划轮廓（草案）中的问题。中苏双方进行过多次小组会谈和高级磋商，一个项目、一个项目地予以落实，凡是重大问题，富春同志都直接打电报请示党中央。

1953年3月8日，周恩来专程赶赴莫斯科，代表中国党和政府参加斯大林的葬礼。周总理利用工作间隙，抽出时间，听取了富春同志关于同苏方商谈"一五"计划轮廓（草案）的情况汇报和意见。总理听得非常认真，亲自做记录，回国后又整理成文，分送有关领导同志征求意见。

3月中下旬，苏联部长会议第一副主席米高扬会同卡冈诺维奇、科西钦科、郭维尔等人，两次约见李富春，中方陪见的有我和袁宝华。米高扬代表苏联政府，对中国政府的《一九五三年至一九五七年计划轮廓（草案）》提出了如下意见：（1）关于工业发展速度，原定每年递增20%，但由于建设时期与恢复时期情况不同，速度定高了，摊子就铺得很大，力量分散。因此，计划每年递增14%或15%就可以了。（2）中国工业发展的主要障碍，是缺乏自己的专家和地质资料。这两项工作，必须做在其他工作之前。苏联的帮助可以减轻中国建设的负担，但毕竟很多工作要中国自己去做。设备不能完全依赖进口，能生产的要自己生产，这样，既可节省资金，又培养了技术力量。（3）中国"一五"计划，需要大力发展手工业、小工业。手工业是增加财政收入和国民经济积累的来源之一。（4）要注意考虑农业。过去三年，中国实行土改，农业收获很大。但今后这样的重要条件没有了，就要另想办法保证农业的继续发展。要保证肥料，注意发展城乡交流。（5）铁路建设意义重大。（6）五年计划的财政、金融、商品流通方面，还要花力量研究，因计划缺少财政和物资平衡。

4月初，李富春给毛泽东写信，汇报同米高扬会谈的主要内容，并决定派我和钱志道回国汇报，请中央对"一五"计划建设方针、规模及苏联援助总协定主要内容作指标。

4月中旬，我奉命回国。一天，周总理约我晚上10点钟汇报。到总理办公室以后，因总理正忙于处理公务，一时抽不出身来，我就在外边等候，与总理办公室的李琦、刘昂、马列、许明等同志漫谈。一直等到晚上12点，总理办完手上的急事，才叫我进去汇报。他详细询问了苏联方面对我国"一五"计划的全部意见，并问道："去苏联谈判为什么拖了这么长时间？"我回答说："这是因为苏联方面对计划的平衡工作要求很高，对我国地质资料、技术水平和生产能力询问得很详细，而我们在这些方面的准备工作不足，使项目选址、施工设计、设备分交、技术人员的培训等计划内容的落实，花费了不少时间。"总理说："是啊！确定100多个援助项目，并要守约按期交付使用，确实不是一件容易的事！"为了使总理对情况了解得更清晰，我将我们绘制的七八幅我国"一五"计划受援项目进度曲线图交给总理，他看了以后很高兴。从图上可以对建设项目的厂址选择、投资规模、开工日期、施工进度、交付日期、生产能力等参数，一目了然。曲线图表明，我们的建设进度和投资安排，是逐年根据实际可能逐步地增长，而不是集中在几年内跳跃式地增长。后来陈云同志看了这些曲线图，也非常满意。汇报时，我还讲了请苏联专家给中国政府代表团讲课的一些情况。周总理对苏联经济专家讲的一段话很感兴趣，让我重复了两遍。这段话是："总产值的增长速度，要大于职工人数的增长速度，这样才能保证劳动生产率的提高；劳动生产率的提高速度，要大于工资的增加速度，这样才能保证国家的积累；技术人员的增加速度，要大于工人的增加速度，这样才能保证技术水平的提高。"周总理很赞赏这几个观点，认为应以这些观点指导我们今后的经济工作。我还向总理汇报了苏联计委管综合的同志说过的一句话："平衡法是编制计划的基本方法，要从需要算起，充分考虑可能，经过平衡，使计划建筑在可靠的基础之上。"这句话给总理留下了深刻的印象，他把这种观点运用在我国建设实践中，并在"一五"计划时期形成他对经济建设工作的一种指导思想，即：既要反对保守主义，又要反对急躁冒进，在综合平衡中稳步前进。最后，我们还谈到偿还苏联援助的方式和费用问题，总理意见：待找有关部门计算、商量并报中央审批后，再作答复。过了两天，我又向中央政治局作了汇报，中央表示同意苏联政府对我国"一五"计划所提建议，赞成苏联援助项目清单中砍掉的三类项目：(1) 没有地质资料的；(2) 中国自己办得了的；(3) 过几年才能办的。同意《协定(草案)》拟定的偿还援助费用的方式和数量；并授权李富春代表中国政府在《协定》上签字。随后，我即带着中央写给富春同志的复信，返回了莫斯科。

《协定（草案）》经中央批准后，1953 年 5 月 15 日，由李富春和米高扬分别代表中苏两国政府签订了《关于苏维埃社会主义共和国联盟政府援助中华人民共和国中央人民政府发展中国国民经济的协定》（简称"5·15"协定）。中国代表团赴苏谈判援助中国的"一五"计划，历时 8 个多月，取得了圆满成功。根据协议，"一五"期间，苏联援助我国总共 156 个重点项目（简称"156 项"）。苏联负责提供生产各项产品所需的制造特许权及技术资料，承担 70％—80％的设计工作，供应占总价值 50％—70％的设备。中国方面，负责 20％—30％的设计工作，承担价值 30％—50％的设备制造，包括项目配套所需的辅助性的半制成品和成品材料。

我国第一个五年计划的编制工作，是在缺乏经验和统计资料的情况下，根据毛泽东关于优先发展重工业的指示精神，在周恩来直接领导，陈云、李富春的具体指导和苏联的帮助下，编制成功的。这一工作从开

大会代表一致通过《中华人民共和国发展国民经济的第一个五年计划》

始时的 6 人小组领导，转为后来的 8 人小组（1954 年 4 月成立以陈云为组长的中央编制五年计划纲要草案工作小组）领导。经过反复酝酿，前后数易其稿，费时 4 年（自 1951 年 2 月试编至 1955 年 7 月 30 日全国人大一届二次会议通过），"边建、边改、边学"的"一五"计划终于编成，并付诸实施。由于计划是建立在大量的调查研究的基础之上，实行了决策的民主化、施工的程序化，经过严密组织，到 1957 年年底，"一五"计划全面提前超额完成；苏联援建的 156 个重点项目有 135 个项目已经施工建设，有 68 个项目建成或部分建成投入生产。"一五"期间，在苏联的援助下，我国迅速建立起前所未有的新兴工业部门，如飞机、汽车、重型机器、发电设备、冶金和矿山设备、精密仪表、新式机床、塑料、无线和有线电器材的制造等。我国中部地区，建立起一大批新的钢铁、煤炭、电力、机械、有色金属、化工和军工企业，构成了我

"一五"计划期间，"世界屋脊"青藏高原上的川藏、青藏、新藏公路相继建成通车，把西藏和祖国内地紧密地联系起来。图为川藏、青藏公路通车典礼。

国工业布局的基本框架。至今，这些重点企业仍发挥着重要作用。可以说，我国"一五"计划的提前完成，为我国打下了一个工业化的初步基础。"一五"期间，我国工业的发展速度远远超过了主要的资本主义国家，经济建设取得了举世瞩目的成就，充分地显示出社会主义制度的优越性；"一五"建设的成功经验是多方面的，至今仍然有很多值得我们认真加以总结和借鉴的地方。

（选自鲁林、卫华、王刚主编：《红色记忆——中国共产党历史口述实录》（1949—1978），济南出版社 2002 年版。）

毅然决策援朝鲜

导　读

　　1950 年 6 月 25 日，朝鲜战争爆发。美国借机实行武装干涉，把战火烧到鸭绿江边，同时又派遣第七舰队封锁台湾海峡。在邻国受到侵略、我国的安全受到严重威胁的关键时刻，中国人民志愿军毅然出兵朝鲜，同世界头号强国美国进行了一场为期 3 年的艰苦战争。

　　朝鲜战争虽然是在双方处于均势的情况下最后以停战形式宣告结束的，但对于新中国来说，是以伟大胜利而载入史册的。从政治上看，完全达到了抗击美国对中国边境的威胁，维护祖国安全，并履行国际主义义务的目的。从军事上看，战争开始时，志愿军的战线还在作为中朝国界线的鸭绿江，而战争结束时，战线已在鸭绿江以南 400 公里的三八线附近。美国前总统特别顾问艾夫里尔·哈里曼称朝鲜战争是"一场苦涩的战争"。

　　在这场 3 年的战争中，中朝两国军队共毙、伤、俘敌军 109.3 万余人，其中美军 39.7 万余人，击落击伤和缴获飞机 12224 架，击沉击伤舰艇 257 艘，击毁击伤缴获坦克 3064 辆，缴获火炮 6321 门，缴获枪支近 12 万支（挺）。这是中朝两国人民及志愿军、人民军殊死战斗取得的伟大胜利。为取得这个胜利，中国人民志愿军也付出了重大代价。战斗减员 36.6 万余人，其中亡 13.3 万余人；另有因冻、饿、病和事故伤亡造成的大量非战斗减员。损失飞机 399 架，其中被击落 231 架；损失汽车 12916 辆。同时，中国人民还付出了巨大的财力物力消耗。

对新中国来说,抗美援朝的伟大历史意义在于:

首先,它一扫近代以来中国任人宰割、积贫积弱的国际形象,提高了国际地位。不仅从根本上洗刷了百余年来中华民族受侵略受压迫的屈辱历史,而且也开创了新中国以崭新的姿态屹立于世界民族之林的历史新篇章,"从此,西方列强只要在东方一个海岸架起几尊大炮就可以霸占一个国家的时代,一去不复返了"。

其次,它为我国社会主义现代化建设赢得了一个相对稳定的和平环境,使社会主义改造和社会主义建设得以顺利进行。

再次,它使我军受到了现代化战争的锻炼,积累了在现代条件下作战的宝贵经验。在这场战争中,美军动用了除原子弹外的几乎所有的最新式、最先进的武器装备,而此前我军对现代战争几乎一无所知,是在现代战争的条件下学习战争,并凭借落后的武器与美军对抗并最终取得胜利。

1953 年 9 月 12 日,毛泽东在中央人民政府委员会第二十四次会议的讲话中,对抗美援朝作了总结:"抗美援朝,经过三年,取得了伟大胜利,现在已经告一个段落。抗美援朝的胜利是靠什么得来的呢?主要是因为我们的战争是人民战争,全国人民支援,中朝两国人民并肩战斗。"

作者简介

洪学智,1913 年生,安徽金寨人。1929 年加入中国共产党。参加了红四方面军西征、平津战役等。新中国成立后,任中南军区第十五兵团第一副司令员、广东军区副司令员。参与指挥第十五兵团进军广西的作战行动,参与指挥渡海作战,取得解放海南岛战役的重大胜利。1950 年 7 月,调任东北边防军第十三兵团副司令员。同年 10 月参加抗美援朝,任中国人民志愿军副司令员,协助彭德怀司令员指挥志愿军入朝作战。1951 年 6 月,兼任志愿军后勤司令部司令员。1954 年 2 月,任总后勤部副部长。1955 年被授予上将军衔。"文化大革命"开始后,遭受关押批斗。党的十一届三中全会后，任总后勤部部长、中央军委副秘书长、总后勤部部长兼政委等职。2006年11月20日在北京逝世。时为东北边防军第十三兵团副司令员。

从1950年6月25日朝鲜战争爆发至9月上旬，朝鲜人民军已解放了朝鲜南部90%以上的地区和占人口92%以上的人民，将美伪军压缩到了洛东江以东1万平方公里的狭小的釜山地区，取得了很大胜利。

美国为挽救朝鲜半岛的败局，经过精心策划和准备之后，于9月15日，乘朝鲜人民军主力集中于洛东江战线后方空虚之际，在美国第10军军长阿尔蒙德少将指挥下，以第10军所属之陆战第1师、步兵第7师等部队共7万余人，在300多艘军舰和500多架飞机掩护、支援下，在朝鲜西海岸的仁川实行登陆。

仁川登陆成功后，美军便立即向汉城、水原方向进攻。

9月16日，在美第8集团军司令沃克中将的指挥下被围困在釜山的美伪军10个师开始向北反攻。朝鲜人民军处在两面作战的不利情况下，被迫转入战略退却。9月23日，从洛东江北进的美骑兵第1师与在仁川登陆后向东南突击的美第7师在水原附近会合，形势的变化对朝鲜人民军越来越不利。9月28日，美伪登陆部队攻占汉城。两天后，美伪军越过了三八线，疯狂北犯。

10月1日，朝鲜外务相朴宪永携带着金日成首相给毛泽东主席的信飞到了北京。朴宪永当面向毛主席、周总理恳请中国人民解放军出兵支援。

深夜，金日成首相在平壤又紧急召见中国驻朝鲜大使倪志亮和政务参赞、武官柴军武（柴成文），提出希望中国尽快派军队支援朝鲜人民军作战，反对美国侵略。

10月2日，麦克阿瑟按照美国参谋长联席会议"9·27"命令，下达了"联合国军司令部第2号作战命令"。令美第8集团军从陆地推进，

美国把战火烧到鸭绿江边，严重威胁着中国的安全。

占领平壤；美第 10 军在元山登陆，两支部队在平壤——元山峰腰部会合，切断人民军退路，继续北进。

朝鲜战局的形势已经急剧恶化，需要中国及时出兵支援。我们第十三兵团的领导和部队已做好了出兵的准备。只要党中央毛主席一声令下，我们立即可以向朝鲜出动。

10 月 8 日，中央来了电报。电令是这样写的：

彭高贺、邓洪解及中国人民志愿军各级领导同志们：

（一）为了援助朝鲜人民解放战争，反对美帝国主义及其走狗的进攻，借以保卫朝鲜人民、中国人民及东方各国人民的利益，着将东北边防改为中国人民志愿军，迅即向朝鲜境内出动，协同朝鲜同志向侵略者作战并争取光荣的胜利。

（二）中国人民志愿军辖十三兵团及所属之三二八军、三十九军、四十军、四十二军，及边防炮兵司令部与所属之炮兵一师、二师、八师。上述各部须立即准备完毕，待令出动。

（三）任命彭德怀同志为中国人民志愿军司令员兼政治委员。

（四）中国人民志愿军以东北行政区为总后方基地，所有一切后方工作供应事宜，以及有关援助朝鲜同志的事务，统由东北军区司令员兼政治委员高岗同志高度指挥并负责保证之。

（五）我中国人民志愿军进入朝鲜境内，必须对朝鲜人民、朝鲜人民军、朝鲜民主政府、朝鲜劳动党（即共产党）、其他民主党派及朝鲜人民的领袖金日成同志表示友爱和尊重，严格地遵守军事纪律和政治纪律，这是保证完成军事任务的一个极重要的政治基础。

（六）必须深刻地估计到各种可能遇到和必然会遇到的困难情况，并准备用高度的热情、勇气、细心和吃苦耐劳的精神去克服这些困难。

目前总的国际形势和国内形势于我们有利，于侵略者不利，只要同志们坚决勇敢，善于团结当地人民，善于和侵略者作战，最后胜利就是我们的。

中国人民革命军事委员会主席　毛泽东

一九五〇年十月八日于北京

当夜，我们从安东乘火车赶到了沈阳。

第二天早上，我和邓华先去彭总下榻的大和旅馆见了彭总。一见面邓华就说："欢迎老总，有你出任司令员，我们的仗就更好打了，我们大家的信心就更足了。"

彭总说："我是毛主席点将点来的，本来是该林彪来的，可是他说他有病，毛主席命令我来了！"

彭总笑了一会儿，说："4日上午，我正同西北的领导同志一起研究开发大西北的规划，北京突然派飞机，令我立即上飞机去北京开会，一分钟也不准停留。我连家也没回，连洗漱用具也没有带就上了飞机。我猜想很可能是讨论西北的建设问题，所以急匆匆地从办公室拿了一摞开发西北的资料。没想到是讨论朝鲜战争的问题。"

我们又笑了一阵，他接着说："下午4点多到北京中南海，中央政治局正在讨论援助朝鲜出兵问题。当毛主席让大家摆了出兵的不利情况后，主席讲：'你们说的都有理由，但是别人处于国家危急时刻，我们站在旁边看，不论怎么说，心里也难过。'我刚到，未发言，但内心是觉得应该出兵援助朝鲜。"

彭总接着说："第二天下午，中央又在中南海颐年堂开会，其他同志发言后，毛主席征求我的意见，我说：'出兵朝鲜是必要的，打烂了，等于解放战争晚胜利几年就是。如果美军摆在鸭绿江和台湾，它要发动战争，随时都可以找到借口。'当天，党中央、毛主席决定出兵朝鲜，并决定我去朝鲜。主席讲：'原来是想让林彪去的，他对4野熟悉，可是他说病了，去苏联治病去了，所以想让你去。'毛主席问我同意不同意，我没有推诿，临危受命，怎么好推诿呢？从爱国主义讲，从国际主义讲，我彭德怀都不能说一个'不'字。"

我们向彭总提出：原来中央决定的先派两个军过江，现在看起来，一是两个军过去力量太少，兵力不够；二是美军的飞机已多次飞到鸭绿江，他们已发现了我们在江边集结，一旦他们把江桥炸掉，部队再过江就困难了。是不是考虑4个军一起过江？彭总认为这个意见很好，答应向毛主席和中央军委报告。

10月11日，彭总抵达安东，当天听取我们兵团领导汇报情况。

汇报完情况后，彭总告诉我们，他已收到了毛主席的电报，毛主席已同意了我们提出的4个军一起入朝的意见。他问我们还有什么意见。

邓华和我都提出，即使是先头4个军一起入朝兵力也还是不够。

根据我们的分析，由于我军的火力弱，与敌人的火力相差得太悬殊，歼灭美军一个师，我们需要两个军；歼灭伪军一个师，我们需要一个军。因此，还需要向中央建议，赶快增加部队，中央原来已从华东和陕甘调动的位于陇海、津浦、北宁诸线的24个师，作为援助朝鲜的第二批和第三批兵力，预计是在明年春季才逐步使用的，现在看起来应该尽快提前调来。

彭总说："你们这个意见很好，第十三兵团虽然战斗力强，但兵力毕竟有限。根据我军一贯的集中优势兵力歼灭敌人的原则，其他部队应该继续赶来。我马上向中央报告。"

彭总向中央提出建议后，中央很快确定宋时轮同志率领的第九兵团昼夜兼程赶上来。

接着，我们又向彭总提出："我们这4个军开到前面去后，谁维护后方呀？没有部队维护后方，后方供应怎么保障呢？应再调一个军来维护后方。"

1950年10月上旬，中共中央根据朝鲜劳动党和政府的请求以及中国安全的需要，作出了派遣志愿军至朝鲜境内进行抗美援朝保家卫国的战略决策，并任命彭德怀为中国人民志愿军司令员兼政治委员。图为彭德怀在朝鲜前线视察阵地。

彭总认为这个意见考虑周到。当时,有的部队在剿匪,剩下的部队都在搞生产、搞营建,一时都抽不出来。比较起来还是在天津的第66军离得最近。所以,中央又电令把第66军从天津调来。

10月12日晚8时多,彭总和我们接到了毛主席的电报:

彭高、邓洪韩解:

（一）10月9日命令暂不执行,13兵团各部仍旧原地进行训练,不要出动。（二）请高岗德怀二同志明日或后日来京一谈。

毛 泽 东
10 月 12 日廿时

彭总看了电报,皱起双眉,显出一副忧心忡忡的神色。他什么也没说,第二天一早就匆匆返回北京了。这是怎么回事呢?为什么刚刚下了要出兵的命令,又要暂缓呢?直到三天后,彭总又从北京飞到安东,听彭总讲了暂缓的原因,我们才解开疑团。

自从9月15日美军在仁川登陆成功后,杜鲁门和麦克阿瑟就决心要占领北朝鲜了。这以后斯大林和毛主席都看出完全靠朝鲜人民军作战已经不行了,所以,中苏两国就开始协商如何支援朝鲜人民的问题。

斯大林担心出动苏军支援朝鲜与美军对抗,将会把战火引向欧洲和世界各地,引起第三次世界大战,破坏"二战"后形成的世界格局,不愿意出兵,想让中国出兵。可是我们也有困难呀,我们刚刚解放,国力很弱。我们部队的武器装备很差,都是常规武器,没有空军掩护,面对现代化武器装备的、完全掌握着制空权的美军,要下决心出兵也不容易。经过反复协商,最后两国达成了协议,由我国出兵援朝,由苏联派空军支持、掩护我军。

根据这个协议,我党中央于10月初正式决定出兵援朝。10月2日,毛主席把我党的决定打电报告诉了斯大林。电报说:

（一）我们决定用志愿军名义派一部分军队至朝鲜境内和美国及其走狗李承晚的军队作战，援助朝鲜同志。我们认为这样做是必要的。因为如果让整个朝鲜被美国人占去了，朝鲜革命力量受到根本的失败，则美国侵略者将更为猖獗，于整个东方都是不利的。

（二）我们认为既然决定出动中国军队到朝鲜和美国人作战，第一，就要能解决问题，即要准备在朝鲜境内歼灭和驱逐美国及其他国家侵略军；第二，既然中国军队在朝鲜境内和美国军队打起来（虽然我们用的是志愿军名义），就要准备美国宣布和中国进入战争状态，就要准备美国至少可能使用其空军轰炸中国的许多大城市及工业基地，使用其海军攻击沿海地带……

接着，我党中央又于10月8日作出了正式组成中国人民志愿军和由彭德怀担任司令员兼政委的决定。

就在这时，斯大林突然通知我们说，他们的空军还没准备好，要暂缓出动。后来我听彭总讲，斯大林说的没有准备好，并不是真正的原因。真正的原因是斯大林对我们能不能打胜这场战争有怀疑。他看到我们真的决定要出兵了，而且美国准备宣布同中国进入战争状态，他就犹豫了。

斯大林觉得中国的军队虽然在国内战争中胜利了，但装备那样差，到底能不能打败美军，没有底。觉得如果他们出动空军掩护，我军一旦被打败了，就把他们给卷进来了，苏联就会有与美军直接对抗的危险，甚至会引起第三次世界大战。

对于苏联态度的变化，毛主席和彭总都感到很突然。友好的国与国之间哪有这样的事情，已经达成协议的，又临时改变？但到了这时候，军情紧急，刻不容缓。毛主席一面马上派周总理去苏联与斯大林进一步协商，一面召集彭总等人研究下一步如何行动。这就是毛主席12日发那封暂停电报的缘由。

周总理到了苏联，没能说服斯大林改变主意，斯大林仍没答应按预定的协议出动空军支援我们。

毛主席得知这个消息，就不再对苏出动空军掩护我军抱希望了。毛主席是伟大的政治家、军事家，气魄非凡。他经与彭总等中央政治局领导同志商量后，毅然决然地作出了历史性的决策：不管有没有苏联空军支援，我们仍按原定计划出兵援朝。决定刚一作出，毛主席就给周总理发去了如下指示：

（一）与政治局同志商量结果，一致认为我军还是出动到朝鲜为有利。在第一时期，可以专打伪军，我军对付伪军是有把握的，可以在元山、平壤线以北大块山区打开朝鲜的根据地，可以振奋朝鲜人民。在第一时期，只要能歼灭几个伪军的师团，朝鲜局势即可起一个对我们有利的变化。

（二）我们采取上述积极政策，对中国，对朝鲜，对东方，对

中国人民志愿军在炮火掩护下向敌阵地冲锋

世界都极为有利；而我们不出兵，让敌人压至鸭绿江边，国内国际反动气焰增高，则对各方都不利，首先是对东北更不利，整个东北边防军将被吸住，南满电力将被控制。

总之，我们认为应当参战，必须参战，参战利益极大，不参战损害极大。

周总理接到毛主席的指示后，马上再次约见斯大林。斯大林见周总理在很短的时间里连续约见，以为我们又要和他讲条件呢，没想到只是通知他：中国党和政府已经作出决策，不管苏联是否出动空军，中国照样出兵援朝。斯大林听了这个消息深感意外，激动之情溢于言表。

（选自鲁林、卫华、王刚主编：《红色记忆——中国共产党历史口述实录》(1949—1978)，济南出版社2002年版。）

"大跃进"年代

——贯彻"总路线"与发动"大跃进"

导 读 ▶

"大跃进"运动是指 1958 年至 1960 年间，中国共产党在全国范围内开展的极左路线的运动，是在中共八届三中全会及其以后不断地错误批判 1956 年反冒进的基础上发动起来的，是"左"倾冒进的产物。

由于对社会主义经济发展规律和中国经济的基本情况认识不够，进行社会主义建设经验不足，加之毛泽东等人在胜利面前滋长了骄傲自满情绪，急于求成，夸大了主观意志和主观努力的作用，因而在社会主义建设总路线提出之后，没经过认真的调查研究，就轻率地发动了"大跃进"运动。

自 1953 年起，我国的经济建设实行了第一个五年计划，到 1957 年顺利完成。工农业生产都有大幅度的提高。中国人民为了建设好自己的家园，都争先恐后地要贡献出自己的力量。1958 年 2 月，《人民日报》发表了"鼓足干劲，力争上游"的社论，明确地提出国民经济要全面"大跃进"。随后，在基层的全体干部中，认真学习社论的精神，为全面"大跃进"奠定了思想基础。

1958 年 6 月初，国家计委提出《第二个五年计划要点》，其中提出五年超过英国，十年赶上美国。这个文件得到了毛主席的首肯，并批示："这是一个很好的文件，值得认真一读"。到了 6 月 17 日，又提出"两年超过英国"的报告。1958 年 7 月，从农业战线传来喜讯，各媒体先后刊登湖北省长风农业生产合作社，早稻亩产15361斤，放了一个大"卫星"。随即农业部公布夏粮产量同比增长69%，总产量比美国还多出40亿斤。"榜样"既出，各地纷纷效仿。之后，各地区抓农业的领导干部，亲自抓"试验田"。到了秋收季节，亩产万斤粮的报道，便接踵而来，比比皆是。更有甚者，不仅能够亩产万斤粮，而且还能够亩产十万斤粮。

8月17日，中共中央政治局在北戴河召开会议。在会上研究了超英赶美、大炼钢铁和成立人民公社等重大问题。确定要把钢铁作为全党的第一位大事来抓，年计划要完成1070万吨，实现翻一番。随后，会议精神很快就传达到基层单位。由于各个单位都参与大炼钢铁，开始使用本单位的废钢材，没有几天就用光了。在当时炼钢的原料就成了大问题，只好发动全厂职工群众，收拣废钢铁，有些职工干脆就把自己家中的铁器献出。

到1958年年底，中共中央发表公报，宣布粮食、钢铁的产量都翻了一番，实现了特大的跃进。从此，"大跃进""总路线"和"人民公社"，并称为"三面红旗"。

"大跃进"已经过去了60多年，但是它的影响却是深远的：

第一，用大搞群众运动的办法，去抓经济建设是不可取的。

放手发动群众，在战争年代是一个成功的经验。但是，转入经济建设阶段后，再用大搞群众运动的办法，显然是不适用了。因为经济是按照规律发展的，要有科学的管理，严格的工艺要求，还必须遵守各种规章制度。

第二，在发展经济的过程中，要从实际出发，做到实事求是。

"大跃进"最惨痛的教训是脱离了实事求是的精神，说大话搞弄虚作假。农业放高产"卫星"，浮夸风四起，各地报喜不报忧的事情，甚嚣尘上。全民大炼钢铁，浪费了大量的能源，砍伐了树木，所炼出来的钢铁都是豆腐渣形状的废物，根本没有用处。

　　江渭清，1910 年生，湖南平江人。1929 年加入中国共产党。南京解放后，任中共南京市委副书记。1952 年起，任江苏省委第二书记、中共中央华东局委员。1954 年任江苏省委书记、中共中央上海局委员。1956 年起，任江苏省委第一书记兼江苏军区第一政委，南京军区第三政委、代理第一政委，中共中央上海局书记。1959 年任江苏省政协主席。1961 年任中共中央华东局书记处书记。"文化大革命"中遭受林彪、江青反革命集团迫害。1974 年 2 月任中共江西省委第一书记、省革命委员会主任。1975 年任江西省军区第一政委、福州军区政委。时为中共江苏省委第一书记。

　　1958 年，在建设社会主义总路线的推动下，兴起了全国性的"大跃进"，先后持续 3 年之久，人们称之为"大跃进时期"。

　　"总路线"的提出和"大跃进"的发动不是偶然的，是政治上反右派扩大化、经济上急于求成的思想急剧发展的结果。当时，苏联曾提出要"15 年赶上美国"，我们党就宣布要 15 年赶上或者超过英国。1957 年 9 月至 10 月召开了党的八届三中全会，毛主席在会上严厉批评了 1956 年的"反冒进"。

　　在这种加快经济发展速度的国内外气候下，他认为"反冒进"扫掉了"多快好省"，扫掉了《全国农业发展纲要》四十条，还扫掉了"促进委员会"。接着，在 1958 年 1 月召开的南宁会议上，毛主席再次严厉批评"反冒进"是泄了 6 亿人民的气，离右派只有 50 米远了。他还认为，冒进是马克思主义的，而"反冒进"没有摆正一个指头与九个指头的关系，是方针性的错误，是非马克思主义的。我们各省的同志在会上听了毛主席的讲话，都感到压力很大。这年 3 月，中共中央在成都召开了有中央各有关部门负责人和省、市、自治区党委第一书记参加的工作会议，主要议题仍是批判"反冒进"并酝酿和讨论社会主义建设的总路线。毛主席在会上作了多次讲话。他说，1955年年底，党中央曾向全国正式提出了建设社会主义要又多又快又好又省，但由于"反冒进"，把"多快好省"反掉了。他指出，建设社会主义有两条路线，一条是多、快、好、省，另一条是少、慢、差、费；有两种办法，一种是干劲十足，轰轰烈烈，坚持群众路线；另一种是"寻寻觅觅，冷冷清清，凄凄惨惨戚戚"。他在讲话中列举了古今中外的许多事例，说明创立新思想、新学派的都是学问不多的青年人，号召大家要"破除迷信，解放思想"，在社会主义建设中要有"势如破竹，高屋建瓴"的气概，敢想、敢说、敢做。"总路线"就是在这个指导思想下提出的。

成都会议于3月8日开始，至3月26日结束。会上，中央将准备提交八大二次会议的"报告草稿"印发给到会同志讨论。我记得"报告草稿"第一页上，原有"我们今后的任务是要为技术革命和文化革命而奋斗"这句点示主题的话，经毛主席仔细斟酌后改定为"我们今后的任务，是要贯彻执行党中央和毛泽东同志提出的调动一切积极因素，正确处理人民内部矛盾，鼓足干劲、力争上游、多快好省地建设社会主义的总路线技术革命和文化革命而奋斗"。这是首次对建设社会主义总路线的完整表述。

为了做好八大二次会议的准备工作，4月上旬，毛主席还在武昌东湖主持召开了汇报会议。到会的有六个大区的书记。那时，大区书记由省、市委第一书记担任，所以几个有关省、市的主要负责人都参加了汇报。

毛主席让我们各省的同志每人讲一天。头三天的程序是：吴芝圃（河南）、曾希圣（安徽）、周小舟（湖南）。第三天轮到周小舟。毛主席见他手里拿着个本子，发了脾气，说："你事先做了准备，照着汇报稿念，我不听。"改让柯庆施汇报。毛主席见柯也是拿着事先准备的本子，脾气更大了。说："柯大鼻子！你就吃饭、睡觉，自己不调查研究，光凭工作组汇报，再叫秘书写好了稿子念，这样的汇报，我不要听。会不开了。"

休会一天。当晚，毛主席把大家召集起来，研究继续汇报，说："江渭清，你打算怎么汇报，题目是什么?"我当即回答，我们江苏传达了成都会议精神以后，各级干部按照主席的指示，多快好省、势如破竹，所以我的汇报题目就叫"政治挂帅，以生产为中心，带动各项工作一道前进"。毛主席一听来了精神，说："渭清同志，你这个汇报题目好。吴芝圃、曾希圣他们的汇报，就是政治不挂帅嘛! 明天就你来讲。"

中共江苏扬中县委设立田头办公室，直接指挥生产。图为田头第一办公室干部在办公。

因为晚上谈得比较迟，第二天上午，我讲了个把钟头，毛主席看表，说："吃中饭吧，下午继续讲。"下午，毛主席一边听我汇报，一边插话。当我讲到江苏今冬明春水利建设准备搞 3 亿方时，他插话说: 吴芝圃讲搞 300 亿方，我看得死 3 万人; 曾希圣讲搞 200 亿方，我看得死 2 万人; 渭清讲 3 亿方，可以一个人不死。他们那是虚夸。我讲到 5 点多钟，毛主席越听兴致越高，光插话就有两个来钟点。他看着手表，问柯庆施："快吃晚饭了，你看晚上干什么好？"柯答："王任重是东道主，请他安排吧！"毛主席说："晚上干什么大家讲！"我接话："先找个好馆子，请王任重同志招待大家吃顿湖南菜，晚上再搞点娱乐活动，看个什么节目。"毛主席说："我看就照渭清的决定办。"

晚饭吃得很高兴，曾希圣当着我对吴芝圃、周小舟、王任重他们说："'圣旨'夸赞江渭清讲得好，害得我们都挨了骂！"

这也算是"大跃进"开头的一段小插曲吧！

5月上旬，在北京举行了中国共产党第八届全国代表大会第二次会议，正式通过了毛主席提出的"鼓足干劲、力争上游、多快好省地建设社会主义"的总路线。毛主席在大会上多次阐述了"多快好省"的总路线精神，提出了反对"右倾保守"的口号，批评了对高指标持有异议的同志。他说，从中央到地方，都有一部分"观潮派""秋后算账派"，要大家辨风向，插红旗，拔白旗。根据毛主席亲自主持的武汉汇报会议的精神，我在八届二次会议上，代表江苏省委作了题为《政治挂帅，以生产为中心，带动各项工作一道前进》的发言，着重介绍了江苏的"跃进"形势，说全省广大干部、群众已树立起"要跳、敢跳、能跳"的跃进思想，以"苦干、实干、创造性地干"的精神，掀起了"大跃进"的热潮。并列举了当时的一些豪言壮语，诸如"政治挂了帅，生产飞上天"；"干部能下海，我们能擒龙"；还有一些新编的顺口溜："志气比天高，干劲冲云霄；舀干大海水，切断荒山腰；就用这股劲，实现四十条"等，借以说明江苏人民蓬勃旺盛的革命意志，势如破竹的豪迈气概，敢作敢为的大无畏精神，正转化为伟大的物质力量，日新月异地改变着全省的经济面貌。省委决心带领全省人民，苦干3年，基本改变江苏面貌。苦干5年或者稍多一点时间，全面实现《全国农业发展纲要》所规定的各项指标；地方工业产值在1957年的基础上增加3—4倍；文化教育等方面，也都提出了"大跃进"的奋斗目标。

党的八届二次会议于5月23日闭幕，省委《关于学习和宣传中共

中共八大二次会议后，各协作区纷纷提出农业高指标。图为《人民日报》的有关报道。

八大二次会议报告和决议的通知》，在 5 月 8 日就发出了，这也说明当时那种只争朝夕、热火朝天的"跃进"劲头。通知要求在全省范围内大张旗鼓地开展学习和宣传社会主义建设总路线的运动。党的八届二次会议一闭幕，我立即返南京，经半月筹备，6 月 9 日，省委三届八次全会（扩大）在南京正式召开。我在会上作了《关于社会主义建设总路线问题的传达报告》，着重传达了八大二次会议上毛主席的讲话和刘少奇同志的报告精神，讲了新中国成立前 8 年的建设经验和最近 3 年（1956—1958 年）"跃进—保守—大跃进"的"马鞍形"的教训，批判了"右倾保守"，鼓励先进更先进，后进赶先进。我在报告中还具体讲了跃进规划，复述了在党的八大二次会议上提出的江苏的各项跃进指标，特别是农业方面，同时要力争 3 年之内（1960 年）提前实现《全国农业发展纲要》规定的各项主要指标，争取成为粮食单产 800 斤的省。要按照工业与农业同时并举、大型企业与中小型企业同时并举的方针，实行全党办工业、全民办工业，"政治挂帅，积极平衡，群众路线，自力更生"发展地方工业，以更好地适应农业发展的需要。科学文教事业也要有个

"大跃进"。不仅成立省的科学分院、专区（市）的科学研究所。还要做到县县有科学研究所，乡乡有科学研究站，打破科学研究的神秘化。由党委书记任所长、站长，加强党对科学事业的领导。同时要根据生产建设的需要，发展大中专教育，规划五年内兴办各种大学 300—500 所，三五年内普及初中教育，一年或多一点时间扫除文盲，两三年内基本实现"四无"（无蚊、蝇、鼠、雀）和消灭血吸虫病。当时，代表们称省委三届八次全会（扩大）有"三大破"：一是大破了农业生产不能高速度发展的迷信，肯定了农业可以"一翻再翻"；二是大破了办工业的神秘观念，地方工业可以自力更生大发展；三是大破了对科学技术和科学家、技术人员的迷信，地方也可以大办科学研究和高等教育事业。

在总路线的宣传和贯彻中提出这些目标和口号，显然片面夸大了主观意志和主观努力的作用，必然导致"大跃进"一再升温，指标层层加码。这样徒有革命热情而缺乏科学态度，既违背了客观经济规律，也丢掉了毛泽东同志一贯倡导和我们党长期坚持的实事求是、群众路线、调查研究的优良作风和工作方法，其结果只能是欲速不达，事与愿违。

狂热的"大炼钢铁"

组织和发动"大跃进"，虽然是从农业开始的，但"大跃进"发动以后，"一马当先"的则是所谓"大炼钢铁"。

为了在五六年以至两三年的短暂时间内，实现原定 15 年钢产量赶上或超过英国的奋斗目标，1958 年 8 月，中央政治局在北戴河举行扩大会议，发表了会议公报，"号召全党和全国人民用最大的努力，为在 1958 年生产 1070 万吨钢，即比 1957 年产量 535 万吨增加一倍而奋斗"。会议还通过了《关于 1959 年计划和第二个五年计划问题的决定》，明确规定 1959 年生产钢 2700 万吨，争取 3000 万吨；1960 年生产钢 5000 万吨左右；1962 年钢产量达到 8000 万吨到 1 亿吨。按照这次会议的要求，江苏同全国一样，一场从入夏以后就开始的全党动手、全民大炼钢铁的

河南信阳市郊五里墩荒丘上密布的土高炉群

群众运动，更加热火朝天地展开了。

我在参加北戴河会议期间，于 8 月 20 日专门就大炼钢铁问题同省委通了电话，提出了三点意见，要求各地、市委立即认真研究，坚决贯彻执行：一是要把今年全省 15 万吨钢的任务，按 18 万—20 万吨的要求来保证完成，只准超过，一斤也不能减少。二是今年只剩下 4 个月了，各级领导决不能向困难低头，炼钢所需要的煤、焦，要及时加以解决。三是各地、市委第一书记与有钢铁生产任务的县委第一书记，都要亲自抓钢铁生产，农业由其他书记或常委去抓。这就是所谓"钢铁元帅升帐"。

北戴河会议结束，我赶回南京，贯彻会议精神，进一步部署钢铁工作。当时，钢铁生产进展缓慢，连续几个月都没有完成预定任务。我心里十分着急，在 9 月 2 日召开的市委书记电话会议上强调，9 月份一定要超额完成计划，保证全月完成 5.5 万—6 万吨生铁和 2 万吨钢的生产任务。

当时形势逼人。全国已有 6 个省日产生铁 1000 吨以上，其中湖南达到 3000 吨，河南达到 1.8 万吨，而江苏日产生铁才 900 吨多一点，中央决定在 9 月 23 日召开全国大炼钢铁电话会议。我急得没有办法，抢先召开地、市委书记电话会议，要求全省力争在 9 月 22 日突破日产生铁 3000 吨，29 日放出个"大卫星"。什么叫"大卫星"呢？当时，日产生铁突破 5000 吨是"小卫星"，8000 吨是"中卫星"，如果在国庆节那一天宣布江苏日产生铁突破 1 万吨，这就是"大卫星"。

对于"大炼钢铁"中大放"卫星"，任务一天比一天加码，指标像天文数字一样翻了又翻，我和省委的其他领导同志思想上是不赞成的，但又不好公开反对。记得这年 9 月 20 日，毛主席在张治中、罗瑞卿、曾希圣陪同下来南京视察"大跃进"形势，我来到中山陵他下榻的地方汇报工作。毛主席在听取汇报以后，指示我们要一手抓工业，一手抓农业，提醒我们不要因为大办工业，放松了农业。同时，他又提出要江苏搞 100 万吨铁，问我能不能完成，我说搞不到这么多。事实上，群众性"大炼钢铁"效率低，质量差，人力、物力的浪费从一开始就十分明显。所以我又说，像这样全民炼钢铁，说句不好听的话，叫"劳民伤财"。毛主席听我这么回答，就说："不谈了，明天再谈。"

第二天，毛主席把我们省委书记处的几位同志都找去说："我要江苏搞 100 万吨铁，渭清讲搞不到。顺元，你什么意见？"刘顺元同志愣了一下，回答说："渭清同志是班长，班长怎么说，我赞成。"毛主席就问："惠浴宇，你什么意见？"惠浴宇答："我同意顺元同志的意见。"毛主席又说："江渭清不但说搞不到 100 万吨铁，还说这是劳民伤财，你们也同意吗？"见大家都不开口，他老人家就问我："渭清，你还有什么意见？"我说："主席，我们千方百计去搞，能搞 100 万吨更好，实在搞不到，就请您派人来检查我的工作。"毛主席说："好，就这么办。"

我觉得，向毛主席、党中央讲真话，讲确实存在的困难，这是应有的责任，但"大炼钢铁"是当时全党的大局，我这个第一书记不抓不行。为了争取新中国成立 9 周年到来之际，放出日产万吨生铁的"大卫星"，全省各级党组织和政府机关都动员起来了，成千上万的干部带领群众日夜奋战，砍树挖煤，找矿炼铁，连铁门铁栏杆都拆下来炼铁了，美其名曰"找米下锅"。在所谓"小土群"齐上阵的口号下，堆起了数不清的小土高炉、小土焦炉，到处浓烟滚滚，火光冲天。《新华日报》有个报道：9 月 30 日"3 万座土洋高炉烈火漫天，400 万钢铁大军激战炉前"。据统计，当时全省一度动员了将近700万人炼钢铁，不仅有整劳力，而且有半劳力和未成年的孩子。国庆前夕，终于放出了日产生铁10073吨、烧结铁4000多吨的"高产卫星"，成为全国九个"万吨省"之一。

如此不惜代价地"大炼钢铁"，浪费了大量的人力、财力和物力。我们曾算了一笔账，1958年"大炼钢铁"中，全省高炉利用系数平均只有0.5左右，炼一吨铁需耗煤五六吨至七八吨，炼出的铁许多不合格，钢大部分是土钢，根本不能用。所建上万座小高炉，只有个别的保留下来。直接经济损失更是惊人。全省土法炼钢炼铁共计亏损14109.6万元，省里补助9000万元，其余部分均由各地从地方财政中抽钱填补。

大批妇女投入"大炼钢铁"的运动中

实践证明，"大炼钢铁"的群众运动，确实劳民伤财，得不偿失。所谓钢铁"一马当先"，各行各业"万马奔腾"，完全是一种主观主义的狂热。经过这样的折腾，不但没有实现经济建设的高速度发展，反而导致以后多年工业生产连续下降。全国如此，江苏也不例外。据1961年一份《关于1961—1962年计划汇报提纲》所载，这一年"全省工业总产值，1—8月完成43亿元，为原定年度计划100亿元的43%，比上年同期减少48%"。由此可见，经济建设所遭受的损失，是多么严重！

推行"公社化"运动

在"大炼钢铁"的同时，掀起了"大办人民公社化"的运动。于是，总路线、"大跃进"、人民公社被称为"三面红旗"。

1958 年 8 月 6 日，毛泽东视察河南新乡县七里营。

如前所述，"大跃进"是从农业开始发动的。1957 年年底，中央正式颁布《一九五六年到一九五七年全国农业发展纲要（修正草案)》（即"四十条"），并作出《关于今冬明春大规模地开展大规模兴修农田水利和积肥运动的决定》，揭开了农业"大跃进"的序幕。就江苏的情况来说，到 1958 年 4 月，经过一个冬春的奋战，全省在兴修水利、积肥造肥、改良土壤等方面，都出现了前所未有的"跃进"形势。党的八大二次会议以后，更加强调"速度是总路线的灵魂"，"多快好省"的关键是"多快"。所谓"思想解放"一放再放，"破除迷信"一破再破，"大跃进"的口号随之越喊越"大"。全国各地报道 1958 年夏熟丰收，小麦亩产从几千斤跃至几万斤，"卫星"越"放"越离奇。江苏起初虽还比较冷静，终于也挡不住这股浮夸风。各地竞相攀比，产量指标越到下面越高。7月中旬，在省委召开的地、市、县委书记会议上，苏州地区一些县、社干部提出："思想解放到哪里，产量就增加到哪里"；"思想解放到2000斤，就有2000斤的干劲和措施；思想解放到1万斤，就有1万斤的干劲和措施。"镇江地区提出水稻亩产"消灭3000斤，保证5000斤，力争1万斤"。就连素以低产著称的淮阴地区也提出了秋粮亩产7000斤，力争9000斤，平均每人有粮1万斤的"跃进指标"。面对这样一股浮夸风中出现的高指标，7月21日，我在地、市、县委书记会议结束时的总结讲话中，除提出1958年全省粮食产量至少争取翻一番以外，还要求棉花、油料、蚕桑、水产、养猪等等，都要"立大志，鼓大劲，争冠军，放'卫星'"。

9月上旬，省委召开常委扩大会议，传达贯彻北戴河会议精神。会上，许多同志认为，按照中央提出1959年全国粮食产量达到8000亿斤到10000亿斤，皮棉产量达到9000万担到1亿担的指标，1958年江苏的粮食产量不是翻一番的问题，最低应达到760亿斤。会后，省委做了研究，将各地的"跃进指标"适当压低，在向中央报告中提出，600亿斤有把握，650亿斤到700亿斤有可能。如以600亿斤计算，则比1957年的248亿斤增产一倍半；如以700亿斤计算，则比1957年增产近两倍。对棉花生产，各地提出要翻两番或更多些，即1957年全省皮棉总产量为400万担，1958年将达到1300万担，增加两倍以上。我们向中央报告，800万担有把握，1000万担有可能。此外，会议估算油料产量也将翻一番以上。后来的实践证明，这种单凭主观愿望和盲目热情提出的高指标，是完全脱离客观实际的。

就在全国各地已经刮起浮夸风的当口，北戴河会议作出了《中共中央关于在农村建立人民公社问题的决议》，掀起了大办"农林牧副渔全面发展，工农商学兵相互结合的人民公社"运动。当时，人们被"大跃进"的假象所陶醉，认为"共产主义就在眼前"，"人民公社是通向共产主义天堂的金桥"。按照"决议"的说法,"共产主义在我国的实现,已经不是什么遥远将来的事情了,我们应该积极地运用人民公社的形式,摸索出一条过渡到共产主义的具体途径"。为了贯彻北戴河会议"决议",推进"公社化"运动,9月8日,中共江苏省委农村工作部召开地委合作部长会议,总结了前段时间,已在全省许多地区进行的公社试点经验,作出了进一步发展人民公社的初步规划。据统计,1957年年底,全省共有农业社34367个,每社平均260户。经过冬春整社合并,1958年8月初规划合并为9000—10000个社,每社平均1000户左右,其中有统一经营、统一核算的大社,也有统一领导、各负盈亏的联社。这次会议根据中央的"决议"精神,要求在全省建社1500个左右,每社平均5000—6000户。到9月底,全省即宣布农村实现人民公社化,建立了1490个人民公社,参加公社的有960万个农户,占农户总数的94%以上,还有乡镇居民、工商业者和自由职业者约32万户。基本上是一乡一社,每社平均6751户,相当于高级社平均户数的24倍;其中最小的约1000户,大的如盐城专区的一个公社达13820户,扬中县5万多户组成一个联社。同时,一些城市也办起人民公社,有的甚至宣布全市就是一个"大公社"。

在推行"公社化"的过程中,"五风"即共产风、浮夸风、生产瞎指挥风、强迫命令风、干部特殊化风愈刮愈烈。"五风"的核心是"共产风"。当时,中共中央政治局委员、上海市委第一书记柯庆施提出了"吃饭不要钱"和"放开肚皮吃饭"的口号。我觉得,这样的口号明显过头了,尽管在"大跃进",但还没有这个物质基础嘛!所以,当中央分管农村工作的谭震林同志来南京视察工作时,我向他说:"谭政委,光放开肚皮吃饭,不搞生产也不行,还要加一句:鼓足干劲生产。"谭老板采纳了我的意见。后来的"放开肚皮吃饭,鼓足干劲生产",就是他视察江苏"大跃进"以后提出来的。所谓"放开肚皮吃饭",集中地反映了当时严重的"共产风"。在这股歪风中,有的提出"人民公社应当有计划有步骤地消灭生产资料私有制的剩余",实行社会主义的"按劳分配"和共产主义的"各取所需"相结合的原则进行分配，将社员自留地和私有林木、耕畜、大中型农具等统统收归公社所有，还提出实行"组织军事化，行动战斗化，生活集体化"，全省组成 132 个"民兵师"。在"生活集体化"的口号下，全省各地大办公社食堂，农村绝大多数都到食堂吃饭。至于伴随浮夸风而来的生产瞎指挥风，更是愈演愈烈。有的地方在"人有多大胆，地有多大产"，"不怕做不到，只怕想不到"的口号下，盲目蛮干到了离奇的程度，"农田深耕"从几尺到一两丈，"试验田"以"白糖作肥料夺高产"；密植"越密越好"发展到几亩水稻移并在一起，以"并苗移栽"制造假"卫星"，等等。

应当说，以北戴河会议为标志，全国范围内一哄而起的"大跃进""大炼钢铁""公社化"的高潮，完全违背了客观经济规律，极大地破坏了社会生产力。从这个意义上，说"大跃进"是一场"大灾难"，是并不过分的。

纠"左"煞"五风"

对"大跃进"和"公社化"中出现的这些严重情况和问题，理所当然地引起了全党同志，首先是毛主席、党中央的高度重视，从 1958 年11 月上旬第一次郑州会议开始，多方面采取措施，着手纠正那些"左"的做法和严重的"五风"错误。

在党中央召开的这次会议上，毛主席多次发表讲话。他在肯定"总路线""大跃进""人民公社"的前提下，着重讲了"公社化"运动中发生的急于向共产主义过渡的错误。他首先指出：现在的人民公社，仍然是集体所有制，不等于全民所有制。将来达到全民所有制了，也不等于就是实现了共产主义。要求各级领导，必须划清集体所有制和全民所有制、社会主义和共产主义两种界限。其次，他阐述了社会主义时期必须发展商品经济，批评了废除商品生产、实行产品调拨而剥夺农民的错误做法。第三，针对各地"大跃进""大炼钢铁"中所谓"白天一片人，晚上一片灯"、"挑灯夜战，日夜苦干"之类不顾群众生活的错误做法，要求各地实行"劳逸结合"，贯彻"既抓生产，又抓生活"的方针。会议期间，毛主席还给县以上各级党委委员写了一封《关于读书的建议》的信，要求认真阅读斯大林的《苏联社会主义经济问题》和《马恩列斯论共产主义社会》这两本书，并建议广大干部读一读苏联的《政治经济学教科书》。我和参加这次会议的同志感到，毛主席的讲话和信，对于正处在"发热"中的各级领导，确实是一服"清凉剂"。

11月21日至27日，中共中央政治局在武昌召开有部分中央领导人和各省、市、自治区党委第一书记参加的扩大会议，主要是讨论人民公社和1959年国民经济计划问题。毛主席在会议讲话中说，从集体所有制过渡到全民所有制、社会主义过渡到共产主义，还是时间长一点好。"破除迷信"，不要把科学真理也破了。不要弄虚作假，虚报成绩，争光荣。要老老实实，保持清醒的头脑，压缩空气，把根据不足的高指标降下来。

会上，各省都汇报了情况，只有两个省的负责人未汇报，一个是我，再一个是湖南的周小舟。各省都讲每亩粮食可以搞几千斤，甚至几万斤。毛主席作结论，对全国粮、棉产量继续"跃进"，仍然讲得很有劲。我曾几次站起来，要提意见。柯庆施几次把我拉下去，不让讲。毛主席见状，发话说："柯老，你拉他干什么？江渭清同志还没有汇报，他有意见，可以让他当众讲嘛！"

听毛主席这么说，我鼓起了勇气，从座位上站起来，把憋在心里的话讲出来。我以检讨的口吻说："主席，这半年多来，我犯了两个错误。一个是高指标，一个是浮夸风。"并讲了按照北戴河会议上中央提出的粮食、棉花计划指标，省委上报中央的更加夸大了的粮、棉产量。我说，省委上报中央粮食产量550亿斤，实际只有400亿斤。毛主席说，少150亿斤啊？我说，据这样浮夸的产量来订计划指标，从实际情况看，是不可能达到的，都要打几个折扣。

我又检讨了"大跃进""公社化"高潮中提出的一些不切实际的口号，

譬如"放开肚皮吃饭，鼓足干劲生产"。我说，当时到处讲高产，以为粮食多得吃不了。实际上许多地方不放开肚皮，粮食还不够吃！毛主席插话说，"鼓足干劲生产"是对的，"放开肚皮吃饭提早了，过二三十年以后再讲。"

这时，周小舟同志也站了起来，对毛主席说：我也犯了江渭清同志所谈的同样错误。高指标，浮夸风，还有干部强迫命令，向下压任务，瞎指挥。

毛主席听了我和周小舟同志讲的这些情况，就对刘少奇、陈云同志说，1959 年国民经济计划怎么修订，恐怕要重新研究，再听一下大家的意见，然后提交各地同志讨论。刘少奇、陈云同志赞成。

针对高指标、浮夸风的问题，毛主席还问，湖北"水稻亩产三万斤"到底有没有？我插上去说，有！不过不是亩产。我汇报了江苏的情况。我和刘顺元同志等省委几个负责人分头下去查看，发现搞什么"并苗"，把十几亩已经成熟的水稻移到一亩地里，所谓几万斤的"高产卫星"，都是这样做假造出来的。毛主席听了说，有错误，就像江渭清那样自己作检讨。错了改正就是了。大家把头抬起来，不要"如丧考妣"嘛！

几十年后重提这些事情，是为着说明：我之所以在毛主席面前敢讲真话，因为我是来干革命的，不是来当"官"的。我们共产党人办事，一切都要有利于人民，为群众着想。关键时刻如果不向中央讲实话，就是对党对人民不负责任。

会议停了一天，让各省重新估计产量。接着，正式召开中共八届六中全会。毛主席主持会议并作了重要讲话。邓小平同志作了《关于人民公社若干问题的决议》的说明，李富春同志作了《关于调整 1959 年国民经济计划主要指标和开展增产节约运动的决议》的说明。经过讨论，会议通过了这两个重要文件。关于人民公社，会议明确在今后一个历史时期内，仍应保留按劳分配制度；商品生产和商品交换，必须有一个很大的发展；不能在条件不成熟的情况下勉强进入共产主义。还规定社员个人所有的房屋、衣被、家具等生活资料和存款，仍归社员所有，社员可以保留宅旁的零星树木、小农具、小家畜和家禽等，也可以继续经营一些家庭小副业。

关于1959年国民经济计划，会议强调必须注意按比例发展的客观规律，把冲天干劲和科学精神结合起来，既要继续反对保守，破除迷信，提倡敢想敢说敢做，又要"压缩空气"、反对浮夸。根据毛主席关于"压缩空气"的多次讲话和指示，会议对8月北戴河会议提出的钢、煤、粮、棉四大指标，进行了重大调整，但比1958年已经夸大了的产量估计数，仍提高40%—50%，以四大指标为中心的"大跃进"仍在继续，农业生产中的浮夸风、瞎指挥风，也就难以彻底有效地纠正。

党的八届六中全会以后，我多次主持召开省委常委扩大会议和其他会议，传达贯彻毛主席的一系列讲话和六中全会通过的关于人民公社及经济计划的两个决议精神，对经济建设上"压缩空气"，人民公社杀住"五风"，做了许多工作。在12月中旬召开的地、市委书记会议上，除研究调整全省经济计划指标以外，我着重讲了整社问题。要求各地经过试点，取得经验，逐步推开，以4个月左右的时间，解决人民公社的突出问题，首先是要保证寒冬腊月不出问题，最低限度不饿死人，不出大乱子。由于推行"公社化"过程中搞"一平二调"和其他许多"左"的做法，干部与群众的矛盾十分突出，要求各地通过整社，切实改进干部作风，纠正强迫命令、瞎指挥，改善干群关系；同时要把整社与抓生产、生活紧密结合起来，搞好年终分配；安排好群众口粮，既要鼓足干劲生产，又要让群众吃好、睡好，安度冬春。

为了进一步贯彻"压缩空气"的方针，党中央于1959年4月2日至5日，在上海召开党的八届七中全会。全会讨论了调整1959年钢、煤、粮、棉四大指标，总的调子仍然是保持高速度、"大跃进"。5月，在陈云同志主持下，中央财经小组经过反复平衡，才将1959年钢的计划指标由1650万吨压到1300万吨；7月，又将1959年粮食计划指标由5500亿斤压缩到5000亿斤。按照中央精神，省委对1959年全省经济计划指标也作了几次调整，最后确定生铁由65万吨减为50万吨，钢由

1961 年年底，刘少奇在广州温泉附近山上的树林里拣毛栗子、橡子和苦桔子，寻求解决经济困难时期的代食品问题。

30 万吨减至 9.19 万吨；粮食总产量调整为 320 亿—340 亿斤，比 1958 年增长 10%—17%；棉花调整为 480 万—500 万担，比 1958 年增长 3%—10%。实际上，这样的指标在当时仍然是偏高的。

（选自鲁林、卫华、王刚主编：《红色记忆——中国共产党历史口述实录》（1949—1978），济南出版社 2002 年版。）

苏联撤走专家的前前后后

导　读

　　在 1956 年 2 月举行的苏联共产党第二十次全国代表大会上，苏共新领导人赫鲁晓夫作了《关于个人崇拜及其后果》的秘密报告，尖锐地批判了斯大林的严重错误，并在大会的总结报告中提出资本主义可以通过"议会道路"和平过渡到社会主义的观点。这一做法不仅在苏联国内，而且也在中国和全世界产生了极大的反响。中共中央和毛泽东等获悉了赫鲁晓夫的秘密报告后十分重视，立即多次召开政治局常委会，对此事进行讨论。讨论的结果表明，毛泽东等中共中央领导人一方面并不反对赫鲁晓夫批评斯大林的错误，甚至认为这样做也大有好处，解放了各国共产党人的思想；另一方面又认为赫鲁晓夫的做法有缺点，即批判斯大林这样的重要人物事先未同兄弟党商量，搞了突然袭击；对斯大林一棍子打死，或者说是全盘否定斯大林，只讲错误，不讲功绩。这表明，从如何对待斯大林这一问题开始，中共中央并不完全赞同苏共中央的看法和做法，有了自己的观点。中苏之间产生了分歧。中共领导人不仅在内部批评苏共的做法，而且先后撰写发表了《论无产阶级专政的历史经验》和《再论无产阶级专政的历史经验》两篇文章，第一次虽然婉转却是公开地表明了不同于苏共的意见。

　　除了在斯大林问题上双方产生了分歧外，中共中央对苏共二十大提出的"和平过渡"理论也不赞成，认为这违背了马克思列宁主义关于暴力革命的原则。在 1957 年 11 月召开的莫斯科会议上，由于苏共起草的

《宣言》稿中又重提和平过渡问题，毛泽东率领的中国党政代表团才在会议的内部讨论中重申自己的不同观点，要求苏共同意修改《宣言》稿的看法。

除上述两大分歧外，中苏之间在意识形态方面的分歧又有新发展。由于受苏共二十大的间接影响，1956 年先后发生波兰和匈牙利事件。中共中央对苏共中央处理波匈事件的做法也不甚满意，提出了自己的不同看法，因而批评苏共和苏联在处理兄弟党、兄弟国家之间的关系时有大国沙文主义的错误等等。

1958 年 4 月 18 日，苏联国防部长建议在中国设长波电台。7 月 21 日苏联驻华大使又提出建立联合舰队，遭到中国政府拒绝后，赫鲁晓夫非常不满，并开始向中国施加压力。1959 年 6 月 20 日，苏联单方面撕毁了国防新技术协定，拒绝提供原子弹样品和生产技术资料。9 月 9 日就中印争端发表了偏袒印度的声明。9 月 15 日赫鲁晓夫访美大吹戴维营精神，推行"苏美合作、主宰世界"路线。赫鲁晓夫在中国国庆 10 周年大会上讲话，攻击中国试图用武力试探资本主义制度的稳固性。10 月 6 日，他回到海参崴发表讲话，说中国共产党像"公鸡好斗那样热衷于战争"。

1960 年 4 月，中共发表了《列宁主义万岁》等三篇文章，不点名地批评了赫鲁晓夫。6 月下旬，赫鲁晓夫在布加勒斯特兄弟党代表会议上，搞突然袭击，攻击中国的内外政策。这次会议后，赫鲁晓夫采取了一系列措施，恶化两国关系。7 月 16 日苏召回在华的 1390 名专家，片面中止应聘来华专家 900 名，撕毁了 600 多项协议和合同。片面撕毁互惠的友好杂志发行协议。同年，又缩减中苏贸易，并第一次在博孜艾格尔山口挑起边界纠纷。

1960 年 11 月，八十一国共产党和工人党代表会议召开。会议开始时，苏共向各国党代表团散发一封长信，攻击中国共产党，挑起了新的争论。

1961 年 10 月，苏共决定召开第二十二次代表大会。会前，苏共公布了二十二大纲领草案，其主要内容是三和两全（即和平共处、和平竞赛、和平过渡和全民党、全民国家）。中国代表团估计会上会有分歧，但只正面阐述了自己的观点，不参与争论。

1962年4月16日，苏驻新疆领事馆人员，经长期策划，诱骗胁迫塔城、裕民、霍城3县居民6万余人逃往苏联。5月25日，又在伊犁制造暴乱事件。

从1962年11月起，苏共领导人和苏联报刊发表了大量的反华讲话和文章。在苏联的影响下，先后有40多个党发表决议、声明和文章，反对中共和阿党，使许多党发生分裂。在这种情况下，中共被迫进行公开答辩，写了一系列答辩文章。为了留有余地，未公开点名批评苏共领导。

至此，中苏关系进一步恶化。直到1969年发生了中苏珍宝岛冲突，双方在边界陈兵百万。双方关系完全破裂。

在当时的历史条件下，中苏关系的分裂给两国关系和整个共产主义运动带来严重损害：

第一，中苏同盟的破裂阻断了中国和苏联的社会主义改革尝试。赫鲁晓夫在苏共二十大提出的新纲领，是继20世纪20年代新经济政策和战后列宁格勒派之后，苏共第三次开始的改革尝试。同样，中共八大也开始思考和探索中国的社会主义发展道路问题。但是，中苏分裂阻断了这种尝试和思考。

第二，中苏同盟的破裂对国际冷战格局的变化产生了决定性影响。中苏同盟条约的签订，最终决定了美国远东战略的走向，从而使冷战从欧洲扩展到亚洲；中苏同盟关系的破裂，则最终导致中美关系趋向缓和及正常化，以至于中国实际上退出了以美苏为首的两大阵营对抗为标志的冷战舞台。此后，毛泽东又提出了三个世界的构想。

第三，中苏同盟对苏联在冷战对阵中败北的结局也产生了深刻影响。中苏分裂的直接结果就是社会主义阵营的瓦解，从而导致以美苏为首的两大阵营的力量对比发生了巨大变化。同时，苏联在不得不分散力量对付中国的威胁时，不仅增加了本来已不堪重负的国力消耗，而且大大削弱了自身对抗美国和控制东欧的能力。

▌作者简介 ▶

刘晓，1908 年生，湖南辰溪人。参加过长征。1937 年后，长期在上海领导地下党的秘密工作。新中国成立后，历任中共中央华东局常委兼组织部部长、上海市委第二书记兼组织部部长等职。1955 年 2 月至 1962 年 10 月任驻苏联大使。1956 年 2 月，作为以朱德为首的中共代表团成员身份出席苏共二十次党代会；1957 年 1 月，陪同周恩来出访苏联、波兰、匈牙利三国；1960 年 9 月，作为邓小平率领的中共代表团成员身份参加与苏共的会谈；同年 12 月，以刘少奇、邓小平率领的中国党政代表团成员身份，出席八十一国共产党和工人党代表会议。1967 年 4 月至 1968 年 3 月任驻阿尔巴尼亚大使。1988 年 6 月去世。时为中国驻苏联大使。

1960 年 6 月布加勒斯特会议之后，赫鲁晓夫从政治、经济、军事三个方面对我施加压力，特别是在经济方面对我采取严重步骤，毁约并撤走全部在华专家。

苏方分别在 1960 年 6 月、8 月和 11 月三次照会我方，申述撤专家的原因和理由，在专家问题上对我进行指责。我方曾两次复照，进行驳斥。对苏联第三个来照：由于当时已举行了八十一国共产党会议，形势有很大改变，根据新的精神未作答复。

1960 年 6 月 16 日，苏联大使契尔沃年科向章汉夫副部长递交有关苏联撤走全部在华专家的照会。照会列举中方向苏联专家散发《列宁主义万岁》的小册子，向苏联军事专家组会议宣传在战争与和平问题上，以及对目前国际形势的看法问题的观点等。

苏联政府未经同中国政府商量，突然照会中国政府，片面地决定召

1954 年 9 月 29 日至 10 月 12 日，苏联政府代表团应邀参加庆祝中华人民共和国成立 5 周年活动并进行国事访问。图为毛泽东会见苏联代表团团长尼基塔·赫鲁晓夫。

回苏联专家，通知中方于一个半月内，撤走全部在华的苏联专家而不等待中国政府的答复。中国对此感到诧异，给予复照，指出苏方突然把专家撤走，势必破坏两国政府所签订的有关协定和合同，中国政府郑重表示愿意挽留在华工作尚未期满的全部苏联专家，继续按原定聘请期在中国工作。我方向苏方递交复照后，即向苏联专家宣读了中苏两国有关撤走专家的两个照会，并重申中方愿意挽留未到期的专家仍留华工作。指出苏联政府片面决定撤走全部在华苏联专家，不论从法律上、道义上、政治上都是无法辩解的，苏方对此应负全部责任。

1960 年 8 月，苏联大使契尔沃年科约见陈毅外长，口头指责中方宣读两个照会事。陈毅同志高屋建瓴，用摆事实、讲道理的态度对苏联大使说：将近 1390 名苏联专家突然撤回，并通知在一个半月内全部撤完，苏联专家分布在中国 16 个城市、500—600 个单位工作，苏方这样做对中国经济必然会带来严重损失。这还是小事，更重要的是对于两国关系必然会造成严重的政治后果。陈老总还向苏联大使说了我们中国同美帝结下了深深的怨仇，这不是二十年、三十年可以解决的，如果有了战争，中苏还是要一起对付的，所以希望苏联政府改变这一决定。

关于向专家宣读两个照会问题，陈老总说：我们有必要把真相告诉专家，即使苏联要撤专家，苏方可事先提出商量，分批撤，使中方有所准备。赫鲁晓夫的报告曾说，苏联有高水平的专家 500 多万人，将近 1500 名专家对苏联来说并不是什么决定性力量。然而，这 1500 人离开中国，对中国来说经济损失很大，苏方应留一些专家在中国，不要做事不留余地。

我方又发出第二个照会，答复苏方 8 月 26 日的复照。指出中方向专家宣读双方的照会，是苏方突然地、片面地召回在华全部专家所引起的。苏专家聘期未满，突然奉召回国，行期又很紧迫，这就必然引起各种猜疑和传说。为说明真相，把中苏的两个照会念给他们听是最公正、最好的办法。中方的这种态度，光明磊落，无可指责。苏采用施加压力的办法突然召回专家，只能损害了中苏两国团结，而丝毫无助于问题的解决。

最后，我复照指出，苏联政府突然片面召回在华工作的全部苏联专家，不仅破坏了两国政府签订的有关聘请苏联专家的协定和合同，而且损害了两国政府签订的关于苏联援助中国发展国民经济的一系列协定，使得这些协定中规定的许多建设项目的技术设计、设备安装和科学技术研究的进行发生了很大的困难，给中国造成了不小的损失。

1960 年 11 月 6 日，苏联驻华使馆向我方提交有关撤专家问题的第三个照会。对苏方的第三次照会，我方已拟就了第三次复照，但在照会审批期间，以刘少奇为团长、邓小平为副团长的中共代表团参加了 1960 年 11 月在莫斯科举行的八十一国兄弟党会议，中苏两党两国关系有好转迹象。在新形势下，拟决定不发第三次复照，撤专家引起的后果，在将来会谈中解决。因此，我第三次复照未发出，中苏关于撤专家问题的照会战就到此结束。

早在1959年，彭德怀率领中国军事代表团访问东欧7个社会主义国家时，曾经路过莫斯科。彭德怀还未出国前，我在1959年上海会议期间曾去看过他。我将赫鲁晓夫的活动情况，赫鲁晓夫当时对中国政策的指责和东欧各国的基本动态都向他作了汇报。我也告知他，上次（指1957年十月革命40周年）他率领军事代表团访苏时，苏方对他的反映。我也向他报告了苏联已开始在军事援助上，尤其是海、空军和新技术方面控制加紧，数量减少、质量降低并尽量制造困难与拖延时间。我还讲了苏联在没有同美国完全达成一定协议时，还会要拉中国，但企图把中国的对美政策纳入苏联的轨道。即使它与美国达成一致协议，也还不至于与中国闹翻，否则它和美国讨价还价时减少了筹码。我又说，赫鲁晓夫公开对华争论是政治性质的，一面对我施加压力，一面对美国作出姿态。我告诉他，这时中苏关系还未到最坏地步，还有可能争取其一部分军事援助。

彭德怀路过莫斯科时，在机场上向迎接他的苏外交部副部长费德林表示，要与赫鲁晓夫会见。彭总要见赫鲁晓夫，主要是为了把建设中国军事工业的一些重要项目落实下来，这件事只有赫鲁晓夫才能作决定。因此，当彭总访7国回莫斯科的第二天，赫鲁晓夫接见了他。彭德怀和赫鲁晓夫会见之前，我先到赫鲁晓夫的秘书办公室等候。苏外交部副部长费德林传达，赫鲁晓夫的这次谈话主要是交换中苏两国军事上共同有关的问题，参加会议的苏方人员有安东诺夫大将。赫鲁晓夫除强调苏联核武器、新式武器的威力以及苏联海、陆、空军现代化装备与力量强大外，特别提到为防备美国对远东的侵略，尤其是对中国的军事侵略。苏联在远东地区有强大的军事力量，尤其是海军和空军力量，一旦有事可以对中国进行强大的援助。赫鲁晓夫说美国对中国进行军事冒险的危险性是很大的，因此向彭德怀提出，中苏两国进行具体军事合作有迫切的必要，特别是要迅速安排中苏海军与空军的合作。这方面是美国的强处，是中国目前的弱处，如海军与空军方面能实现合作，这一形势就会改变。赫鲁晓夫又表示，《中苏友好同盟互助条约》可以以苏联为中心和华沙条约国军事条约衔接起来，这也就是华沙军事条约的延伸。彭德怀表示可以向中央请示，研究赫鲁晓夫的想法，这从战略方面来看对中国是会有帮助的。至于合作的具体方案和形式，他回国研究后，再与苏方共同研究。彭德怀接着向赫鲁晓夫提出要求加强对中国军事装备与新式军事技术的援助。在说到这个问题时，彭德怀向赫鲁晓夫说明了我国国防计划方面需要加强的地方，我国当时军队的编制与军事装备和急需的装备革新及补充等情况。赫鲁晓夫听后，对彭德怀的要求均表示原则同意，提出在军事装备与技术援助时要多派专家来帮助我国，并希望中国武器生产与苏联统一化。彭德怀表示要请示中央考虑。此外，也谈到了一些有关南斯拉夫、裁军、四国首脑会议以及当时苏联内部有关经济体制改革的一些争论问题。

在彭德怀访问 7 个东欧国家将回莫斯科前，我在外交场合活动中遇见了米高扬，他对我说，苏联方面高度评价彭德怀这次对东欧社会主义国家的访问，其政治意义大于军事意义。他说彭德怀会了解这些国家在建设社会主义中的经验教训，他们如何运用苏联的经验。社会主义阵营各国以苏联为中心加强团结互助合作，交流经验，统一步调是非常重要的，是建成社会主义最可靠的保证，也可以加快速度向共产主义迈进。关于这些，中国也会如此理解。他希望，彭总将这次访问的结果向中国介绍，将会使中国对各社会主义国家迫切需要互助合作、统一步调的愿望能进一步了解。各社会主义国家也希望中国在这方面发挥更多的作用，成为社会主义阵营团结与发展的一个强大的因素。他希望我将他的这些意见转告彭德怀。当彭总回到莫斯科的第二天，我就把米高扬的话全部转告了彭总。

米高扬要求转达给彭总的这一段话重点就是一句：社会主义各国要统一步调，这是非常重要的，希望中国对统一步调进一步了解。这就是当时苏联、东欧、亚洲各国执政的共产党都知道的赫鲁晓夫的一句"名言"，叫作要"对对表"。

1964 年 11 月 5 日至 13 日，周恩来率领中国党政代表团到莫斯科参加十月革命 47 周年纪念活动。中共代表团同苏共新任第一书记勃列日涅夫就改善中苏关系进行了接触，但没有解决任何问题。图为周恩来回国后在机场受到毛泽东、刘少奇、朱德的欢迎。

　　1959 年中苏两国军事合作曾达成了一些协议，其中包括苏方提供制造新式军用飞机和导弹等的成套设备技术图纸，但要建设一个比较重要的军事工厂至少需要 5 年的时间。

　　1960 年 6 月中苏两党在布加勒斯特严重交锋后，苏联答应提供的重要军事设备大部分都没有兑现，我国防部派出的学习军事尖端的留学生也受到种种限制，以后也未再派出。1960 年之后，中国军事工业的发展可以说都是靠自己艰苦的努力发展起来的，当然发展的速度受到了一定的影响。

　　　　　　　　　　（选自鲁林、卫华、王刚主编：《红色记忆——中国共产党
　　　　　　　　　　历史口述实录（1949—1978）》，济南出版社 2002 年版。）

我所知道的"文革"发动的内情

1965 年 11 月 10 日，上海《文汇报》发表的姚文元《评新编历史剧〈海瑞罢官〉》一文，是引发"文化大革命"的导火线。文章点名批判北京市副市长、明史专家吴晗，实际上涉及中央领导层在许多重大政策问题上的不同意见。文章发表后，《人民日报》和北京各报在十多天内没有转载。北京市被批评为"针插不进，水泼不进"的独立王国。毛泽东说：《海瑞罢官》的"要害问题是'罢官'"。这使对《海瑞罢官》的批判带上了更为严重的政治色彩。此后，批判涉及的范围迅速扩大。

1966 年 2 月初，中共中央政治局委员兼北京市委第一书记彭真召集文化革命五人小组开会，起草《关于当前学术讨论的汇报提纲》（后被称为《二月提纲》），试图对学术批判中已经出现的"左"的倾向加以适当约束。这个提纲经中央政治局常委讨论通过并向在武汉的毛泽东汇报后，于 2 月 12 日转发全党。

就在《二月提纲》拟定的同时，江青在林彪的支持下，在上海召开部队文艺工作座谈会。这次座谈会的《纪要》，认定文艺界被一条"反党反社会主义的黑线"专了我们的政，号召要"坚决进行一场文化战线上的社会主义大革命"。这种严重的政治责难不仅是对着文艺界，而且对着一些中央领导人。

1966 年 5 月 4 日至 26 日，中央政治局召开扩大会议。会议于 5 月 16 日通过的《中国共产党中央委员会通知》（简称《五一六通知》）对

《二月提纲》进行了全面批判，并指出："混进党里、政府里、军队里和各种文化界的资产阶级代表人物，是一批反革命的修正主义分子，一旦时机成熟，他们就会要夺取政权，由无产阶级专政变为资产阶级专政。""例如赫鲁晓夫那样的人物，他们现正睡在我们的身旁，各级党委必须充分注意这一点。"这些判断，是把阶级斗争错误地扩大到党的最高领导层甚至人为地制造阶级斗争的重要根据。会议决定撤销以彭真为首的文化革命小组，成立陈伯达任组长，康生为顾问，江青、张春桥等任副组长的中央文化革命小组（简称"中央文革小组"），使之实际上成为不受中央政治局约束的、领导"文化大革命"的指挥机构。此后，"文化大革命"异常迅猛地发动起来。

"文化大革命"之所以能够发动，是有社会历史根源的。我们党是经过长期残酷的战争后迅速进入社会主义历史阶段的，对于如何在一个经济文化落后的国家建设社会主义，缺乏充分的思想准备和科学认识。过去革命战争时期积累下来的丰富的阶级斗争经验，使人们在观察和处理社会主义建设的许多新矛盾时容易去沿用和照搬，因而把在一定范围内存在的阶级斗争仍然看作占主要地位的阶级斗争，并运用大规模群众性政治运动的方法来解决。对马列著作中某些论点的误解或教条化认识，使人们日益陷于阶级斗争扩大化的迷误之中。这时，毛泽东在全党全军和全国人民中的威望达到高峰，党内个人专断和个人崇拜现象逐渐滋长。加上新中国成立以来党和国家政治生活民主化、法制化的进程没有能够顺利发展，权力过分集中于个人，这就使为人民尊重的领袖所犯的错误难以得到纠正，也使林彪、江青这些野心家能够受到信用而得势横行。

作者简介

李雪峰，1907年生，山西永济人。1933年加入中国共产党。曾任中共晋冀豫省委组织部部长、省委书记。1949年3月兼任中共河南省委书记、河南军区政委。新中国成立后，任中共中央中南局组织部部长、副书记，中南行政委员会副主席，中共中央副秘书长，中共中央书记处三办主任。1956 年任中共中央工业交通工作部部长、中共中央工业工作部部长。1960 年 11 月任中共中央华北局第一书记、北京军区第一政委。

1966 年 5 月兼任中共北京市委第一书记。1968 年 2 月至 1970 年 12 月任河北省革命委员会主任、河北省军区第一政委。"文化大革命"期间遭到迫害，1982 年 4 月获得平反。2003 年 3 月 15 日在北京病逝。时为中共北京市委第一书记。

1965 年 12 月 7 日，接到通知要我到上海参加中央的会议。当时我正在下面抓"四清"。7 日，我从河北永年县赶回北京，8 日由北京飞到上海，行前对会议内容一无所知。

12 月 9 日开始开会。会议由林彪主持，毛主席没有参加，会议的主要内容是批判罗瑞卿。

批判罗瑞卿的起因，是 11 月林彪让叶群从苏州到杭州向毛主席告罗的状。林让叶到杭州，告诉她要躲开什么人，直接找到主席。叶群到了杭州也不容易见到毛主席。主席也不知道她有什么事，让她等。她就和主席的秘书徐业夫谈了谈。她在杭州打电话请示林彪，想给主席写个东西送上去。林彪批评她：你糊涂！真蠢！意思是必须向毛主席本人讲。叶群又去，写了一个条子，要求面谈。这样才见到了毛主席。据说叶讲了 5 个小时，主席听了 5 个小时。主席问得很仔细，但一直不表态。最后，主席相信了叶群的话。

这时罗瑞卿正在云南视察工作。12 月 10 日，中央要他马上回来，到上海开会。罗完全没有思想准备，接到通知就飞往上海。一下飞机，由上海市委书记陈丕显和空军司令员吴法宪迎接，将他送到一个地方，警卫森严，实际上是软禁。罗瑞卿是搞保卫工作的，他一住下，马上就明白自己已失去自由，非常生气，又莫明其妙，也不知道为什么。他始

林彪同志给中央军委常委的信

常委诸同志：

这次江青同志召开的部队文艺工作座谈会纪要，附阅。这个纪要，经过参加座谈会的同志们反复研究，又经过主席三次亲自审阅修改，是一个很好的文件，用毛泽东思想回答了社会主义时期文化革命的许多重大问题，不仅有极大的现实意义，而且有深远的历史意义。

十六年来，文艺战线上存在着尖锐的阶级斗争，谁战胜谁的问题还没有解决。文艺这个阵地，无产阶级不去占领，资产阶级就必然去占领，斗争是不可避免的。这是在意识形态领域里极为广泛、深刻的社会主义革命，搞不好就会出修正主义。

我们必须高举毛泽东思想伟大红旗，坚定不移地把这一场革命进行到底。

纪要中提出的问题和意见，完全符合部队文艺工作的实际情况，必须坚决贯彻执行，使部队文艺工作在突出政治、促进人的革命化方面起重要作用。

对纪要有何意见望复，以便报中央审批。

此致

敬礼！

林 彪

一九六六年三月二十二日

林彪同志委托江青同志召开的
部队文艺工作座谈会纪要

1966年2月2日至20日，江青在林彪支持下于上海召开部队文艺工作座谈会。在会后起草的座谈会纪要中，诬蔑建国以来文艺界被一条"反党反社会主义的黑线"专了政。4月10日，中共中央将《纪要》转发全国。

终没有参加会议。李井泉不知道，还给罗瑞卿送橘子。

我参加的那个组是总理主持的，有贺龙，还有叶群等知情人。

叶群在会上介绍她与主席谈话的过程。她揭发罗瑞卿和刘亚楼两个人躺在床上，一直密谈到天黑（刘已于1965年5月病故，生前为空军司令员）。说罗瑞卿要刘亚楼转告叶群四条意见：

1. 林总早晚要退出政治舞台。不退也要退，现在不退出，将来也要退出政治舞台；

2. 要好好保护林总的身体；

3. 今后林总再不要多管军队的事情了，由罗总长去管好了；

4. 一切由罗管，要放手叫他去管。还说罗骂林是"占着茅坑不拉屎"，等等。

在会上，邓小平比较和缓，传达了毛主席12月2日在海军的报告上对罗瑞卿问题作的批示，内容是："那些不相信突出政治，对于突出政治表示阳奉阴违，而自己另外散布一套折中主义（即机会主义）的人们，大家应当有所警惕。"总理也很谨慎，态度不很明朗。贺龙讲了几句。

林彪在会议上宣布撤销罗瑞卿的职务（书记处书记、副总理、公安部部长、国防部副部长、总参谋长、军委秘书长）。

我当时想，罗是听毛主席话的，和毛、林的关系从来都是可以的，怎么一下子成了现在这样？！

会上规定不准记录，也没有讲怎么传达。会议开得十分秘密。13日会议结束。

16日我飞回北京。要向下传达，因为没有记录只能是口头传达。我当时兼北京军区政委，在军队本应由军队的廖汉生同志传达，但他说军队、地方一块儿传达，非要我传达。我是第一政委，没办法，只好传达了。我也没多说，写了一个很短的提纲，后来又在华北局传达，要点就是毛主席决定开会批判罗瑞卿，大家都赞成。会后，军队就开始批罗了。

搞掉罗瑞卿，不等于说毛主席就十分信任林彪。主席考察干部是反复的、长期的。他批评彭德怀时就说过林彪："别的事都是马列主义，就是对他自己的病的看法是唯心主义。"林将自己的病看得过重了。抗美援朝这么大的一件事，高级干部理应为之拼命的，然而主席提出让林彪指挥时，他竟推了，还认为不应出兵，自己跑到苏联养病去了。这件事和斯大林有什么关系不知道，但很可能是走的高岗这条线。高岗和斯

北京平谷县农民在写墙报

大林有直接的来往，而高岗进行反刘少奇活动首先找的就是林彪。联系到早在长征途中的会理会议上林就反过主席，主席碰到困难的时候林会怎么样，主席一定会反复考察的。

1964年9月28日至10月12日罗马尼亚领导人毛雷尔、齐奥塞斯库在中国访问期间，曾劝中国同苏联和好。主席顶了，意思是不行，要和好，苏联总要有个表示，先讲话（自我批评），百分之九十的责任应该是他们的；林就在一旁说百分之九十九。"文革"初期，主席讲不宜搞急刹车，林就赶快讲：如果急刹车可能摔下来。林总是这样。总是表示和主席的意见完全相同，而且讲得比主席讲的还厉害。主席一讲完话，他马上讲两句话，第一句是毛主席发表了非常重要的指示，第二句

1966年6月6日，"中央文革小组"顾问康生（中）来到北京大学
学生宿舍，鼓动学生起来"造反"。

是我完全拥护。他的这些做法也可以使主席从另一个方面考虑：你一直
捧我做啥？实际上，林越是捧主席，主席就越警觉。本来，把罗瑞卿搞
下去，林彪就突出了，但主席对林也不完全放心，自己一直牢牢掌握着
军队。不然为什么定了一条："文革"期间不准调动军队，调一个排也
要军委主席签字，就是必须由毛主席签字。可见毛主席还是不完全放
心，不让林有权调动军队。

第一次杭州会议

1966年上半年实际上是"文化大革命"的准备、酝酿时期。

上海会议后，1966年1月21日，江青由上海赶到杭州和林彪商量
"文艺革命"问题。林向总政下达指示，2月2日至20日，江青根据林
的委托在上海召开部队文艺工作座谈会。江说："在文艺方面，有一条
与毛泽东思想相对立的反党反社会主义的黑线"，"这条黑线专了我们
十七年的政"，"该是我们专他们的政的时候了"。3月22日林彪将座谈

会《纪要》报中央常委。《纪要》经毛主席修改三次。再由林报中央，4月10日以中共中央文件下发。

3月8日凌晨，邢台发生地震。我们正在天津召开华北局书记处生活会。8日晚周总理召开紧急会议，研究进行救护、救灾工作。我当时表示要去邢台。总理说：你先不动，我先去。

总理赴邢台视察后，12日到16日在天津参加华北局的会议。16日总理作报告，会议结束，我们回到北京。

会议还未结束时，我就接到通知，让我到杭州开会。

17日我从北京乘飞机到上海，而后乘火车到杭州，我们住在新落成的西泠宾馆。忙中偷闲，住下后游了苏堤。

当天下午5时我们就到主席那里开会，主席住在刘庄。参加会议的有中央政治局成员加上六大区书记，总理、彭真都在。小平同志没有来，他为了躲开处理罗的事，到"三线"视察去了。林彪似到场。

这次会议我有记录，会开得很自由，没有正式报告，主要是毛主席讲。他先是扯些闲话。很随便的，然后讲到文化革命，点了乔木的名字（他未到会），批评了吴冷西，说："我看你们只是半个马列主义者，半个三民主义，你们自己作结论，算不算马列主义？"大家也听出来不只是这几个人的事，而是批评文化工作方面的问题。主席也没有讲得那么透。

大家听着，哑口无声，谁也不能表态。陶铸是勇敢的，敢讲话，这次也很谨慎。参加会议的人相互之间也不敢多说话，又都想试探一下，了解情况，但是谁也不主动，也不敢主动。

当时彭真的地位还可以，是中央秘书长，还管着罗的事。记得会议中间，他去接电话，回来说罗（3月18日）跳楼把腿摔坏了。这时毛主席有些惊讶的样子，问："为什么跳楼？"然后讲了一句："真没出息！"听起来那意思是官司刚开始打，就跳楼，官司还在后头呢。我想主席还在观察，从事后的事态发展也可以看出。主席为什么讲这句话，因为中央还未作结论嘛。主席还在考虑还可能牵扯到什么人。

三月会议主要点了杨尚昆、陆定一的事，还听了江青介绍召开部队文艺工作座谈会的情况。会议对罗的揭露就多了。一边倒，群情激奋。光听会上的揭发，罗的问题就大了。

20日上午会议结束。

21日，陶铸领头，大区书记们参观了花坞、玉泉。我们离开杭州到上海。23日从上海飞回北京，当天召开书记处会议。

第二次杭州会议

杭州会议后，学术批判不断升温。4月9—12日中央在北京召开书记处会议，会议内容之一就是研究学术批判的问题。

会后马上就召开了第二次杭州会议，又叫政治局常委扩大会议。

我于14日从邯郸返京，15日飞上海，从上海到杭州。当时来的人比较少，就安排在西泠宾馆（八层楼）。

彭真来得晚，我们还换了一下房子，住在同一层。

叶帅也来得晚，来了就问我："这个会议是干什么，三月不是刚开了会？"

我说："我也不知道。"

叶帅说："送彭真上飞机时，彭真和我讲了两句话，说现在又出事了，他出事了。"

彭真到杭州后，要求和毛主席见面谈话。彭真和徐业夫讲时我正在旁边。彭说："我要求和主席见面，只讲20分钟。请你转告。"徐业夫说会转告的，可是主席没有见彭真。这样我们就知道事情大了。

会还没有正式开，18日关于彭真问题的材料就出来了。一个材料是4月16日《北京日报》以三个版的篇幅发表的批判吴晗、邓拓、廖沫沙"三家村"的文章，并加《北京日报》、《前线》的编者按。在编者按中有所检查，并提到《前线》发刊词。康生讲这是个假批判、真包庇，假装自我批评。又说《前线》也发了一篇文章，他始终没有看到。我们知道"三家村"的问题牵涉到北京市委。

4月18日《解放军报》发表社论。是按照江青召开的《部队文艺工作座谈会纪要》的精神写的。社论宣布：无产阶级"文化大革命"的高潮已经到来。

19日开始开会。

20日、22日、24日、25日在主席那里开了几次会。主席谈得很活跃、和缓，但讲话中插的那几句话就重了。主席说：北京的空气很沉闷，他不愿在那里住。愿到上海来。那时柯庆施和江青已联系较多。1965年年初，江青就躲到上海来密谋策划批判吴晗的《海瑞罢官》一文。

我们在西泠宾馆吃过饭出去散步时，六个大区书记包括刘澜涛在内。没有一个敢和彭真并行，也不和他讲话。我还和他讲话，因为彭真1938年就是我的上级，关系可以。但我们也只能讲些废话，"天热了……"谁也不敢讲正题。

4月21日少奇访问巴基斯坦、阿富汗、缅甸3国后回到杭州，主持了类似政治局的会议。因为少奇从3月26日就不在国内，对这段情况根本不了解，所以会议实际是总理主持，在会上少奇点了两个人的名。

王任重说：主席讲得很好，很重要，是否将毛主席的讲话整理成一个文件下发全党。陈伯达说：那你根据你的记录写一下。这就是《五一六通知》的由来。王任重记录的特点是谁的话都记，但只记要点。我的记录是记毛主席的原话，但是别人的插话就记不下来了。我看他的记录同我的不尽相同，就没有往外拿我的记录稿。王任重起草的文件，后来改动很大，康生说改了8遍。（但也有另一种说法，比如刘志坚回忆：4月14日总理把他叫到钓鱼台8号楼说，中央确定刘和陈亚丁到上海参加一份中央文件的讨论和修改，这就是《五一六通知》。16日他俩飞上海，当天陈伯达、康生、江青召开会议让大家讨论，5月1日刘回到北京。这就是说，第二次杭州会议还没有开，中央已在组织人起草《五一六通知》了。）

4月24日，会议基本通过《中国共产党中央委员会通知》（即《五一六通知》）草稿。

会议结束，中央指定我和宋任穷两个人同彭真一道乘飞机回京，名义上是陪送，实际上是押送。在26日晚杭州到上海的火车上、27日上海到北京的飞机上，我们都没话讲。开始三个人在一起，面对面干坐着，后来宋任穷离开前舱，到工作人员那边，只剩下我和彭真。大家心里都明白，我们俩的任务是"护送"他回来。

到机场后，我们各自坐车走了。后来有人说我把彭真交给安子文了，这是不对的。

上海会议搞罗，三月会议点杨尚昆、陆定一，四月会议批北京市委、批彭。这时谁都知道，问题刚刚开了个头，远没有完。谁也搞不清下一步如何发展。这时的北京，大家都很紧张，到处打听消息。

五月政治局会议

五月政治局会议一般说法是3日开始，先召开了几次座谈会，由康生、陈伯达、张春桥介绍情况。我更多的精力是放在北京市、华北局，准备开华北工作会议，工作十分紧张。

5月7日中央文件正式通知，我去北京接彭真的工作，任第一书记，主持北京市的工作。

5月11日下午中央政治局扩大会议第一次全体会议由刘少奇主持。少奇、小平、总理等都坐在主席台上。毛主席仍在外地没有回来参加。

我坐在第一排，对着主席台的左边。我的左边是聂帅，右边是彭真。我走进去，坐下看见桌子上放着一份文件，字有核桃大，我拿起来看是林彪的手书，未看得很清楚，大致是说他证明叶群和他结婚时是纯洁的处女之类的话，说严慰冰的揭发信全系造谣。

彭真已经知道是我接他的工作，他交代我去后应注意的事。他站在那里俯身对我说："你去了之后……"刚开始讲，就听见有人在后面拿着什么材料在念。彭真一听就火了，态度激昂，回过身朝着后面大声说："谁是第一个喊万岁的！"证明历史上是他先喊主席万岁的。坐在主席台上的少奇马上制止，吵架就停了。

此时，当我拿起林彪的手书，还未看明白，就听见聂帅拿着林彪的手书，生气地冲着主席台上的人说："发这个做啥？收回！"这等于是给主席台上的人提意见。

这事和政治局又没关系，这种事还发文件，丢人！可笑！这个文件是针对陆定一和他夫人严慰冰的。这么严肃的会，发这种文件，真让人啼笑皆非！很快文件就收回了。

不久，中央派人通知彭真，停止他出席会议。

从会上看，少奇是同情彭真的，认为他有错误，但不同意这样搞。看得出少奇有气，压力很大，表情不自然。他主持会议，等于反对他自己。总理也很慎重，不讲话。康生挺得意。

5月16日上午9时，在人民大会堂召开政治局扩大会议第二次全体会议。会议仍是少奇主持。小平讲话，介绍《五一六通知》内容。

讨论通知时，大家都是赞成的，没有提出不同意见。因为是扩大会议，少奇说所有参加会议的人都有权举手。全体举手通过。一字未改。这个《中国共产党中央委员会的通知》，因为是5月16日通过的，又叫《五一六通知》。通知重点批判《二月提纲》，说它是"反对把社会主义革命进行到底，反对以毛泽东同志为首的党中央的文化革命路线，打击无产阶级'左'派，包庇资产阶级右派，为资产阶级复辟作舆论准备"，是"彻头彻尾的修正主义"。通知说："撤销原来的'文化革命五人小组'及其办事机构，重新设立文化革命小组，隶属于政治局常委之下。"通知中最严重的话是："混进党里、政府里、军队里和各种文化界的资产阶级代表人物，是一批反革命的修正主义分子，一旦时机成熟，他们就要夺取政权，由无产阶级专政变为资产阶级专政。这些人物，有些已被我们识破了，有些则还没有被识破，有些正在受到我们信用，被培养为我们的接班人，例如赫鲁晓夫那样的人物，他们现在睡在我们的身旁，各级党委必须充分注意这一点。"通知一通过，形势就严重了。

这次会议还通过了中央工作小组关于罗瑞卿错误问题的报告。

会议休息了两天，到 18 日继续开，仍是刘少奇主持。林彪在会上发表讲话，即有名的"五一八讲话"。

林彪在正式讲话前问陆定一："我对你怎么样?"

陆定一说："很好。"

林说："我对知识分子历来是很尊重的（言外之意，我知道你是大学生），你怎么那么整我。"

因为林彪点了名，会后，政治局常委继续开会，决定停止陆定一出席会议。当时，我们还在外面没有走。陆定一则在旁边的屋里等着。

邓小平喊我进屋，让我和李富春去跟陆定一谈话，通知他不再出席会议。

富春非叫我领头。我让他："你是政治局的。"

我们俩站起来，从开会的地方到陆定一房间的门口只有几步路，谁也不愿意走在前面，一直并行，走得很慢。走到门口，他推我，我年轻，只好服从。一进门，我就靠边坐下。坐下后，应由他先说，他又推说让我先说。陆都看到了。我只好先讲。传达了邓小平的一句话："中央决定从现在起停止陆定一同志出席这个会议。"这是小平找我谈的，谁找富春说的我不知道底细，只能讲这一句。既不能批评，也不能同情。

陆定一说："雪峰同志，我可是要搞共产主义的，我还希望我能看到共产主义!"他讲话的声音很大。看得出他负担很重。我们也无法回答。

我劝他："会议定了，休息吧。事情总会弄清楚的。"富春也说："是啊，事情总会弄清楚的，中央决定……"

林彪讲话事先做了准备，他有个简单的提纲，字有核桃大，他说："这次是政治局扩大会，上次毛主席召集的常委扩大会，集中解决彭真的问题，揭了盖子。这一次继续解决这个问题。罗瑞卿的问题，原来已经解决了。陆定一、杨尚昆的问题，是查地下活动揭出来的，酝酿了很久。现在一起来解决。四个人的问题是有联系的，有共同点。主要是彭真，其次是罗瑞卿、陆定一、杨尚昆。"他杀气腾腾，大讲"政变"，从古到今包括世界各国的政变。认为我们社会主义国家也会有。他没有点名，但大家都知道是指刘少奇。刘没有讲什么。

5月23日，会议通过对彭、罗、陆、杨的处理决定，进行专案审查。调陶铸担任中央书记处常务书记，兼中宣部部长，调叶帅任中央书记处书记兼军委秘书长。我任北京市委第一书记。讨论时我说："我一个人不行，调一个人做副书记。"候选人提了两个，吴德和华北局的什么人。1936年我和吴德搭过班子。他在枣园工作过，康生了解他。最后决定吴德任第二书记，郭影秋、高扬文、马力为书记。

24日又发了《关于陆定一同志和杨尚昆同志错误问题的说明》，这两个文件都下发到县团级。

5月25日上午政治局扩大会议结束，下午2时许，北京大学哲学系党总支部书记聂元梓等7人在北大学生食堂的东墙上贴出大字报，题目是《宋硕、陆平、彭珮云在文化大革命中究竟干些什么?》，宋硕是北京市委大学部部长，陆平是北京大学党委书记，彭珮云是北大党委副书记。大字报的矛头直指北京市委大学部和北大校党委，也就是指向北京市委。后来才知道这是康生搞的，他早就派他老婆曹轶欧等人到北京大学串联了。

大字报一出来就将党内矛盾公开了，而且这是1957年以来第一次在北大出现大字报，一下子就引起了轰动。学校内部，学生马上分成两派，一派是反对大字报的，一派是拥护大字报的，两派各说各的理，互不相让，形成对立。在辩论中青年人火气大，有个别人动手，以致互相推推搡搡。而且北大有许多留学生，消息马上传到国外。北大的校门历来是敞开的，外面的人闻讯后纷纷进去看大字报。

这天晚上我接到陈伯达的电话，他要我去北大，说："形势严重，怕大字报上街、怕串联，现在很多人到北大看大字报，怕人们上街游行。"看来他们放了火，还不知毛主席的态度，怕火烧到自己，急于稳住阵地。

我说："我不能去，因为中央没有正式通知，师出无名。"这时吴德已到北京。但我和吴德还未正式到北京市委上班，以华北局的名义去也不行。

陈讲："形势严重，很可能发生游行。在北大如何贴大字报要做工作，不要上街。"我想，非中央讲话不可，我也不能给主席打电话，现在半夜三更，也不能和少奇联系，因而没有答应。又拖了一下。

陈伯达着急了，第三次给我打电话，话讲到这种程度："非你老兄出台不行了。"我还是不答应，他又说："我们一块儿去。"他是政治局候补委员，已内定是中央文革小组组长，负责运动的。我没有办法，只好同意了。

这时外事办副主任张彦也来电话说，他刚从康生那里回来，康生让我和蒋南翔一起去。康生的意见是，大字报可以出，但不要搞到各个学校去，不要上街。总理也指示了几条：正面讲毛的伟大决定，对大字报要做几条规定。工作要说服，不能压，要负责人亲自去做工作。张彦说：先和你打个招呼，康生还要找你。

过了一会儿，康生就来电话了。我先讲了张彦转告的话，他说：蒋南翔已经来过了，你不来也可以。我说：陈伯达来过电话，要我讲话。康生听了表示可以。

这时，陈伯达又来电话催我。我说："我等你。"我考虑，我一个人上台让群众一包围，我连个报信的人也没有，就找解学恭、池必卿来开会商量。我说我在台上，你们散在台下，聂元梓是太行的干部，池必卿可以做做聂的工作。这一切都安排好了，已是 12 点多了。我和陈伯达联系，陈这时却说："我正在改一篇社论，去不了。"陈伯达要我去北大后开个紧急会议。（这暴露了康、陈两个人的互相勾结。）

我赶到北大临湖轩时，陆平正在主持校党委会。教育部部长蒋南翔、副部长刘仰峤也在。他们已经开过了一个八百人的党团员干部会。

我先听了一段汇报，就说："已经开过了，那就算了吧。"蒋说："雪峰同志你既然来了，我们就再开一次。"

陪我上主席台的是刘仰峤和张彦。又要开会，我讲什么？我就叫张彦再提供一些情况，传达周、康、陈的指示。我一边听一边想，心里生气。为什么把我推到台上，算啥！我请张彦先讲讲，我主持会议。他不讲，我问总理还有什么指示，他说没有了。

等于原班人马又开了一次会，在党团干部会上我讲了25分钟。后来群众概括为几条：1. 不提倡写大字报；2. 大字报要内外有别；3. 要有领导；4. 要有步骤；5. 不一定开大会声讨；等等。

会后，我回到家里，睡不着，心里考虑，中央还未吭气，我这样做合适不合适？天还没大亮，就给少奇打了个电话，不想碰了个钉子。我刚说我在会上代表中央、包括总理讲了话，他马上顶了一句："你不能代表！"

我赶快就说："那怎么办？我马上写一个检讨，需要公布就公布。"

少奇说："那也不要。"说完就把电话挂上了。我一听就知道事情不在我这儿。这句话把我解脱了。

通过这一天的事，我觉得康、陈是对我来了个突然袭击。本来我对康、陈有些看法，但当时也不敢太怀疑，因为他们都是老资格的同志。

毛泽东决定发表第一张大字报

5月31日，陈伯达亲自到人民日报社，改组人民日报社，撤了吴冷西社长的职务，宣布中央决定派工作组进驻。这是中央派的第一个工作组，而且由陈伯达宣布，并由他领导。

改组后的第二天，6月1日，《人民日报》发表社论《横扫一切牛鬼蛇神》。社论指出："革命的根本问题是政权问题……有了政权，就有了一切。没有政权，就丧失一切。因此，无产阶级在夺取政权之后，无

1966 年 8 月 5 日，毛泽东写了《炮打司令部——我的一张大字报》。
图为群众游行队伍中的这张大字报。

论有着怎样千头万绪的事，都永远不要忘记政权，不要忘记方向，不要
失掉中心。"这篇社论实际将林彪"五一八讲话"精神公布于众。社论
宣布："一个无产阶级文化大革命高潮，正在占世界人口四分之一的社
会主义中国兴起。"

6 月 1 日，我们正在开华北工作会议，由我传达五月政治局扩大
会议的决定。下面递了一个条子。说是由康生那里送过来的文件。我
打开一看是康生写的条子，内容是毛主席在杭州对聂元梓大字报的
批示，并说今天就要公布。毛主席批示的内容，因为时间仓促，看
得很匆忙，我已记不清了。考虑到事关重大，我在会上念了康生写的
条子。

6 月 1 日晚 8 点，中央人民广播电台全文播放了聂元梓的大字报，

毛泽东来到红卫兵中间

林彪在检阅红卫兵前发表讲话，鼓动红卫兵"大破一切剥削阶级的旧思想、旧文化、旧风俗、旧习惯"，即所谓"破四旧"。

毛主席称赞它是"全国第一张马列主义的大字报"。这一下子火就点起来了。

康生欣喜若狂，他有一次在大会上说："大字报广播后，我感到解放了。"而大字报广播后我就十分被动，因为我在北大的讲话与毛主席的评价显然不同。

当天晚上，张承先率少数工作队员进驻了北京大学。

6月2日，《人民日报》第一版以醒目的标题《北京大学七同志一张大字报揭穿了一个大阴谋 "三家村"黑帮分子宋硕陆平彭珮云负隅顽抗妄想坚守反动堡垒》，全文刊登了聂元梓的大字报，并发表了评论员的文章《欢呼北大的一张大字报》。评论员的文章说："北京大学是'三家村'黑帮的一个重要据点，是他们反党反社会主义的顽固堡垒"，并

在夺权过程中，江青、康生等人蓄意打倒一大批老干部。图为1967年2月22日，江青在首都大专院校红卫兵代表大会上发表煽动性讲话。

说北大的党组织是"假共产党，是修正主义的'党'"，说"你们的'组织'就是反党集团，你们的纪律就是对无产阶级革命派实行残酷无情的打击"。各高等院校纷纷效仿北大，揪斗校系领导。冲垮各级组织，从此全国高校陷于混乱，一发而不可收。

（原载《百年潮》1998 年第 4 期）

回忆我国恢复联合国
合法席位的经过

导 读

　　1971 年 10 月 25 日，第 26 届联合国大会以压倒性多数通过第 2758 号决议，承认中华人民共和国政府的代表是中国在联合国组织的唯一合法代表，中华人民共和国是安全理事会五个常任理事国之一，决定恢复中华人民共和国的一切权利，承认其代表为中国在联合国组织的唯一合法代表，并立即把蒋介石的代表从它在联合国组织及其所属一切机构中所非法占据的席位上驱逐出去。

　　这个决议草案是由阿尔巴尼亚、阿尔及利亚、缅甸、锡兰（今斯里兰卡）、古巴、赤道几内亚、几内亚、伊拉克、马里、毛里塔尼亚、尼泊尔、巴基斯坦、也门人民民主共和国、刚果、罗马尼亚、塞拉利昂、索马里、苏丹、叙利亚、坦桑尼亚、也门、南斯拉夫、赞比亚等 23 个国家共同提出的，并得到了另外 53 个国家的支持。

　　中国恢复了在联合国的合法席位，使联合国有了占世界人口四分之一的中国人民的真正代表，使联合国真正有了普遍性，并成为一个名副其实的世界性组织。无疑，这是一个具有重大历史意义的事件，它书写了联合国历史的新篇章。正如时任联合国秘书长吴丹所说，没有中华人民共和国，联合国绝不会成为真正的联合国。

　　新华社的《中国重返联合国的重大意义》一文中说道："联大第 2758 号决议的通过绝非偶然，这是世界进步的需要，也是历史的必然。

1949 年中华人民共和国成立之后，在联合国的合法席位被非法剥夺了 22 年。然而，这 22 年又是世界发生深刻变化的 22 年。战后，民族解放运动风起云涌，形成了一股强大的历史潮流。在这股大潮的推动下，一大批亚非拉国家取得了独立加入了联合国。没有这批国家的加入，中国恢复在联合国的合法席位是难以想象的。他们把恢复中国在联合国合法席位视为自己的事。他们敢于仗义执言，不畏强权，表现出一种浩然正气，这股正气就是世界走向进步的反映。"

联合国需要中国。联合国是以自己的普遍性而自豪的，然而，不恢复中国在联合国的合法席位、占世界人口五分之一的中国不在联合国里，联合国有什么普遍性可言？世界面临着众多的问题，需要联合国发挥作用。如果联合国缺少中国这一块，显然在应对世界上大的问题时缺少了有力的支撑。

联合国成立之初，成员国只有五十一个。到如今，它已成为一个最具有代表性的国际组织。回顾中国恢复在联合国的合法席位的艰难历程，使我们更加珍惜和平的国际环境。

作者简介 ▶

熊向晖，1919 年生，1936 年加入中国共产党。1937 年 12 月，遵照周恩来的指示，到国民党胡宗南（时任第八战区副司令长官，后任第一战区司令长官）的部队"服务"，从事秘密情报工作。1939 年至 1947 年，任胡宗南的侍从副官、机要秘书。新中国成立后，他一直在外事战线工作。曾任中国驻英国代办处常任代办。1971 年和 1972 年，作为周恩来总理的助理，参加了中美重大外交活动。我国恢复在联合国的合法席位后，任首次出席联合国大会的中国代表团代表。1972 年任中国驻墨西哥首任大使。1978 年后任中共中央统战部副部长，中国人民外交学会副会长、中共中央对台工作领导小组办公室副主任等。2005 年 9 月 9 日在北京逝世。时为周恩来总理的助理，参与了我国恢复联合国合法席位的谈判过程。

一

1971 年 5 月，巴基斯坦方面转来美国总统尼克松的口信，说他准备来北京同中国领导人交谈中美关系以及彼此关心的问题，为此先派他的国家安全事务助理基辛格秘密访华，进行预备性会谈。毛泽东主席决定，以周恩来总理的名义经巴方转告美方，表示同意。

在为会谈准备的资料中，有一篇是关于我国在联合国的代表权问题，其中提到：1957 年 1 月 27 日，毛主席在省市自治区党委书记会议上说："我们也不急于进联合国，就同我们不急于跟美国建交一样。我们采取这个方针，是为了尽量剥夺美国的政治资本，使它处于没有道理和孤立的地位。不要我们进联合国，不跟我们建交，那么好吧，你拖的时间越长，欠我们的账就越多。越拖越没有道理，在美国国内，在国际舆论上，你就越孤立。"

总理说：这仍然是我们的方针。现在我们不主动同基辛格谈联合国的问题。

基辛格于 1971 年 7 月 9 日至 11 日秘密访华。总理在同他会谈中，就两国关系正常化问题全面阐明我国的原则立场。基辛格表示，中美关系正常化需要一个过程，美国明年大选，尼克松将会连选连任，在他第二届总统任期内，将同中华人民共和国建交，在此以前，美国将维持和台湾的现有关系，同时将采取一些有利于而不是有损于中美关系正常化的措施。

双方商定，今后将通过中国驻法国大使黄镇进行联系。

基辛格告诉总理：尼克松已经决定，美国今年将支持中华人民共和国取得联合国和安全理事会（简称"安理会"）的席位，但不同意从联合国驱逐台湾的行动，因为在尼克松访华前，如果美国听任台湾失去联合国的席位，将使尼克松总统处于非常困难的境地。总理马上正告基辛格：你们要在联合国制造"两个中国"，中国政府坚决反对，一定公开

1971 年 10 月 25 日，第 26 届联合国大会通过决议，恢复中华人民
共和国在联合国的一切合法权利。图为五星红旗在纽约联合国总部前
升起。

批驳。基辛格说：请你们对我们的总统少用些尖锐的形容词。

在向主席汇报此事时，主席说：我们绝不上"两个中国"的"贼船"，
不进联合国，中国照样生存，照样发展。我们下定决心，不管是喜鹊叫
还是乌鸦叫，今年不进联合国。

二

7 月 16 日，中美双方各自发表了内容相同的《公告》，宣布"尼克
松总统将于 1972 年 5 月以前的适当时间访问中国"。

在《公告》发表的前一天（7 月 15 日），阿尔巴尼亚、阿尔及利亚等 18 国（后增至 23 国）驻联合国的代表给联合国秘书长吴丹的信中提出："恢复中华人民共和国在联合国组织的合法权利的决议草案"，主要内容是："恢复中华人民共和国的一切权利，承认她的政府的代表为中国在联合国组织的唯一合法代表，并立即把蒋介石的代表从它在联合国组织及其所属一切机构中所非法占据的席位上驱逐出去。"

8 月 2 日，美国国务卿罗杰斯发表了《关于中国在联合国的代表权问题的声明》。8 月 17 日，美国驻联合国首席代表乔治·布什致函联合国秘书长，要求将"中国在联合国的代表权问题的议题，列入第 26 届大会议程"，并正式提出美国政府的主张。

鉴于美方由罗杰斯而不是由尼克松发表声明，总理决定，我方相应地由外交部发表声明，驳斥美国政府提出的主张，全面阐明中国政府的立场。

8 月 20 日发表了总理亲自主持拟定的《中华人民共和国外交部声明》。

声明指出："美国政府宣称，'中华人民共和国应当有代表权'同时又主张'应当不剥夺中华民国（指蒋介石集团，下同）的代表权'。这是尼克松政府在联合国制造'两个中国'的阴谋的大暴露。对此，中国政府和中国人民绝对不能容忍，并且坚决反对。"

声明指出："美国政府说，'在处理中国代表问题时，联合国应当认识到中华人民共和国和中华民国都是存在的，并且应当在规定中国代表权的方式中反映出这一不容争议的现实。'这真是荒谬绝伦。世界上根本不存在'两个中国'，只有一个中国，就是中华人民共和国，台湾是中国领土的一部分，是中国的一个省，在二次大战后就已归还祖国。这才是不容争议的事实。"

声明说，"恢复中华人民共和国在联合国的合法权利和把蒋介石集团驱逐出联合国，这是一个问题的不可分割的两方面。"声明转述了 7 月 15 日阿尔巴尼亚、阿尔及利亚等国提出的决议草案的内容，并指出："这是恢复中华人民共和国在联合国合法权利的唯一正确和合理的主张。"

声明最后强调："中国政府郑重声明：中国人民和中国政府坚决反对'两个中国'、'一中一台'或类似的荒唐主张，坚决反对'台湾地位未定'的谬论，坚决反对'台湾独立'的阴谋。只要在联合国里出现'两个中国'、'一中一台'、'台湾地位未定'或其他类似情况，中华人民共和国政府就坚决不同联合国发生任何关系。中国政府的这一严正立场是不可动摇的。"

9月20日，第26届联大开幕，选举印尼外长马利克为主席。9月22日，美国又同日本等国一起，向联合国提出了"同中国在联合国的代表权问题有关"的两项决议草案：

（一）"关于重要问题的决议草案"，主要内容是："在大会提出的结果将导致剥夺中华民国在联合国的代表权的任何建议都是宪章所规定的重要问题。"

这一决议草案的联合提案国是美国、日本等19国（后增为22国）。

（二）"关于代表权问题的决议草案"（后称"双重代表权决议草案"），主要内容是："①确认中华人民共和国的代表权，并且建议让它得到安全理事会五个常任理事国之一的地位；②确认中华民国继续拥有代表权。"

这一决议草案的联合提案国是美国、日本等17国（后增为19国）。

9月13日林彪叛逃，自取灭亡。总理忙于处理善后，稳定局势，抽不出时间召开会议研究美、日等国的提案。他指示：外交部的声明已把该说的问题说清楚，可用《人民日报》评论员的名义发表文章，对美国以及长期追随美国敌视我国的日本佐藤荣作政府进行揭露和批判。

9月25日，《人民日报》发表了题为《坚决反对美国制造"两个中国"的阴谋》的评论员文章。9月26日，《人民日报》发表了题为《佐藤反动面目的又一次大暴露》的评论员文章。

三

经美方提出，我方同意，基辛格一行 14 人定于 10 月 20 日乘美国总统专机"空军一号"抵达北京，为尼克松访华作具体安排。

从 10 月 15 日起，总理多次召开会议，分析国际形势，研究将同基辛格会谈的问题及我方的对案。总理还听取了关于我国在联合国席位问题的汇报。汇报的同志说，为了保住蒋帮在联合国的席位，美国政府使出浑身解数。据外电报道，尼克松亲自向许多国家的首脑写信；美国驻几十个国家的使节积极开展"拉票外交"，罗杰斯和布什已和 100 多个国家的代表谈了 200 多次；美国还用"准备提供援助"或"准备撤销援助"的办法对一些国家进行利诱或威胁。8 月 17 日布什已向联合国秘书长提出美国政府的主张。9 月 22 日美国又作了改变：一是将一个提案变为两个提案，形成"双保险"；二是把美国一国的提案变为多国提案，造成更大声势，并可多拉赞成票。美国以为它炮制的两个提案都会以多数票通过。特别是"双重代表权"提案有欺骗性。罗杰斯 10 月 4 日在联大的发言说："美国希望看到中华人民共和国到大会来"，"我们希望看到它作为安理会的一个常任理事国"，美国只是反对"驱逐中华民国"。他说，"双重代表权"的方案"符合联合国要具有普遍性的原则"，"符合现在有两个政府对中国的领土和人民行使主权的实际情况"。

周总理说："一个中国、两个政府"的谬论，实际上是"两个中国""一中一台"的变种。我们绝不能以牺牲对台湾的领土主权为代价，换取联合国席位。

10 月 20 日中午，基辛格一行到达北京。下午，总理同他开始会谈。当晚 9 时许，毛主席约见总理、叶帅、姬鹏飞以及熊向晖、章文晋、王海容、唐闻生。

主席说：联合国大会前天开始辩论中国代表权问题。为什么尼克松让基辛格在这个时候来北京？

叶帅说：大概他认为美国的两个提案稳操胜券。

主席问：大会提案过半数赞成就能成立，过半数要多少票？

章文晋答：现在联合国会员国总数是131个。如果不出现弃权票，过半数就是66票。

主席说：当年曹锟还能收买那么些"猪仔议员"，如今美国挂帅，日本撑腰，还有十几个国家跑腿，搜罗66票，不在话下。

主席问我：阿尔巴尼亚、阿尔及利亚……你们叫"两阿提案"能得多少票？

我说：今年"两阿提案"内容和去年一样。去年得到的赞成票是51票。从去年联大表决到现在，同我们新建交的联合国会员国有9个，加上很快就要建交的比利时，一共10个。他们都会赞成"两阿提案"。这样，今年"两阿提案"可能得到61票赞成票，这是满打满算。

主席说：就算过半数，那个"重要问题"一通过，就要2/3的赞成票才能驱逐"中华民国"。

主席问：联合国哪天表决？

章文晋说：今年的辩论，发言的人要比往年多，大概要辩论十几天。估计10月底、11月初进行表决。

主席问：基辛格哪天走？

总理说：10月25日上午。

主席说：联合国的表决不会那样晚。美国是"计算机的国家"，他们是算好了的。在基辛格回到美国的那一天或者第二天，联合国就会表决通过美国的两个提案，制造"两个中国"的局面。所以，还是那句老话：我们绝不上"两个中国"的"贼船"，今年不进联合国。

四

总理与基辛格的会谈到10月26日晨8时才告结束，总理向基辛格告别后离开。

叶帅与我方有关同志同基辛格一行共进早餐后，分乘汽车到首都机场。"空军一号"起飞后不久，派驻机场的同志跑来报告说：外交部值班室来电话，说联大通过了"恢复中国在联合国席位的决议"。

叶帅说：刚才基辛格在汽车里还对我讲，美国的两个提案肯定能得到半数以上的赞成票，中国进入联合国还得再等一年。美国总统专机配备最先进的通讯器材，基辛格这时也一定会知道这个消息，不知他作何感想？

姬代部长说：主席多次指示，今年不进联合国。

我睡到下午5时许，接到通知，让我晚上7点半到人民大会堂福建厅开会。我还得悉，总理下午起床后指示，姬代部长在今晚伊朗临时代办举行的招待会上的讲话稿要加上几句：联大通过了阿尔巴尼亚等国提案，这是全世界人民的胜利，中国政府对提案国以及伊朗和其他主持正义的国家表示感谢。总理还指示，如果外国使节和外国记者问我们是不是派代表团，就说："我还不知道"。

不久，我收到外交部送来的特急件。其中有联合国秘书长吴丹给"北京中华人民共和国外交部长"的电报，内称："先生，我荣幸地通知你，10月25日举行的联合国大会第1976次会议上，以76票赞成，35票反对，17票弃权，通过了下述决议：（略）顺致最崇高的敬意。"电中引述的"决议"，与"两阿提案"的"决议草案"完全相同。在特急件中，我最感兴趣的是外国通讯社关于这次联大表决中国代表权问题的有关报道。综述如下：

（一）10月18日开始，联大进行"关于中国在联合国的代表权问题"的专题辩论，24日辩论结束，约80个会员国的代表发了言。发言的情况表明，支持"两阿提案"和支持美、日等国提案的代表"基本上旗鼓相当"（共同社）。"周末正在进行秘密外交。通常在星期六关门的很多代表团都照常工作。"（合众社）"10月25日上午，美国召集它的联合提案国举行最后一次战略会议。美国大使表示相信，为阻止把国民党中国从联合国驱逐出去而作的努力将会成功。"（美联社）

（二）10月25日晚，在大会主席马利克主持下进行表决。马利克接受一些会员国的要求，今晚对所有的动议都采取唱名表决的办法。

在正式表决前几分钟，美国指使某国代表提议推迟表决有关中国代表权的一切提案，"以便说服一些仍然动摇的国家支持美国提案"。大会"以56票对53票、19票弃权否决了得到美国赞同的推迟表决的动议"，使美国"受到程序上的严重挫折"（路透社）。

大会听取了17个国家的代表在正式表决前解释他们将怎样投票的发言。马利克主席宣布每人发言限于10分钟。最后3个发言的人依次是阿尔巴尼亚副外长马利列，"国民党中国外交部长"周书楷，美国大使布什。"联合国宽敞的、黄色的大厅里挤满了代表和观众。"（合众社）

美国代表和日本代表要求首先表决"规定驱逐国民党中国需要三分之二多数票通过的'重要问题'提案。表决结果是：61票赞成，53票反对，15票弃权。'重要问题'提案获得先议权。"（合众社）

马利克主席宣布对"重要问题"提案进行唱名表决。"代表们在点名过程中应答时，大厅里气氛紧张"；"当电子表决计票牌上的灯光表明，美国的这一提案快要被否决时，代表们高喊支持"。大会以59票反对，55票赞成，15票弃权否决了"重要问题"提案。"当电子计票牌上出现的表决结果表明美国的建议被击败时，大厅里立刻沸腾起来"，"挤得满满的会议厅中发出了长时间的掌声"。"联合国代表们今晚击败了美国为保住台湾在联合国的席位而做出的努力，从而为北京进入联合国铺平了道路。他们在走廊里高声欢笑、歌唱、欢呼、拍桌子。"（路透社、合众社）

"周书楷为了挽回一点面子，在马上就要对阿尔巴尼亚等国驱逐台湾的提案进行表决之前，跑上讲坛宣布中华民国退出联合国"（合众社），周和他的手下一帮人离开会场。在匆忙举行的一次记者招待会上，"周的助手向记者散发了用打字机打的一项很长的声明，这表明他们本来就作了表决结果对他们不利的准备。事情终于结束了。周书楷自称舒了一口气。他说：'这是卸下了我们肩上的一个包袱。它是二十一年来一直

套在我们脖子上的一块大磨石。'"(路透社)

大会主席宣布对阿尔巴尼亚等国提出的"恢复中华人民共和国在联合国组织中的合法权利"的"决议草案"进行唱名表决。美国代表布什跑上讲坛，要求从这一"决议草案"中删去"立即把蒋介石的代表从它在联合国组织及其所属一切机构所非法占据的席位驱逐出去"一段。在代表们的反对声中，"大会主席马利克裁定，这个要求不合议事规则"(路透社)。

大会以 76 票赞成，35 票反对，17 票弃权，3 票缺席的压倒多数，通过了这一"决议草案"，成为第 2758 号决议。

"由于阿尔巴尼亚提案被通过，美国的一项与此对立的关于'双重代表权'的提案就自然而然被击败了。"(美联社)"这是美国自联合国成立以来遭到的最惨重的失败。"(合众社)

共同社报道说："八小时的马拉松式会议以后，25 日午后 11 点 20 分终于是阿尔巴尼亚提案通过了的决定性的瞬间。中国回到联合国，由此而被正式承认了。"

表决结束后，美国驻联合国首席代表布什发表谈话说："任何人都不能回避这样一个事实——虽然这可能是令人不快的，刚刚投票的结果实际上确实代表着大多数联合国会员国的看法。"(路透社)

"美国的失败结束了一场进行得最为紧张的游说努力，国务卿罗杰斯和驻联合国大使布什一而再、再而三地同这个世界性组织差不多每一个会员国的官员都谈了话。""一位人士说，'我们不知道是怎么回事，我们本来认为我们会成功的。'""在华盛顿，国务院说，不打算马上就大陆政权的席位问题发表评论，但是，明天将发表一项声明。"(美联社)

五

我于 7 时 1 刻到了福建厅。外交部的有关同志先后入座。叶帅来后不久，总理和参加完伊朗使馆招待会的姬鹏飞、乔冠华、韩念龙到达。

大家都喜气洋洋。

总理问：现在联合国会不会出现"两个中国""一中一台"的局面？蒋帮能不能再进联合国？"台湾地位未定论"在联合国有没有市场？

按惯例，回答总理的问题，必须说明理由、有根有据。发言的同志引用可靠的材料，一致认为不会发生总理提出的那些情况。

总理听后表示满意。同时指出，美日反动派不会甘心失败，我们还要保持警惕。

总理又提出，主席本来指示，今年不进联合国。现在怎么办？先听听大家的意见，再请示主席。

发言的同志都认为，联大已经通过决议，我们必须进入联合国，但是我们毫无准备。主席经常教导，不打无准备之仗。联合国大会开了一半，去不去无所谓。主要是安理会，一年到头，随时要开会。问题多，麻烦大，光是搞清楚那套议事规则，就得花很大功夫。现在尽快选定常驻安理会的代表、副代表和工作人员，集中时间进行准备，过了年再去。

总理说：马上参加，的确有困难；过两个月再参加，那也说不过去。能不能想出别的办法？

这时，王海容走进来说：主席起床以后，马上看外交部送去的那些材料，刚刚看完。主席说，请总理、叶帅、姬部长、乔部长、熊向晖、章文晋，还有我和唐闻生，现在就去他那里。

到了中南海主席住处，已是晚上9点多。主席坐在沙发上，满面笑容。他指指在美国出生的唐闻生说：小唐呀，密斯南希·唐，你的国家失败了呀，看你怎么办哪？

总理说：主席本来指示……

不等总理讲完，主席笑着打断说：那是老黄历喽，不作数喽。

总理说：我们刚才开过会，都认为这次联大解决得干脆、彻底，没有留下后遗症。只是我们毫无准备，特别是安理会比较麻烦，现在就参加，不符合主席"不打无准备之仗"的教导。我临时想了个主意，让熊向晖带几个人先去联合国，作为先遣人员，就地了解情况，进行准备。

主席说：那倒不必喽。联合国秘书长不是来了电报吗？我们就派代表团去。（主席指指乔冠华）让乔老爷当团长，熊向晖当代表，开完会就回来，还要接待尼克松嘛。派谁参加安理会，你们再研究。

总理说：就让黄华作副团长，留在联合国当常驻安理会的代表。

主席说：黄华到加拿大当大使不到 4 个月，现在就调走，人家可能不高兴咧。

总理说：做做工作，加拿大政府会理解的。

主席说：好，那就这么办。

主席以他特有的口吻说：今年有两大胜利，一个是林彪，一个是联合国。这两大胜利，我都没有想到。林彪搞鬼，我有觉察，就是没有想到他跑外国，更没有想到他坐的那架"三叉戟"飞机摔在外蒙古，"折戟沉沙"。对联合国，我的护士长（吴旭君）是专家，她对阿尔巴尼亚那些国家的提案有研究。这些日子她常常对我说：联合国能通过；我说：通不过；她说：能；我说：不能。你们看还是她说对了。主席风趣地说：我对美国的那根指挥棒，还有那么多的迷信呢。

在大家的欢笑声中，主席拿起外交部国际司填写的联大对阿尔巴尼亚等国提案表决情况，一面看，一面说：英国、法国、荷兰、比利时、加拿大、意大利，都当了"红卫兵"，造美国的反，在联合国投我们的票。葡萄牙也当了"红卫兵"。欧洲国家当中，只有马耳他投反对票，希腊、卢森堡和佛朗哥的西班牙投弃权票。除了这 4 国，统统投赞成票。投赞成票的，亚洲国家 19 个，非洲国家 26 个，拉丁美洲是美国的"后院"，只有古巴和智利同我们建交，这次居然有 7 个国家投我们的票。美国的"后院"起火，这可是一件大事。131 个会员国，赞成票一共 76 票，17 票弃权，反对票只有 35 票。表决结果一宣布，唱歌呀，欢呼呀，还有人拍桌子。拍桌子是什么意思？（总理解释说：在会场拍桌子，表示极为高兴。）那么多国家欢迎我们，再不派代表团，那就没有道理了。不高兴的人也有，"蒋委员长"就是头一个。美国国务院说要发表声明，还没有看到，不过是一篇"吊丧文"。

主席兴致很高，讲了将近 3 个小时。主要内容有：

（一）主席说：毫无准备怎么办？我讲过，不打无准备之仗。我也讲过，在战争中学习战争。现在请总理挂帅，抓紧准备。最重要的是准备在联合国大会的第一篇发言。主席说：1950 年，我们还是"花果山时代"，你（指乔冠华）跟伍修权去了趟联合国。伍修权在安理会讲话，题目叫作《控诉美国武装侵略中国领土台湾》。控诉就是告状，告"玉皇大帝"的状。那个时候"玉皇大帝"神气十足，不把我们放在眼里。现在不同了，"玉皇大帝"也要光临花果山了。这次你们去，不是去告状，是去伸张正义，长世界人民的志气，灭超级大国的威风。给反对外来干涉、侵略、控制的国家呐喊声援。第一篇发言就要讲出这个气概。接着主席谈了这篇发言应包括的内容。他说：第一要算账，这么多年不让我们进联合国，中国人民和世界人民都有一股子气。主要是美国，其次是日本，要点他们的名，不点不行。对提案国要一一列举。第二，要讲讲联合国成立以来世界形势的变化。就是这次同基辛格谈公报讲的，"国家要独立，民族要解放，人民要革命，已成为不可抗拒的历史潮流"。要讲点历史，1776 年美国独立战争，1789 年法国大革命，1917 年俄国十月革命，都是伟大的，但是都没有 1945 年以来这样大的规模。要讲讲中国，自力更生，艰苦奋斗，推翻"三座大山"，取得国家独立、民族解放、新民主主义革命胜利。这不是吹牛，是事实。目的是给世界人民鼓劲。美国必须从台湾撤走它的武装力量，不论是谁，要把台湾从中国分割出去，都是痴心妄想。第三，要讲讲我们对国际问题的基本态度。这次同基辛格谈公报的许多话可以用。我们反对帝国主义的战争政策和侵略政策，反对超级大国的霸权主义，支持一切被压迫人民和被压迫民族的正义斗争。各国人民的斗争都是互相支持的。要宣传五项原则，大小国家一律平等，中国属于第三世界，永远不做超级大国，反对大国欺侮小国，强国欺侮弱国，不许任何国家操纵联合国。还要讲些什么，请总理考虑。总而言之，要旗帜鲜明，"高屋建瓴""势如破竹"。"势如破竹"是晋主司马炎的"三军总司令"杜预讲的，此人号称"左传癖"。他带兵占领武昌，准备进攻东吴的首都建业。一个"二杆子"参谋向他建议，现在长江涨水，等明年再打。杜预说："今兵威大振，如破竹之势，数节之后，皆迎刃而解，无复有着手处也。"果然一举成功，"三分天下归一统"。作文章就要"势如破竹"，才能说服人。

（二）主席说：曹操是大军事家。诸葛亮在《后出师表》里称赞他："曹操智计，殊绝于人，其用兵也，仿佛孙吴"，同时也批评他打过败仗。怎么批评的？请"参座"讲讲。叶帅背诵如流："困于南阳，险于乌巢，逼于黎阳，几败北山，殆死潼关。"

主席说："几败北山"，说的是夏侯渊战死以后，曹操争夺汉中的事。《后出师表》三处提到夏侯渊，另外两处是"夏侯败亡"，"夏侯授首"。夏侯渊是曹操的一员大将，曹操封他为征西将军，担任汉中的"警备司令"。刘备攻打汉中，夏侯渊把主力部队部署在定军山，命令张郃守住东围。刘备"引蛇出洞"，先打张郃，夏侯渊分兵一半亲自援助张郃，被黄忠砍了头。有一出京剧就叫《定军山》，是谭鑫培、谭富英的拿手戏。你们看看《魏书》的《夏侯渊传》。当初夏侯渊打了几次胜仗，曹操写信提醒他："为将当有怯弱时，不可但恃勇也。将当以勇为本，行之以智计；但知任勇，一匹夫敌耳。""当有怯弱时"，就是要想到自己的弱点和不足，有打败仗的可能。夏侯渊把曹操的告诫不当一回事，结果全军覆没。你们去联合国，困难很多，要"以勇为本"，更要注意"为将当有怯弱时"。代表团团长就是"将"，不要被胜利冲昏头脑。送你们两句话，一句是我写的："没有调查就没有发言权"；一句是田家英帮我写的："虚心使人进步，骄傲使人落后。"

（三）主席说：我们在联合国的方针是"团结大多数，孤立极少数"。23个提案国是我们的患难之交，要同他们讲团结。其他投票赞成我们的54个国家也要团结。对投弃权票的17个国家要正确对待。在美国那样大的压力下，他们不支持美国，用弃权的办法对我们表示同情，应当感谢他们。投反对票的35个国家不是铁板一块，也要做工作。团结要有原则的团结，原则就是我们对国际问题的基本立场。我们当前的口号是：维护各国的独立和主权，维护国际和平，促进人类进步。用这个口号团结大多数。

六

在周总理亲自领导和精心安排下，围绕出席联合国的各项工作紧张而有序地展开。

10月27日外交部成立参加联合国工作筹备小组，由乔冠华、熊向晖、唐明照、章文晋、凌青组成。小组按总理指示，草拟了到联合国工作的设想。主要是：（1）根据"为将当有怯弱时"和"以勇为本"的精神，代表团领导成员要谦虚、谨慎，重视调查研究，多方了解情况，及时检查总结。（2）催促联合国秘书长立即将蒋帮代表从联合国所属一切机构中驱逐出去，同时向他表明，我们现只参加安理会和大会的几个委员会、经济及社会理事会等主要机构的工作，对其他机构将逐步派人参加。（3）以会务工作为重点，以安理会为会务工作重点。交际活动择重要者参加。（4）把平等协商的精神带进联合国，对讨论的问题，先同友好国家协商。表决时，根据我国的原则立场决定态度，或赞成，或反对，或弃权，或不参加，或提出修改，或提出保留。在安理会不轻易使用否决权。（5）对外活动不亢不卑，不轻然诺。（6）代表团内按会务、新闻信息、行政等分组，各指定专人负责。（7）严守纪律，注意节约。

10月28日《人民日报》发表了周总理授意并审定的社论《历史潮流不可抗拒》。社论首先提到联大通过了"阿尔巴尼亚、阿尔及利亚等二十三国的提案"。社论说："这次联大表决的结果，反映了各国人民要求同中国人民友好是大势所趋，人心所向"，"也反映了美帝国主义在联合国内把它的意志强加给别人的蛮横做法，遭到了越来越多国家的抵制和反对"。社论揭露日本佐藤政府"为美国在联合国制造'两个中国'的阴谋奔走效劳"，"结果却是枉费心机"。社论最后说："中国人民一定要解放自己的神圣领土台湾！台湾一定会回到祖国的怀抱！"

10月28日晚，周总理接受了日本《朝日新闻》编辑局长后藤基夫的采访。在谈到联合国以"超过三分之二的多数"通过了阿尔巴尼亚等23国的提案时，总理说："美国的计算机失灵了"，"这对美国政府是个意外，对中国政府也是出乎意外"。"联合国成立已经26年，可是被中国人民推翻的蒋介石集团一直占据中国的席位，这完全是不合理的，不能忍受的，今天的现象也是这股子闷气爆发的结果。"总理说："全世界多数国家和人民欢迎我们，我们还要不去恐怕不可能了。""中国有句老话：'临事而惧'。我们对联合国还不那么熟悉，所以一定要谨慎。但是，这不是没有信心。"（后藤基夫将电讯稿送我外交部新闻司核对无误。《朝日新闻》于11月6日头版头条发表，标题是《周总理在中国重返联合国后首次发表谈话》）。

10月30日《人民日报》及各大报发表了总理审定的《中华人民共和国政府声明》。声明说：第26届联大"以压倒多数通过了阿尔巴尼亚、阿尔及利亚等二十三国的提案"，"这是美帝国主义二十多年来顽固坚持剥夺我国在联合国合法权利的政策和在联合国内制造'两个中国'的阴谋的破产"，"这是全世界人民和一切主持正义的国家的胜利"。声明说：中国政府和中国人民对"在这场斗争中，作出了卓越的贡献"的提案国政府，以及"起了重大作用"的"友好国家"表示衷心感谢。声明指出："美日反动派不甘心于他们的失败"，"甚至妄想让蒋介石集团以所谓'台湾独立'的名义重新挤进联合国"，"绝不容许他们的阴谋得逞。"声明最后说：中国即将派出代表参加联合国工作。中国"将同一切爱好和平和正义的国家站在一起，为维护各国的民族独立和国家主权，为维护世界和平、促进人类进步的事业而共同奋斗。"

由外交部核心组提名，中央批准，"中华人民共和国出席联合国第二十六届大会代表团"团长为乔冠华，副团长为黄华，代表为符浩、熊向晖、陈楚，副代表为唐明照、安致远、王海容、邢松鹤、张永宽。黄华为中国常驻联合国安全理事会代表，陈楚为副代表。姬代部长将上述名单电告联合国秘书长吴丹。

由外交部核心组提名，总理同意，决定了中国代表团18名秘书、11名随员、9名职员，以及两名记者和两名外交信使的名单。新华社记者高梁以代表团秘书的名义，带领5名工作人员先去纽约预作安排。外交部征得加拿大政府同意后，电告黄华离职到巴黎等候。

经总理决定，姬代部长复电吴丹："关于中华人民共和国名字的按字母次序排列问题，请按开头的英文字母C排列，即China, The People's Republic of。"

从11月1日起，《人民日报》在《热烈祝贺恢复我国在联合国的合法权利》的通栏标题下，逐日全文刊载许多国家的元首、政府首脑，外交部长等发来的贺电、贺信。（11月13日新华社发表《公告》，"奉命对此表示衷心的感谢"。）

11月3日，外交部在人民大会堂举行宴会，衷心感谢23个提案国和各友好国家在联合国对我国的宝贵支持。李先念副总理出席。除赤道几内亚尚未在北京建立使馆外，其他提案国的驻华使节和夫人，对这一提案投赞成票的"友好国家"（包括英国、苏联）以及尚未加入联合国的友好国家（包括朝鲜、越南、民主德国）的驻华外交使节和夫人应邀出席。姬代部长在讲话中说："国家要独立，民族要解放，人民要革命，已成为当代不可阻挡的世界潮流。"联合国的事，要由参加联合国的所有国家共同来管。阿尔及利亚驻华大使塔列布代表23个提案国讲话。他说："联合国大会作出了历史性决议，这首先是中国人民长期斗争的结果，是毛泽东主席外交路线的胜利。"他说："各国人民再也不理会美帝国主义的利诱和威逼，因此，美国的提案失败了"，"这是我们的胜利。是一切为自己的幸福和人类的幸福而斗争的人民的胜利"。他说："被压迫人民需要中国的强大声音"，"各国人民将看到人民中国同在联合国外一样，在联合国内大力支持他们的正义事业"，"直到这些事业取得彻底胜利"。

11月4日晚10时，周总理接见代表团除黄华以外的全体人员，作了重要指示。随后，总理修改了陈楚起草的以乔冠华名义发表的两篇讲话，一是以毛主席指示为基本内容的在联合国的第一篇发言，一是总理口授的到纽约机场的讲话。机场讲话很简短。其中说："中国人民同世界各国人民一向是友好的"，"美国人民是伟大的人民，中美两国人民有着深厚的友谊。我们愿借此机会，向纽约市各界人民和美国人民表示良好的祝愿"。

七

11月8日晚8时，主席约见总理、姬鹏飞、乔冠华、符浩、熊向晖、陈楚、唐明照、安致远、王海容、唐闻生、章文晋及回国述职的驻法大使黄镇、驻苏大使刘新权。

在谈到"没有调查就没有发言权"时，主席说：这是针对教条主义者讲的，至今我认为这句话还是对的。对这句话的理解不要偏。客观事物不断发展变化，人的认识总是赶不上这种变化，认识总是落后于实际。要求把一切都调查清楚再说话，再办事，那就永远不能说话，永远不能办事。了解了主要情况、本质情况，就可以作出判断，就应该下决心。我一向反对下车伊始，哇哩哇啦的人，那样的人成事不足，败事有余。他们自以为了不起，光想当先生，不愿当学生。有的人打过仗，有点功劳，或者自以为有点功劳，吃饭、拉屎、睡觉、做梦，都念念不忘他那点功劳。说他没有什么功劳，他就说，没有功劳，也有苦劳；没有苦劳，也有疲劳。这是低级趣味。这几年，部队有些人的思想被林彪搞乱了。济南军区提出"反骄破满"，提得好，我就让全军学习。我最近常讲，军队要谨慎，这是有的放矢。今年在联合国打了一个大胜仗，这个胜仗主要是我们的外国朋友帮我们打的，我们没有理由翘尾巴。现在是"盛名之下，其实难副"。所以我讲"为将当有怯弱时"。还是"三个臭皮匠，胜过一个诸葛亮"。遇事要商量，要多谋善断，不要像袁绍那样"多谋寡断"，更不能"不谋专断"。谨慎不是谨小慎微。看准了的，该说就说，该做就做。

毛主席说：在联合国要搞统一战线。这是国际统一战线，和国内统一战线有同、有不同。根本区别是，国内统一战线是不同阶级的统一战线，无产阶级必须掌握领导权；国际统一战线是不同国家的统一战线，没有谁领导谁的问题。大小国家一律平等，谁也不应该领导谁，谁也不应该听谁的领导。过去我们说以苏联为首，因为它是老大哥，为了对付帝国主义，必要的时候让它牵个头，开会的时候让它当主席。但是它要掌握领导权，搞父子党，父子国，这就完全错误了。美国总是要别的国家听它的，这就是搞霸权主义。霸权主义应该被打倒。所以，搞国际统一战线就要平等协商，绝对不能以大国自居，颐指气使，绝对不能干涉人家内政，绝对不能有领导人家的想法。

主席还谈到陈毅同志的病况，谈到 1967 年 2 月外交部的一些司局长和回国的一些大使、参赞一共 91 人，写大字报批判造反派对陈毅同志的诬蔑。主席说：我是 91 人的战友咧。主席还讲到《五七一工程纪要》。总理解释，"五七一"是"武装起义"的谐音。这是林彪反革命集团阴谋暗害主席、发动反革命政变的纲领。主席说：等一会把这件东西念给他们听。要尽快全文印发到全国各个党支部。总理说：这里面尽是恶毒诽谤主席的谰言，怎么能印发？主席说：怎么不能？一个字都不改，原原本本发下去，让所有的党员所有的群众都知道。

主席对总理说：马上打电报给黄镇的助手，让他转告基辛格，我们的代表团在美国期间，美国政府必须保证安全。如果出了问题，唯美国政府是问。

主席还对总理说：明天代表团出发，在北京的政治局委员、候补委员，党政军各部门负责人，再加上几千名群众，到机场欢送，要大张旗鼓地热烈欢送。也通知外国使馆，去不去由他们自己决定。

离开主席住处已是晚上 10 点多，总理带我们到人大会堂，拿出一份《五七一工程纪要》，让章文晋念。念完后，总理作了一些说明，对代表团又作了一些指示。散会时，已是 9 日凌晨了。

八

11 月 9 日下午，中华人民共和国出席联合国大会代表团乘飞机离开北京。新华社报道说："周恩来、叶剑英……李先念、纪登奎、李德生、汪东兴、郭沫若、姬鹏飞等党政领导同志，首都革命群众和中国人民解放军指战员四千多人前往机场热烈欢送"。"欢送队伍里响起了'热烈欢送我国出席联大代表团！''毛主席的革命外交路线胜利万岁！''毛主席万岁，万万岁！'的欢呼声，热烈的锣鼓声和掌声，机场上呈现出一派十分热烈的革命气氛"。"代表团成员绕场一周，向挥动着花束、彩带的群众和前来送行的各方面负责人告别。他们同前来送行的各国使节一一握手"。

代表团抵达上海后，转乘法航班机前往巴黎。晚上途经仰光时，缅甸外交部副部长、政治司司长、礼宾司司长等到机场迎送，并在机场为我代表团举行招待会。10 日凌晨途经卡拉奇时，巴基斯坦驻卡拉奇专员、外交部礼宾司代表等到机场迎送，巴中友协秘书长献了花环。途经开罗时，受到埃及外交部部长办公室主任、礼宾司副司长等人的迎送。途经雅典时，受到尚未与我国建交的希腊外交部礼宾司司长和第一政治司司长的迎送。10 日下午到达巴黎时，受到法国外交部亚澳司副司长的迎接。

11 月 11 日上午，黄华与代表团其他成员会合，乘法航班机前往纽约。当日中午抵达肯尼迪机场。到机场欢迎的有 23 个提案国及其他一些国家驻联合国常任代表、联合国礼宾处长、纽约市公共事务专员，以及数百名美国友好人士和华侨代表。乔冠华在机场发表讲话。在先遣人员陪同下，代表团成员住进罗斯福旅馆。所到之处警卫森严。

美联社报道说："国务院官员对乔到达时的讲话感到高兴，白宫不因乔没有提到美国总统和美国政府而不快，因为他是出席联合国会议，不是访问美国。"

从 11 日下午到 14 日，代表团主要成员分别拜会了第 26 届联大主席马利克和一些友好国家的代表团，探望住院治疗的联合国秘书长吴丹。

15 日上午 10 时许，代表团五位代表及译员唐闻生在联合国礼宾处长引导下进入会议厅，在中国代表团的席位上入座。许多友好国家的代表立即前来向他们表示欢迎和祝贺。会议于上午 10 时半开始。大会主席马利克首先致欢迎词。他说："今天上午，中华人民共和国代表团第一次在联合国大会就座。作为大会主席，我很高兴地欢迎这个代表团。这是一个具有历史意义的时刻，中华人民共和国现在开始参加世界这个主要的政府间组织的工作。毫无疑问，由于中华人民共和国参加工作，联合国的工作成效将得到加强。"

马利克致词后，许多国家的代表相继走上讲台致词欢迎中国代表团。在他们的发言过程中，要求发言的代表不断增加，原定下午结束的会议在中午稍事休息后，下午继续开会，一直开到下午 6 时 40 分，历时约 6 个小时。共有 57 个国家的代表（包括美国、日本、苏联）在会上致了欢迎词（匈牙利的代表用中文发言）。有的代表已准备了发言稿，由于时间不够而未能发言。大多数代表的欢迎词热情洋溢，表达了对中国人民的信任、鼓励和兄弟般的情谊。不少代表在发言中赞扬毛主席对中国人民革命和建设事业的领导。现摘录 6 个国家代表的发言片段：

科威特代表说："10 月 25 日的夜晚发生了在联合国和国际大家庭的史册上具有历史意义的事件。联合国大会终于决定纠正了对中国人民所犯下的错误。""没有中国的参加，联合国就是徒有虚名。""恢复中华人民共和国在联合国的合法权利将使新时代的人类的前途变得灿烂。"

法国代表说："中国在我们当中就座了属于她的席位，不公正和荒谬的状况终于结束了。""我们欢迎这个十分伟大的国家和这个十分伟大的人民。""我们由于中国的文明、历史、勇敢、尊严和她正在进行的巨大努力而对她表示欢迎。"

阿尔巴尼亚代表说："世界上所有的进步人民都凝视着中华人民共

和国，因为她是各国人民自由和独立事业的最强大的保卫者，是各国人民主权的最强大的保卫者。伟大的人民中国在国家生活的各个方面取得了巨大的胜利，她已成为社会主义与和平的坚强不屈的堡垒，成为美帝国主义和苏联社会帝国主义霸权计划的不可逾越的障碍。"

赞比亚代表说："今天，中华人民共和国代表团的入席是一个具有伟大的政治和历史意义的时刻。""它标志着过去旧的、过时的政治的结束，标志着一个新的现实主义和充满希望的时代的开始。""从此以后，联合国是一个新的组织了，它再也不是原来的那个组织了。"

坦桑尼亚代表说："我钦佩中国人民，钦佩他们为争取自己的尊严和独立而进行的英勇斗争，钦佩他们对全世界解放斗争的坚决支持。我们还对他们在自己的伟大领袖毛泽东主席的令人鼓舞的领导下，在科学技术方面的努力所已经取得的和正在继续取得的惊人进步表示敬意。""我们特别高兴看到中华人民共和国恢复了她在这个组织中的合法地位，因为我们相信，联合国把这个国家看成一个支持各国人民的自决与独立权利，反对形形色色的压迫和不公正的十分可贵的成员国。"

智利代表说："智利从一个不结盟国家的立场出发，向中华人民共和国致敬。""在中国已不再有什么苦力、官僚，万能的外国剥削者已经完蛋了。今天，一个由尊严的、巩固团结的、充满信心和革命活力的自由人们组成的民族出现了。""中国从落后、破坏、饥荒、水灾和瘟疫的废墟上站起来，在短短的一些年里，在农业和历史、教育和公共卫生、征服宇宙和原子方面——还有在使集体和个人的道德臻于完善方面取得了非凡的进展。""我们向新中国的领袖毛泽东致敬——毛泽东是长征的革命斗士，是思想家、诗人，他鼓舞和经常指导他的人民，把知识变为主观的经验，并使这种经验同持久的革命态度融合起来。""在毛泽东看来，帝国主义有两重性。它既是铁老虎，又是纸老虎。智利像其他小的附属国一样，正在为争取完全的主权、收回自己的天然资源和实行自决而斗争。但是它正在同一个恫吓、威逼和妨碍它的强有力的铁老虎进行斗争。""我们相信帝国主义将被推翻"，"在对中华人民共和国表示欢迎的时候，我们希望十分坦率地强调她在历史的心目中担负的巨大责任。"他还用西班牙语朗诵了毛主席的词《减字木兰花·广昌路上》。

在各国代表致欢迎词以后，乔冠华在长时间的掌声和欢呼声中，登上联合国大会讲坛，宣读了毛主席授意、周总理审定的讲话稿（主要内容已如前述）。

《纽约时报》刊登了乔冠华讲话的全文。路透社报道说："这篇讲话使许多外交官感到震动。第三世界的代表们热烈鼓掌。美国代表和苏联代表脸色阴沉。"法新社评称："乔的严厉的讲话使人毫不怀疑，无论是人民中国进入这个世界组织，还是尼克松总统即将对中国的访问，都不会使北京改变它在重大问题上的政策。"德新社评称："在国际讲坛上非常少有的这种坦率和诚实的发言，表明了北京对联合国的政策以及对外政策意图的轮廓，表明了人民中国将使自己成为中小国家的喉舌和支持者。"共同社评称："这一展示基本方针的演说，是不折不扣地在联合国历史上最重要的演说之一，它的意义和反应将迅速波及地球上的一切地区。这篇演说阐明了以毛泽东思想为基础的中国国际政策，坦率地表明了中国的原则性立场，明确地表示了中国作为中小国家的代表对超级大国垄断联合国的局面进行挑战的姿态。"基辛格写道："中国人什么东西都不会浪费掉的。我在公报草稿中删掉的那些有争论的话，几乎全部写进在联合国的初次发言中了。为此，我指示乔治·布什表示遗憾，说北京决定以'华而不实的放空炮'来作为加入这个世界性组织的起步。"

新华社报道：12月18日晚，我国出席26届联大的代表团团长乔冠华，代表符浩、熊向晖，副代表王海容和代表团部分随行人员，在完成了他们在本届联大的工作任务后，乘飞机离开纽约回国。12月22日下午，他们到达北京。周恩来等党政领导同志、首都群众和人民解放军指战员4000多人到机场热烈欢迎。党政军各部门负责人，各国驻华使节也到机场迎接。

当晚8时许，主席在住处约见总理、乔冠华、熊向晖、王海容、唐闻生。主席引用孙中山先生的话说："革命尚未成功，同志仍须努力。"

1996 年 10 月 25 日，《人民日报》评论员在题为《捍卫联合国宪章的宗旨和原则——纪念中国恢复在联合国合法席位二十五周年》的文章中说："近些年来，台湾当局勾结国际反华势力，在联合国内外掀起了一股否定 2758 号决议、鼓吹台湾'重返'联合国的喧嚣。"这篇文章对台湾当局编造的"种种奇谈怪论"进行了有力的批驳，这里无须重复，只引用美国新闻处 1971 年 10 月 18 日所报道的当时美国驻联合国首席代表布什先生"今天在大会上就中国代表权问题所作发言全文"中的一段话：

"让我们现实地记住这一点：中华民国一旦被驱逐，它作为一个单独的会员国——不管以什么名字或称呼——被重新接纳入联合国的可能性将会几乎等于零，因为根据宪章，中华人民共和国可能否决主张接纳它的建议"。

布什先生的话说得很清楚，但如果删去其中的"几乎"二字，就更为准确了。简单地说，所谓台湾"重返"联合国，不过是台湾当局白日做梦罢了。

（选自熊向晖：《我的情报与外交生涯》，中共党史出版社 1999 年版。）

1977：570万青年
是怎样走进考场的

1977年，由于"文化大革命"的冲击而中断了10年的中国高考制度得以恢复，中国由此重新迎来了尊重知识、尊重人才的春天。

1977年9月，教育部在北京召开全国高等学校招生工作会议，决定恢复已经停止了10年的全国高等院校招生考试，以统一考试、择优录取的方式选拔人才上大学。这次具有转折意义的全国高校招生工作会议决定，恢复高考的招生对象是：工人、农民、上山下乡和回乡知识青年、复员军人、干部和应届高中毕业生。会议还决定，录取学生时，将优先保证重点院校、医学院校、师范院校和农业院校，学生毕业后由国家统一分配。

10月21日，中国各大媒介公布了恢复高考的消息，并透露本年度的高考将于一个月后在全国范围内进行。

与过去的惯例不同，1977年的高考不是在夏天，而是在冬天举行的，有570多万人参加了考试。虽然按当时的办学条件只录取了不到30万人，但是它却激励了成千上万的人重新拿起书本，加入到求学大军中去。

高考制度的恢复，使中国的人才培养重新步入了健康发展的轨道。

恢复高等学校招生考试制度，是1977年邓小平重新走上党和国家领导岗位后作出的一个重大决策。这个重大决策，是"文化大革命"后科教领域拨乱反正的开端，也是实行全面拨乱反正的突破口，具有重要意义和深远的影响。

第一，高考制度的恢复为中国的现代化建设聚集了一批优秀的人才，推动了中国的社会进步和现代化进程。高考制度的恢复把一大批优秀人才聚集到现代化的旗帜下。现在中国科学技术领域的许多精英人才都是这一阶段考入大学的。

第二，恢复高考制度强调了科学技术是第一生产力的理论观念，带动了中国教育事业的全面发展。高考制度是对推荐制度的一种否定，标志着中国人才观念的一次转折性变化，是尊重知识、尊重人才观念的具体体现。中国的教育完成了从精英教育到大众教育的转变，其根源就是20世纪70年代末高考制度的恢复。

第三，高考制度的恢复对于未来中国的发展具有深远的历史影响。这一制度的恢复是中国历史发展变革的关键举措。它改变的不仅仅是中国一代人的命运，而是整个中国的命运，是现代化进程的真正起点。

▎作者简介 ▶

李琦，1918年生，河北磁县人。1936年加入中国共产党。曾任中共中央北方局宣传部编审科科长、中共中央书记处办公室秘书、中共安阳地委书记。新中国成立后，历任周恩来总理办公室副主任，中共太原市委第一书记，中共山西省委宣传部部长，文化部、教育部副部长，联合国教科文组织中国委员会主任，中共中央毛泽东著作编辑出版委员会办公室第一副主任，中共中央文献研究室第一副主任、主任，等等。2001年4月17日在北京逝世。

时为教育部副部长。

现在的高等学校统一招生考试制度，已是家喻户晓。它是于1977年恢复的，作为拨乱反正的一项重要举措，高考制度的恢复经历了一些颇为曲折的过程，当时刚刚复出的邓小平同志为此倾注了大量的心血。

高考制度的废除及其严重后果

大学招生实行全国统一考试制度在 1952 年就确立了。"文化大革命"一开始，这一制度就受到致命的冲击。1966 年 6 月 13 日，中共中央、国务院发出《关于改革高等学校招生考试办法的通知》，指出：高等学校招生考试办法"基本上没有跳出资产阶级考试制度的框框，不利于贯彻执行党中央和毛主席提出的教育方针，不利于更多地招收工农兵革命青年进入高等学校，这种考试制度，必须进行改革"。为此决定将 1966 年高校招收新生的工作推迟半年进行。18 日，《人民日报》发表社论，称改革招生考试制度是"彻底搞掉资产阶级教育路线的一个突破口"，指出要把高考制度"扔进垃圾堆"。7 月 24 日，中共中央、国务院又发出《关于改革高等学校招生工作的通知》，规定从当年起高校招生取消考试制度，采取推荐和选拔相结合的办法。事实上，因为进行"文化大革命"，各地均无法进行招生工作。高校招生工作中断并由此走上畸形发展的道路。

1968 年 7 月 21 日，毛泽东在《人民日报》的关于《从上海机床厂看培养工程技术人员的道路》编者按的清样中，加写了一段话："大学还是要办的，我这里主要说的是理工科大学还要办，但学制要缩短，教育要革命，要无产阶级政治挂帅，走上海机床厂从工人中培养技术人员的道路。要从有实践经验的工人农民中间选拔学生，到学校学几年以后，又回到生产实践中去。"这就是有名的"七·二一"指示。

1970 年，即高校招生工作中断 4 年之后，少数高校进行了招生试点工作。6 月 27 日，中共中央批转《北京大学、清华大学关于招生（试点）的请示报告》（以下简称《报告》）供各地参考。《报告》认为，经过 3 年来的"文化大革命"，两校已具备了招生条件，为此计划本年下半年开始招生，招生实行群众推荐、领导批准和学校复审相结合的办法，所招学生应具备的条件是：政治思想好、身体健康，具有 3 年以上实践经验，年龄在 20 岁左右，有相当于初中文化程度以上的工人、贫下中农、解放军战士和青年干部，有丰富实践经验的工人、贫下中农，不受年龄和文化程度的限制，还要注意招收上山下乡和回乡知识青年。10 月 15 日，国务院发出通知：1970 年高等学校招生工作按上述《报告》提出的意见进行。这样，部分高校当年试招工农兵学员 41870 人。

1971 年 7 月，在北京召开的全国教育工作会议形成的《全国教育工作会议纪要》作出了"两个估计"，即"文革"前 17 年教育战线是资产阶级专了无产阶级的政，是"黑线专政"；知识分子的世界观基本上是资产阶级的，是资产阶级知识分子的。这份《纪要》由姚文元修改、张春桥定稿，毛泽东亲自批示"同意"，并以中共中央的名义批转各地。这次会议决定大部分高校恢复招生。1972 年的招生工作循此进行。招生对象规定为："选拔具有 2 年以上实践经验的优秀工农兵入学"，不招收应届高中毕业生；文化条件规定为："具有相当于初中毕业以上的实际文化程度。"在招生办法上，废除了文化课考试，首次采用"自愿报名，群众推荐，领导批准，学校复审"的办法。此后，在学校教育中排斥文化、排斥考试的现象愈演愈烈。

大学停止直接招生或采取工农兵推荐入大学的直接恶果就是使人才短缺的现象日益突出。这种做法的弊病很大，首先就是保证不了学生的文化程度，那个时候推荐出来的学生，名义上是大学生，实际上有不少只有小学的文化程度，这就没有办法保证学生质量。据吉林大学、吉林工大、吉林医大、吉林师大等院校对 1976 年入学新生文化测试的结果表明，达到高中程度的不到 20%，初中程度的 50%，小学程度的竟达 30%。其次是招生工作中存在着严重的"走后门"现象，出现了诸如请客送礼、弄虚作假、内定名单等不正之风，有的女知青为了上大学甚至被迫以出卖肉体为代价。

当然，我们也不能讳言，工农兵大学生中确有一部分优秀青年通过自学努力而成才的。党的十一届三中全会以后，中央为保护工农兵大学生的积极性，鼓励他们建功立业，曾从政策上、待遇上作了一些规定。

原有高考制度的废除所造成的人才断档的恶果，曾引起周恩来总理的忧虑。1972 年 10 月 14 日，他在会见美籍物理学家李政道教授时曾说，学校学生应"以学习为主"，"对学习社会科学理论或自然科学理论有发展前途的青年，中学毕业后，不需要专门劳动两年，可以直接上大学，边学习、边劳动"，这样才能保证我们的教育质量和科研质量。周总理当时的处境是很困难的，能够讲这样的话是很不容易，也是很有远见的。所以，打倒"四人帮"后，邓小平同志同我们教育部的几个负责同志说：周恩来那个时候能够提出这个问题，是很勇敢的。当然，倒行逆施的"四人帮"提倡愚昧，甚至将"交白卷"的张铁生捧为"英雄"，周总理的上述想法自然不可能得到实施。

1977 年第一次高校招生工作座谈会：继续按推荐的老办法。1977 年 6 月 29 日到 7 月 15 日，粉碎"四人帮"后的第一次全国高等学校招生工作座谈会，在山西太原召开，与会的有 120 多位代表，通过大量的事例揭发和批判"四人帮"及其在各地的死党插手招生工作，破坏教育事业的罪行，在一定程度上已经触及到现行高校招生制度的弊端。这次会议是教育部刘西尧部长主持的，会议的报告是由我作的，我当时是教育部负责人。由于受到极左思潮的影响，我们还不敢触动毛主席亲自批示的"七·二一"指示和"两个估计"，所以，这个报告基本上是老调子。它强调高校招生仍然沿用"文革"期间的那一套办法。报告结束后，会内会外议论纷纷，许多人表示推荐选拔制度再不能继续下去了，要求改革，当时也有一些群众来信，力陈推荐办法上大学的弊端。但是我们却没有敢于提出恢复高考直接招生制度。

在基本肯定过去的基础上，太原会议也在两个方面取得了一定的进展。8 月 4 日，教育部向国务院报送太原会议形成的《关于 1977 年高等学校招生工作的意见》中，为贯彻周总理 1972 年 10 月的那次谈话精神，明确规定："高等学校招生的主要对象是选拔具有 2 年以上实践经验的优秀工农兵入学，同时也要招收有研究才能、钻研有成绩的应届高中毕业生直接上大学"，"试招人数约占今年招生人数的2%—5%（约4000人到10000人），试招学生的办法同招收工农兵学员一样"，仍是"自愿报名，群众推荐，领导批准，学校复审"。《意见》还规定："从今年起，高等学校普通班招收学生，要逐步提高文化要求，一般要有高中毕业或相当于高中毕业的文化水平"。在当时的情况下，能够提出上述规定无疑是可贵的，但这样局部的改进显然不能适应客观形势发展的需要。

之所以如此，是因为"两个凡是"的力量非常强大，它表现了人们对毛主席的盲目崇拜，思想受到禁锢。高考制度的恢复与否，实质上是在表明人们对"两个凡是"的态度。当时，教育部以及教育系统内部产生截然不同的两种意见，一是照原来的路子走下去，再一种就是想办法有所改变，两种意见的斗争在太原会议上已有显现，但后一种意见不占上风。也正因为在部内有想改革的力量，所以，当小平同志后来提出恢复高考制度，教育部能跟得上去。科学和教育工作座谈会："今年就要下决心恢复高考"。

恢复高考制度这一重大决策是小平同志在8月4日到8日召开的科学和教育工作座谈会上正式拍板的。

小平同志是在这年7月党的十届三中全会上恢复中共中央副主席的身份而重新出来工作的，他自告奋勇要首先抓教育和科学。当时由小平同志领导的拨乱反正工作也主要是从科学教育文化领域抓起，必须看到当时人们的思想是被禁锢了，必须考虑要解放思想，所以刚刚复出的小平同志精心组织和主持了在北京饭店召开的科学和教育工作座谈会，这是他复出后抓的第一件大事。

7月29日，小平同志就开好这次座谈会指示我们"要找一些敢说话有见解的，不打棍子，不戴帽子，不是行政人员，在自然科学有才学的教学人员"参加会议，而且这些人与"四人帮"没有牵连。他还指出：①是否废除高中毕业生一定要劳动两年才能上大学？在中学、小学到工厂去、到农村去劳动，在中小学完成了劳动任务，为什么还要集中搞两年劳动？②要坚持考试，尤其是重点学校一定要坚持，不合格的要留级，要有鲜明的态度。8月1日，小平同志听取教育部工作汇报后表示：同意今年的招生基本上还按原来的办法……从明年开始就不同，明年要两条腿走路。可见，面对迫在眉睫的招生工作，小平同志本来准备暂时尊重现实，待来年再考虑和实施高校招生的改革工作。

根据小平同志的指示，我们分别邀请在科教战线第一线的知名专家学者出席科学和教育工作座谈会，当时应邀参加会议的有吴文俊、马大猷、钱人元、邹承鲁、沈克琦、唐敖庆、杨石先、王大珩、严东生、金善宝、黄家驷、苏步青、查全性、潘际銮、温元凯等老中青年科教工作者33人，他们主要来自中国科学院和全国各知名大学，中国科学院、教育部、国务院政治研究室的负责人方毅、李昌、武衡、于光远、童大林、刘西尧、李琦等也参加了会议。会议开始时，小平同志讲"就是请大家一起来研究和讨论科学研究怎样搞得更好些更快些，教育怎么才能适应我国四个现代化建设的要求，适应赶超世界水平的要求。"他自始至终地参加了这个会议。

这次会议涉及的面很广，大家的共识是教育和科学都衰退了，存在着许多亟待解决的问题，集中表现在人才的缺乏，因为十多年来，我们的教育制度几乎没有培养出什么人才，出现了令人痛心的人才断档现象。为此，会议一方面对教育战线上"文革"前17年和以后11年的估计展开了热烈的讨论，指出"两个估计"完全颠倒了历史事实，大家反映绝大多数教育工作者对"两个估计"想不通，感到泄气，认为这是套在知识分子身上的一大枷锁，应当破除。另一方面，鉴于现行高校招生制度使人才断档现象愈益突出，对"推荐上大学"这种做法十分不满，对它的批评成了会上的一个非同凡响的声音。

5日上午，中国科学院生物物理所的邹承鲁同志在发言中率先陈述现行高校招生制度的弊病，他说："高校招生的16字方针应当修改，'群众推荐'往往只是形式，而'领导批准'实际上成为走后门的合法根据，今后一定要有考试考查制度"。

6日，武汉大学查全性同志在发言中建议必须改进大学招生办法，他认为，招生是保证大学教育质量的第一关，它的作用，就像工厂原材料的检验一样，不合格的原材料，就不可能生产出合格的产品。大学新生的质量没有保证，其原因，一是中小学的质量不高；二是招生制度有问题，但主要矛盾还是招生制度。现行的招生制度有四个严重弊端：一是埋没人才，一些热爱科学有前途的青年选不上来，而那些不想读书、文化程度又不高的人，却占去了招生名额。二是卡了工农兵子弟上大学，他们如果没有特殊关系是上不了大学的。三是坏了社会风气，助长了不正之风，而且愈演愈烈。今年招生还没有开始，但已经有人在请客送礼，走后门。四是严重影响了中小学学生和教师的积极性。为此，他强烈呼吁采取坚决措施，从今年开始就改进招生办法，切实保证招收新生的质量。查全性说，一定要当机立断，只争朝夕，今年能办的事就不要拖到明年去办。这个发言引起了与会代表的强烈共鸣，成为当天下午会议讨论的主题，吴文俊、王大珩、温元凯等同志均在插话中表示赞同上述意见，建议中央、国务院下大决心，对现行招生制度来一个大的改革，宁可今年招生晚两个月，不然，又招来20多万人，好多不合格的，浪费损失可就大了。

听了大家热烈的发言，邓小平同志明确地感受到科教工作者恢复高考制度的急迫心情，他当即拍板：现在就要办，今年就要下决心恢复高考，教育部原来规定，今年招收5%的应届高中毕业生，这个比例要提高，教育部立刻执行。全场为此热烈鼓掌，经久不息，许多人热泪盈眶。这在当时需要很大的勇气，这对高考制度的恢复起了决定性的作用。这次座谈会结束前，邓小平同志发表《关于科学和教育工作的几点意见》，对科学、教育领域进行拨乱反正所需解决的广泛的问题发表了意见，高考制度的恢复可以说是教育战线拨乱反正的一个突破口。

第二次招生工作座谈会和小平同志的"9·19"谈话

　　为了落实小平同志的指示，8月13日，教育部在北京召开了1977年第二次全国招生工作会议，历时44天。由于招生工作涉及1000多万上山下乡知识青年和大批回乡青年，涉及600万应届高中毕业生和广大在职青年工人与技术人员，是涉及整个社会、牵动各方面工作、带全局性的大事，又适逢除旧布新、实施根本性改革的关键时刻，而政治上的"两个凡是"和教育战线上的"两个估计""七·二一"指示仍然束缚着人们的头脑，思想有的还转变不过来，所以，这次会议开得并不轻松，对于怎样看待"两个估计"，怎样改革招生制度，如何实施高考，会上的意见还不一致。

　　会议的缓慢进程表明：不推翻"两个估计"，就不能使招生工作会议有一个理想的结果。为此，小平同志于9月19日找刘西尧、雍文涛和我谈话，他尖锐地批评了教育部个别负责同志的顾虑和裹足不前，提出要彻底推翻"两个估计"，他说："'两个估计'是不符合实际的，怎么能把几百万、上千万知识分子一棍子打死呢？""你们的思想还没有解放出来，你们管教育的不为广大知识分子说话，还背着'两个估计'的包袱，将来要摔筋斗的。"谈到恢复高考制度，他说："道理很简单，就是不能中断学习的连续性，18岁到20岁正是学习的最好时期，如果经过两年以上的劳动，原来学习的东西就忘掉了一半，浪费了时间。""对毛主席的"七·二一"指示要正确地去理解……并不是所有大学都要走上海机床厂的道路。"小平同志还批评我们起草的招生文件，说："你们起草的招生文件写得很难懂，太繁琐。关于招生的条件，我改了一下，政审，主要看本人的政治表现""招生主要抓两条：第一是本人表现好；第二是择优录取。"他明确表示："拨乱反正，语言要明确，含糊其辞不行，解决不了问题，办事要快，不要拖。"这个谈话，我们随即向出席招生会议的代表作了传达，它终使旷日持久的第二次招生工作会议得以圆满结束，恢复高考的有关政策和规章制度得到了明确。随后，我组织教育部大批判组，克服困难，在较短时间内完成《教育战线上的一场大论战——批判"四人帮"炮制的"两个估计"》一文，经小平同志批示"可用"后立即在《人民日报》发表，促进了教育战线的思想解放。破除"两个估计"和恢复高考制度这两件大事，扫除了笼罩在教育战线上的阴霾，那可真是名副其实的"教育的春天"。

10月12日，国务院批转了教育部第二次招生工作会议形成的《关于1977年高等学校招生工作的意见》。规定：凡是工人、农民、上山下乡和回乡知识青年、复员军人、干部和应届高中毕业生均可报考。对于实践经验比较丰富，并钻研有成绩或确有专长的，年龄可放宽到30岁，婚否不限，要注意招收1966年、1967年两届毕业生。新的招生制度实行德、智、体全面衡量，择优录取的原则，采取自愿报名，统一考试（省、自治区、市拟题，县、区统一组织考试），地市初选，学校录取，

中共中央、国务院决定从1977年起恢复高等学校招生考试制度。图为1977年高校招生时北京市的一个考场。

省、自治区、市批准的办法。

当然，高考制度的恢复从确立到具体实施并不是轻而易举的，面临着一系列需要正视的难题，诸如考试科目的选定、招收学校和专业的确立、校舍和师资力量的准备等牵连全国性的工作相当复杂。幸好，各个学校的绝大多数同志都动员起来，为这项顺乎民意的决策的具体实施做了大量的工作。

由于"文革"10年的积压，这次考试生源充足，质量高，出现了许多动人的局面。12月10日前后，各省、自治区、直辖市先后举行考试，有570万青年穿着厚厚的冬衣走进了他们非常陌生而又倍感亲切的考场，构成我国高校招生历史上绝无仅有的独特景观，只是到了1978年，才又恢复夏季高考的惯例。

恢复高考不仅根本地改变了一代青年的命运，而且直接促成了社会风气的好转，直接促成了科学教育文化事业的复兴，为国家培养了一大批优秀干部和人才，在社会主义建设中起了巨大的作用。

（原载《纵横》1997年第10期）

我所亲历的党的十一届三中全会

导 读

1978 年 11 月 10 日至 12 月 15 日，党中央在北京召开工作会议。这次会议本来是要讨论经济工作的，会议的既定议程没有提到已经展开的真理标准讨论和党内外普遍关心的端正党的思想路线、平反冤假错案等问题。对此，许多希望首先解决思想路线是非和重大历史是非的同志很不满意。陈云率先提出系统地解决历史遗留问题的意见，引起大多数与会者的强烈反响，从而改变了会议议程。在与会者的强烈要求下，11 月 25 日，中央政治局终于作出为"天安门事件"平反，为薄一波等"六十一人叛徒集团案"等错案平反的决定，解决了一批重大的历史遗留问题。接着，会议对真理标准问题上出现的意见分歧进行讨论。经过思想交锋，会议要求确立实事求是思想路线的呼声更为强烈。12 月 13 日，邓小平在闭幕会上作了题为《解放思想，实事求是，团结一致向前看》的讲话。他指出：首先是解放思想，只有思想解放了，我们才能正确地以马列主义、毛泽东思想为指导，解决过去遗留的问题，解决新出现的一系列问题。一个党，一个国家，一个民族，如果一切从本本出发，思想僵化，迷信盛行，那它就不能前进，它的生机就停止了，就要亡党亡国。在中国面临向何处去的重大历史关头，这篇讲话是开辟新时期新道路的宣言书。它受到与会者的热烈拥护，实际上成为随后召开的党的十一届三中全会的主题报告。

12 月 18 日至 22 日，党的十一届三中全会在北京召开。全会认为，应当结束揭批林彪、"四人帮"的群众运动，及时地、果断地把党和国家的工作着重点转移到社会主义现代化建设上来。党的十一届三中全会结束了粉碎"四人帮"之后两年中党的工作在徘徊中前进的局面，实现了新中国成立以来党的历史的伟大转折。这个伟大转折，是全局性的、根本性的，集中表现在以下几个主要方面：

第一，全会实现了思想路线的拨乱反正。思想路线的拨乱反正是各方面拨乱反正的前提和先导。全会冲破了党的指导思想上存在的教条主义和个人崇拜的束缚，批评了"两个凡是"的错误方针，高度评价了关于真理标准问题的讨论，指出实践是检验真理的唯一标准是党的思想路线的根本原则，从而重新确立了马克思主义的实事求是的思想路线。

第二，全会恢复了党的民主集中制的传统。全会讨论并着重提出了健全社会主义民主和加强社会主义法制的任务。

第三，全会作出了实行改革开放的新决策，把党的工作重心转移到社会主义建设上来，并启动了农村改革的新进程。全会提出了当前发展农业的一系列政策措施，并同意将《中共中央关于加快农业发展若干问题的决定（草案）》等文件发到各省、自治区、市讨论和试行。

第四，全会开始了系统地清理重大历史是非的拨乱反正。全会认真地讨论了"文化大革命"中发生的一些重大政治事件，也讨论了"文化大革命"前遗留下来的某些历史问题。

党的十一届三中全会是新中国成立以来党的历史上具有深远意义的伟大转折。这次全会作出实行改革开放的新决策，开始了中国从"以阶级斗争为纲"到以经济建设为中心、从僵化半僵化到全面改革、从封闭半封闭到对外开放的历史性转变。

作者简介

陈鹤桥，1914年生，安徽霍邱人。1934年加入中国共产党。1932年8月参加中国工农红军。曾任红28军第82师政治部宣传队队长，红25军政治部文印科科长，参加了鄂豫皖苏区第四、第五次反"围剿"

和长征。到陕北后，任红 15 军团政治部文印科科长，参加了劳山、直罗镇、东征、西征战役。1937 年 9 月入抗日军政大学学习。后任校政治部党务科科长、上级干部科政治处主任、太行陆军中学政治委员。1943 年 9 月任中共中央北方局秘书处处长，后任冀鲁豫军区政治部组织部部长，参加了太行区反"扫荡"作战。解放战争时期，任晋冀鲁豫野战军政治部组织部副部长，中原军区兼中原野战军、第二野战军政治部组织部部长，先后参加进军大别山、淮海、渡江、西南等战役。新中国成立后，任西南军区政治部组织部部长兼干部管理部部长，第 14 军政治委员。1958 年从解放军政治学院毕业。1960 年 5 月起任昆明军区副政治委员，中国人民解放军通信兵政治委员。1975 年 5 月至 1982 年 11 月任中国人民解放军第二炮兵政治委员。时为中国人民解放军第二炮兵政治委员。

1978 年从中央工作会议到党的十一届三中全会那段历史，在我几十年来的革命生涯中，是最令人难以忘怀、最激动人心的一段历史，它不仅是一个彻底结束"文革"、结束两年徘徊、进入改革开放新时期的历史转折关头；也是一个在我党历史上既充满了激烈的思想政治上的矛盾和斗争，也充满活力、充满生机、充满希望的重要时期。在 20 年后的今天回顾这段历史，必然具有温故而知新的重要意义。

陈云同志令人震惊的发言

1978 年 11 月参加中央工作会议的时候，我的心里是很矛盾的，因为对当时许多涉及"文革"的重大问题的认识还没有理出一个头绪，既觉得"文革"时期"四人帮"的那一套"左"的思想理论和政治路线是不行的，又不知道应该怎样冲破"左"的思想束缚；既希望中央能告诉我们应该怎样做，又对当时的中央主要领导人坚持"文革"的那一套做法和口号感到不满。但问题究竟出在哪里，解决问题的关键是什么，我在思想上、理论上都不是很清楚，因此对当时已经展开的关于真理标准的大讨论虽然已经有了明确支持的态度，但只是很直觉地感到"实践是检验真理的唯一标准"符合马克思主义的基本原理，一时又无法从理论上圆满地解释坚持实践标准与坚持毛泽东思想的关系，所以在思想理论上还不是十分明确。

在中央工作会议上，我是分在西北组参加讨论的。会议刚开到第三天，我们就听说陈云同志在东北组发言时，提出了进行工作重点的转移应首先解决六个重大的历史问题。乍一听到他发言的内容，简直令我们震惊，但震惊之余，又让我们有一种痛快淋漓的感觉，因为他说出了我们很多人积存于心中多时，想说却又一时还不敢说的话。以他在党内的地位和资历，以他在全党同志心目中的威望，以及他所提出的问题所具有的敏感性和尖锐性，他的发言真可以说是"一石激起千重浪"，一下子就把我们都带动起来了，大家纷纷敞开思想，畅所欲言，会议的气氛也一下子活跃起来。

但陈云同志的第一次发言就遇到了阻力，就是过了好几天没有登上会议的简报。于是他发言提出，为什么他的发言不登简报？当时我听了很惊讶，连他这样老资格的领导人的发言都敢压下来不登简报，真是令人难以置信。这一情况充分说明了当时党内斗争的激烈和尖锐程度。其实，即使不登简报，陈云同志的发言也很快就在会议上传开了，因为在当时那种情况下，大家都住在京西宾馆，对其他小组讨论的情况都极为关心，各个小组有什么情况无论如何也是瞒不住的，尤其是像陈云同志那样具有爆炸性的发言更是不胫而走，与会同志几乎都知道了。以后他的发言登了简报，各组的同志都仔细阅读、反复思考他所提出的问题，引起了大家的共鸣，对我们每一个人都是一个很大的启发。

对于陈云同志的发言，我是一百个赞成，我认为他所提出的问题都应该尽快解决，而这些问题也只有他才能第一个提出来，别人恐怕还真不大好提，因为别人不了解情况，说不清楚。比如薄一波等"六十一人叛徒集团案"，这些人怎么从反省院出来的，中央当时是怎么决定的，后来做了什么样的结论，别人都不知道，只有他最清楚，因为他当时是中央组织部部长。他把这一问题讲得一清二楚：既能提出问题，又能把问题的来龙去脉解释得清清楚楚。而一旦把事实真相揭示出来，问题的孰是孰非也就大白于天下了。

当时我就有些怀疑，是不是他们把陈云同志的发言压住不登简报，可能是由于他们怕陈云同志讲的这些大问题一登出来，必然会冲破他们拟定的会议主要议题。这说明当时中央的某些领导人想压制党内民主，但民主的力量终究是压不住的，在与会同志们的努力下，中央工作会议成为我党历史上一次实现了高度民主的会议。在我有生以来所参加的党的各次会议中，这一次中央工作会议是最民主的，什么问题都可以提，对什么事、什么人都能提出批评。当然有很多问题，如"文化大革命"，难免涉及对毛泽东同志的评价。但充分发扬党内民主是我们党走向成熟的标志，是我们党之所以能坚持真理、修正错误的前提条件，只有在这样高度民主的基础上，才能彻底批判"两个凡是"，坚持实践是检验真理的唯一标准，坚持完整准确地理解毛泽东思想，才能顺利地实现全党工作重点的转移。

另外一个促成当年中央工作会议实现了党内民主、战胜"凡是派"的原因，是会议内外的互相支持、互相呼应。不论是社会上群众的呼声，还是机关里群众贴出来的大字报，都会反映到会议上来，这样就帮助与会同志对正在争论的问题有了一个更全面、更深刻的认识。这样一来，反对"两个凡是"的错误观点就不仅是党内的思想路线的斗争，也反映了广大人民群众的愿望，代表了历史前进的方向。

反对"两个凡是"的呼声

当时大家提出的许多问题都涉及中央领导人，如华国锋、汪东兴，以及党的高级干部如张平化、吴冷西、熊复等，都是指名道姓地提出批评。尽管不在一个组，但大家在各个组的发言都强烈要求他们回答问题，作出解释。提出的问题很尖锐，也等于是面对面地提出批评。如批评熊复领导的《红旗》不刊登有关真理标准问题的讨论文章，批评汪东兴压制关于真理标准问题的讨论，批评华国锋下令中央宣传单位不要表态、不要参加。我在发言里也提到《红旗》杂志社的大院里群众贴出大字报，批评熊复压制真理标准问题的讨论，批评他不刊登谭震林同志关于支持实践是检验真理唯一标准的文章。当然，你提出批评，他也可以反驳，熊复等同志都曾为自己做了说明和辩护。民主的要义之一就是尊重少数人的意见，允许被批评者辩驳，在真理面前人人平等。所以在会议上对重要的问题都是反复讨论、反复辩驳的。

从华国锋在会议开幕式的讲话来看，他对国内经济政治形势的估计还是比较满意的，他认为批林批孔、揭批"四人帮"都取得了巨大的成绩，中央的领导班子也进行了整顿，毛主席的无产阶级革命路线正在全面贯彻执行，各方面的工作都在逐步恢复和走上正轨，国民经济将步入持续增长的轨道。他对国内形势的乐观看法与当时国民经济濒临崩溃的

1978 年 5 月 11 日，《光明日报》以特约评论员名义公开发表了《实践是检验真理的唯一标准》，引发了一场全国性的关于真理标准问题的大讨论。

现实情况完全不是一回事。他为中央工作会议定的议题是经济问题、农业问题，并不想讨论思想理论和政治路线的大是大非问题。因为他认为揭批"四人帮"已经打完了三大战役，政治路线和思想路线问题已经解决了，应该搞经济建设了。要搞经济建设，这当然是国家的重大问题，但从当时党内外的实际情况来看，必须首先解除"左"的思想禁锢，不打破"两个凡是"、一切"以阶级斗争为纲"，人们的手脚被捆得死死的，谁搞经济、干工作，就批谁的"唯生产力论"，还怎么搞经济建设？如果不打破"两个凡是"，不解放思想，不实事求是，就不可能发现当时我们工作中存在的严重问题，也就无法着手解决这些问题。因此，不打破"两个凡是"的束缚，不解放思想、拨乱反正，我们的事业就一步也不可能前进；不解决思想政治上的路线是非问题，所谓搞经济建设就只能是一句空话。邓小平同志当时就指出，如果按照"两个凡是"，他就不能重新出来工作，"天安门事件"就不能平反。所以，不反掉"两个凡是"，很多问题都无法解决。

在中央工作会议上，大家对华国锋在开幕式上的讲话虽然未公开提出反驳，但他的讲话印在会议简报上发下来，大家仔细阅读后，就发现了问题：他还是坚持"两个凡是"，还是"文革"的那一套。如果毛泽东同志说过的就永远不能改变，那就什么事也不能做，什么问题也解决不了。每个人心里都憋着一肚子的话要说，都有一大堆疑问想弄明白。正像耿飚同志当时所说的那样，如果还是坚持"两个凡是"，就等于"四人帮"还没有在思想上被打倒。正因为大家都想到一起去了，所以陈云同志的发言才会一呼百应，受到大家的支持和拥护，才有可能改变会议的议题，扭转会议的局面。

另外必须指出的是，如果说陈云同志的发言是霹雳一声，引发了与会同志的雷霆万钧，那么为这万钧雷霆积聚能量的就是关于真理标准的大讨论。因为在中央工作会议召开之前几个月来，在报刊上展开了关于什么是检验真理标准的全国范围内的大讨论。这一讨论引起了全国各界的关注，也使每一个高级干部深入思索这一问题，从而直接促进了全党全国人民的思想解放。到中央工作会议召开，这一大讨论已经持续了好几个月，大多数高级干部对思想理论上的路线是非问题初步具有了经过深入思考以后得出的较为清醒、较为正确的认识。所以一旦有陈云同志的一马当先，就立刻出现了与会同志们的万马奔腾，大家针对"两个凡是"的错误观点展开了面对面的辩论和批评。所以关于真理标准的大讨论，直接促进了党内民主的大发展，而党内民主的实现，又是挫败"凡是派"的重要先决条件，因为关于真理标准的讨论就是对"两个凡是"的直接批评，就是发扬民主、实事求是的思想和舆论准备。

当时大家在会议中反对"两个凡是"，虽然还没有直接指出华国锋的名字，但实际上也是在批评华国锋，因为华是当时党的最高领导人。通过讨论、分析，每个人都对"两个凡是"的错误实质有了进一步的认识，所以虽然不在一个组，但大家几乎是异口同声地批评"两个凡是"，都赞同实践是检验真理的唯一标准，都拥护完整准确地理解毛泽东思想。我们这个组的发言相当有水平，对会议的影响也较大，因为我们这一组有于光远、杨西光、王惠德三位同志，他们三个人几次联合发言，讲了很多鲜为人知的材料，对有关问题的分析很有说服力，我们都非常感兴趣。除了陈云同志的发言外，我对他们的发言印象最深，深受启发。

正是会内会外同志的共同努力，使坚持"两个凡是"的一些人不得不作出检查。

激烈的思想交锋

从我们军队来说，在解放思想、实事求是、完整准确地理解马克思主义和毛泽东思想方面，还有一个重要的思想准备，就是全军政治工作会议。邓小平出席了这次会议，并发表了极为重要的讲话。

在这次会议前，当时总政治部宣传部长李曼村对起草的讲话稿提出两个问题。一是不同意邓小平提出的"新的历史条件下"，认为要按华国锋的提法，只能提"新的历史时期"；二是关于军队的性质，他认为毛主席没有说过军队的无产阶级性质，讲话稿也不能这样提。据梁必业说，当时的总政治部主任韦国清向邓小平汇报了李曼村的观点。邓小平听完汇报就说，如果是这样的话，那我就不得不说一说真理的标准问题了。于是邓小平在全军政工会议上发表了重要讲话，认为关于真理的标准问题，不仅仅是个思想理论问题，而且是政治路线的大是大非问题。他还说，当中央决定他出来工作的时候，汪东兴找他谈话，要他写个检讨，但他给顶了回去。因为按"两个凡是"的观点，他重新出来工作就说不通。

这是在中央工作会议之前，邓小平就旗帜鲜明地反对"两个凡是"的错误观点，支持真理标准问题的讨论，提出要完整准确地理解毛泽东思想。当时我任解放军二炮部队的政委，参加了全军政工会议。邓小平同志发表讲话之后，第二天在《解放军报》上全文登载，用大字标题，说邓副主席对马克思列宁主义、毛泽东思想的有关问题作了精辟的阐述，但该报刊登华国锋的讲话时没有用"精辟"这两个字。汪东兴看到后就大为不满，立刻提出，难道华主席的讲话不精辟吗？由此可见，真理标准问题虽然是一个理论问题，但反映出两条思想政治路线的斗争，而且还是相当激烈的。

真理标准问题的大讨论刚刚开始的时候，我们军队的同志一下子还摸不清这一重大理论问题的政治思想意义，都还在思索之中，也不敢轻易表态。但随着讨论的深入，我们的思想理论认识也在不断提高，开始觉得实践是检验真理的唯一标准说得有道理，符合马克思列宁主义、毛泽东思想的基本原理。邓小平同志在全军政工会议上发表讲话后，总参谋长罗瑞卿亲自组织文章，支持真理标准问题的讨论。全军各大单位也纷纷表态支持。我们二炮的表态文章是我亲自去找二炮宣传部正、副部长一起商谈并起草的。讲话稿写出来后，我拿给二炮司令员、党委第一书记李水清看，他很同意发表。我们党委决定由李水清于12月29日在二炮党委扩大会上宣读这个讲话稿，次日即登了《解放军报》，表明我们二炮坚决支持关于真理标准问题的讨论。到了中央工作会议上，则是从报纸上的文字斗争，从打书面仗，转为面对面的、唇枪舌剑的交锋了。

当时接到中央通知，要我们参加工作会议，我们并没有想到会有如此激烈的思想交锋。虽然经过真理标准问题的讨论，经过全军政工会议，听了邓小平同志的讲话，我们有了一定的思想准备，认识到中央也好、军队也好，在这个问题上还是有分歧的，也知道中央各大报都参加了这场大讨论，而且又是胡耀邦组织文章，又是罗瑞卿亲自出马，看来问题不简单。当时经过真理标准大讨论的启发，人们的思想都活跃起来，我和一些同志都在思考一个问题，就是"文革"造成的大灾难。大家体会很深，对"文革"的理论和实践愈来愈有疑问。但是一想到党的十一大的路线就感觉是个大问题。因为在十一大的政治报告和党章的总纲中，都是肯定"文革"的成绩，肯定"无产阶级专政下继续革命"这个纲的。在开十一大时我是代表，当时对这些提法还是接受了，也投了票。但时隔一年多来，特别是经过近几个月真理标准大讨论，我感到十一大这个纲是有问题的，因为"文化大革命"的"打倒一切、全面内战"给党和国家造成了极大的灾难，今后如果仍坚持实行"无产阶级专政下继续革命"的一套，再搞几次"文化大革命"，那会是一个什么结局呢？这是事关党和国家前途的大事啊！中央这次会议当然要讨论国家大政方针，能否讨论和解决这样的大问题，我思想上是无把握的。

至于后来会议上批评华国锋宣传个人、搞新的个人崇拜，是会议发展的结果。大家希望不要讲英明领袖华主席，也不要讲以华主席为首的党中央，等等。后来华国锋在会议上表示接受大家的意见，要求在宣传和新闻媒介上不要宣传英明领袖，要多宣传人民、革命老一辈，少宣传个人，只讲党中央，不要讲华主席党中央。叶剑英同志在会议上发表讲话时还说，华主席带了一个好头。邓小平、陈云的讲话也还是维护华国锋的威信。但对"两个凡是"则毫不留情，认为要坚决破除，一定要解放思想、实事求是。

　　此外，我印象中较深的是大家关于平反冤假错案的意见。由于陈云同志的发言激发了大家的热情，冲破了"两个凡是"的思想束缚，所以大家的发言讨论非常热烈。陈云提的是有关全局的大案，我们则大多提的是各自单位的冤假错案，我多次发言主要是揭发总参的问题，提出通信兵的问题，要求解决中央专案组的问题，等等。这样一来，就使原来互相之间并不了解的其他单位的问题全都摆出来了，使大家对冤假错案的问题有了一个更为全面的认识，也更深刻地了解了"文革"对人的摧残所造成的巨大损失。

　　拿我自己来说，我原来在通信兵工作，"文革"一开始就被打倒，一倒就是 8 年。1975 年叶、邓两位副主席主持军委工作时分配我到二炮当政委，但对强加给我的许多罪名仍然没推倒，没有给我作结论，也就是说还没有完全平反。一直到 1978 年 12 月 31 日，总参才作出了给我平反的决定，这时连党的十一届三中全会都开过了。也就是说，我在政治上留着"尾巴"工作了差不多 4 年，才最终得到了彻底平反。

　　虽然尚未作出结论，但也让我参加了中央工作会议，这是因为军队干部由中央军委管理，中央军委是叶、邓领导，他们分配我工作，就是认为我没有问题。但是，党政军高级干部的专案都是中央专案组办的，中央军委只能分配工作，却无法了结专案。中央专案组那里不给你作结论，你就得不到平反，就得拖着"尾巴"工作。当时不止我一个人，很多老同志都是这样，尚未平反就先出来工作。就在会议期间，迟浩田还给我打电话，同时催通信兵尽快拿出对我的平反报告，上报总参，总参讨论通过后尽快公布。

　　如果广大干部还戴着帽子、背着包袱、拖着辫子，又怎么能心情舒畅地干工作呢？所以不平反冤假错案，还是不能轻装前进。大家在中央工作会议上一方面揭发中央专案组的问题；另一方面提出本单位的冤假错案，要求尽快予以解决，作出正式结论。实际上，林彪、"四人帮"他们迫害老干部，都是通过中央专案组和各单位的专案组具体搞的，他们捏造罪名，拼凑假材料，诬陷好人。会议各组一致要求中央立即撤销专案组，一、二、三办所管材料立即封存起来，全部移交给中组部处理。因为专案的材料都在专案组手里，大家不放心，怕那些人销毁材料、毁灭罪证，所以会议后期中央作出决定后立即执行了。

中央工作会议还讨论了农业问题，以及李先念在国务院务虚会上的讲话。我们军队的干部因为对农业问题、经济问题不熟悉，提不出什么意见，所以发言不多，主要是听。

中央工作会议一共开了 36 天，在思想、政治等各个方面进行了拨乱反正，确实是大快人心的。如果说反对"两个凡是"是解除了思想政

1978 年 12 月 24 日，《人民日报》发表中共十一届三中全会公报。

1978 年 12 月 18 日至 22 日，中国共产党十一届三中全会在北京隆
重举行。图为全会会场。

治领域的束缚，解放了思想，那么平反冤假错案就是解除了对人的压
抑，使受迫害的大部分干部能够丢下包袱走上领导岗位。这就从几个方
面为党的工作重点的转移做好了充分准备，所以，到党的十一届三中全
会召开时，主要问题已经解决，全会仅仅 5 天就通过了决议，顺利地实
现了全党全国的工作重点的转移，进入了社会主义现代化建设的新时
期。所以说从中央工作会议到十一届三中全会，是我军我党我国的历史
发生重大转折的关键时刻。牢记那一段历史，对我们建设有中国特色的
社会主义的事业，将永远具有特别重要的意义。

（选自鲁林、王刚、金宝辰主编：《红色记忆——中国共产党
历史口述实录》（1978—2001），济南出版社 2002 年版。）

中美建交亲历记

导　读

1972 年 2 月，美国总统尼克松访问中国，打开了中美友好交往的大门，中美之间结束了长达二十多年没有直接外交关系的时期。

1977 年 8 月，美国国务卿万斯访问北京，就中美建交问题展开磋商。邓小平副总理在接见他时指出："如果要解决，干干脆脆就是三条：废约、撤军、断交。"这就是著名的"建交三原则"。所谓废约，就是废除美台在 1954 年签订的《共同防御条约》；撤军，就是美国从台湾海峡地区撤出一切军事力量和设施；断交，就是美国断绝同台湾的一切官方关系。经过激烈的内部斗争，卡特政府终于在 1978 年 5 月派遣其总统国家安全事务助理布热津斯基访问北京，向中国方面表示美国与中国建交的"方针已定"。

1978 年 12 月 16 日，中美发表《中美建交公报》。《中美建交公报》重申了《上海公报》的原则，并且向前迈进了一步，宣布承认中华人民共和国政府是中国的唯一合法政府。从公报文本上看，中国方面提出的三原则已经被美国接受，但在一些具体问题上，双方仍然做了妥协。例如，中国默认美国根据美台《共同防御条约》的规定由美国政府通知台湾在一年之后失效；卡特总统在宣读《中美建交公报》的同时，单方面声明"美国继续关心台湾问题的和平解决"。

中美在建交谈判中没有就美国对台出售武器问题达成协议，这是当时中国作出的一个妥协。中国政府虽然多次表明了自己的态度，坚决反对中美建交之后美国继续向台湾出售武器。但美国出于其战略利益的需要，仍然对台出售武器。这个问题很快成为导致中美摩擦的焦点。

1979 年 1 月 29 日至 2 月 5 日，邓小平访问美国。在短短 8 天的访问中，邓小平与美国各界人士行了各种会谈，会见了数以百计的议员、市长、州长以及企业界和文化界人士。邓小平在不同场合向数千人发表了讲话，回答了近百名记者的提问。先后有 2000 多名记者采访报道了这一历史性访问，美国的三大主流电视网每天的黄金时间变成了"邓小平时间"或"邓小平频道"。《世界论坛报》称"邓小平是世界和平的杠杆"。

中美外交关系的建立，为两国间的交往与合作开辟了道路。40 年来，中美关系虽然经历了不少曲折和起伏，但总体上是向前发展的。中美保持了领导人的互访和高级官员的磋商，在经贸、科技、文化、教育、军事等各个领域的交流与合作也不断取得进展。

中美两国建立外交关系对于两国都有重要战略意义：

第一，中美结束了长期的对抗，开始了两国关系的新阶段。

第二，提高了中美两国的战略地位，改变了国际战略格局，对亚太地区的和平与稳定有重大的意义。

第三，有利于两国的经济、贸易、科技、文化、金融等各方面的交流与发展。

第四，中国处于美苏之间的关键性制衡地位，使中国战略地位空前提高。

第五，促使西方国家同中国建交，形成中国外交史上第三次建交高潮。

作者简介

柴泽民，1916 年生，山西闻喜人。1933 年加入中国共产党。1936 年西安事变后在东北军中做统战工作。新中国成立后，历任中共北京市委郊区工委书记，北京市人民政府党组副书记，北京市人民委员会委员兼秘书长、市体委主任。1960 年 12 月进入外交部工作。曾任中国驻匈牙利大使、中国驻几内亚大使、中国驻埃及大使、中国驻泰国大使。1978 年夏，出任中国驻美国联络处主任，参与了中美关系邦交正常化的谈判。中美两国正式建立外交关系后，他成为中国首任驻美利坚合众国特命全权大使。时为中国驻美国联络处主任，中美正式建交后任中国驻美大使。

中美关系的发展并不是一帆风顺的，从 1972 年打破坚冰，到 1979 年实现邦交正常化，风云迭起，在两国关系史上写下了浓重的一笔。我作为中国第一任驻美大使，亲身经历了其间的坎坷和曲折，也目睹了两国领导人所做的种种努力。

美方的两次食言

中美关系的改善要从 1972 年尼克松访华开始，但在尼克松访问之前就已经有了一些迹象。尼克松访华结束了双方的敌视与对抗，实现了两国领导人具有历史意义的握手，发表了《上海公报》。尼克松访华是出于美国利益的考虑。那时，中苏在黑龙江的珍宝岛发生冲突，他觉得中苏关系接近破裂，拉拢中国来共同对付苏联的时机已经成熟。当时有一个传说，说尼克松来华后，一见到毛主席就大谈苏联部队怎么突破了中国边疆，苏联又发明了什么新式武器，借此挑拨中苏关系。毛主席当即识破了他的图谋，说我对这些没兴趣，我想跟你谈台湾问题。

毛主席和周总理在会见尼克松的时候，都提出要谈中美关系正常化问题，但由于两国都有自己的考虑而没有实现。在我们来看，中美打开关系之门后，美国必须结束越南战争，再来谈两国建交的问题。我们提出，只要越南战争不停，那里的人民还在遭受灾难和牺牲，远东局势的缓和和中美建交问题都是不可能的。只有先解决越南问题，才能谈解决台湾问题以及中美关系问题。尼克松也有自己的考虑。当时苏联对美国

1970年10月1日，毛泽东在天安门城楼上会见中国人民的老朋友、美国作家埃德加·斯诺及其夫人。毛泽东通过斯诺向美国总统尼克松发出了改善中美关系的信号。

威胁很大，如果中国同苏联站在一起，那它就不是对手，如果趁机把中国拉到自己一边，那就可以摆脱苏联的压力，在美苏斗争中就可处于有利地位。

1973年尼克松连任总统之后，派他的安全助理、国务卿基辛格来中国，同中国领导人就中美关系及越南战争后的国际形势进行了讨论，彼此交换了意见。这时美国的承诺是：在尼克松打算任第二任总统的头两年，大量削减驻台美军，后两年则以类似日本的方式，实现中美关系完全正常化，即同台湾当局断交。与中国建交，只同台湾保持民间往来。

1973年5月作为中美建交前的过渡措施，双方先在对方首都建立联络处，享有外交特权。中国任命黄镇担任第一任驻美联络处主任，美国派戴维·布鲁斯担任驻华联络处主任。在此之前，1973年1月，美国与越南签订了结束战争恢复和平的巴黎协定。中美两国正式建交的条件似乎已经水到渠成，人们开始翘首期待中美关系迈向正常化，但就在

1971 年，毛泽东、周恩来利用中、美乒乓球运动员在日本的交往，邀请美国乒乓球队访华，巧妙地发展了中美之间的联系，被誉为"乒乓外交"。图为美国乒乓球运动员在长城游览。

这个时候美国却停滞不前了。1974 年 8 月 8 日，由于"水门事件"，尼克松正式辞职，辞职前的尼克松自顾不暇，更谈不上关注与中国建交的问题。美国政府本来就因为右派反对而对同中国建交顾虑重重，尼克松的下台无疑给了他们最好的借口。

尼克松辞职后，副总统福特接替成为总统，虽然他表示对华政策不变，在他当总统期间要实现中美关系正常化，但这更多停留在口头上，并没有采取实际的行动。1975 年 12 月，福特访华的时候，向中国领导人表示，由于美国国内形势的需要，中美邦交正常化要推迟到 1976 年大选以后，也就是他第二次当总统以后。很可惜，他没有当选，这可以说是美国人的第二次食言。

1972 年 2 月 21 日至 28 日，美国总统尼克松访问中国。图为 21 日毛泽东会见尼克松。

风云际会

1977 年，卡特就任美国总统后，先忙于同苏联进行限制战略武器会谈。对苏谈判几经碰壁后，才于 1977 年 8 月派国务卿万斯来中国。万斯在同中国领导人正式会谈的时候提出："如果我们能够找到一个基础，既不会损害中国人自己和平解决台湾问题的前景，又可使非正式接触继续下去，则总统准备使美中关系正常化。"进而提出，根据《上海公报》承认只有一个中国的原则，美国准备承认中华人民共和国是中国唯一的合法政府，美台《共同防御条约》将"逐渐消失"（Lapse），而不是"废除"（Abrogate）。万斯强调，重要的是中国不反驳美国关于和平解决台湾问题的声明，也不重申用武力解放台湾。万斯带来的美国方案，集中起来就是要中国保证不用武力解放台湾，把台湾与美国之间的"大使馆"降格为联络处，美国外交官在非正式安排下继续留在台湾。而让中美之间的联络处升格为正式外交使团。这个方案被称为"倒联络处方案"。邓小平当即拒绝了这一方案，指出美国的立场从《上海公报》后退了，"如果要解决，干干脆脆就是三条：废约、撤军、断交。为了照顾现实，我们还可以允许保持美台间非官方的民间往来。至于台湾同大陆统一的问题，还是让中国人自己来解决。"当时万斯不好接受，只得无功而返。尽管美国没有接受我们提出的三原则，但对于中方立场有了更加深刻的了解。

万斯回国后，中美关系又进入一段"冰河期"。中国领导人需要解决急迫的国内问题，美方卡特总统认为苏联的实力不断发展，苏联的战略武器比美国的多，对于美国的威胁很大，甚至其影响力有可能会超过美国。因此，他把同苏联谈判限制战略武器问题排在优先的位置，把与苏联的"缓和"放到了前列。中美双方继续相互试探。但此时，美国在同苏联谈判的过程中处处碰壁，不得已，被迫转向中国，希望通过加速同中国关系正常化，借助中国这张牌来压制苏联，让苏联坐下来同美国谈判。

在这种特殊的历史背景下，卡特开始主动向中国作出友好的姿态，派遣使者传递邦交正常化的意图。1978年5月，卡特派布热津斯基一行10人访华。布热津斯基一到北京就说，总统派我来是谈中美关系正常化问题的。"我来到中华人民共和国，是因为卡特总统和我都相信，美国和中国有着共同的利益和相似的长远的战略关系。最重要的是我们在反对全球和地区霸权主义方面有共同的立场。因此，我们要改善与中华人民共和国的关系，这不是一种暂时的策略，而是建立在共同的战略目标基础之上的。我们曾经是盟国，我们在面对共同的威胁的时候应该再次合作。因为，当代世界的主要特征之一是，苏联崛起为全球大国，这个特征使我们团结起来。"他对邓小平说，美国方面准备就实现双方关系正常化开始"积极的会谈"。他表示美国将信守《上海公报》，遵循只有一个中国，解决台湾问题是你们自己的事这条原则。但他又说，美国还有一些历史遗留问题要解决，即使实现了美中关系正常化，"我们对台湾的安全义务还要继续下去。"

7月5日，中美在北京举行了双方政府间的第一次建交秘密谈判。中方代表团团长是外交部部长黄华，我此时从泰国调回来准备接替黄镇去美国任驻美联络处主任，也参加了建交谈判。美方代表是伍德科克和他的参赞。伍德科克向黄华递交了关于进行中美建交谈判的议程：1.正常化之后美国在台湾存在的性质；2.正常化时美方的声明；3.正常化之后美台间的商务关系；4.两国关系正常化的联合公报格式。

7月14日，双方举行第二次会谈。对于前次美方提出的4项议程，黄华指出：美方应先就中方提出的建交三条件和建交联合公报作出响应，提出具体意见。

这两次会谈完全是前哨战，中美双方相互摸底，并没有实质性的内容。

8月9日，我抵达华盛顿赴任，国内给我的主要任务有两个：一个是密切关注美国政府动向和谈判进展情况，这是当时的中心任务；另一个是摸清美国的底细，配合国内谈判。在国内的时候，由于参加接待布热津斯基的工作，我和他已经很熟悉了。到美国之后，和他关系更加密切。每当双方谈判遇到困难，谈不下去了，他就请我去白宫吃饭，一边吃一边谈。他知道我会把谈的结果报到国内的。这样的饭吃了多次。

正当中美建交谈判进入异常紧张的时刻，9月19日，卡特总统在白宫亲自接见我，把他对同中方建交谈判的精神讲了一下，实际上以后的谈判美方就是根据这个谈话内容进行的。他说，1978年将是中美两国关系中重要的一年，美方对会谈是认真的。现在，接近于完成谈判的时候了，美国愿意履行中方提出的建交三条件，希望中方也照顾到美方的政治需要。进而他提出：美方需要照顾的有两条，第一条是继续向台湾出售防御性的武器；第二条是美方要表示对和平解决台湾问题的关心。但是他理解中国对美国向台湾出售武器的关切。卡特说，华盛顿将会避免向台出售"进攻性武器"。我根据国内的原则性指示精神回答说："台湾问题是中国的内政，不容许外人干涉，美方应该从长远的政治和战略利益来考虑，使两国关系尽快正常化。现在建交谈判的结果取决于美方。"最后，我向卡特表示，将把这次谈话的内容立即报告中国政府。在我经历的中美建交谈判历程中，与卡特的这次会谈，是最重要的一次。美方向中国领导人交了底，双方由此加快了建交谈判的进程。

10 月 30 日，布热津斯基再次约见我，谈话中心内容是强调加速中美关系正常化。他指出，今后两个月是中美关系正常化的最好时机。中美双方要迅速地就正常化问题作出决策。过了这个特殊时期，美国国会将要讨论美苏核条约以及其他问题，中美建交谈判就会推迟到明年秋天以后了。听了这番话，我意识到这个信息的确是非常重要的，当即向国内作了汇报。

11 月 2 日，美方准备在北京同中方代表的谈判中亮出自己的底牌，因此，布热津斯基向我传达的这个信息实际上是向中国领导人预先打个招呼，让中方能够了解美方的意图。随后中美在北京举行第五次会谈，美方提出中美建交联合公报草案，共 16 条，内容包括：承认中华人民共和国政府为中国唯一合法政府，并相互建立外交关系；美国人民将同台湾人民保持非官方关系；美国行政部门将为调整与台湾的关系向立法部门提出特别立法。草案提出，中方可表示台湾是中国的一个省，别国无权干涉，中国统一问题是由中国人民自己解决的事情，中方还应表示，统一问题将和平地实现；美方将表示，对"只有一个中国，台湾是中国的一部分"的中方立场不提出异议，重申对中国人自己和平解决台湾问题的关心。

当天，刚刚从日本访问回来的邓小平审阅了美方的草案和我报回的口信，当即作出加速正常化的决定。当黄华外长汇报的时候，他指示说，看来美方想加快正常化步伐，我们也要抓住这个时机，原则当然不放弃，可以按美方提的问题谈。但是，"同美国正常化要加快，这样对我们比较有利"。之后，他对几个具体问题的处理也作了相应的指示。

一 波 三 折

12 月 4 日，中美两国代表举行第六次建交会谈，美方对中方关切的几个问题表明了立场：

1. 公报发表后，美国将终止美蒋条约，撤销对台湾的承认，关闭美驻台使馆，同时召回美国大使。一年内撤出一切军队和设施。

2. 美国将保持与台湾的商务、文化联系，包括美国海外私人投资公司仍向美国在台湾的企业提供资助、信贷和信用保证。继续美台原子能合作，保证其非军事性质。继续保持航空和海运联系，现行关税安排仍旧有效。

3. 在台湾设立非官方机构，由不在政府任职的人员担任，但机构的部分资金来自国会拨款，这和日本做法一样。

4. 由国会通过立法调整（调整原来与台湾的关系），但不会构成对台湾的外交承认。

由于黄华外长生病，中方代表团由韩念龙副外长率领。他表示将研究美方表态，他同时通知美方，邓小平将亲自会见伍德科克大使。美方得知这一消息以后非常高兴。

12 月 11 日，布热津斯基再次在白宫约见我，要我向中国领导人转达以下口信：现在是"我们应当在正常化问题上迅速行动的时候了，你们应当同意接受我们对邓小平或对华国锋发出在 1 月访问华盛顿的邀请。"同时，美国决定在 1979 年 1 月 1 日同中国建交。他强调，正式协商的时间该结束了，作出重大政治决定的时刻现已到来。他再次暗示，如果失去这个机会，中美建交的时间就会后延，就可能拖到 1979 年下半年才能解决。请将这些话向邓小平先生转达。我回到官邸，立即将布热津斯基的谈话报告国内。

邓小平得到这一报告后，给予了充分的重视，他立即指示，他要会见美国谈判代表伍德科克。这次会见安排在 12 月 13 日上午。在会谈过程中，伍德科克向邓小平说明了美方以下立场：

1. 美方确认只有一个中国，台湾是中国的一部分；中华人民共和国是中国的唯一合法政府。

2. 公报发表后，美国立即中止同台湾的外交关系，10 个月内撤出美国军队和设施，并通知台湾中止美蒋条约。

3. 美国和台湾人民之间废除官方关系，只包括商务和文化联系（这是民间性的不是政府性的）。

4. 美方在公报中重申希望台湾问题和平解决，中方将重申统一问题完全是中国内政。

为了避免国会反对，美方要求将废除《共同防御条约》一事推迟一年进行。邓小平问：那么美方是否同意在这一年里不再向台湾作出新的出售武器承诺？他要伍德科克明白美国向台湾出售任何武器，都会破坏中国的统一大业，只会增加台海两岸发生冲突的危险。

邓小平会见伍德科克的第二天早上，布热津斯基就让奥克森伯格起草中美关系正常化的声明，准备由卡特总统在发表中美建交公报后在电视上宣读。在这个时候，美国国会对于中美关系正常化的事情还毫不知情。第二天，北京方面，邓小平收到了伍德科克带来的白宫的函电，接受了邓小平所要求的美国不再向台湾作出新的出售武器承诺。建交公报草案或附件中没有明确提到美国保留向台湾出售防御性武器的权利。同时，美国还同意在暂时保留美台《共同防御条约》的一年过渡时间里不再对台作出新的出售武器承诺。美国之所以作出这样迅速的反应，是因为当时卡特总统担心正式建交前走漏消息，他希望由他来首先向全国人民宣布。邓小平看过美国的通电后基本同意，但是建议在公报中增加反对霸权主义的条款。美方表示同意。在会谈过程中，邓小平正式接受了卡特总统的邀请于 1979 年 1 月正式访美的安排。

为了减少泄密的机会，美方建议提前于美国东部时间 1978 年 12 月 15 日宣布中美建交公报，同时建议邓小平访美时间为 1979 年 1 月 29 日至 31 日。

达成谈判协定后，为了防止走漏消息，中美双方约定提前于华盛顿时间12月15日晚上9点钟正式宣布。但卡特总统害怕国会议员有意见，事先在当天中午约见了几个老资格的参议员，把同中国建交的情况讲了。华盛顿立即沸腾起来，这些参议员都说，这么大的事情事先不讲，我们不知道，于是就在议会里面吵起来了。华盛顿的记者们闻风而动。毕竟，同中国建交是一个重大事件，具有很大的新闻价值。于是他们先到白宫要求采访，但是被拒绝了。接着就跑到我们联络处门口，希望得到中美建交的第一手材料。当时联络处早已得知建交的消息，为了建交公报宣布时有更多的华人和朋友们提早能听到这一喜信，我们举行了电影招待会，把华人和友好的朋友都约来看，电影放完后正好是宣布公报的时间。到晚上9点，公布公报的时间到了。我们把门打开，记者们一拥而入。联络处的门厅比较小，全被他们挤满了。大家齐集在电视荧光屏前，听卡特总统向公众宣读中美建交联合公报，全文如下：

中华人民共和国和美利坚合众国关于建立外交关系的联合公报

（1979 年 1 月 1 日）

中华人民共和国和美利坚合众国商定自 1979 年 1 月 1 日起互相承认并建立外交关系。

美利坚合众国承认中华人民共和国政府是中国的唯一合法政府。在此范围内，美国人民将同台湾人民保持文化、商务和其他非官方关系。

中华人民共和国和美利坚合众国重申上海公报中双方一致同意的各项原则，并再次强调：

——双方都希望减少国际军事冲突的危险。

——任何一方都不应该在亚洲—太平洋地区以及世界上任何地区谋求霸权，每一方都反对任何国家或国家集团建立这种霸权的努力。

——任何一方都不准备代表任何第三方进行谈判，也不准备同对方达成针对其他国家的协议或谅解。

——美利坚合众国政府承认中国的立场，即只有一个中国，台湾是中国的一部分。

——双方认为，中美关系正常化不仅符合中国人民和美国人民的利益，而且有助于亚洲和世界的和平事业。

中华人民共和国和美利坚合众国将于 1979 年 3 月 1 日互派大使并建立大使馆。

随后，卡特总统发表了简短的谈话，指出中美建交公报是一个"历史性协议"。他说："中国人口占世界人口的 1/4，中国人民是有才能的人民，中国在国际事务中起着重要的作用，而且这种作用在未来的岁月中只会越来越重要。"全场爆发出一片热烈的掌声，人们争先恐后地和我握手表示祝贺。接着我宣读了早已准备好的新闻发言稿。一切进行得非常顺利。在我宣读过程中，布热津斯基打电话给我：大使阁下，我向您祝贺。两国建交了，我感到非常高兴。我也向他表示祝贺，并说希望我们两国关系不断发展。当时，对美国政府来说中美关系正常化是一个很重大的事情，历经三任总统的努力，直到第三任才完成这个艰巨任务，这也是卡特一生中最光荣的事情。

以上就是中美建交谈判的大致过程，尽管有遗留问题没有解决，但建交是在美方接受了三原则的条件下进行的，所以《中美建交公报》比《上海公报》又大大前进了一步，这是中美两国关系中具有历史意义的转折。中美关系从此进入了一个新的阶段，正如邓小平 1979 年 1 月 1 日出席伍德科克大使为中美建交举行的招待会上祝酒时所说，"中美建交反映了时代潮流，也是历史的必然，我相信随着时间的推移，中美建交对于发展中美两国关系和维护世界和平的深远的影响必将越来越充分地显示出来。"

在这一重大历史转折过程中，我感受最深的是，邓小平对中美关系问题非常清楚。在中美关系正常化谈判的过程中，他始终掌握情况，始终驾驭着形势的发展。根据形势变化，他总是从国际政治和国际战略的角度审时度势，当机会出现的时候，他能够当机立断，紧紧抓住机遇，把中美关系推进一大步。他处理问题表现出了高度的原则性和灵活性。当美方提出按照日本方式办理的时候，当即识破了其阴谋，迫使美方完全接受了中国的建交三原则；在中美建交谈判的关键时刻，需要作出一定妥协的时候，他能够针对美国坚持要向台湾出售武器的问题，提出："先避开售台武器的问题，留待建交以后再解决，但是要把坚决反对美国售台武器的立场讲清楚。办事情总不能毕其功于一役。"因为在当时，邓小平认为，实现与美国关系正常化，有利于中国刚刚开始实施的改革开放政策。有些问题只能分阶段解决，所以建交后不久，邓小平就提出与美方会谈售台武器的问题，经过1981—1982年的艰巨谈判，双方终于达成《八一七公报》，邓小平的外交思想和外交风格得到了明显体现。

赴 美 之 旅

中美建交后，邓小平访美的准备工作已经紧锣密鼓地开始了。访美代表团的主要议程是同美国方面讨论建交后有关两国的关系问题，以及中国从美国引进先进的科学技术问题、经贸问题、文化交流问题等。因此，外交部长黄华和国务院主管科技的副总理方毅是邓小平访美的主要助手，邓小平办公室主任王瑞林随行。代表团主要由外交、科技、外贸官员，负责安全的警卫人员，以及负责文件工作的政策顾问等人员组成。外交部官员中有副外长章文晋、浦寿昌，外交部礼宾司司长卫永清、美大司副司长朱启祯、冀朝铸（兼译员）。我作为驻美大使，是代表团正式成员。此外，代表团成员还包括当时公安部副部长凌云、中央警卫局副局长孙勇。新华社的彭迪担任"新闻助理"，谭文瑞等担任代表团顾问。

我们驻美大使馆早已开始着手准备邓小平的访美工作。美国方面也考虑得很细致。布热津斯基专门约见我，向我询问，邓小平到美国来将提出哪些问题，想解决什么问题？美国同时也要考虑接待仪式和规格问题。他告诉我一个消息，说邓小平到华盛顿之后可能有游行，主要是台湾的或美国亲台湾的反对势力。他说美国是个民主国家，允许群众游行示威。我说这不行，我们两国刚刚建交，应该注意到我们的关系正在向友好的方向发展，不要对此施加不友好的影响。邓小平来访问，这是一次友好的访问，游行会破坏友好的气氛，不能够出现这些不愉快的事情。布热津斯基为难地说，美国《宪法》上有规定，举行示威游行是宪法允许的。以前铁托来美国访问，他们也提出了同一问题，要求美方制止游行。我们没有这样做。但是我们有一条可以管，就是把游行控制在一定的范围里，不使示威者靠近邓副总理，一定保护好贵宾的安全。我回到大使馆查询这个情况，表明布热津斯基所说情况是真实的。当时南斯拉夫总统铁托到美国访问前表示，坚决反对访美期间出现反对他的游行。但是铁托到了美国以后，虽有示威游行，但都在控制之中。我将这个情况向国内作了汇报。国内同意了这一安排，所以邓小平访美的时候，使一些游行队伍受到限制，不能和邓小平的车队碰在一起。

在接待规格上，据我观察，尽管邓小平是副总理，但接待规格却不亚于总统。当时在安排过程中，美国礼宾官问我，大使阁下，你们邓副总理喜欢吃什么？我好准备，使其在美国生活满意。我想了想，觉得他想吃的恐怕美国人准备不了。所以就回答道：你们认为什么好吃就拿出什么来就行了。他们认为美国最好吃的是牛排、小牛肉，结果，邓小平访美期间美国方面大部分都准备的是牛排、小牛肉。牛肉在我来说不喜欢吃，邓小平如何我就不知道了。

此外，在日程安排上，美国方面力求要使邓小平满意，也尽量满足美国的要求。所以邓小平一行到达华盛顿后，按一般常规，应该是先同美国总统会晤。但美国是安排安全顾问布热津斯基当天晚上设家宴欢迎邓小平，只有国务卿万斯、美国驻华大使伍德科克以及奥克森伯格等少数人作陪；中方代表团也只是几个负责人参加，以便于畅谈。布热津斯基想了解邓小平这次来美想要看些什么、想了解些什么。在听取邓小平的意见后，布热津斯基提出给邓小平安排几次讲话的机会，在华盛顿安排一次与记者的会见，把中方认为应该讲的事情放开讲，然后到西部去，西部对中国不太了解，在那里多安排一些活动，在那里多讲一讲，有些人不容易见到，中国代表团时间有限，走的地方有限，在招待会上把客人请到一起，有机会说话。外国元首来美国，在国会里参众议员合在一起，给邓小平则安排两次，众议院、参议院分两次讲。布热津斯基说：这样您能够畅所欲言，分别回答他们提出的问题。

1979年1月29日早晨，卡特在白宫举行盛大的欢迎仪式。1000多名欢迎者挥舞着中美两国国旗，向卡特总统和邓小平副总理欢呼。白宫大草坪上，按照接待国宾的规格，鸣放礼炮19响。卡特总统发表热情洋溢的讲话："我们非常希望你们和你们国家的人民来我们国家参观访问，我们也非常希望我们国家的人民去你们国家参观访问。中国有句老话，百闻不如一见。长期以来，中国人民和美国人民一直不能见面。我们感到高兴的是，这样的时代已经一去不复返了。副总理先生，昨天是中国的农历新年，是你们的春节，是中国人民开始新的历程的传统日子。我听说，在这新年之际，你们向慈善的神灵打开所有的门窗。这是忘记家庭争吵的时刻，这是人们走亲访友的时刻，也是团聚与和解的时刻。对于我们两国来说，今天是团聚和开始新的历程的时刻，是久已关闭的窗户重新打开的时刻。"邓小平答道："中美关系正处在一个新的起点，世界形势也在经历着新的转折。中美两国是伟大的国家，中美两国人民是伟大的人民。两国人民的友好合作，必将对世界形势的发展产生积极的深远的影响。"

晚上8时40分，白宫为邓小平举行的国宴结束后，卡特总统陪同邓小平一行前往肯尼迪中心观看盛大的文体表演。卡特对邓小平说："观看我国一些最杰出人才的美妙演出，是开辟科学、贸易和文化交流渠道的最好不过的办法。"美国政府接待国宾的通常做法，是在国宴后紧接着在白宫宴会厅，或东厅，或玫瑰园举行小型音乐演出。但是这次，卡特决定将演出改在规模宏伟的肯尼迪艺术中心举行。组织者找到一家石油公司出资 25 万美元赞助。赞助商看好了中国这个具有巨大潜力的市场，意在乘邓小平访美之际抢占先机。组织者知道邓小平特别喜欢足球和篮球，特意从加利福尼亚请来一队职业篮球选手，走上舞台表演他们的篮球技艺，这在肯尼迪艺术中心还是第一次。著名钢琴演奏家鲁道夫·塞金敲响了琴键，歌唱家兼六弦琴演奏家约翰·丹佛的歌喉使美国观众如醉如痴。他在演唱时用中文说了"家""家庭""家族"，表达对中国人民的友好感情。招待会上安排的都是著名的表演家、歌唱家、艺术家集中在舞台上表演。每一个节目之间，还邀请了著名人士穿插报幕，连华裔建筑大师贝聿铭也出来报幕了。美国第一个上太空的宇航员，已经做了参议员也被请来报幕，每次报幕前都是先讲两国关系发展的必要性、重要性，然后才正式报幕。我到美国以来，各种节目看了不少，但像那天晚上节目如此精彩、如此隆重的，还没有见到过。最后一个节目，由大约 200 名小学生用中文合唱《我爱北京天安门》。为了表演这个节目，他们练习了整整两个星期。他们的歌是这场晚会的高潮。演出结束后，邓小平夫妇在舞台上热情地拥抱和亲吻了美国孩子。这是一次别开生面的演出，这次招待会的效果很好。

1 月 30 日中午，邓小平来到美国国会大厦参议院大楼，参加参议院外交委员会举行的工作午餐。面对美国参议员，邓小平很快就谈到台湾问题，他说，在中美关系正常化进程中，关键是台湾回归祖国的问题。"人们担心的是将使用什么办法来解决台湾问题，中国将采取什么政策来解决台湾问题。我肯定你们已经注意到，我们不再使用'解放'台湾这个字眼了。"他指出，我们一方面尊重台湾的现实；另一方面一定要使台湾回到祖国的怀抱。在尊重台湾现实的情况下，我们要加快台湾回归祖国的速度。此外，他还就朝鲜问题和东南亚局势表明了中方的立场。之后，他又来到众议院，由伍德科克和霍尔布鲁克陪同，与 74 名众议员一起参加茶会。他对众议员们说，访问美国的目的之一，就是"加深两国人民之间的了解"。"不仅中美两国人民的利益，而且世界人民的利益都要求我们这两个大国能够永远友好下去。诸位先生和我一样，肩负着对促进世界和平与安全的重任，我们愿意与诸位一起为尽到我们的责任而努力。"邓小平的讲话非常有趣味、内涵深刻，说服了许多原来持不同意见的议员，两国关系中的一些基本问题消除了。当然，也有一些议员尽管说不出不同意两国邦交正常化的理由，他们还在抱着成见说："不同意"，固执地反对这一历史进程。

美国方面还安排邓小平参观卡特的家乡佐治亚，可能是出自卡特总统的授意，为了使邓小平能更多地接触一些州长，将附近的二十几个州的州长都请来参加佐治亚州专为邓小平举行的宴会，这是过去没有的。

随后，邓小平一行来到休斯敦，这是美国西部的一座重要城市。在休斯敦的主要活动是看航空展。参观过程中，宇航员艾伦·比恩带领邓小平参观了宇宙空间实验室。比恩5年前曾在月球工作了两天，在宇宙空间实验室一次就工作和生活了59天。他为邓小平讲解了宇航员在太空飞行中怎样进食、睡觉和沐浴。接着，邓小平来到了崭新的航天飞机驾驶舱。他在比恩的指导下戴上耳机，亲自体验了模拟的航天飞机着陆情景。

最有趣的是，美国方面还为中国代表团安排了一次参观竞技活动。邓小平一行来到竞技场观看骑牛表演，2000名观众向邓小平发出了欢呼声。盛情的主人奔上贵宾席，向中国客人每人赠送了一顶当地产的牛仔帽。邓小平笑着接过牛仔帽，毫不犹豫地戴在头上，身边的冀朝铸为他扶正了帽檐。全场一片掌声。骑牛结束后，邓小平受到竞技场主人的邀请，走下贵宾席来到场间，登上了一辆仿制的19世纪马车。马车绕场一周，邓小平在马车上拿着牛仔帽向四周的观众挥动。观众纷纷鼓掌，全场气氛进入了高潮。他走下马车之后，还抱上一个小孩亲了又亲，观众也都特别热情地鼓掌欢呼。

邓小平一行在美国访问的最后一站是西雅图。这是美国西北部靠近加拿大的一个风景优美的城市，有名的飞机制造厂——波音飞机厂就在这里，他们希望中国能大量购置该厂生产的飞机，非常热烈地欢迎邓小平的访问。访问结束后，2月5日，邓小平一行乘专机飞返中国。

邓小平这次访美的时间不长，从 1 月 28 日到 2 月 5 日，但是很成功，满足了美国的要求，也达到了我们访美的目的，在美国掀起了一股中国热。正如邓小平在临别演说中所说的那样："太平洋再也不应该是隔开我们的障碍，而应该是联系我们的纽带。"中美两国的关系在新的时代背景下扬帆启程。

"沉舟侧畔千帆过，病树前头万木春。"中美关系由对峙到和解，对于双方而言都有着重要的意义。我所见证的这一建交风云，也终将在昭昭青史烙刻下凝重的印记。

（原载《中共党史资料》2004 年第 1 期）

回顾安徽的农村改革

　　中国改革开放的总设计师邓小平曾指出："中国的改革是从农村开始的，农村的改革是从安徽开始的。"20 世纪 60 年代初，安徽在全省范围内搞过责任田。责任田对于调动农民积极性，恢复和发展农业生产，克服经济困难，发挥过重要作用。干部群众普遍称赞责任田是"救命田"。但由于党的八届十中全会对阶级斗争形势做了错误的估计，使责任田这一改革遭到扼杀。

　　但是，安徽农民没有在挫折面前低头。一遇时机，还要改革。这次新的改革，是从安徽肥西和凤阳两地悄悄搞起来的。肥西最先搞起来的是包产到户。所谓包产到户，就是将集体的土地分别承包到农户，变集体统一组织劳动和集中管理，为由农户分别承担不同地块的劳动和管理。但是，整个生产的经济核算和收益分配仍然由集体组织统一进行。

　　凤阳县梨园公社严岗大队小岗生产队搞的是包干到户，即"大包干"，而且这种"大包干"是社员自发搞起来的。所谓"大包干"，就是农户对承包土地上的产出，不必再交由集体组织去搞统一核算和统一分配，而是直接承担起每份承包土地应向国家缴纳的税收和收购任务，并向集体组织缴纳土地的承包费。这种"大包干"最受农民的欢迎，农民形象地说："大包干，大包干，直来直去不拐弯，保证国家的，留足集体的，剩下都是自己的。"

　　小岗生产队实行的大包干极大地调动了农民群众的生产积极性，生产一年大变样。1979 年，全队破天荒地向国家交售粮食近 3 万斤、油料 2 万斤，归还国家贷款 800 元，留储备粮 1000 多斤，留公积金 150 多元。一年大翻身，老超支户变成了进钱户，原来远近闻名的"乞丐村"变为名副其实的"冒尖村"。

包产到户和大包干，不仅使农村的生产关系发生了重大变化，改变了农业经济的管理方式，而且冲破了生产、管理、分配等方面许多"左"的框框，从而有效地克服了干活"大呼隆""吃大锅饭"的现象。农民有了生产自主权，有了生产积极性。到 1979 年底，安徽全省农村实行家庭联产承包责任制的生产队，占全省生产队总数的 65.9%。凡是搞了家庭联产承包责任制的地方，都大幅度增产。

安徽农村改革成功的理论意义和实践意义：

第一，农村家庭联产承包责任制的诞生，彻底冲垮了"一大二公"的人民公社体制，极大地调动了亿万农民的生产积极性，解放和发展了农村生产力。

第二，农村改革调整了生产关系，使之适应了农村生产力发展的要求。

第三，农村改革是经济改革的先导，农村改革的成功经验，能为全面经济改革提供借鉴。

第四，农村改革的成功，为建设社会主义新农村打下了物质基础，提供了经验。

作者简介 ▶

周曰礼，1930 年生，江苏建湖人。1947 年 10 月加入中国共产党。曾任安徽省委第一书记秘书，山东省委第一书记办公室秘书，省委党刊编辑室副主任，《红旗》杂志社编辑，安徽省农业委员会政策研究室党组成员、副主任，省委政策研究室主任，省委农村工作部副部长，省委农村政策研究室主任，安徽农村经济委员会主任、党组书记、研究员，中共安徽省第四届省委委员，合肥农村经济管理干部学院院长，安徽第一届农业经济学会理事长，安徽省人民政府咨询员。时为安徽省农委政策研究室主任。

在党的十一届三中全会"解放思想，实事求是，团结一致向前看"的思想路线指引下，安徽率先在农村推行了以包产到户为内容的家庭联产承包责任制。在这一改革过程中，遇到了各种习惯势力和"左"倾思想的顽强干扰和抵制。包产到户的过程，也就是解放思想的过程。

省委《六条》出台前后

1977年6月21日，党中央委派万里、顾卓新、赵守一分别担任安徽省委第一、二、三书记。当时是粉碎"四人帮"的第二个年头，但"四人帮"推行的"左"倾政策在安徽基本上没有触动。万里等人到任后，雷厉风行，大刀阔斧，采取果断措施排除了派性干扰，很快揭开了被"四人帮"代理人捂了8个月的盖子，初步调整了县以上各级领导班子。在揭批查过程中，农村问题反映相当突出。万里通过省委副书记王光宇，通知我(当时任省农委政策研究室主任)准备系统地汇报农村情况。

8月下旬的一天，我在万里住地稻香楼西苑会议室作汇报，听取汇报的还有赵守一、王光宇。我们边谈边议，从下午2点一直搞到天黑，谈了5个多小时。

首先汇报的是，"四人帮"在农村推行"左"倾政策，安徽是重灾区，农村经济已经到了崩溃的边缘，"文化大革命"十年，粮食总产量一直徘徊在200亿斤左右，农民人均年收入在60元上下，由于价格的因素，农民实际生活水平下降了30%。根据当时测算，农民每人每年最低生活费用大约需要100多元。全省28万多个生产队，其中只有10%左右的队能勉强维持温饱；67%低于60元；40元以下的占20%左右。这些数字说明，全省有将近90%的生产队不能维持温饱。这些队的基本状况是"三靠"，即生产靠贷款，吃粮靠返销，用钱靠救济，其中有 10% 的队仍在饥饿线上挣扎。

至于强迫命令、瞎指挥的现象是相当普遍的，引起了农民群众的愤慨。定远县耕地面积 160 多万亩，按照实际情况只能种 80 万亩水稻，"四人帮"在安徽的代理人却强行规定要种 150 万亩，并说是"铁板上钉钉子，外加三锤，一亩也不能少"，结果有 20 多万亩无收，有收的产量也很低。芜湖县易太公社追求形式主义，打破原有生产队体制，打破各队土地界线，打乱水系，把集体的粮、款、物等全部重新分配。新划的生产队要做到四个一样，即土地一样、人口一样、村庄大小一样、水利工程兴办一样。公社还规定，凡是妨碍规划实施的树木要砍掉、村庄要移址、房屋要拆迁、沟塘要填平、道路要重修。社员看到这种情形愤怒地说："这和国民党有什么两样。"不少人含泪背井离乡。由于严重强迫命令、瞎指挥，全社粮食减产 592 万斤，有的大队人均收入由 1976 年的 70 元下降到 38 元。

分配上"大锅饭"，生产上"大呼隆"，严重挫伤了农民的生产积极性。由于生产队生产单一，主要是搞粮食，而粮食的比较效益又低，社员劳动一天，只能拿到 4 毛多钱，少的只有几分钱，连吃饭都不够，因而在收益分配上普遍出现了多年来想解决又无法解决的"超支户"顽症。在这种情况下，生产队只好实行按人分配粮食。群众风趣地说："白天黑夜拼命干，不如生个大肉蛋（指生小孩）"；"七千分八千分，不如老母鸡窝里蹲（指一个劳动日值不如一个鸡蛋）。"分配上的平均主义，造成了上工"一条龙"，干活大呼隆，出勤不出力，记的一样工，二天的农活三天干不完。农村中普遍有两句顺口溜："头遍哨子不买账，二遍哨子伸头望，三遍哨子慢慢晃，到了田头忘带锄，再去回家逛一趟"；"男的上工带打牌，女的上工带纳鞋，边干边玩到下工，赶快回家忙自留（自留地）。"

农民中还有一个突出的问题，就是人与人之间的关系紧张。在人民公社政社合一的管理体制下，在不断的政治运动冲击下，社员之间为争工评分，"大吵三六九，小吵天天有"；社员与干部之间，因为强迫命令、瞎指挥，搞得矛盾重重。运动一来，帽子一大把，互相开展"阶级斗争"，社会主义同志式的相互关心、相互帮助的关系被斗得面目全非。现在相当多的生产队找不到人当干部，有的采用抓阄的办法解决；有的组织大家摸扑克牌，摸到大鬼当队长，摸到小鬼当副队长，有的花钱雇人当队长。

农村干部群众的这种消极情绪是非常严重的，它比公开的罢工危害更大。生产力最活跃的因素是人，我们要发展农业，实现农业的现代化，没有人的高度积极性，统统都是空话。

汇报结束后，万里严肃地指出："看来经济上的拨乱反正，比政治上的拨乱反正更艰巨，不搞好经济上的拨乱反正，政治上的拨乱反正也搞不好。"万里明确表示，他"要拿出百分之八十的时间和精力，来研究和解决农村问题。揭批'四人帮'的有关人和事以及工业生产，由别人去抓。省委领导同志都要下去搞调查研究。你们农委的同志也要进一步调查研究，尽快拿出一个切实有效的政策性意见。"

1977 年 11 月上旬，万里到金寨县调查。在燕子河山区，他走进一户低矮残破的茅屋。在阴暗的房间里，见锅灶旁边草堆里坐着一位老人和两个姑娘，便亲热地上前和他们打招呼。老人麻木地看着他，一动不动。万里伸出手想和他握手，老人仍麻木地看着他，不肯起身。万里很纳闷，以为老人的听觉有问题。陪同的地方干部告诉老人，新上任的省委第一书记来看你，老人这才弯着腰颤抖着缓缓地站起。这时万里惊呆了，原来老人竟光着下身，未穿裤子。万里又招呼旁边的两个姑娘，姑娘只是用羞涩好奇的眼光打量他，也不肯移动半步。村里人插话说："别叫了，她们也没有裤子穿，天太冷，他们冻得招不住，就蹲在锅边暖和些。"

万里又走到了另一户农家，看到家里只有一位穿着破烂的中年妇女，便询问她家的情况。"你家几口人？""四口人，夫妻俩和两个小孩。""他们到哪去了？""出去玩了。""请你喊他们回来让我看看。"万里连催两遍，这位妇女面有难色，不愿出门去找。在万里的再三催促下，她无奈地掀开锅盖，只见锅膛内坐着两个赤身裸体的女孩子。原来烧过饭的锅灶，拿掉铁锅，利用锅膛内的余热，把两个没有衣服穿的孩子放到里面防寒。

万里看了两户农民后，已是泪流满面。他沉痛地说："老区人民为革命作出了多大的牺牲和贡献啊！没有他们，哪来我们的国家！哪有我们的今天！可我们解放后搞了这么多年，老百姓竟家徒四壁，一贫如洗，衣不遮体，食不果腹，有的十七八岁姑娘连裤子都穿不上，我们有何颜面对江东父老，问心有愧呀！"

我们省农委政策研究室全体同志按照万里的嘱咐，也分赴全省各地进行调查，并于 1977 年 9 月 20 日至 24 日，在滁县召开了农村政策座谈会。会议充分揭露了农村"左"倾现象，讨论起草了《关于当前农村经济政策几个问题的规定（草稿）》（简称"省委六条"）。

"省委六条"草稿送呈省委常委后，顾卓新于 10 月 6 日作了批示："这些意见都很好，文件写的也明确，可以考虑批转各地执行，但是：（1）这些办法能否真正做得到，有多少把握？（2）各地区的社队实际收入分配情况如何？每个劳动日多少钱？能否分到现金？（3）真正贯彻这些政策得经过社队的彻底整顿。现在下边很乱，无保证，应考虑明年社教工作队结合完成这项任务。"

万里看到"省委六条"草稿后非常高兴，认为写得很好，并提出还要广泛听听基层干部和社员群众的意见。

根据万里等人的意见，我们选定肥东县解集公社青春大队和长丰县吴山公社四里墩大队，于 10 月下旬分别召开了两次座谈会。每个大队将大队干部、生产队干部和群众代表分成 3 个小组，万里、顾卓新、赵守一分头参加一个小组。干部群众看到省委领导同志和自己面对面地讨论研究问题，虚心听取下边意见，情绪十分热烈，发言非常踊跃，都想把自己心里憋了多年的话倒出来。座谈中，大家对允许和鼓励社员经营自留地和正当家庭副业的规定，一致表示赞成。对尊重生产队自主权和建立生产责任制等方面的规定，希望能再放宽一些，要相信下边干部群众是不会胡来的。根据座谈会的意见，"省委六条"草稿又作了一次较大的修改。

1977 年 11 月 15 日至 21 日，省委召开全省农村工作会议，各地市县委书记和省直各部门负责人参加了会议，集中讨论修改"省委六条"。会议开始时，万里只作了不到 20 分钟的简短讲话。他说："这次省委农村工作会议，中心议题是研究当前农村迫切需要解决的经济政策问题，把农民发动起来，全党大办农业。安徽是农业省，农业搞不上去问题就大了。""农业政策怎么搞好，管理怎么搞好，主要应当坚持因地制宜、因时制宜的原则，实事求是，走群众路线。抓农业机械化，这是完全对的。"但是，最重要的生产力是人，是广大群众的社会主义积极性，没有人的积极性，一切无从谈起，机械化再好也难以发挥作用，调动人的积极性要靠政策对头，"干部带头，团结一切积极因素干社会主义，群众就会积极起来，农业就能上得快。"万里还说："中国革命在农村起家，农民支持我们。母亲送儿当兵，参加革命，为的什么？一是为了政治解放，推翻压在身上的三座大山；一是为了生活，为了有饭吃。现在进了城，有些人把群众这个母亲忘掉了，忘了娘了，忘了本了。我们要想农民之所想，急农民之所急。"对"省委六条"规定，会议讨论中有赞成的，也有反对的，大家唇枪舌剑、你争我吵。由于不少人顾虑重重、怀疑、抵制，特别是受到当时国务院召开的北方农业学大寨会议的影响，一些原来写进去的更宽的规定，不得不暂时搁置起来，所以，在某些条文中还留有"左"倾政策的烙印。万里解释说："有些同志思想不通，不要勉强，要耐心等待，因为具体工作还要靠下边同志去做。有些更宽的条文硬写进去，他们接受不了，反而会把事情弄糟。"

"省委六条"经过上上下下座谈讨论，进行了 10 多次的反复修改，几易其稿，于 11 月 28 日，以"试行草案"的形式下发全省各地农村贯彻执行。

"省委六条"的基本内容是：搞好人民公社的经营管理工作，根据不同的农活，生产队可以组织临时的或固定的作业组；只需个别人去做的农活，也可以责任到人；积极地、有计划地发展社会主义大农业；减轻生产队和社员的负担；分配要兑现，粮食分配要兼顾国家、集体和个人利益；允许和鼓励社员经营正当的家庭副业。这些内容，今天看来似乎很平常，但在当时，许多规定都触犯了不可动摇的原则，突破了长期无人逾越的"禁区"。这在粉碎"四人帮"后处于迷茫徘徊的中国，是第一份突破"左"倾禁区的关于农村政策的开拓性文件，是一支向"左"倾思想宣战的利剑，也是农村改革的序幕。"省委六条"发出后，全省各地掀起了宣传贯彻的热潮，领导亲自动手，形式多样，声势浩大，效果显著，群众满意。在具体做法上，有的召开了县、社、大队三级干部会，有的举办万人学习班，培训大批宣传骨干，由领导同志带队深入基层，原原本本向群众宣讲。有的县广播站设立了宣传贯彻"省委六条"专题节目。有的将"省委六条"抄写在生产队活动室墙上，每天晚上组织社员学习讨论。干部、社员把落实"省委六条"看成是一件喜事，欢欣鼓舞，奔走相告。许多地方听传达的人数之多，到会之齐之快，都是多年少有的。有的地方通知一户来一人，很多全家老小都来了，这种热闹场面很有点像当年搞土改的劲头。通过近3个月的宣传贯彻，"省委六条"的基本内容在全省范围内基本上做到了家喻户晓，"省委六条"所规定的各项政策得到了全面贯彻执行。

邓小平在看到安徽"省委六条"后，拍案叫好。1978年春天，在他出国访问路过成都时，对当时四川省委第一书记说，在农村政策方面，你们的思想要解放一些，万里在安徽搞了个"省委六条"，你们可以参考，并亲手将一份安徽"省委六条"交给了他。不久，四川省委制定了关于农村经济政策十二条规定。

1978年，在贯彻执行"省委六条"过程中，我们进行了大量调查研究工作。3月，在淮北地区就如何搞好夏季分配问题，针对小麦生产为什么长期上不去，山芋生产为什么越种越多向干部群众请教。很多群众用形象的比喻道出了症结所在，他们说："小麦是姑娘，收的再多是人家的（意思是交售给国家），山芋、玉米是儿子（国家征购粮食不收或少收山芋、玉米）。"我们将这些反映及时写信送给万里。5月，省委决定将夏季粮食起购点由原来每人65斤提高到75斤。就10斤粮食，一下子把几千万农民的生产积极性调动起来，带来了1979年小麦特大丰收。

9月，围绕生产责任制问题，我们选择了长丰县朱集公社朱集大队（学大寨先进单位）和凤阳县马湖公社进行对比研究。朱集大队实行的是定额记工办法，社员"只想千分，不想千斤"的情况是很突出的。马湖公社部分生产队实行的是包产到组办法，生产年年发展。通过对比，明显看出：不联系产量的责任制，实际上没有责任制。

我在马湖公社调查时，凤阳县委副书记、县革委会主任吉绍宏特地来到公社和我交换意见。他很感慨地说："农村问题离开了农民个人利益，办法再多也不能解决问题。在过去20多年中，我们曾采取了很多办法，如学大寨、定额记工、死分活评、死分死记、小段包工、包工到组、路线教育、割资本主义尾巴等等，什么戏法都玩过，什么招数都用过，农业并没有搞上去。农民一年忙到头，连吃饭穿衣都不能解决。"他的结论是："包产到组小翻身，包产到户大翻身，大呼隆永世不得翻身。"对于包产到户，我们的看法是共同的。不少干部包括党的高级干部，为此被撤了职、丢了官，人们心有余悸、谈包色变的情况相当普遍，不解决这个问题，中国的农业就没有出路。

省委在山南公社进行包产到户试验

我们遵照省委指示，省农委抽调了12位同志，并吸收县、区、社总共38位同志，组成省委工作队，于1979年2月1日去肥西县山南公社，直接向干部群众宣讲十一届三中全会同意下发的两份农业文件，指《中共中央关于加快农业发展若干问题的决定（草案）》和《农村人民公社工作条例（试行草案）》。这两份文件提出了"不许包产到户，不许分田单干"的"两个不许"。(——编者注在原原本本宣讲这两个文件的基础上，干部、群众展开了热烈讨论。)大家对生产责任制问题最感兴趣，普遍要求实行包产到户。对包产到户，不仅群众拥护，党员、干部也拥护，不仅劳力强的拥护，劳力弱的，甚至连五保户都拥护。

宗店大队 19 个生产队，干部、社员一致要求实行包产到户。他们说不这样，农业生产就搞不上去。这个大队曾立过几次战功的抗美援朝复员军人张世林说，我讲句不怕坐班房的话，要想把农业搞上去，就要把产量包到户上。记得土改时，我家分 3 亩田，我不在家，请人代耕，每年收 17 石稻子，现在，还是这几亩田，集体种每年只收 6 石稻子。

红星大队三合队社员汪其高说，去年分口粮 1200 斤、稻草 800 斤、油脂 5 斤，付款 172 元，由其儿子汪晋清(在合肥中学教书)负担。如果搞包产到户，我和老伴可以种 2 亩水田、1 亩旱地。水田全年最少可收 2000 斤粮，除交征购和集体提留外，自己可得 350 斤，加上去年秋借种的 6 分地，可收小麦 150 斤，总共可收 1500 斤，比去年从集体分配的还多 300 斤，而且还不要付款。本队民兵营长何道发说，越小越好干，绑在队里队长动脑筋，分到组里组长动脑筋，包到户上人人动脑筋。

湖中大队在讨论中，干部群众讲，过去搞"责任田"时牛力不足，粮食不够吃，人还浮肿，只干两年就富了，收的山芋不吃了，山芋的价格比稻草低，就捆在草里当草卖。现在人多了，牛强了，干部、社员都有正反两方面的经验教训，搞起来就更快了。

刘老庄大队夏郢生产队社员王道银说，过去干活不知有多难！没有尿的也去撒尿，妇女不该喂奶的也去喂奶，如果让我们包产到户干，两三年内要粮有粮、要猪有猪、要啥有啥。

公社粮站站长解其芬家里 7 口人，老的老，小的小；供销社主任廖子坤家里 5 口人，4 个孩子，爱人生病，他们两人都说，从我们个人家庭来看包产到户，生产有困难，但可以想办法解决；从加快农业发展的角度看，我们积极赞成包产到户。

在讨论中，干部群众还提出了不少意见。有的说，早也盼，晚也盼，盼到现在搞了两个不许干。有的说，上面让我们解放思想，我们看中央的思想也没真正解放，一边强调生产队自主权，一边又强调"两个不许"。还有的说，这次是省、县、区、社直接给我们宣讲中央文件，我们要求包产到户，如果这一炮打不响，就没有希望了。这不光是生产搞不上去，我们也不能真正当家做主，心里感到憋气。大家纷纷要求中央修改两个文件时把"两个不许"去掉。

对于上述情况，我于2月4日晚上赶回合肥，第二天向万里作了口头汇报。万里说，群众的意见应当重视，这个问题要专门讨论一次。2月6日，万里召开省委常委会议，专门讨论包产到户问题。会上首先由

安徽凤阳县小岗生产队的农民在秋种遇到干旱的情况下，冒着极大的风险，自发实行了一包到底的责任制。图为小岗生产队社员签订的全国第一份包干合同书。

我汇报了省委工作队在肥西县山南公社宣讲中央两个文件情况和干部群众的意见。常委们在讨论中认为包产到户是个好办法，但中央文件中明确规定"不许包产到户"，如果要实行这种办法，应先向中央请示。王光宇在会上回顾了1961年安徽推行"责任田"的情况，他说："责任田"对恢复和发展农业生产，克服农村困难局面，改善农民生活水平，确实起了很大作用。现在一讲起"责任田"农民都非常怀念，说"责任田"是"救命田"。他主张有领导、有步骤地推行，至少在生产落后、经济困难的地方可以实行这种办法。

上午的会议没有取得一致意见，下午继续开会。在会上，万里谈了自己的意见。他说：包产到户问题，过去批了十几年，许多干部批怕了，一讲到包产到户，就心有余悸，谈"包"色变。但是，过去批判过的东西，有的可能是正确的，有的也可能是错误的，必须在实践中去加以检验。我主张在山南公社进行"包产到户"试验，如果滑到资本主义道路上去，也不可怕，我们有办法把他们拉回来，即使收不到粮食，省委负责调粮食给他们吃。到会同志对万里的意见都表示赞成。

2月6日晚上，我又回到山南公社，第二天向社队干部传达了省委试点的意见。干部群众得知省委在山南公社进行"包产到户"试点的消息后，无不欢欣鼓舞。山南公社搞"包产到户"，消息不胫而走。山南区共有6个公社，在四五天时间内普遍推行开"包产到户"。山南区的情况，我及时向万里作了汇报。万里说，不要怕，让他们搞，山南区收不到粮食，省委调粮食给山南区。山南公社和山南区搞"包产到户"像旋风一样，很快席卷了整个肥西县，在不到一个月时间里，全县搞"包产到户"的生产队即占生产队总数的40%。肥西县的情况我又及时向万里作了汇报。万里说，可以让他们搞。

省委在肥西县山南公社进行"包产到户"试点，直接推动了肥西县包产到户迅猛发展。1979年春耕时，全县包产到户生产队占11%。麦收时占23%，双抢时占50%，秋种时发展到93%。山南公社和肥西县的包产到户，对全省影响很大，它像一副催化剂，启动着人们思考问题，想方设法推动农业生产尽快发展。尤其是"包产到户"，得到了更多群众的欢迎。1979年，推行"包产到户"较多的有宣城、芜湖、东至、无为、肥东、长丰、颍上、固镇、来安、今椒、嘉山、阜南、六安等13个县。对全国影响也很大，中央党、政、军机关有20多个单位负责同志，全国有23个省市负责农业的领导同志先后到肥西考察。1985年春节，肥西县委委派县长胡庆长、副县长汤茂林、农经委主任魏忠，赴京向万里汇报工作。万里愉快地说："肥西县在搞生产责任制是带了头的，这是上了《邓选》的。几年来，发生这样大的变化，我很高兴。肥西是有条件的，希望在第二步改革发展商品生产中，取得更大成就。"

3月初，"包产到户"大有覆盖全省的势头。对此，万里确实也有些担心，他要我起草一份电报，向中央汇报一下安徽推行生产责任制情况。电报由我主持起草，赵守一修改，万里于3月4日签发。电报说："安徽农业生产责任制的形式，大体有以下几种：死分死记的约占生产队总数20%；定额管理约占50%；联系产量责任制约占30%。联系产量责任制又有两种形式：一是分组作业，三包一奖到组；二是有的地方对一些单项作物或旱粮作物实行定产到田、责任到人，水旱作物兼作地区，有的实行水田定产到组、旱杂粮定到户的办法。""关于责任制的问题，我们认为，只要不改变所有制性质，不改变核算单位，可以允许有多种多样的形式。三包一奖到组可以普遍搞。已经搞的要加强领导，巩固提高；正在搞的，要抓紧时间，力争春耕大忙前搞完；未搞的，为了不影响春耕，可暂时不搞。少数边远落后、生产长期上不去的地方，已经自发搞了包产到户岗位责任制的，我们也宣布暂时维持不变，以免造成不应有的波动。由于为数不多，允许作为试验，看一年，以便从中总结经验教训。"1979年春天，各地在宣传贯彻党的十一届三中全会文件过程中，纷纷推行了各种形式的生产责任制。特别是联系产量责任制，包括包产到组和包产到户，它直接动摇了人民公社"三级所有、队为基础"的管理体制，受到了一些思想僵化和心有余悸者的怀疑和抵制，由此，围绕联系产量责任制是姓"社"还是姓"资"的问题，引发了一场全民大讨论。这种大讨论的广度和深度都是史无前例的。从农村到城市，从机关到街道，从工厂到学校，每个行业、每个角落，甚至每个家庭，几乎人人都在谈论农村改革。人们像打开闸门似的各抒己见，针锋相对，争论不休。农村的改革震动了整个社会。在周围邻近的省份，也发出了一片指责声。有的省委负责人公开宣称自己"要保持晚节"，并在安徽的边界装上高音喇叭，成天叫喊"要坚决抵制安徽的单干风"。

面对这种情况，万里在各种会议、各种场合，头脑冷静，态度坚定，反复强调："对于农村改革，我们的头脑一定要清醒，不能受到社会上说三道四所干扰。""对于各种形式责任制，都应当在实践中相竞争而存在，相比较而发展。只要能增产、增收、增贡献，就是好办法。""对待各种形式责任制，省委不搞派性，不支一派、压一派，由群众在实践中去鉴别和选择。""各种形式责任制，试验一年，年终总结。"

万里还特别对我们交代说，现在农村责任制形式很多，干部群众的认识又很不一致，你们要及时了解农村的动向，有什么情况和问题，随时向省委汇报。

按照万里的指示，我们除了直接深入基层和通过来信来访了解情况外，还在合肥、嘉山、固镇、肥西、休宁等地多次召开座谈会，听取各地的汇报。在我们掌握的材料中，农村在推行包产到组和包产到户初期，确实出现了不少值得注意的问题。比如：有的地方群众对集体经济失去信心，对社、队干部存有意见，在划分作业组时，有排斥党员、干部的行为。有的生产队划分了4个作业组，提出要将生产队的集体财产全部分光，甚至连生产队的公章也要分，即将公章劈成4块，每个小组保存一块，如以生产队名义对外联系工作时，需经4个小组讨论同意后，才能将公章拼到一起来使用。有的将水车锯成几截，一个组一截；有的将拖拉机拆开分掉，有的生产队只有一部手扶拖拉机，几个作业组不好分配，只好将它放到水塘里"保存"起来，几个月后捞上来，已经锈坏了。有的分组作业后，将生产队的树木砍光了，有的将生产队的公房拆除分掉。不少地方还出现争牛争水现象，有累死耕牛、吵嘴打架的。还有的农户承包土地后，因为缺少劳力，女主人担心害怕，上吊自尽了。对于这些问题，省委及时采取各种办法，进行了妥善处理和正确指导。

5月中旬的一天晚上，我和几位同志在办公室研究各地送的情况反映，起草向省委的书面汇报。材料搞好后，已是夜里11点钟了。我约请辛生和沈章余坐上车子到合肥周围去看看农村的夜景。我们沿着合肥到六安的公路，边走边议。当看到公路两边万籁无声的村庄，就评论说这里可能是坚持集体劳动的地方；当走到官亭区金桥公社地界时，看到不少农民乘着皎洁的月光在田间紧张地忙碌着，就评论说这里可能是包产到户的地方。我们下车站在公路旁边向北看，河里有小船在划动，像是运送肥料的；河边有人摇动水车，正向地里抽水灌溉。转过身来向南看，不少三三两两的男女在犁田整地，准备栽插水稻。我们走到田头，向一对小夫妻询问道："快到下半夜了，你们怎么还不休息呀！"男的回答说："政府将土地交给我们承包，生产搞不好，就对不起政府了。现在季节不等人，庄稼早一天下地，就能多收一些粮食。"当车子走到山南区金牛公社时，看到一个大院门口有很多男女进进出出，下车一看，原来是公社粮站挑灯夜战，紧张地收购社员送来的油菜籽。旁边小屋里锅灶上热气腾腾，掀开锅盖一看，里面正在烧着半锅红烧肉。我对粮站职工说："天这么晚了，吃过饭再干也不误事嘛。"他们爽快地回答说："今年油菜籽大丰收，农民同志白天忙，分不开身，利用夜里时间把油菜籽送来，我们应该抓紧收，不吃饭心里也高兴。"我们向万里汇报了这些情况，他乐滋滋地说："我也要抽时间下去走一走，看一看。"

5月21日上午上班时，万里打来电话说："今天我们到肥西山南公社去看看，我不带人了，你可以带一位同志一起去。"我和辛生于8点半赶到万里住地时，他正站在门口等着。我们即刻坐上北京吉普出发了。9点多钟，车子到了山南公社地界，万里要下车看看。我们走在田间的小路上，天空万里无云，风和日丽，真是一个难得的体察民情的好日子。万里四处眺望，看不到红旗招展、人山人海的场面，看到的多是一对对夫妻聚精会神地在承包地里干活，有的在整地，有的在整修田埂，有的在看护秧苗，公路上不时有人拖着小板车将购买的化肥拉回家。一块块葱绿的秧苗，正在苗壮生长；身边齐胸的麦子，穗大籽饱，随风掀起滚滚的麦浪，好像是在欢迎万里的到来；天上布谷鸟叫个不停，地上的虫鸣蛙鼓，仿佛是在预祝麦子的丰收而演奏一幕幕美妙动人的大合唱。农村的这一派勃勃生机，万里看在眼里，喜在眉梢。远处有位放牛的老人坐在田埂上抽烟，他信步走了过去，与老人闲聊起来。"老人家，这样的麦子一亩能收多少？"老人回答说："四五百斤没有问题。""是不是公路边上好些，里面差呢？""不！越往里走，长得越好，好的能收六七百斤。"我们往前走了一两里路，看到的麦子一块比一块长得好，果然不出老人所说。

我们赶到公社时，已是10点多钟了。公社只有一两个看家的，他们找来公社党委书记王立恒、妇女主任张玉兰。万里问王立恒："搞包产到户，你可怕？""是有点……""不要怕，在你们公社搞包产到户试点，我是点过头的！"万里接着问："你到底怕什么？""怕'五统一'统一不起来。""搞错了，不要你负责！"万里果断地表态，转而提醒道："不过，集体经济不能瓦解！"王立恒说："这些问题。我们都有具体措施。"万里接着问道："可有争水、争肥、争耕牛和农具，吵闹打架、破坏公房的？""我们明确规定，不准侵犯集体利益！""这我就放心了！"万里还详细询问了社队干部的生活情况。王立恒介绍说，包产到户前，公社大部分干部负债累累，多的有1000多元。万里问，干部借这么多钱，用什么办法还呢？王立恒说，包产到户后，催耕催种的事情少了，干部家里都分了承包田，个人收入会不断增加，还钱是没有问题的。万里听后很高兴。

午饭后，万里到了馆西大队小井生产队。一听说来了万书记，乡村沸腾了！连外村在田里干活的社员都扔下农具赶来了。万里看到满屋子都是人，便开门见山地问道："这样干，你们有什么想法？随便提，随便问……"第一个发言的是小井生产队会计李祖忠："万书记，可允许

当时带头签订合同书、人称"包大胆"的小岗生产队 3 名队干部。

包产到户?""大胆干,省委支持你们。""我们有点怕!""怕什么?""怕变!""不会变!""'包产到户'比'大呼隆'好,多干几年就有吃的了!""那你们就多干几年嘛!""万书记,你能不能给我们个准话,到底能干几年?""不放心?"万里笑起来,"你们就这样干,包产到户,想干多少年就干多少年!不过仓库、牛棚要保护好,用水要有秩序,不能破坏集体经济!'包产到户'的目的是为了增产,让群众吃饱吃好!"

万里的山南之行,留下了深沉的嘱托和热望。1979 年,山南区夏粮获得了空前的大丰收,单夏季大小麦总产量就达 1005 万公斤,较之1978 年翻了两番。

在山南公社进行包产到户试验,万里十分关心。1979 年 12 月 13 日,他又一次来到了山南。在区委会议室,刚一坐下,便开门见山、单刀直入地把社会上提出的问题一齐端给区委书记汤茂林。下面是当时谈话的记录:

万：我这次来，想问你6个问题，请你回答。

汤：只管提，万书记，我知道多少讲多少。

万：部队的同志反映你们在山南区搞"包产到户"是"扰乱军心""毁我长城"，你怎么回答？

汤：这种担心是不必要的！我们山南区有现役军人14名，区委一一去信介绍家乡"包产到户"后获得大丰收的消息。同时告诉他们，家中有"责任田"的，照顾得很好，超奖减赔，工分照顾，分配兑现。一般困难户照顾1000工分，对军烈属每年另外照顾150到200元现金……

万：那你不是"扰乱军心""毁我长城"，而是巩固国防喽！

汤：是的！

万：我再问你第二个问题：合钢（合肥钢铁公司）工人不上班了，要求回家种地，你看怎么办？

汤：也不是这种情况！刘老家大队有一位工人家属叫熊祖华，一人带4个孩子，没搞"包产到户"以前每年收入150元左右。"包产到户"以后，基本口粮420斤，还超产1650斤，还养了1头重200多斤的大肥猪和7只鹅，过去每年都超支，今年生活有所缓和，没有超支……

万：那不是工人要回乡，而是双工资喽！

汤：对，相当于双工资！

万：我问你第三个问题：烈、军属和五保户、困难户没人管了，你看如何解决？

汤：不是没人管，而是比过去管得更好了！我们在金牛公社搞试点，五保户每年给口粮700斤、稻草1000斤、食油5斤，生活全包，还给50元现金零用，已在全区推广。至于烈、军属，比"大呼隆"时好多了，那时工值很低，每年不过25元，现在超过4—5倍。

万：我再问你第四个问题：破坏水利设施的，可有？

汤：过去在大集体时，争水争肥的现象也存在。"包产到户"后我们确实发现李桥大队有3户农民为争水打架，后来把水塘划开了，也就稳定了。关键是领导问题，大塘有专人统一调配、统一管理，水利设施完好……

万：我现在问你第五个问题：耕牛、农具，怎么保护好？

汤：牛、犁、耙统一折价落实到户保管，损失要赔。"大呼隆"的时候，说是生产队管，实际上没人管，各户负责比那时管理得好，责任心也强得多……

万：现在，我问你最后一个问题："包产到户"的穷队，今年能不能取得丰硕成果？

汤：能！

万：举个例子！

汤：馆东大队瓦屋生产队"包产到户"后，光生产队长王光柱一年就产粮 2 万多斤。

汤茂林的回答，把笼罩在万里心头的乌云冲个精光。"不虚此行，不虚此行！看来怕这怕那都是不必要的，也是可以解决的！"万里乐呵呵地站起来，一边说一边向门外走去。

七省座谈会上的争论

1979 年 3 月 12 日至 24 日，国家农委在北京召开了有广东、湖南、四川、江苏、安徽、河北、吉林七省农村工作部门负责人和安徽全椒、广东博罗、四川广汉三个县委负责同志参加的农村工作问题座谈会。我和王杰参加了会议。在会上，我就三中全会两个文件、省委关于农村政策六条规定的贯彻落实情况以及农业推行联系产量责任制的情况作了详细汇报，整整讲了一天。

这次座谈会，围绕包产到户问题，争论是很激烈的，有的同志还动了肝火。有的同志说，包产到户即使还承认集体对生产资料的所有权，承认集体统一核算和分配的必要性，但在否定统一经营这一点上，本质上和分田单干没有多少差别。我们不同意这一说法，认为包产到户只要坚持生产资料公有制和按劳分配原则，它就与分田单干有了本质上的区别。

国家农委为座谈会起草了会议纪要草稿。关于责任制部分，我提出了不同意见，杜润生要我按照我们的观点另外起草一个稿子，准备向华国锋汇报。3月20日下午3时，华国锋接见了会议代表。开始由杜润生汇报会议情况，接着由李友九宣读会议纪要草稿，我也宣读了我们起草的稿子。我们的稿子主要观点是，包产到户应当看成是责任制的一种形式，各种责任制都应当允许试行，在实践中由群众加以鉴别和选择。会议纪要两个稿子念完后，华国锋要王任重打电话找万里，问一问安徽的情况。结果电话在盛山县找到了万里。王任重说："安徽参加座谈会的同志所谈的情况，省委是否知道？"万里回答说："周曰礼是省委派去参加会议的，他的意见完全可以代表省委的意见。"万里还详细介绍了对待农村各种形式责任制省委所采取的对策。王任重说："那好吧，你们就按省委的部署干吧。"（这段话是我回合肥后万里主动对我说的。）

在接见的过程中，华国锋对纪要的两个稿子始终没有直接表态，他反复谈道："就全国大多数地方来说，都要强调建立责任制。我在湖南也研究过，一个二三十户的队，如果各方面的生产内容都到组不行。双抢时，就要组织个打禾桶，一个桶要四个人，大的丘要三四个禾桶，一个四五亩的大丘，就要几个禾桶，他要抢季节，只有十几天时间，熟一片就割一片，犁田的跟上就犁，那里犁过了，就要插秧，非组织起来、分工协作不行。晒谷的一般是妇女，犁田多是男的，大人、妇女、小孩要组织好，分工就能互相促进，全部分到小组就成了问题。"他还认为，"评工记分，按工分分配，工分也是联系产量的。"

接见到晚上9点半结束，共进行了6个半小时。

座谈会过程中还出现了一个插曲，即3月15日《人民日报》头版头条发表了张浩的题为《三级所有、队为基础应当稳定》的来信，并加上长篇编者按语。信中说："轻易从队为基础退回去，搞分田到组、包产到组，是脱离群众、是不得人心的。""会搞乱三级所有、队为基础的体制，搞乱干部、群众的思想，挫伤积极性，给生产造成危害，对搞农业机械化也是不利的。"大家看到了这一新闻，一致认为各地正在贯彻落实三中全会的两个文件，发表这样的来信是不适宜的，必然会在下面造成思想混乱，特别是国家农委正在召开座谈会期间，容易使下面误解为这次座谈会是纠偏的会议。当时，《人民日报》农村部主任李克林参加了会议，她答应向报社反映大家的意见。我考虑到当时安徽实行联系产量责任制的数量比较大，为了避免引起思想混乱，有必要对张浩的来信加以澄清。便打电话给在家的辛生、卢家丰两位同志，要他们立即赶到北京，采用来信对来信的办法写了一篇题为《正确看待联系产量的责任制》的来信。信中说："作业组仅仅是劳动管理组织的一种形式，无权决定生产计划和收益分配。超产奖励部分数量很少，不会构成一级核算，也不会改变三级所有、队为基础的体制。""作业组要联系产量计算报酬，就必然要分给一定的田块，确定一定的产量。联系产量就是定产，而定产必须按田块定，也可以叫包产，只是说法不同。""如果只划分作业组，只包工分，不划分田块。不定产量，联系产量计算报酬又从何做起呢。""包产到组和包工到组、联系产量计算报酬、实行超产奖励并没有什么本质的不同，它既没有改变所有制的性质，也不改变生产队基本核算单位，又不违背党的政策原则，为什么现在却把它当作'错误的做法'要坚决纠正呢……'四人帮'虽然被粉碎两年多了，但余毒未除，至今还禁锢着一些人的思想。有的明明是包产到组，却偏说是定产到组，好像'包'就是资本主义，一'包'就改变所有制性质，集体经济马上就要瓦解了，这种看法实在是站不住脚的。"这封来信，在我们的力争下，《人民日报》于3月30日在头版显著位置发表了。《人民日报》还写了长篇编者按，承认发表张浩的来信和编者按语，其中有些提法不够准确，今后应当注意改正。

至此，对张浩来信的争论告一段落，但其造成的后果是严重的。它造成了干部群众的思想混乱。有些群众说："张浩来信给我们泼了一瓢不算小的冷水，社员们鼓起来的干劲一下子给拔掉了气门嘴。"有人还写了一首打油诗，诗云：《人民日报》太荒唐，张浩不写好文章。一瓢冷水泼洛阳，混淆政策理不当。

1979年夏天，为消除张浩来信造成的干群思想混乱，中共安徽省委及时发出八条代电，要求各地不论实行什么责任制办法都要坚决稳定下来，不能变来变去，以便集中力量搞好春耕生产。全省绝大多数地方干部群众的情绪得到安定，但也有少数地方对省委的代电贯彻不力，措施不力，致使原来一些基层干部怕整、群众怕变的地方，思想更加动荡。突出的如霍邱县，全县7866个生产队实行联系产量责任制的有6325个队，占生产队总数的80%以上。由于张浩来信的影响，在很短的时间内，退回去1748人，占实行联产责任制生产队总数的27.6%。该县长集区五四公社包产到组的145个队，一次就退回去101个队，粮食比1978年减产700万斤。西桌公社北庄生产队原来是个先进队，水利、土质、条件都比较好，实行包产到组后，群众的积极性比以前更高，生产搞得比以前更好。后来否定联产责任制的冷风一刮，包产到组改回去了，人心散了，干活出勤少了，工效低了，生产无人指挥，上工无人记工分，生产受到很大破坏，粮食比1978年减产10多万斤。由于联产责任制摇摆不定，1979年全县粮食总产73500万斤，比1978年减产16000多万斤。

经过各级党委的细致工作，虽然干群情绪很快安定下来，但是，张浩来信造成的余悸未消，怕变心理犹存，凤阳、肥西就是两个突出的例子。凤阳当时全县有0.8%的生产队实行包干到组。按照万里指示，我于7月初专程来到凤阳，用了半个多月时间，走访了20多个公社，以县委名义写出了关于"农业经济管理的一项重大改革"的调查报告，县委常委经过激烈争论后，很快上报省委。不久，《安徽日报》在头版头条位置全文发表。这对进一步安定干群情绪是起了积极作用的。此后，凤阳全县农村要求将包干到组变为包干到户。县委却提出"一定要把包干到组稳住"，并以区为单位，举办党员干部训练班，宣布党员搞包干到户的开除党籍，公社书记搞包干到户的撤职。

7月，肥西县刮起了一股强行扭转包产到户的歪风。副书记、县长张文题对包产到户一直心有疑虑，害怕犯方向性错误，对省委在山南搞包产到户试验一直持有不同意见，他屈服于压力，不顾全县有 50% 包产到户的生产队，操纵县委常委会于 7月 16日发出第 46号文件，明确规定："不许划小核算单位，不许分田单干，不许包产到户。""要把包产到户的重新组织起来。"县委召开了县、区、社三级干部会，要求各级干部以党籍作保证，立即纠正包产到户，还强令山南区委举办干部学习班，限期纠正包产到户。于是，带头搞责任制的干部受到批判，官亭区一个公社党委书记被宣布停职反省。

县委的倒行逆施不得人心。有的抗争，有的罢耕罢种，全县农业生产急剧下降。有的群众责问县委："难道增产粮食犯法？难道农民就活该吃不饱饭？"有的责问："山南包产到户是省委同意了的，你县委为什么要纠正？你县委不听省委的，我们就不听你县委的。"一些基层干部纷纷到合肥向省委告状。

万里知道肥西的情况后，于 8月 3日召开省委常委会议，专门讨论农业问题。对肥西的情况，万里生气地说："山南包产到户试验是省委决定的，如果有什么错误，应由省委首先是我来承担。肥西县委强制收回包产田是错误的。要告诉他们，已经实行包产到户的地方，不要强行硬扭，不要跟群众闹对立，不要违背群众意愿，不要挫伤群众生产积极性。包产到户到底对不对？至少要让群众到秋后吧，要让实践来检验。"会议提出，由王光宇和我前往肥西，做好县委工作。

8月 5日，王光宇和我专程来到肥西，立即召开县委常委会议，传达了万里的意见。县委常委纷纷表态，一致表示要坚决按照万里的意见办。县委于 8月 8日下发第 50号文件，提出"生产责任制的形式，应该允许多种多样，不能只实行一种办法，不可以强求整齐划一，搞一刀切。"从此，县委同社队干部和农民群众的对立情绪缓和下来了。

按照原来的部署，1980年 2月 2日至 11日，省委召开了有地方县委书记参加的全省农业会议。会议开始时，万里没有作长篇讲话，只是交代了"这次会议的任务，是解决各级领导干部对各种形式生产责任制的认识问题。省委为会议准备了一个总结草稿，希望到会同志发扬民主，敞开思想，集思广益，把文件修改好。"对总结草稿，赞成的、反对的都大有人在。反对者认为："总结草稿是复辟宣言书，要查查是几个什么人起草的。"有的甚至提出"要改组大会秘书组"，可见会议争论的激烈程度。经过几上几下，反复修改，在取得一致意见的情况下，万里在会上作了总结讲话。他说，我们提出在坚持生产资料公有制和按劳分配原则的前提下，不论是哪一种形式的责任制，只要有利于充分调动群众的生产积极性，有利于发展生产，符合群众意愿，得到群众的拥护，就应当允许试行。对包产到户"是不是联系产量责任制的形式之一，同志们的看法有分歧。有些同志承认这种形式对改变长期低产落后的生产队效果显著，但又担心这样做违背中央的决定。其实，这样做正是实事求是地执行中央的决定，和中央决定的基本精神是一致的"。万里强调说："目前，我们干部的思想决不是解放得过了头，而是解放得还不够。我们一项重大的任务是继续肃清'左'的流毒，坚持四项基本原则，排除'左'的和右的干扰，进一步解放思想。"

万里的讲话，对于解除干部的思想顾虑、统一思想认识、推动包产到户的普及和发展，起了极其重要的作用。安徽农村包产到户的生产队占总数的比例：1979年年底占10%，1980年年底占66.88%，1982年上半年占98.8%。

全国农村人民公社经营管理会议上的分歧

1980年1月11日至2月2日，国家农委在北京召开了全国农村人民公社经营管理会议。我和张秀岗、鲁受教及滁县地委陆子修参加了会议。会议开始后，杜润生指定要我在大会上发言。我于1月14日下午在全体大会上作了题为《联系产量责任制的强大生命力》的发言，讲了两个半小时。发言的主要内容是：

"1979 年年底，安徽农村共有生产队 379855 个，实行定额记工和按时记工加评议办法的有 145895 个，占生产队总数的 38.4%；实行联系产量责任制的有 232184 个，占 61%。其中实行包产到组、大包干到组办法的有 194288 个，占生产队总数的 51%；包产到户的有 37896 个，占 10%。经过一年的实践看，各种责任制都有增产效果，但联系产量责任制的增产效果更明显。

"据 9 个地区 20 个县 154 个生产队年终分配试点统计，全年集体粮食总产比去年增长 26.8%，其中联系产量责任制的 93 个队，比去年平均增长 44.1%，没有实行联系产量责任制的 61 个队，只比上年增长 4.8%。

"联系产量责任制，在比较后进地区增产效果特别显著，全省著名的三大后进片（淮北的泗县、五河、灵璧、固镇，江淮丘陵地区的定远、凤阳、嘉山，江南的宣城、郎溪、广德）共 10 个县，去年有 58.4% 的生产队实行联系产量责任制，粮食比 1978 年增长 33.9%，油料增长 59%。

"在生产长期落后、群众生活极为困难的地方，包产到户的效果比包产到组又更为显著。肥西县山南区是个生产条件比较差的后进区，1978 年秋种时，因为大旱，麦子种不下去，全区有 77.3% 的生产队采用包产到户办法，不仅种麦进度快，种得多，面积扩大一倍，而且质量好。1979 年粮食总产量比 1978 年增长 31%，粮食征购超过任务的 66%，集体积累 50 万元（1978 年集体未留积累），社员人均分配收入 99 元，比 1978 年增加 27 元。

"凤阳县梨园公社小岗生产队，初级社时有 34 户 175 人，30 犋牲口，1100 亩耕地，常年产量 18 万斤左右，人均 1000 多斤。高级社以后，产量连年下降。1960 年，只有 10 户 39 人，一犋半牛。'文化大革命' 十年，产量只有两三万斤，人均口粮一两百斤。1976 年，县、区、社三级党委下决心改变这个队的面貌。一个 19 户 110 多人的生产队，派工作队 18 人进驻。公社人保组长在社员会上说，你们外流成了习惯，资本主义道路走不通了。今天，我们左手拿着社会主义鞭子，右手拿着无产阶级专政的刀子，牵着你们的鼻子，非要把你们赶到社会主义金光大道上来。一个工作队员看一户，一起劳动，干了一年，国家还有支援，收粮35000斤，人均口粮230斤，人均分配收入32元。工作队走后，社员又外出'查户口''数门头'（指讨饭）去了。去年搞了包产到户，收粮132300多斤，向国家交售粮食3万斤，第一次还贷800元，人均口粮800斤，人均分配收入200多元。"

因此，"在一部分后进地区，干部群众迫切要求实行包产到户办法。安徽全省生产长期上不去的后进队，大约占生产队总数的25%。这些地方突出的矛盾是穷，生产队家底空，连简单再生产也维持不了。在这些穷队中，如果还清了国家的贷款和投资，生产队则会成为一无所有的空壳，甚至有30%的队，即使把全部资产，包括耕牛、土地、房屋全部卖了也还不清国家的债。有人说，搞包产到户，会削弱集体经济，实际上，在这些穷队中有什么值得削弱的呢？过去，各级党委对这些穷队采用了很多办法，花了很大的精力、财力和物力，都没有改变面貌，实行包产到户办法，仅仅经过一年的时间，就出现了一大批一年翻身、一季翻身的单位，这有什么不好呢？在生产队统一领导下的包产到户，应当看成是责任制的一种形式，因为它没有改变所有制性质和按劳分配的原则，不能同分田单干混为一谈。一般地说，在后进地方，群众没有亲身体会到社会主义的优越性，他们看到的只是极左路线给他们带来的苦难。在党中央提出要加快发展农业的号召时，这些地方的群众对生产队集体生产没有信心，希望用包产到户办法多收粮食，为四化多作贡献，这本身就是社会主义积极性高涨的表现，也是生产责任心加强的反映。这种包产到户形式的出现，正是极左路线逼出来的，是对极左路线的反动。"

一石激起千层浪。大会发言后分组讨论，大家的分歧很大，尤其是华东组争论极为激烈，一些新闻单位和经济研究部门的同志都纷纷前来旁听。争论的焦点是包产到户是姓"社"还是姓"资"的问题。有的同志说，联系产量责任制是半社会主义性质的，包产到户实质上是分田单干，它与社会主义就沾不上边了，是资本主义性质的。有的说，如果放任自流，让包产到户滑下去，人心一散，各奔前程，农村的社会主义阵地就被破坏了。有的说，我们已经有 20 多年合作化的历史，已经有了一定的公共财产，一无所有的队不多了，治穷的办法很多，不一定非要包产到户。上海的同志态度比较缓和一些，他们说，上海的情况与其他省不一样，上海不搞包产到户（实际上，上海郊区两年后也搞了清一色的包产到户）。

1 月 31 日下午 3 时半，会议向中央政治局汇报情况，参加听取汇报的有华国锋、邓小平、李先念、胡耀邦、余秋里、王任重、姚依林等，各省、自治区、市农委的负责人也参加了汇报会。

会上，杜润生汇报会议情况后，华国锋讲了话。关于生产责任制问题，他除了重复提到 1979 年 7 省座谈会的观点外，特别强调："责任制和包产到户单干不要混同起来"，"包产到户老的弱的也分了一份，有困难；妇女、职工家属不能发挥他们的才能。"至于已经搞了的，"他们已经搞了一年，要认真总结经验，提高群众觉悟，逐步引导他们组织起来。"

最后，邓小平讲了话。他说，对于包产到户这样的大问题，事先没有通气，思想毫无准备，不好回答。他讲一个问题，就是本世纪末达到小康目标，每人收入 1000 美元。他说："这是个战略思想，定出这个目标是不容易的。我们要按照 1000 美元这个目标，考虑我国经济发展的速度，考虑农村经济的发展。现在不定出规划，不确定目标，四个现代化是没有希望的。"

我们回到安徽后，及时向万里汇报了会议情况，并请示如何贯彻的问题。万里考虑到省委农业会议刚刚结束，下边正在传达会议精神，为了稳定人心，发展大好形势，避免不必要的思想混乱，决定全国农村人民公社经营管理会议精神不予贯彻。

1980 年的人为折腾

1980 年 3 月，万里离开安徽后，在省委个别领导人的挑动下，围绕包产到户问题，在全省范围内又出现了一次不该发生的争论。争论的焦点仍然是，包产到户是姓"社"还是姓"资"。由于这次争论是从上面挑起来的，因而迎合了下边某些干部的"左"倾思想，他们对群众要求实行包产到户的愿望多方加以压制，在不少地方出现了干部与群众顶牛的严重情况。对包产到户不认识、不理解的言论主要有：

"包产到户的关键是分而不是包，是分田单干，不仅退到了资本主义，而且退到了封建主义，倒退了几千年。"

"包产到户是生产关系的倒退，辛辛苦苦几十年，一夜退到解放前。"

"看产量喜人，看方向愁人。农民只顾眼前利益，要求包产到户是农民自私落后心理的表现。支持包产到户就是迁就农民落后意识。"

"包产到户是一些文人舞文弄墨、强词夺理吹起来的，他们冒充革命，冒充马列主义，欺骗了不懂理论的农民。他们是代表富裕农民的利益，是被列宁批倒了的第二国际提出的'工团福利主义'。"

"我们宁愿迟发财，也不能摔跤子。"

在我们党内，对某些问题出现分歧和争论，这本来是正常现象。但是，有些人在错误思想支配下，对工作实行错误指导，提出"要坚决刹车"，"对越轨的，必要时要采取行政手段"，要以"破坏三个秩序论处"。这种违背党的十一届三中全会思想路线和农民意愿的错误做法，不仅在干部群众中造成极大的思想混乱，而且给工作带来了恶劣影响。在这种情况下，有些原来反对包产到户的干部甚嚣尘上；有些原来积极推行包产到户的干部产生了更大的疑虑和动摇。不少地方出现了干部与群众严重对立，许多积极推行包产到户的党员干部和群众，包括一些县委的主要领导人，有的要调离、有的被批判、有的被停职、有的被拘留。群众不满地说:"中央三句话(指可以按定额记工分,可以按时记工分加评议,也可以在生产队统一核算和分配的前提下,包工到作业组,联系产量计算劳动报酬,实行超产奖励),省里在打岔,县里在打坝,公社干部害怕,大队干部挨骂,群众急得发炸。"

这种人为的折腾,庐江县就是一个突出的代表。这个县县委主要领导人在四级干部会上宣称:"庐江县要搞包产到户,除非我县委书记不干,或者把我撤掉。""谁搞包产到户,就以破坏生产论处,逮捕他。""有人捣蛋搞单干,今后县党代表大会不选他。"并且自封庐江是"坚持马列主义的县",要用马列主义与推行包产到户的所谓"修正主义县"开展比赛,要在大灾之年见高低。在他的影响下,全县强迫命令事件到处发生。对要求包产到户的群众,一些公社、大队干部声色俱厉地说:"你们要搞包产到户,可以搬到别的地方去搞,我们这里不能搞。"南闸公社姚湾大队批斗了社员王同明;杨柳公社逮捕了杭头大队社员张开香、张世彩、黄安珍,关在县公安局多达15天之久。这个县迎松公社申山大队十二担生产队农民朱正启,于1979年秋天到肥西县走亲戚回家后,约了5户农民把包产到组改为包产到户,夏季和早稻获得空前大丰收。朱正启在"大呼隆"时期,最好年景全家只能分得2900斤粮食,搞了大半年的包产到户,麦子收了400斤,早稻收了3200斤。这样的大好事没有得到支持和鼓励,反而在庐江县引起了一场轩然大波。当时,县委主要领导人认为,朱正启的行动"越了轨",迎松公社人均一亩耕地,亩产千斤,不能搞单干(指包产到户),任其发展,就要乱全县的套,后患无穷。于是,一方面抽调7名干部组成专案调查组到十二担生产队搜集整理朱正启搞"单干"的罪证材料,准备逮捕(后因公安局长认为罪证不足才未能办成);一方面发动(实际上强迫)全大队群众对朱正启开展多次批判斗争,还指派大队民兵营长、治保主任和一名大队党支委坐镇十二担生产队,不准朱正启等5户到承包田干活,一直折腾了两个多月,致使这5户农民的晚稻生产遭受严重损失。对于县委的错误领导,群众软拖硬抗,在秋收大忙季节,不少地方出现了罢种罢收，使已经成熟的水稻不能及时收割，成片发芽霉烂，造成全年粮食减产3亿多斤，不仅征购任务完不成，不少农民吃返销粮，有的农民外出逃荒，有的地方还发生浮肿病。到了这样困难的地步，县委领导仍然在会议室里为推行何种责任制争论不休。这样的县委在群众心目中已经完全失去了信任，群众干脆撇开县委，自发地在全县搞开了包产到户。不少地方提出："不管你金钟和银钟（指县委领导人），团结起来向前冲。"对于这样的县委领导人，不但没有被追究领导责任，反而提升为行署副专员。这种是非不分、不讲原则的做法，群众反感地说："我讨我的饭，你提你的干，你提干不影响我讨饭，我讨饭也不影响你提干。"

1980年，安徽全年粮食减产31亿斤，主要是在包产到户动荡不定的几个地区。相反，在包产到户比较稳定的地方，几乎处处增产。如被人称为修正主义的肥西县，与庐江县边连边、地连地，在同等自然条件、同等灾害的条件下，粮食总产量比1979年增产2000多万斤。长丰县99.5%的生产队搞了包产到户，这一年全县水灾之严重仅次于1954年，受涝农田50多万亩，有12万亩绝收，但广大农民奋起抗灾，大灾之年空前增产，全县粮食总产量比1979年增长41.2%。桐城县石南公社三岔路生产队是当时全县唯一搞了包产到户的队，这一年全县普遍减产，而这个队群众生产积极性高涨，在阴雨连绵的恶劣气候下，社员们千方百计抢时收割，想方设法把稻子弄干，粮食增产30%，而与三岔路生产队同一个村庄、同一个水系、田地土质相同的邻队坚持"大呼隆"，粮食减产40%。

在严酷的事实面前，特别是邓小平关于农村经济政策问题的指示高度赞扬了安徽的包产到户，他说："农村政策放宽以后，一些适宜搞包产到户的地方搞了包产到户，效果很好，变化很快。安徽肥西县绝大多数生产队搞了包产到户，增产幅度很大。'凤阳花鼓'中唱的那个凤阳县，绝大多数生产队搞了大包干，也是一年翻身，改变面貌。有的同志担心这样搞会不会影响集体经济。我看这种担心是不必要的。"许多干部迅速觉醒，纷纷深入基层，积极带领群众研究措施，推行多数群众同意的生产责任制，使安徽农村改革大大向前推进了一步。

滁县地区的天长县是个经济水平比较好的县。这个县地处高邮湖畔，自然条件较好，科学种田水平较高，农业生产发展较快，农民生活比较富裕。在1980年1月省委农业会议期间，参加会议的县委书记曾向万里请示：根据天长县的生产情况，县委决定不搞包产到户。万里点头表示同意。但县委没有故步自封、夜郎自大。他们看到群众要求包产到户的呼声很高、很普遍，为了尊重群众意见，县委先后3次组织100多名科局长以上干部深入基层进行调查。调查结果使他们清楚地看到，包产到户早搞早增产，迟搞迟增产，不搞不增产。于是，县委下了决心，领导群众普遍实行包产到户。1981年，全县粮食总产量达到78700万斤，比1980年增长34.8%，一年增长的速度等于1957年至1976年20年增产的总和，提前4年实现了原定1985年粮食总产量7亿斤的规划。皮棉总产77726担，比1980年增长1.49倍。油料总产3969多万担，比1980年增长1.56倍。这一年，全县入库粮食3.1亿斤，是统购任务的3.44倍；入库油脂941万多斤，是统购任务的7.49倍；入库皮棉72271担，商品率达92.9%。全县人均分配收入220.4元，比上年增加122.54元，增长1.25倍，加上家庭副业收入，全县人均收入达到307.4元。县委总结了包产到户的巨大变化，归结为"十个没有想到"：

一是没有想到包产到户以后，农民劳动生产率这样高；

二是没有想到生产能够这样大幅度增长；

三是没有想到农民富得这样快；

四是没有想到比较富裕的地区实行包产到户后，生产比过去发展得更快，富得更快；

五是没有想到农村的"科学热"这么高；

六是没有想到农业机械化不仅没有受到影响，相反地，发展得更快，经济效益更高；

七是没有想到包产到户以后，农民搞农田基本建设的积极性这样高；

八是没有想到包产到户以后，农民互助协作精神这样好；

九是没有想到包产到户以后，农民爱国家、爱集体的精神这样好；

十是没有想到党群关系、干群关系这样快地显著改善。

芜湖地区宣城县是个有名的鱼米之乡，后来变成了有名的后进县。1979 年 12 月前后，有些地方推行了包产到户办法。群众要搞，基层干部不同意搞，县委也不同意搞，并且派人前去纠正，开了党员会和干部会，在大军压境的情况下，群众表示同意纠正，但派去的人一走又恢复了。在早稻征购入库时，这些地方进度最快。县委书记朱景本亲自前去察看，他看到庄稼生长情况和社员干劲，当即宣布同意他们搞包产到户。他经过细致了解，进一步看到包产到组克服了"大呼隆"，激发了积极性，比原来的定额记工大大前进了一步。但通过一段实践后，群众的积极性仍不能持久，因为作业组由"大呼隆"变成了"小呼隆"，关系到群众切身利益的根本问题并没有解决：一是按劳分配不能体现；二是经营管理水平跟不上；三是队长难当，非生产性开支增大。经过比较，他认为最放心、最实在、最能调动积极性的还是包产到户。县委常委经过充分讨论，统一了认识，首先带头闯入"危险区"，组织大队书记到包产到户搞得好的地方进行实地调查，让实践回答问题，并且在公社书记会议上明确表态，只要把住生产资料公有制和按劳分配两条原则，群众要求而又能增产的就是好办法，就可以实行。如有问题，要追查责任，由县委负责，首先由一把手负责。这样一表态，社、队书记胆子壮了，群众更加安心了，于是在全县迅速推行了包产到户办法，由隐蔽到公开，逐步发展起来。对于这样一位群众拥护的县委书记，省委个别领导人不感兴趣，提出要调动他的工作，遭到普遍的反对。

经过一年的实践，原来积极领导群众推行联产责任制的干部纷纷畅谈感想，畅谈体会，思想认识又有了新的飞跃。原固镇县委书记陈复东说："一年来，我们联系生产实际开展三次真理标准的讨论，使我们体会到发展农业生产的过程，在一定意义上讲，也是思想不断解放的过程。目前，农业生产同其他领域一样还存在一些禁区，需要大胆实践，勇于冲破。同时，在新形势面前，我们又遇到许多新问题，要探索、要解决。思想不解放，在禁区面前就会束手无策，在新问题面前就会无所作为。解放思想也不是一次能够完成的，我们在领导农业生产中，觉得当时思想解放了，过一段时间思想又守旧了，在这个问题上思想解放了，在另一个问题上思想又跟不上了，这就需要不断地学习，不断地实践，认真了解新情况，研究新问题。"

原颍上县委书记刘耀华说："我们能够经受压力和考验。坚持实践不动摇，最根本的原因是紧紧和群众站在一起，是广大群众给了我们勇气和力量。30多年的经验教训告诉我们，农民有了积极性，农业的发展才有希望。我们在深入农村调查的过程中，发现对联产责任制说长道短的多半是一些干部，什么'划小了''倒退了''不好开会了'等等，农民却始终满腔热情，信心百倍。他们说：'像这样干个三五年，保险叫国家盖仓房，社员就会有余粮，存银行，住瓦房。'张浩来信一出来，我们立即到农民中征求意见。我们问农民怕不怕，他们立即问我们怕不怕。他们说：'干部怕错，社员怕饿。只要能多打粮食，我们不管他张浩、李浩！'有些社员担心县委顶不住，鼓励我们说：'只要县委不变，俺们累死也情愿。'农民没有'铁饭碗'，他们的衣食温饱直接和农业生产好坏联系在一起，他们比任何人更关心农业的发展。支持农民的正当要求，尊重农民的选择和创造，保护农民的积极性，一切从有利于发展农业生产出发，各种责难都要由农民的实践作回答，这就是我们敢于坚持联系产量责任制不动摇的根本所在。"

（选自鲁林、王刚、金宝辰主编：《红色记忆——中国共产党历史口述实录（1978—2001）》，济南出版社2002年版。）

经济特区的创立

导　读

1979 年 1 月，袁庚在中央的支持下，在蛇口划了 2.13 平方公里的土地，实行特殊的经济政策。从此，"蛇口"这个名字为人们所耳熟能详，蛇口开拓创新的故事广为流传，"时间就是金钱，效率就是生命"的口号响彻神州大地。

就在袁庚不知不觉间创造了历史之时，更多的时代精英与他"英雄所见略同"。

也是在 1979 年 1 月，习仲勋主持召开广东省委扩大会议，传达党的十一届三中全会精神。会后省委领导分头下去调查研究，省委常委吴南生在汕头调研时萌生了设立出口加工区的念头。3 月 3 日，吴南生正式向广东省委提出了这个大胆的想法，希望能在汕头划出一块地方搞试验。

1979 年 4 月，习仲勋、杨尚昆赴北京参加中央工作会议，向中央表达了希望让广东在对外开放中先行一步的想法，提出在邻近香港、澳门的深圳、珠海以及汕头兴办出口加工区。在这次会议上，福建也提出了在厦门设立出口加工区的想法。

针对广东领导人的建议，邓小平明确表示赞同并提议叫"特区"："还是叫特区好，陕甘宁开始就叫特区嘛！中央没有钱，可以给些政策，你们自己去搞，杀出一条血路来。"

1980 年 5 月，国务院文件正式将"特区"这一新生事物命名为"经济特区"。8月，全国人大常委会五届十五次会议正式批准成立深圳、珠海、汕头、厦门四个经济特区。

"经济特区"的建立对当时中国人民的震撼是无与伦比的，也给中央决策层留下了深刻的印象。经济特区不仅是中国大陆对外开放的"窗口"，而且是勇于尝试各种创新措施的改革试验田。

1987年，邓小平豪迈地告诉外宾："现在我可以放胆地说，我们建立经济特区的决定不仅是正确的，而且是成功的。所有的怀疑都可以消除了。"

1988年4月13日，七届人大一次会议通过海南建省和建立海南岛经济特区的议案，由曾任深圳市主要领导的梁湘出任省委书记。至此，五个经济特区全部成立，揭开了中国对外开放的新篇章。

"经济特区"以减免关税等优惠措施为手段，通过创造良好的投资环境、鼓励外商投资、引进先进技术和科学管理方法，以达促进经济特区所在国经济技术发展的目的。经济特区实行特殊的经济政策，灵活的经济措施和特殊的经济管理体制，并坚持以外向型经济为发展目标。

建立"经济特区"的重大意义在于：1. 可以利用外资引进技术，提高产品质量，增强产品竞争力；2. 可以利用外商销售渠道，适应国际市场需要和惯例，从而扩大出口，增加外汇收入；3. 有利于引进先进技术，了解世界经济信息；4. 有利于学习现代经营管理经验，培训管理人才；5. 可以扩大我们走向世界的通道，开辟世界了解我国改革开放政策的窗口。

作者简介

吴南生，1922年生，广东汕头人。1937年加入中国共产党。解放后，历任南昌市副市长，中共汕头市委副书记，海南行政区党委副书记，中共中央华南分局宣传部副部长，中共广东省委宣传部部长，中共中央中南局副秘书长、农业办公室主任，中共河南省委调研室主任。1975年后，任中共广东省委常委、省委书记。1979年年初，负责筹办广东省三个经济特区，兼任省特区管理委员会主任，同时兼任中共深圳市委第一书记、深圳市市长。

时为中共广东省委书记。

先走一步就是主动

1978 年 12 月，党的十一届三中全会召开，会议作出了把全党工作重点转移到社会主义现代化建设上来的战略决策。1979 年 1 月 8 日至 25 日，中共广东省委召开四届二次常委扩大会议，传达贯彻十一届三中全会精神。会后，省委决定，省委书记们分别带领工作组赴省内各地传达三中全会精神，并开展调查研究工作。

1979 年 1 月底，我带领省委工作组到汕头市。汕头是我从小成长和参加革命的地方，但从 1962 年以后，已经 16 年没有回去过了，当时我已调到中南局工作，再不久，"文化大革命"爆发了。

我们这次到汕头，看到汕头一片凄凉的景象，满街满巷都是人，到处是用竹子搭建的房子。很多由于"备战"随工厂迁移内地的汕头人和上山下乡知青从江西、海南等地回来，没有地方住，只能住在临时搭建的竹棚里，人们故意把这些"棚寮"叫作"海南新村"。城市公共设施很差，经常停电，晚上一片漆黑。因为缺水，环卫工人也无法工作，造成马路污水横流，大家都把粪便往马路上倒。

我这次到汕头时间比较长，先后参加了汕头地委常委扩大会议，各县、市三级干部扩大会议，对汕头当时的落后状况有了较深的了解，也同许多同志反复探讨了发展汕头经济的路子。这段时间，海外和港澳也有些实业家和熟人回来，我与他们交谈，讨论有什么比较快的办法可以改变汕头的落后状况。我在 20 世纪 50 年代曾分管过香港的部分工作，在香港的熟人比较多。因此，我知道许多有关香港、台湾和国外经济发展的情况。这段时间，几乎日夜都在探讨发展经济的问题，许多同志、朋友对此提出了不少宝贵的意见。

1980 年 8 月，五届全国人大常委会第十五次会议批准《广东省经济特区条例》，完成了设置特区的立法程序。图为中国第一个经济特区——深圳在建设中。

2 月 21 日，我在汕头向省委发了一封电报，指出了当时汕头存在的突出问题，提出了"只要认真落实政策，调动内外积极因素，同时打破条条框框，下放一些权力，让他们放手大干，这个地区生产形势、生活困难、各方面工作长期被动的局面，三五年内就可以从根本上扭转"。报告中说，"我们已拟定一个初步意见，待报省委研究"。2 月 28 日下午，我回到广州。晚上，习仲勋同志到我家中，我们两人谈了很久。3 月 3 日，省委常委会议开始。

在省委常委会议上，我把我的想法说了。我提出，广东可考虑按照三中全会精神，解放思想，对外开放，先走一步，划出一块地方，运用比较特殊的政策，引进外资，试验改革。我说，我是喜欢下棋的，先走一步就是主动。我提议在汕头先搞试验：因为：第一，汕头的对外贸易比较发达，每年有 1 亿美元的外汇收入，搞对外经济活动比较有经验；

第二，潮汕地区海外华侨众多，我国海外的华侨、华人中，汕头人占了差不多三分之一；第三，汕头地处粤东，万一有什么差错，失败了，也不会影响太大。如果省委同意，我愿意到汕头去搞试验。当时，常委们都表示赞成，省委在这个问题上意见是一致的。省委第一书记习仲勋立即表态：要搞，全省都搞。他说，先起草意见，4月中央工作会议时，我带去北京。会后，我和仲勋同志去看望正在广州的叶剑英同志，向他汇报了我们的设想。叶帅非常高兴，说：你们要快些向邓小平同志汇报。

小平同志定下了"特区"这个名称

1979年4月1日、2日，由杨尚昆同志主持，常委会议同意了向中央提出要求允许广东"先走一步"的意见。里面有个重点，就是要办一个工业区，但名称当时还定不下来：叫"出口加工区"，会与台湾的名称一样；叫"自由贸易区"，又怕被认为是搞资本主义；叫"贸易出口区"，那又不像，只好勉强先安个名字，叫"贸易合作区"。

习仲勋同志于4月3日去北京，很快向邓小平同志做了汇报。邓小平同志有三句很著名的话："就叫特区嘛，陕甘宁就是特区。中央没有钱，你们自己搞。要杀出一条血路来！"这三句话，邓小平同志是先后分开讲的，不是一口气讲下来，其中"要杀出一条血路来"，在不同会议或谈话中多次讲过。后来，我根据省委会议的记录和我自己的记录，1984年在中南海召开全国沿海开放城市会议上发言讲到经济特区的由来时，引用了邓小平同志这三句话，然后《瞭望》杂志正式发表了。

邓小平同志定下了"特区"这个名称，于是"贸易合作区"就改称为"出口特区"。1979年4月中央工作会议文件正式提出"试办出口特区"。这是最早在中央文件上出现"特区"这个词。当时文件中列出"试办"的特区中，除广东的深圳、珠海、汕头和福建的厦门外，还有上海的崇明岛。

广东先行一步

1979 年 4 月，中央工作会议还决定，由谷牧同志代表党中央、国务院主持起草有关广东、福建两省在对外经济活动中实行特殊政策和灵活措施的报告。谷牧同志很快就到广东来考察，5 月 14 日、20 日同省委、省政府负责同志座谈。他说："中央决定广东先走一步，搞快一点，是完全正确的。广东也完全有这个条件。"他又说："我们想通过广东吸取经验，解决全国的问题，来考虑全国的体制改革。"

1979 年 6 月 6 日，省委正式向中央报告。报告说："最近，谷牧同志带领的工作组同我们一起，研究了如何让广东先走一步，改革经济管理体制……加快国民经济发展的问题。现将共同商量的意见报告如下……"报告中提出，"在深圳、珠海和汕头三市试办出口特区。"中央批示是："可先在深圳、珠海两市试办，待取得经验后，再考虑在汕头、厦门设置的问题。"

1979 年 9 月 22 日，谷牧同志再来广东，同广东省委负责同志座谈时再次强调："中央就是要广东先行一步，要广东大搞，小脚女人小步走就起不了这个作用。"又特别强调说，"办特区，就看你们广东了，你们要有点孙悟空那样大闹天宫的精神。"习仲勋同志当场就说："南生，你去当中国的孙悟空吧。"

1979 年整年都是为办特区做准备工作，一方面是搞调查研究，开了很多次会议，在广州开的也有、在汕头开的也有，请海内外人士来座谈；另一方面是研究世界各国和台湾地区有关自由贸易区、出口加工区和香港、澳门的材料，用以借鉴来起草特区的条例、考虑设置特区的方案。因为海外的人士反映：你们办特区，没有法律可依，投资者不敢来投资。这时，我们已深深意识到，没有相应的法律，改革开放将会寸步难行。对于我们这些"冒险家"来说，杀了头还找不到可以抗辩或是"平反"的根据。因此，我们决定要搞一个总的法规，叫《特区条例》。同时起草一些最基本的法律，如海关法、投资法、土地管理法、治安保护法等。谷牧同志也一再告诉省委要重视这件事。于是，我们集中精力起草《特区条例》，先后修改了 13 次。另外，还搞了海关法等 8 个单项法。《特区条例》原来准备在省人大通过后公布，后来许多同志、朋友认为在省人大通过后还应当经全国人大审定批准才好。当时，叶帅是全国人大委员长。我向叶帅汇报，叶帅非常支持。他回北京后不久，王守江同志（叶帅办公室主任）打电话给我说，北京的同志说广东的《特区条例》是广东省的，全国人大不讨论地方性法规。那怎么办？我对王主任说，请你向叶帅报告，特区设在广东，但它是中国的特区，所以，广东的《特区条例》是中国的条例。我们是社会主义国家，要搞特区，没有先例，如果"条例"没在全国人大常委会通过、正式授权，是无法创办的。守江同志向叶帅报告后，回了个电话给我，说：叶帅讲"明白了"。

1980 年 8 月 26 日，叶帅亲自主持第五届全国人大第十五次常委会议，江泽民同志受国务院委托向会议作了有关建立特区和制定《特区条例》的说明。会议批准公布了《广东省经济特区条例》，向全世界宣布：社会主义的中国创办了经济特区！

我们办的是"经济特区"

在这以前，对于特区的名称，党中央、国务院的文件都称为"出口特区"。1979 年 12 月 12 日，我代表广东省到北京向党中央、国务院汇报广东筹备建立特区的情况时提出：经同各方面的同志和朋友多次交换意见，大家认为用"经济特区"的名称较好，含义更为确切。它说明：我们办的是经济特区，不是政治特区。它的经营范围包括工业、农业、贸易、旅游和科研区、住宅区等等，不是单一的出口工业。这样更符合我们社会主义国家办经济特区的目的。

由于新中国成立后 30 年，我们的住房政策、科研制度与国外不一样，1979 年时的人们还不明白，所以我在报告中还特别说明：住宅区主要提供给科学家、投资者、高级技术人员、华侨居住，为他们创造投资、工作、休息的良好环境。这也是一种吸引力。而且根据国外的经验，经营住宅比较容易上手，如果先建一部分住宅出租或出卖，整个经济特区建设所需资金就有来源了。建立科研区，看来也十分必要。台湾地区已在新竹市一带划出 20 多平方公里的地方作为"科学工业实验园特定区"，区内办科研，也办工业和住宅，条件比其他工业区更优惠，目的在于吸引海外科技人才到台湾地区定居。我们也应该这样做。因此，把"出口特区"改为"经济特区"，其含义会更确切些。

1980 年 3 月 24 日至 30 日，党中央、国务院委托谷牧同志在广州召开广东、福建两省会议，一致同意用"经济特区"的名称。党中央和国务院于 1980 年 5 月 16 日批准，以（中发〔1980〕41 号）文件下达。于是，"经济特区"的名称正式定下来了。说来也巧，从 5 月 16 日中央批准"经济特区"这个名字到 8 月 26 日全国人大常委会批准并公布了《特区条例》，刚好是 100 天。

香港招商局投资兴建的蛇口工业区，位于深圳市区西面 20 多公里。

以后，就一直把 1980 年 8 月 26 日作为深圳特区建立的日子。

最令人感到高兴和意外的是，在《特区条例》公布后的几天，最困扰深圳——其实也是最困扰社会主义中国的偷渡外逃现象，突然消失了！确确实实，那成千上万藏在梧桐山的大石后、树林中准备外逃的人群是完全消失了！

党的十一届三中全会的决定，代表了全国人民的心愿：大家都希望我们的国家能富强起来，不能再搞贫穷的社会主义了！

拥护改革开放，这就是人心所向。没有这分人心所向，特区就办不成，改革开放也办不成。所以，三中全会的决定所起的作用是无法用文字或者其他任何所能够表达的！

（选自鲁林、王刚、金宝辰主编：《红色记忆——中国共产党历史口述实录（1978—2001）》，济南出版社 2002 年版。）

审判林彪、江青反革命
集团主犯的回顾

"文化大革命"结束之后，根据中央部署，中央纪律检查委员会将"抓紧处理积压案件、做好冤假错案的复查平反工作"列为重点工作之一。大规模地为党和国家以及各部门领导人平反。

在党的十一届三中全会上，首先为彭德怀、陶铸等同志彻底平反。此后，中共中央又陆续为在"文化大革命"中受迫害的贺龙、乌兰夫、彭真、谭震林、罗瑞卿、陆定一、杨尚昆以及周扬、邓拓、吴晗、夏衍、周小舟等党和国家各部门负责人平反昭雪。

党的十一届三中全会后，党中央在全国范围内陆续纠正了林彪、江青反革命集团制造的一批冤假错案，实事求是地弄清了党内一些重要领导人的功过是非，严肃认真地落实了党的干部政策。在这种新形势下，党内外广大干部群众纷纷要求彻底审查林彪、江青两个反革命集团篡党夺权、祸国殃民的罪行；审查康生、谢富治伙同林彪、"四人帮"，在"文化大革命"中残酷迫害大批老干部以及其他严重罪行；审查王力、关锋、戚本禹追随林彪以及其他严重罪行；审查王力、关锋、戚本禹追随林彪、江青、陈伯达、康生大搞阴谋活动的罪行。这些重大案件的审理与复查，对于进一步清算林彪、江青反革命集团的罪行，彻底摧毁其帮派体系，澄清党内外、国内外所关心的一些重大是非，对于巩固安定团结的政治局面，具有重大的现实意义。

1979 年年初，党中央决定由中央纪委牵头，成立由中央纪委、中央组织部、最高人民检察院、最高人民法院、公安部和人民解放军总政治部的领导同志参加的"两案审理领导小组"。党中央对两案审理工作十分重视、作了许多重要指示和批示。由于"两案"牵连人数众多。清查工作极其复杂，考虑到"文化大革命"的特定历史条件，党中央决定对"两案"有牵连的人员实行扩大教育面、缩小打击面的政策。审理、复查一些重大案件的工作，是在全党、全军、全国各地的大力支持、协作下共同完成的。

1980 年 2 月，党的十一届五中全会决定为刘少奇平反，撤销八届十二中全会强加给刘少奇的一切罪名和所作出的错误决议，从而纠正了"文化大革命"造成的这一最大冤案。接着，为在"文化大革命"中受到错误批判或遭受诬陷的中央一些部门平反。同时，对"文化大革命"中全国各地发生的事件、案件进行复查平反，对在此期间被错判的反革命案、错杀案件等进行改判或平反。一些在"文化大革命"中因同林彪、"四人帮"进行英勇斗争而惨遭杀害的人，如优秀共产党员张志新等得到了平反昭雪。此外，对"文化大革命"前乃至新中国成立以前的冤假错案也进行了清理、纠正。中央先后为在"文化大革命"前受到错误批判的谭政、习仲勋、黄克诚、邓子恢等同志平了反。一些蒙冤多年的党的早期领导人，如瞿秋白、张闻天、李立三等也得到平反昭雪。

到 1982 年年底，全国大规模的平反冤假错案工作基本结束。据统计，在平反冤假错案中，各级纪律检查机关会同有关部门共复查处理了 150 多万人的案件，改正和部分改正的达 98 万多人。对各种冤假错案进行平反，在全党、全国和全军范围内，大力落实干部政策，切实履行"保护、惩处、监督、教育"四项职能，既维护了党的纪律，又保护了党员干部投身改革开放的积极性和创造性，对于医治"文化大革命"造成的创伤，促进安定团结，调动广大党员、干部和群众以及社会各方面的积极性，恢复和发扬敢于坚持真理和实事求是的优良作风，切实保证党的十一届三中全会确定的基本路线的贯彻执行，起了巨大作用，为全党工作着重点转移到社会主义现代化建设上来创造了重要的条件。

作者简介 ▶

　　伍修权，1908 年生，湖北武汉人。1931 年加入中国共产党。1933 年任共产国际李德的翻译。1950 年 1 月，随周恩来去莫斯科参加《中苏友好同盟互助条约》的谈判工作。1950 年 11 月，作为中国政府特派代表出席联合国安理会并发表讲话。1955 年至 1958 年，出任中国驻南斯拉夫首任大使。此后，曾任中共中央对外联络部副部长。1975 年任中国人民解放军总参谋部副总参谋长。1980 年 6 月，党中央决定伍修权为审判林彪、江青反革命集团的审判工作指导委员会成员和特别法庭副庭长、第二审判庭审判长，领导参加了对林彪、江青反革命集团的审判工作。1997 年 11 月 9 日在北京逝世。时为中国人民解放军总参谋部副总参谋长、中央"两案"审判指导委员会成员、最高人民法院特别法庭副庭长。

　　1980 年，我国政治生活中的一件大事，就是对林彪、江青反革命集团 10 名主犯的公开审判。这是根据党的十一届三中全会精神，由中央纪律检查委员会提出，由公安部受理并进行对这一案件的侦察预审工作。1980 年 6 月，胡耀邦同志在中央的会议上提出，要解决好"文化大革命"10 年浩劫遗留的问题，必须做好三项工作：第一是审判林彪、"四人帮"；第二是写好《关于建国以来党的若干历史问题的决议》（以下简称《决议》），正确评价"文化大革命"等一系列历史问题；在完成上两项工作后，才有可能进行第三项，即召开党的第十二次代表大会。原来预计的时间比较短，打算先审判林、江反革命集团案，接着就召开十一届六中全会，通过《决议》，争取在 1980 年年底召开十二大。可是后来情况发展比设想的复杂，时间不得不推迟了。

　　这里只谈谈我参与的第一项工作，即审判林、江反革命集团的问题。1980 年 6 月（此时间有误，应为 1980 年 3 月——编者注。）中央

1980年11月20日至1981年1月25日，中华人民共和国最高人民法院特别法庭依法公开审判林彪、江青反革命集团的10名主犯。图为特别法庭宣布《判决书》。

成立了一个由彭真同志主持的审判工作指导委员会（也叫领导小组），作为中央对审判工作的党内指导机构。成员有7人，除彭真同志外，还有彭冲、江华、黄火青、赵苍璧、王鹤寿和我。按照法律规定，本来应该由司法机关独立审判，但由于这一案件特别重大，情况特殊，工作进行得好坏将对国内外造成很大影响，所以必须置于党中央的直接领导之下，这才专门成立了这个组织以具体负责这一工作。

我被推选入这个领导小组，主要是考虑到受审的主犯中有许多是军人，还都是红军时代就参加革命的老资格，必须有一个能够镇得住他们的职务比较高的军队负责人，主持一个专门的军事法庭来审理他们。而我被认为在资历和声望上能够担当起这项任务，就由胡耀邦、杨得志等同志推荐，参加了这个指导委员会，并且从6月份起，就直接参与了与"两案"审判有关的一系列工作。

首先要解决立法问题

审判"四人帮"和林彪反革命集团，是党和人民的一致要求。但在我国历史上，这还是一个从未有过的特殊问题。要进行这项工作，首先要解决一个立法问题，才能使审判工作取得合法的地位。在中央领导小组及有关的公安、检察院和法院等部门进行了大量的准备工作以后，于1980年9月，由全国人大常委会通过了一项特别决定，宣布成立审判林彪、江青反革命集团的最高人民检察院特别检察厅和最高人民法院特别法庭，任命黄火青为特别检察厅厅长、江华为特别法庭庭长，同时任命我和曾汉周、黄玉昆3人为特别法庭副庭长，还有一批审判员。连我们庭长、副庭长在内，共35人，其中有8名是各民主党派的代表，如著名的法学家和社会学家费孝通教授等。黄火青和江华等审判工作的主持者，都是我们党的老同志，他们革命历史悠久，斗争经验丰富，在群众中也很有威望。特别是江华同志，已经担任了较长时间的最高人民法院院长，对法律内容和审判工作十分熟悉。他对于这次审判，从方针大计到注意事项，都能及时提出重要的建议，作出必要的指示。后来的重要审判，他都亲自主持，实际上是为我们作了示范。他不直接出庭时，也通过闭路电视随时了解审判情况，对"前台"的工作进行指导。我原来没有从事过法律工作，这次从他那里学习了不少东西，我们相互间工作配合得一直很好。

特别法庭分为第一审判庭和第二审判庭。第一审判庭负责审判江青、张春桥、姚文元、王洪文和陈伯达5名"文职人员"。第二审判庭负责审判黄永胜、吴法宪、李作鹏、邱会作和江腾蛟5名原军人主犯。我受命任第二审判庭（即特别军事法庭）的审判长，黄玉昆为副审判长，还有15名审判员。当时参与这一工作的人员共有400余名，各省、市的公安厅厅长、检察院院长和法院院长都来了，部队里也抽调了有关部门的得力干部来担任审判员等工作，集中了强大的力量来完成这一重大任务。

审判工作的第一阶段是公安预审，首先确定受审的案犯究竟有什么罪名。这一阶段的工作量很大，是一件件核实他们的罪行事实，肯定他们的罪状，然后由特别检察厅向特别法庭提起公诉，特别法庭接受后，才能进行审判。这个工作相当复杂，并且不是没有争论的。争论的中心问题是究竟审什么，即什么是各个主犯的罪行？在讨论这个问题时曾经出现过周折，有个别同志认为林、江反革命集团案是在"文化大革命"中发生的，一是党内路线错误被林彪、"四人帮"利用了，因此林、江等人的罪行同党内的路线错误是分不开的，是由于党内的路线错误才发生的，因此，单纯审理他们的罪行是不好办的。经过争论，最后认为对林、江反革命案的审判，只审理林彪、江青等人的刑事罪行，不涉及党内的路线是非问题，否则就会把党内的路线是非同林彪、江青等人的反革命刑事罪行混淆了。决定只审判有关的刑事罪行，这是一个重大的决策，不然确实是很难开审的。

正由于有过这些争论，关于本案的起诉书的稿子，也就被反复修改甚至重写，我记得起码经过了 30 次修改。经过多次讨论修改定稿后，才将起诉书提交特别法庭。按照法律规定，特别法庭有权接受起诉书，也有权拒绝接受。认为起诉书内容符合事实，证据确凿，就接受起诉并进行审理；如果相反，就可以不予审理。法庭有权不按检察院的意见办，他们是明确分工又互相配合的。林、江反革命案的起诉书由特别检察厅提出后，特别法庭进行了研究，认为起诉是有根据的，就接受了这一起诉书，对所指控各主犯开始进行正式的审讯和判决工作。

第一审判庭负责审理的江青等 5 个主犯的案情，较之第二审判庭的黄永胜等人要复杂得多，江青等人的态度也特别恶劣。相比之下，第二审判庭的担子要轻一些，各个主犯的罪行都比较明确，态度相对的也比江青等人好些。但是在开始确定哪些人应该是出庭受审的主犯时，也是有过周折和多方考虑的。第二审判庭审理的案犯都是军队的高级干部，其中黄永胜是总参谋长、吴法宪是副总参谋长兼空军司令员、李作鹏是副总参谋长兼海军政治委员、邱会作是副总参谋长兼总后勤部部长，他们是林彪反革命集团的主要成员，但是在林彪的反革命政变阴谋中，还有一项很重要的内容，即企图直接谋害毛主席的"小舰队"的活动。这个阴谋组织的头头是林立果，他下边的重要分子有空军司令部副参谋长王飞及周宇驰、于新野等人。九一三事件发生时，林立果与林彪、叶群坠机摔死，周宇驰、于新野二人乘直升飞机叛逃未成，迫降后自杀身亡，王飞由于突然事故，又得了精神病，都已无法出庭受审。就在参与上述阴谋活动的案犯中，经过衡量比较，确定南京军区空军政委江腾蛟为合理的受审人，通过他将整个"小舰队"的问题带出来，使他也成为出庭受审的 10 名主犯之一。在 10 名主犯中，有 9 人是中央政治局委员和政治局常委，江腾蛟不是中央委员，相比之下地位最低，仅仅作为"小舰队"的代表人物，才列为 10 名主犯之一，就被排在最后一名。

在受领这次任务以前，我们许多人本来都是不大懂法律的，受到党和人民的委托之后，我们都认真地钻研起法律条文来，把我国的《刑事诉讼法》等有关法令找来一一反复研读，对照我们受理的案件，看某个犯人符合某条某款，要记得很熟，因为到开庭时就不能临时再去翻看本本，只能说根据某某法的某条某款，某某人犯有什么罪行，并且能针对实际情况随时找到法律根据来回答问题。除此以外，我们还看了一些有关法庭审判的中外影片，对我们要进行的工作增加一点感性认知，对一般的法庭情况和审判程序等，也有点间接的感受。在预审过程中，曾经将讯问各个主犯和旁证案犯的情况，一一作了电视录像，我们在开审前看了全部录像，对我们将要打交道的这批罪犯，预先熟悉了解一下他们的基本特点和态度表现。

在正式开庭审判前，我们还按照实际开审过程，搞了几次练兵性质的预演。在指定时间内，应该出庭的检察人员、审判人员、法庭工作人员和法警等全部到场，又指派了几位同志分别扮演各个主犯，如同正式开审一样，由法警一一押解出庭，程序和气氛要求与真的完全相同。这真是一项既严肃认真，又非常有意思的工作。开始，要受审的假犯人以他所充当的真罪犯的口气，尽量为其罪行作狡辩，再由审判者依法据理予以驳斥。这虽然有点像在演戏，可是实际上比审真的犯人还难，因为假犯人精神上没有压力，又熟悉案情和认识审判人员，可以钻空子和我们纠缠，审判者就必须能随时治得住对方。记得有一次假扮吴法宪的

"犯人"突然提出了一个问题，说他与作为军事法庭副庭长的黄玉昆过去在空军共过事，两人曾经有过矛盾，这次黄玉昆可能会乘机报复，因此黄玉昆应该回避，不能参加审判。这个意外的问题，使黄玉昆同志措手不及，一时无法回答。我见机稍一思考，马上根据人大常委会的决定和有关文件的精神回答说，这次审判工作的人选，是经过人大常委的慎重考虑后确定的，每个人都是受党和人民的委托，来对危害国家的反革命罪犯进行审判，根本不存在所谓的个人报复问题。因此，包括黄玉昆同志在内，全体审判人员都没有回避的必要，"犯人"提出的问题是没有根据的，本法庭予以驳回。

在此期间，我还到关押江青等人的秦城监狱，在不被他们知道的情况下，一一观察了这些即将受审的主犯。记得我悄悄地看江青时，她正坐在床铺上，用手不住地在抹平自己裤子上的褶纹，看来她一方面是感到很无聊；另一方面还是有点穷讲究，坐牢也不忘打扮。她每次出庭前都要梳梳头，衣服尽量穿得整齐些，时刻不失她的"戏子"本色。我看到张春桥时，还是同他后来受审时一样，靠在床上一动也不动，带死不活地木然不响。开审前送起诉书给他，他依然如此，装作不理睬不接受的样子，但是在他以为没人看见时，又忙去偷偷翻看，可见他还是心虚得很，却又想故作姿态，也不失其惯耍两面派的阴谋家本色。我见到姚文元时，他正在吃饭。这家伙很能吃，他们那一伙人就数他胖，养得肥头大耳的。后来受审时他常常眼睛朝天连连翻动，半天才说一句话，其实他是在考虑问题，也刁得很。只有王洪文看起来精神上完全垮了，一点抵抗能力也没有，问他什么他就讲什么。这个人出现在我国政治舞台上，可以说是"文化大革命"中产生的一个"怪胎"。尽管这次审判一直强调要把他们的问题同"文化大革命"的路线错误分开，但是王洪文这个人物的产生、起家和上台，确实很难同党内路线错误分开。按照当时盛行的唯成分论和反动血统论，王洪文出身贫农，当过兵、做过工，本人又学了些上海滩上的吹吹拍拍本事，在"一月风暴"中"偶然露峥嵘"，被江青、张春桥之流发现了这一"人才"，一下子竟成了天然的"革命派"，甚至理想的"接班人"，被他们又推又抬突然提拔上来。可是他毕竟根底极差、品性很糟，是个扶不起来的"阿斗"。当初也有人说，如果他本人争点气、好好学习的话，说不定也还是可以的。其实这也是过分善良的主观愿望，事实上他一开始就同江青等人搞到了一起，在政治上、思想上和组织上，早就是江青反革命集团的头面人物。当时毛主席曾经指示他不要同江青他们搞在一起，可是他没有听，反而变本加厉地参与他们反党篡国的一系列重大阴谋活动，与他们结成了"四人帮"。加之他被个人野心冲昏了头脑，终于同江青等人一起成为受审的反革命罪犯。

这批案犯在关押期间，按照我党历来的政策，也为了适应审讯工作的需要，生活待遇比较好，伙食上从未亏待他们，同他们迫害我党广大干部时的残酷手段截然相反。到审判时，又将他们的伙食标准提高了一些，让他们吃得稍微好一点，以保证其营养充足身体健康，好有足够的精力来出庭受审。如果他们身体不好，到时候出不了庭，或者出庭时狼狈不堪、有气无力，对内对外影响也不好。由于事先考虑到这个问题，采取了一些措施，江青等人在这次审讯中健康状况都不错，所以也使我们的审判工作没有因为这方面的问题受到阻挠或造成拖延。

为了使开审时的法庭显得特别庄严，我们每人专门另做了制服：我们审判人员和法庭工作人员一律是藏青色制服，检察人员和律师等又一律是深灰色制服；还给我们发了专用的公文皮包，整个法庭看上去显得整齐统一。我们每个人也都很精神利落，为法庭增加了庄严气氛。我们的工作从一开始起，不仅受到了党和国家的重视，也受到了人民群众的普遍关注和各种方式的支持，连在我家做饭的阿姨都接到电话，让她最近把伙食搞得更好些，"保证你们的首长更健康地去审讯那帮坏家伙"！给她打电话的是她过去服务过的一家归国华侨，可见这次审判是受到各方面人士的关心和欢迎的。这促使我们更加兢兢业业地去从事这项重要的工作。按照法律规定，只要有过半数审判人员到庭，就可以开庭审判了。我们第二庭共 17 名审判人员，每天只要有 9 人到庭就行了。但是那时我们每个人都积极得很，除了极个别的特殊原因外，不论公开审判还是内部开会，都是场场必到，全体出庭，人人都在全力以赴地工作。

庄严的审判

1980年11月20日下午3时，特别法庭第一次正式开庭，江青、张春桥等10名主犯第一次被传到法庭上，接受人民对他们的公开审判。当时的气氛和情景是令人难忘的，我们被一种崇高的责任感所支持，行使着人民授予的权力，身子都坐得挺直，始终保持着威严庄重的姿态，来审理和判处这批对整个国家造成巨大灾难、对亿万人造成巨大痛苦的罪犯。10多年来，这批家伙身居高位、大权在手、横行一时、不可一世，有的直到现在还顽固死硬、装腔作势、不肯认罪服罪。但是我感到在精神上完全可以压倒他们，我对他们包括江青、张春桥和黄永胜等人的老底十分清楚，他们在党的历史上并没有什么了不起的贡献和地位。摆资格，我也比他们许多人老得多，至于姚文元、王洪文等解放以后才参加工作的，就更不在话下了，我是完全可以制服他们的。不仅如此，更因为我们代表了广大人民的意志，行使着国家授予的神圣职权。他们是受审判的一小撮罪犯。我们在战略上是藐视敌人的，但是在战术上也是重视敌人的，每一个工作细节都得安排周全。由于考虑到可能发生的情况，如江青本来就有歇斯底里症状，审理中很可能会闹庭，我们就没有按照10名主犯原来的名次顺序将他们押进法庭，而是将王洪文排在第一个最先传唤。他当时被推了个光头，一副萎靡不振的样子，当年那"造反司令"和"中央副主席"的派头一点不见了。第二个押进来的是江腾蛟，他倒还有一点老干部的样子，其实在10名主犯中，他地位是最低的。接着是邱会作、吴法宪、黄永胜。黄永胜头发胡子花白了，比过去老多了。特别是陈伯达，更老了，他和李作鹏本来身体就不好，分别由法警连押带架地带进法庭，指定的医护人员就坐在他们后边，可以随时进行诊治或急救。倒数第二个押进来的是张春桥，这个家伙不像别的主犯比较整洁，只穿了一件中式老棉袄，领口不扣，胡子也不刮，歪着脑袋，搭着眼皮，既邋遢又窝囊，还是那副阴阳怪气、半死不活的样子。

10名主犯的头子江青最后一个被押解进来。这个人一辈子都在演戏，她进场时故意装得若无其事，左顾右盼地看看旁听席上的人，衣服穿得比较整齐，头发梳得溜光，两手有时还放在背后，好像挺神气。尽管如此，到底掩盖不住自己内心的空虚与紧张。我们原来估计她会捣乱的，因为在预审过程中，她一直胡搅蛮缠，大耍泼妇加"女皇"的威风，但是到了这个庄严的法庭上，她竟十分守规矩，并不乱说乱动，一声不吭地静静听完对他们的长篇起诉书。她还生怕漏听了什么话，把为他们准备的助听器紧紧地按在耳朵上，还常常歪起脑袋用手掌兜着耳朵用心听。起诉书宣读了约两个小时，接着又向他们宣布了法庭规则和审判程序等等。他们一直认真地听完，没有任何出轨的行动和表示，情况比我们预想的要顺利。首次开庭在下午5时20分胜利结束，我们大家都愉快地完成了这次任务。

在整个庭审活动中，除了每场有几百名旁听者外，在审判庭的后台，还安装了闭路电视，许多中央领导人和负责同志可以在那里收看审判的现场实况和全过程，必要时也可以和我们在"前台"的人作些指示和交换意见，所以实际上党和国家的许多领导人都参加或旁听了每一场审判。

首次开庭以后，就由两个审判庭分别审理各主犯了。我们第二审判庭除了我和黄玉昆同志外，还有15名审判员。我们将他们分为5个小组，每3个人专门研究一个被告人。我们对每个被告的基本情况都要熟悉，3人小组对所分管的被告则要了解得更加具体透彻。开始时每个被告的罪行列得很多，平均每人可以写100条，10个主犯集中起来有1000条，但是在准备起诉的过程中，逐渐把他们的罪行减少了条数，压缩到每人平均10条，到我们审判时又加以压缩，每人只剩了3—5条。其实他们的问题不在条数多少，每人有1条就够判死刑了，如江青、张春桥，最主要的一条就是改朝换代、阴谋夺权，推翻人民民主专政，建立他们自己的反动统治，这一条就可以杀他们的头了。第二条是他们迫害大批干部，其中许多人被迫害致死，这个数目本来很大，后来我们将间接被他们迫害的数字都勾掉，只提直接受他们迫害的。第三条是他们侵犯人身自由、进行诬告陷害等等，如江青授意对上海文艺界人士抄家逮捕。再如姚文元的主要罪行是进行反革命宣传，他同希特勒的戈培尔一样，是个反革命吹鼓手，从 1965 年批判《海瑞罢官》起，就在制造反革命舆论，以后接着批"三家村"、批陶铸的两本书、批所谓的"天安门事件"，这证明他早就是个反革命的吹鼓手和蛊惑者。这样，他们每个人的罪行不超过 5 条，就很大了，就够死罪了！开始是将他们按原来的职务排名次的，王洪文是中央副主席，在位的时候权力还是相当大的，就被排在第一位。后来按照实际罪行一排，王洪文的位置就变了，他当不了这个头了。还有陈伯达，开始曾考虑他不是"四人帮"之一，又很早被看管审查，后来的事他都没有参与，但是他在"文化大革命"初期同江青他们还是一伙的，他当时的讲话影响是很大的，例如他说冀东的党组织不可靠，可能是国民党的组织，这就造成了成千上万人受迫害。他同江青等人的罪行特点很接近，所以就把他排到"四人帮"的后头。这个位置对他也是适当的。

每个被告都有自己的特点。在第二审判庭——即特别军事法庭受审的主犯中，黄永胜是个首要人物，他的罪行特点是同林彪、叶群的关系特别密切。但是他比较狡猾，很难抓住他的辫子。我们就抓住他的要害问题进行突破，如他同叶群打电话，有时一次就通话 135 分钟，我们就审问他，这么长时间，你们到底谈了些什么？他当然不敢如实讲了，开始说他是核对一个作战文件。我们拿出调查的证据，在时间上同黄永胜说的差了 3 天，证明他们这次密谈与那个文件无关，说的是另外的不可告人的私房话。我们还拿出一个证据，是他同叶群在另一次通话时被林立果偷着录的音。在那次谈话中，叶群对黄永胜说，他们不管是政治生命还是个人生命，都是联系在一起的。她称黄永胜"永远是元帅"，自称是他下边的"通信兵",说黄永胜"在中国革命的领域上"将要"起很大的作用",还说林彪手下有许多人,真正最喜欢的只有你黄永胜。他们还说了许多乌七八糟的话,都有录音在,充分证明了黄永胜同叶群和林彪之间是一种极其肮脏的关系。他们这种非同寻常的特殊关系,说明了黄永胜在林彪反革命集团中的重要位置和作用。

吴法宪罪行的特点是把空军的权力交给了林立果。当时的林立果是个没有入党的新兵,可是吴法宪为了投靠林彪,对林立果来了个"第一年当兵,第二年入党,第三年当了副部长"。吴法宪还讲,林彪把林立果派到空军来,是对他们的"最大的信任,最大的关怀,最大的幸福",胡说二十几岁的毛孩子林立果是什么"全才、帅才、超群之才",是什么"第三代接班人""第四个里程碑",林立果可以对空军"指挥一切,调动一切",空军的一切重大问题,都要向林彪的儿子"请示报告"。在吴法宪心目中,林彪就是"党",林彪的孩子就是他们的当然"领导",谁不同他一样想一样做,谁就是"犯罪"。他还将这一套在高干中传达贯彻,强求大家执行。这就是吴法宪的要害问题,他把党交给他在空军的领导权私自移交给了林立果,让林彪反革命集团利用空军来为他们的武装政变阴谋服务。这就是吴法宪无法辩解的主要罪行。

李作鹏的要害问题,我们抓的是九一三事件中由他放跑了林彪的坐机问题。九一三前夕,周总理总理察觉到林彪活动反常,因为他坐机所在的北戴河机场归海军管,就亲自打电话给李作鹏,命令那架飞机必须有周总理本人和黄永胜、吴法宪、李作鹏"四个人一起下命令才能飞行",实际上把放飞这架飞机的权力抓到总理自己手上,未经他批准的命令都是无效的。周总理的这个指示,本来是很清楚的,可是李作鹏却篡改为四人中的"一个首长指示放飞"就可以了。当林彪登上飞机就要发动起飞时,机场向李作鹏请示,他又不下令阻止,却让机场"直接报告请示周总理",下面的同志怎么能直接找到总理请示呢?这完全是李作鹏为拖延时间放跑林彪而搞的鬼。尽管他后来造假记录,企图赖账狡辩,但是事实俱在,李作鹏是逃脱不了这一罪责的。

　　邱会作的突出问题是在总后实行法西斯专政，残酷迫害了成千的干部，不少人被他整死整残废了！按照法律，整死一个人就得偿命，他迫害死那么多人，所以也是死罪了。

　　江腾蛟的主要罪行就是参加了林立果的"小舰队"，其中最主要的是企图谋害毛主席。他出了许多坏主意，阴谋用炸铁路桥、炸油库、用飞机炸、用喷火器烧等罪恶手段杀害毛主席，并被林立果指派为这一行动的"第一线指挥"。虽然后来阴谋未遂，但是就这一条，在全国人民感情上就通不过，太触目惊心了！对党和国家的危害也太大了！因此我们第二庭一开始就审问这个问题。这个问题对被告很容易突破，事情比较集中突出，所以我们审讯得也比较顺利和成功。

　　不过在第一庭的审讯中，却有过一点不当之处。开始的突破口未选准。当时拿出的第一个题目是"长沙告状"问题，即江青、张春桥等为篡夺国家领导权，于1974年10月派王洪文去长沙，向正在那里的毛主席告状，反诬周恩来、邓小平等同志正在"搞篡权活动"。问题的真相是这样：当时江青等人在党内都有合法的地位，她在钓鱼台找王洪文、张春桥和姚文元几个政治局委员一起商量一些问题，然后让作为党的副主席的王洪文到长沙去向毛主席讲他们的意见，尽管内容是诬陷周恩来和邓小平同志的，但是在组织上却是合法的。如果这样做算是罪行，那么以后同志间谁还敢一起商谈问题交换意见呢？审理这一问题的情况，在报纸、电台和电视上报道以后，国际上对这个问题也有了反应，认为这一条算不上什么罪行，说我们这样审判没有什么道理！所以一开始选这个题目实际上是一个失误。当时，我们有的同志心里似乎有一种畏难情绪，对江青有点发怵，总以为她特别难缠、不好对付，此外确有"投鼠忌器"的顾虑。其实有的是多虑了，我们有中央的正确领导，有广大人民的支持拥护，又有法律武器，加之我们自己是站在主导地位，足以制服和压倒对方。江青之流充其量是几个阶下囚，我们是国家授权的审判官，在精神上就大大高过他们，我们有着充分的信心和高昂的士气，完全可以圆满完成党和人民交给我们的这一重大任务。所以在第一庭对江青等人的审判中难度虽然大些，但是他们的审判工作进行得相当顺利。

根据法律规定，被告可以委托律师为自己辩护。这次审判也由有关方面提供了附有资历介绍的律师名单，陈伯达、姚文元、吴法宪、李作鹏和江腾蛟 5 人要了律师。江青本来也说要请律师，但是她异想天开地想让律师不仅为她整理材料、起草文稿，等于替她当秘书，还说因为她身体不好，要律师代替她在法庭上回答讯问和进行答辩。此人到这种时候还想摆摆她的"女皇"臭架子，真是不识人间羞耻事！她这种无理要求被当然地拒绝了。律师说这不是他的工作范围。江青只得作罢，还是自己为自己辩护吧！张春桥反正从头到尾不开口，问他什么都是拒绝回答，对所指控罪行也是无言以答。其余几个人也没有要律师。

10 个主犯在审判过程中每人都出庭了五六次。法庭调查以后，有一道程序是法庭辩论，辩论以后，每个被告还有一次最后陈述权。这时，我们给他们机会讲话。黄永胜第一天就讲了两个小时，第二天接着又讲了一个小时，可是我们听来听去没有多少新东西，无非是反复为自己的罪行辩解。按照法律程序，还可以让他讲，但是要给予适当的限制。我告诉黄永胜，你已经讲了 3 个小时，现在还有机会讲，没有讲过的问题可以继续讲，已经讲过的就不能再重复了。本来这里是庄严的法庭，不是搞儿戏的，哪能老听他的"转磨子"话？黄永胜承认他实在也没有什么新的话可说了，就结束了这一程序，大家都还表示满意。

第二庭审判黄永胜时，他为自己作了长篇狡辩，总想减轻罪责。李作鹏的头脑相当清楚，能不认账的事，决不认账。其余的人态度倒都基本可以：江腾蛟是从 1971 年 9 月 14 日，即林彪死后的第二天起就开始交代罪行，一直未改口供；邱会作也表示认罪；吴法宪骂自己将"遗臭万年"。加之他们各人的犯罪事实比较单纯明朗，有许多事还有点戏剧性，例如林彪搞政变、谋害毛主席和九一三事件，等等，所以第二庭的审判工作进行得比较顺利，开庭初期关于第二庭的报道也特别多，邓小平同志也说第二庭进行得比较好，并让加强对第一庭的审判和报道。

最后的判决

从 1980 年 11 月开始，第二庭共开庭 22 次，我主持了其中的 16 次，连同首次开庭、最后审判和参加第一庭的审讯，在一共 42 次庭审中，我出庭了约 30 次，除了每天在前台挺直腰杆坐着，每次开庭结束后，还要马上到后台进行总结：今天有没有什么问题？什么话该说什么话不该说？都要及时提出来。此外还有许多有关的会议，特别是后来讨论如何判刑时，从中央政治局的专门会议到全体审判员的会议，一系列的会议不仅要出席，还要拿出意见。我们在精神上和体力上都相当紧张，但是想到这是一项全国关心举世瞩目的重大政治任务，所以我们都全力以赴地参与了一切活动，愉快地贡献着自己的全部力量。

在如何判刑的问题上是经过不少的争论的。中央在讨论这一问题时，有人主张轻些，说将这些人养起来算了；有人主张重些，提出一定要判处死刑；也有人提出不轻不重的判法，即分别判处不同时限的徒刑。可是当时全国到处都是一片杀声，这对我们也是一种压力。在开全体审判员会议时，大家同样认为江青、张春桥等人死有余辜，不杀不足以平民愤，开始都准备判处死刑，但是反复考虑以后还是不行，一要顾及国际国内的影响；二要设想后代人将怎么看，不能凭一种义愤情绪来决定。这样，关于首犯杀不杀的问题，经过多次反复讨论，还是定不下来：先提出江青、张春桥 2 人一定要杀，以后又认为不杀为宜，后来又说还是得杀。我们也决定不了，最后提交到中央政治局去讨论，我也去参加了。政治局多数同志提出判"死缓"，即判处死刑，但暂不执行，这在法律上是允许的。开始讨论时江华同志说，根据法律应该判处他们死刑，但是为了照顾国际影响，可以判为"死缓"，我在他发言后接着讲，赞成江院长意见，目前可能有人对这样判想不通，再过两年，特别是公布了《决议》以后，更多的人就会明白为什么要判死缓。我说我们都是林彪、江青进行反革命活动时期的当事人，曾经亲身受到他们的迫害，正因如此，我们要克服可能有的感情作用，要更加冷静客观地来处理这件事，要经得起后代人的检验，我认为将来人们会承认我们现在这样判是正确的。

开始我还担心我们的意见未必能取得全体审判员的一致同意，在当时那种全国齐声喊杀的气氛下，大家能否都转过弯来，审判员中还有几位民主党派的代表，他们又会怎么看，这些问题我是没有多大把握的。后来才知道，我对此又是多虑了。我们充分陈述了自己的意见后，很快得到了各审判员的支持，最后又得到了中央的同意，即将江青、张春桥判处死刑，缓期两年执行，别的主犯则分别判处无期或有期徒刑。王洪文主要因为他还年轻，他自己就曾说过，10 年以后再看分晓，对他判轻了可能还会出来起作用，此外他的地位也最高，罪行及影响仅次于江青和张春桥，所以将他判为无期徒刑。姚文元本来也应该重判，后来考虑到他搞的宣传活动，许多都是上面指示了叫他办的，对他判重了就不大公道了，所以判了个 20 年有期徒刑。黄、吴、李、邱等人，1971 年9 月就被抓起来了，被关已近 10 年，陈伯达被关得更早，他的年龄也很老了；江腾蛟则是最早主动交代问题的，一直态度较好，只是他的罪行是谋害毛主席，判太轻了人民不同意，所以分别判了 16 年、17 年到18 年的有期徒刑。

开庭以前的起诉书曾经写了三十几稿，审判以后的判决书同样经过了反复修改，次数也不下于 30 稿。开始的稿子在许多地方还是涉及了对"文化大革命"的评价，仍然把党内的路线斗争同林彪、江青等人的反革命活动扯在一起了。后来还是坚持审判时的做法，决不涉及路线问题，一律只提刑事罪行。最后才将判决书定下稿来。后来通过的判决书，内容比开始的起诉书去掉了三分之一，把那些立足不稳的事情都去掉了，如"长沙告状"问题，在起诉书中是很重要的一条，到判决书中却一字不提了。这样改的结果，就使判决书中的每一条都能立于不败之地。由于庭审工作拖了时间，在如何判决的问题上又经过长时间的反复讨论，对判决书的内容作了多次修改，提法和文字上也再三推敲斟酌，

整个审判工作的结束日期就比原来预计的时间晚了好多，直到1981年
1月25日才正式开庭宣判。当时定这个日子宣判，还有个考虑，就是
当时的国务院总理即将访问缅甸等国，如果在他出国期间宣判，对内对
外影响都不太好。他在国外势必面临各方人士的询问，有些话说早了和
不说都不好，所以必须赶在他出国以前结束这一审判。

　　1月25日上午，第一庭和第二庭的10名主犯又全部被押到一起，
听取对他们的判决。这天，法庭里的气氛似乎显得格外庄严肃穆，旁听
席上早已坐满了人，都屏息以待这一具有历史意义的重要宣判。10名
被告也显得十分紧张，他们也急于知道自己将受到怎样的惩处。开庭以
后，由江华庭长宣读判决书。因为判决书很长，有16000来字，江华同
志读了前半部分，后半部分由我接着宣读，这一部分的最后，就是对这
批罪犯的判决了。江青这个人尽管平时装腔作势，这时也沉不住气了，
当我刚念到"判处被告人江青死刑"时，还没等我念出"缓期2年执
行"，她就慌忙叫喊起来。由于这天是最后审判，不需要犯人回答问题，
被告席上就没有安话筒，江青喊了些什么，许多人都没有听到。不过她
正好冲着我，我听到她喊的还是什么"造反有理""革命无罪"，还有什
么"打倒反革命修正主义"。法警一待我宣读完对江青的判决，立即给
她戴上了手铐，这时全场破例爆发出了一阵热烈的掌声和抑制不住的欢
呼声。由于江青企图挣扎和还想喊反动口号，头发也散乱了，装的架子
也没有了，显得十分狼狈和滑稽，使这个本来十分庄严的法庭里，出现
了一点喜剧色彩和兴奋欢乐的气氛。我看到江青还想捣乱，立即下令：
"把死刑犯江青押下去！"当时我也是太兴奋了，竟少说了话，应该在下
令以前，先说由于江青违犯法庭规则，破坏法庭秩序，才依法将她赶下
场的。可惜当时我没有来得及说，事后想起来总觉得有点遗憾。当全部
宣判完毕，并由江华庭长宣布将10名罪犯押下去交付执行时，全场又
洋溢起了无法抑制的欢庆胜利的声浪，我作为这一伟大历史事件的参与
者，内心也觉得兴奋不已！

　　历时两个月零7天、开庭42次的对林彪、江青反革命集团主犯的

公开审判胜利结束了！我自 1980 年 6 月起参加这项工作，也可以告一段落了。这次判决，全国大快人心，国际反应基本上也是风平浪静，各方都认为我们判得还是合理的，没有发生什么异议。在宣判以前，国际上的反应是比较强烈的，当时我们已经看出苗头，如果立即判处江青死刑，反映可能很坏，有的国际组织呼吁要援救江青，有的外国人到我国驻外使馆去请愿保护江青，并且国际上曾经有过这么一条，即对妇女一般不采取死刑。虽然我们是独立审判，不受外国的影响，但这些情况在判刑时也不能不予考虑。根据判决后的国际舆论来看，我们做的是正确的。原来估计国内可能会有人不满，现在看来也都被大家理解和接受了。

至于"死缓"两年以后怎么办，我们也有个初步设想，在《关于建国以来党的若干历史问题的决议》公布和党的十二大开过以后，我国人民对这类重大问题有了进一步的认识，国际上对此事也不再议论纷纷了，那时就可以用某种方式，通过一个特别决议，对这次判决予以减刑，将江青、张春桥由死刑变为无期徒刑，其他的无期和有期徒刑，是否也相应地减刑，到时候再酌情处理，以此体现我们政权的稳固和政策的正确。这项工作 1982 年年底就开始做了宣判，经中央及有关方面研究后，于 1983 年 1 月 25 日，即对两案主犯宣判的整整两年之后，用最高人民法院刑事审判庭名义发表了一项"裁定"，宣布"对林彪、江青反革命集团的主犯江青、张春桥原判处的死刑缓期 2 年执行的刑罚，依法减为无期徒刑，原判处剥夺政治权利终身不变"。并说他们在"死缓"期间，"无抗拒改造恶劣情节"，其实还应该说"也无接受改造实际表现"，但为了给他们减刑，也只能那么说。

1981 年 1 月正式宣判以后，江青等人的生活待遇被降低了，不过又允许他们看报纸了。审判期间是不准他们看报纸的，主要怕他们从报纸上知道审判的整个情况，了解各人的态度如何，防止他们可能的串供，审判结束后已不存在这些问题，也就允许他们看了。对于这些人，我们主张生活上不必太苛刻。有的人身体不好，也可以保外就医，让他们回家，还同意有的人同家属会面。那些人一见面，个个都是痛哭流涕，有的人特别是其家属，对他们所犯罪行表现出一股悔恨之情，他们对于党的宽大政策也是很感激的。

在第二庭受审的几个人，有的过去还是有战功的，他们现在是犯了罪，但是他们战争期间做过的好事，我认为也是不应完全抹杀的。如邱会作，长征时在总部当管理员，到达陕北以前，他生了病跟不上大队，领导就发给他 10 块大洋，让他留在当地隐藏起来，以后自找生路，可是他不愿离开革命队伍，就请了个年轻力壮的老乡，背着他跟着部队走，背一天给一块大洋，就是不肯离队。后来终于跟上了队伍。他这段艰苦的历史，我是清楚的，尽管现在不好宣传这事了，但是我在审判他时，还是想起他的过去。他现在毁掉了自己的未来，也毁掉了自己的过去，很值得人们深思。还有江腾蛟，他是怎样走上犯罪的道路的呢？应该说是他的极端个人主义恶性发展的结果。因为毛主席对他有所察觉，曾经两次否定提拔他为空军政治部主任的建议，他就对毛主席有了不满情绪，一旦林彪对他封官许愿，就死心塌地为其效劳，积极策划谋害毛主席的阴谋，终于得到了应有的惩处。前些时候，他的家属请求将他保释回家治病，全家保证他不再出问题，按照宽大政策，我认为也是可以的，但愿他们能深思一下已经无可挽回的历史教训。

这次审判，是我国政治生活中的一件大事，对于我个人来说，也是我一生历史上光荣而重要的一页，尤其是我已经年过古稀、步入晚年了，还能参加这一举世瞩目的工作，亲自审讯并判处了我国一批当代最大的阴谋家、野心家，不能不感到十分荣幸和不虚此生。审判工作全部结束以后，组织上给了我一段假期，让我到外地休息一下。我又回到我的故乡武昌。在那里，我找到一位小学时的同学，他说在审判期间他们几乎天天在电视上看见我，又说我很早就当过"法官"，这次又当法官，已经是老资格了。他这么一说，我倒想起过去上学时，学校排演过一出有法官的戏，因为我在同学中为人还比较正直，身材和体格上也还有点气派，就由我主演戏中的法官，在台上也审判了几个坏人。想不到当年的"儿戏",到几十年后成为现实。

　　回顾起来,这倒是很有意思的事。我从少年时期做戏剧舞台上的"法官",到老年时期当政治舞台上真正的"法官",不仅说明了我个人一生走过的道路和发生的变化,也生动地反映出我们整个国家的巨大发展、社会生活的深刻变化。尽管在中国革命的伟大斗争中,我个人一直只是一个执行党交给的具体任务的工作人员,但是我一生所经历和参与过的、从国际到国内的、从党内到军内的一起又一起的重大历史事件,还是很值得后人特别是历史学家们去研究和思考的。

（选自鲁林、王刚、金宝辰主编:《红色记忆——中国共产党
历史口述实录（1978—2001）》,济南出版社 2002 年版。）

中英香港问题谈判亲历记

　　1997 年 7 月 1 日，对中华民族来说，是一个不寻常的日子。在香港会展中心，英国米字旗缓缓降落，五星红旗庄严升起。香港结束了一百多年被殖民地的历史，回到了祖国的怀抱。

　　在中国近现代史上，中华民族饱尝了外国列强的侵略和压迫。其中，英国殖民者通过炮舰政策和不平等条约割占了香港，成为西方列强掳掠中国以及东方国家财富的基地。香港的命运正是中华民族近代历史遭遇的生动写照。

　　香港回归反映了中国人民不畏强暴，奋起反抗，从不向外国列强低头让步的斗争历程。而从 1840 年起，中国人民从未停止过跟强权政治作抗争的行动，并且，这种抗争已经取得了历史性的胜利和不容争辩的伟大成果。1982 年，英国首相撒切尔夫人来北京访问，与邓小平等中国领导人进行了会谈。邓小平强调指出，中国政府将在 1997 年 7 月 1 日收回香港，并用"一国两制"方案来解决香港问题。英国留恋其在香港的殖民历史，说中国只能收回新界，而香港岛和九龙则按条约永属英国，被邓小平当场回绝，他以坚定的口吻代表中国政府回答："主权问题是不可以讨论的。"1983 年，英国政府推出"以主权换治权"的方案，再次遭到中国政府代表团的否定。

　　"一国两制"在香港问题上得到贯彻、落实，邓小平这个伟大的构想体现了中国人在解决历史遗留问题上的高瞻远瞩，更体现了中国人抛弃分歧、寻求共识的胸怀和血浓于水的同胞之情。

香港回归对于中国国家力量的加强和国际地位的提高具有重要意义。香港的回归，显示了中国近二十年改革开放的成果——综合国力大大提高；香港的回归，更加强了中国的国际政治、经济地位，洗刷了中国的历史耻辱，有助于提升我国的国际威望；香港的回归，会直接加强我国在亚太地区的地位，进一步改善我国的外部环境。

江泽民主席指出：香港回归是中华民族迈向统一的历史性的重要一步。毫无疑问，香港回归在中国国家统一的整体进程中，包括香港问题、澳门问题和台湾问题的解决中，占有重要的先导地位。

中国的完全统一和彻底实现现代化的目标，是对中国现代历史的最后总结，也是全体中国人寻找到自己位置的最佳衡量指标。香港问题的成功、顺利解决，以及澳门回归祖国必将为中国解决台湾问题提供经验和借鉴。

▌作者简介 ▶

周南，1927 年生，吉林长春人。1946 年加入中国共产党。新中国成立后，曾任中国驻巴基斯坦大使馆外交官，外交部西亚非洲司官员，驻坦桑尼亚大使馆外交官，驻联合国代表团一等秘书、参赞，常驻联合国副代表，外交部部长助理，等等。1984 年 2 月，代表中国政府签署中荷两国外交关系由代办级恢复为大使级的联合公报。1984 年 1 月至 9 月，以中国政府代表团团长身份和英国政府代表团团长就解决香港问题举行了自第八轮至第二十二轮的会谈。1984 年 9 月任外交部副部长，并于同月作为中国政府代表团团长草签了中英两国政府关于香港问题的联合声明。1985 年 5 月代表政府与英国驻华大使互换中英两国政府关于香港问题的联合声明批准书。1986 年 6 月至 10 月以政府代表团团长身份和葡萄牙政府代表团团长就解决澳门问题举行了三轮会谈。1987 年 3 月，与葡萄牙政府代表团团长草签了中葡两国政府关于澳门问题的联合声明。1988 年 1 月，和葡驻华大使代表各自政府交换了《中华人民共和国政府和葡萄牙共和国政府关于澳门问题的联合声明》的批准书，并在批准书的证书上签字。1990年1月出任新华社香港分社社长。时为中国外交部部长助理、副部长。

1983年1月，我被任命为外交部部长助理，次年9月担任副部长。在这期间，由于分管外交部西欧司和港澳事务办公室，我参与了中英香港问题的谈判，一开始在幕后，后来走到前台，担任中国代表团团长。中英香港问题的谈判十分曲折复杂，中方的谈判工作自始至终是在邓小平同志直接领导下进行的。

湔雪百年香港耻

何时以及如何收回香港？中共中央的方针、政策有一个逐步演变的过程。

1949年第四野战军解放广州时，都打到深圳河了，为什么没有继续挥师南下？因为中共中央对香港问题的政策在西柏坡的时候就已经定下来了——对历史遗留下来的领土争端问题，我们先搁一搁，暂时不动香港。

新中国成立后，中央人民政府立即向全世界明确宣布中国政府不承认英帝国主义强加给我们的三个不平等条约，要在适当的时候通过谈判来解决香港问题的明确立场。不久，朝鲜战争爆发，以美国为首的西方国家长期对中国实行封锁禁运。在这种情况下，我们还需要利用香港来购入一些我们所需要的战略物资，同时输出一些商品，换取一些外汇。到了20世纪50年代末，周恩来总理又正式提出对香港要实行"长期打算，充分利用"的八字方针。

1971年，中华人民共和国恢复了在联合国的合法席位。1972年3月，当时黄华是中国常驻联合国代表，我在他手下工作。我们接到中央政府的指示，要向联合国非殖民化特别委员会提出：香港、澳门是历史上遗留下来的帝国主义国家强加于中国的一系列不平等条约的结果，解决香港、澳门问题完全属于中国主权范围之内的问题，根本不属于通常的殖民地范畴。中国政府主张，在条件成熟时，用适当的方式和平解决香港、澳门问题，因此香港、澳门不应列入《反殖民宣言》使用的殖民地名单。而在一般情况下，被列入殖民地名单中的地区，最终都要实现独立。6 月 15 日，联合国非殖民化特别委员会通过了决议，向联合国大会建议从上述的殖民地名单中删去香港和澳门。1972 年 11 月 8 日，第二十七届联合国大会以 99 票对 5 票的压倒多数通过了相应决议，批准了这份报告，确认了中国对香港、澳门拥有主权的立场与要求，这为后来解决香港问题奠定了国际法的基础。

麦理浩投石问路

按照 1898 年中英《展拓香港界址专条》，到 1997 年 6 月 30 日，英国人租借新界就到期了。时间进入 1979 年，离新界租约期满只有 18 年了，香港投资开始裹足不前。英国政府有点坐立不安了，急于提出香港未来的地位问题，于是派当时的香港总督麦理浩到北京来摸底，想利用中国百废待兴之机向中国施压，延长对新界的租期，取得管制香港的长期权力。

1979 年 3 月 29 日，邓小平会见麦理浩。麦理浩表示，由于港英政府批出的新界土地契约不能超过 1997 年，可能会影响到香港未来的繁荣。他的意思是想劝说中国政府不反对香港政府在新界批出超越 1997 年的土地契约。中国政府如果同意，就等于同意英国在 1997 年新界租约期满之后有权继续管治整个香港地区。邓小平同志觉察到了他的意图，明确表示不同意 1997 年 6 月后新界仍由英国管理的意见，并指出中国政府的立场不影响投资者的投资利益，在 20 世纪和 21 世纪初相当长的时期内，香港还可以搞它的资本主义，我们搞我们的社会主义。这实际上已经把"一国两制"构想的核心部分向英国透露了。

麦理浩这次来访后，中国政府把解决香港问题提上了议事日程。邓小平同志指示廖承志：香港问题已经摆上日程，我们必须有一个明确的方针和态度。请各有关部门研究，提出材料和方案，供中央参考。

1981年4月3日上午，邓小平同志在北京会晤来访的英国外交大臣卡林顿，除了重申对麦理浩讲过的那番话以外，还通报了全国人大常委会1981年元旦《告台湾同胞书》和将要宣布的对台方针要点，建议英方研究中国对台湾的新政策。邓小平同志在回答如何继续保持香港的稳定和繁荣的问题时指出：他们的生活方式、政治制度不变，这是我们的一项长期政策，而非权宜之计。对这个问题我们可以郑重地说，我在1979年同麦理浩爵士谈话时所做的保证，是中国政府正式的立场，是可以信赖的；可以告诉香港的投资者，放心好了。

1982年2月，胡耀邦在粤闽工作座谈会上谈到准备应付未来香港的复杂工作时也透露：现在我们除了实行经济上对外开放的政策之外，还要在不久的将来，用另一种方式，即一个国家容许两种社会制度的方式，去解决统一台湾、收复香港和澳门主权的问题。这是我们在新的历史条件下应当采取的正确方针。

这之后不久，在调查研究的基础上，国务院港澳办公室向中央上报了以"一国两制"方针为核心的关于解决香港问题的12条方针政策，记得我也参加了由廖承志主持召开的两次小型会议商讨有关问题。文件草拟出来后邓小平同志批示："我看可以。兹事体大，建议政治局讨论。"后来中国对香港的12条基本方针政策，就是在此基础上经过反复修改后形成的，并写进了中英关于香港问题的联合声明。这样，以"一国两制"构想解决香港问题的战略定了下来，并初步提出了具体的方针政策。

中国不是阿根廷，香港不是马岛

虽然"一国两制"的构想已经充分照顾到了英国的利益，但并不是我们某些人设想的那样，英国人就欣然接受了"一国两制"。相反，谈判之初，英国人是不打算交还香港的。在谈判过程中，我几次同英国谈判团团长讲，按照"一国两制"的方针，香港问题解决后，将来英国在香港的利益我们还是给予保护的。他们当时唱高调："英国有什么利益？英国在香港毫无利益。"撒切尔夫人甚至声称："英国从来没有从香港拿走一个便士"。她说："我完全是为香港人谋福利。"这当然是自欺欺人之谈。到了 1995 年，当时的英国首相梅杰才讲了真话："英国在香港有巨大的经济利益，其直接投资在 900 亿至 1000 亿英镑之间。"

1982 年 9 月，邓小平在会见英国首相撒切尔夫人时，公开提出了"一国两制"的构想。

1982 年 9 月 23 日，撒切尔夫人首次访华。当时，号称"铁娘子"的撒切尔夫人刚刚打胜了马岛战争，从阿根廷手中夺过了马尔维纳斯群岛。撒切尔夫人到北京之前先到了东京，把英国驻华大使柯利达叫到东京，要求他对中国领导人晓以利害，让中国不要收回香港。撒切尔夫人内阁的外交大臣杰弗里·豪在回忆录《效忠的矛盾》一书中提到了当时撒切尔夫人所持的"强硬"态度："她对于主权的想法，不可避免地受到与福克兰群岛（即马尔维纳斯群岛——作者注）相类似事件的影响……她想迫使中国方面同意由英国在 1997 年后继续管理整个香港……她认为她所能做的最大让步是给予中国以名义上的主权。"撒切尔夫人是想以主权换治权，名义上可以把主权还给中国，将来香港换一面旗帜，"米字旗"下来"五星红旗"上去，但实际上还由英国继续管治。

撒切尔夫人当时一心想着要中国屈服，为此想了很多办法。她曾在内阁会议上询问内阁成员，包括国防大臣："香港军事上能不能防守？你们说不能防守就不防守么？"就是说她甚至还没有排除采用军事手段与我对抗。她还想把美国拉进来，把联合国拉进来，通过全民公决把香港搞成新加坡第二，实际上就是搞"香港独立"。

撒切尔夫人显然是一厢情愿，中国不是阿根廷，香港也不是马岛。柯利达是中国通，当时就对撒切尔夫人说恐怕不行。中国领导人，尤其是邓小平同志在维护国家主权这一重大原则上，态度是十分坚定明确、毫不含糊的。

"钢铁公司"与"铁娘子"的较量

在撒切尔夫人访华的一个星期前，即 1982 年 9 月 16 日，邓小平同志在住地和李先念、胡耀邦，还有几位有关同志谈到撒切尔夫人即将访华的问题。邓小平同志再次肯定 1997 年收回香港的决策是正确的，并指出：一切文章都要在收回香港、设立特别行政区这个大框子里来做。这次同撒切尔夫人会谈，就是将原则定下来，希望英国同我们合作。要说明，如果这中间发生大的风波，我们对收回香港的时间和方式，不得不作新的考虑。

9 月 24 日，邓小平同志在人民大会堂会见撒切尔夫人，全面阐述中国政府对香港问题的基本立场。这次会谈也是最重要的一次谈判，用邓小平同志的话讲就是"定调子"。

撒切尔夫人一开始就要求在 1997 年后，继续维持英国对整个香港地区的管辖不变，并以威胁的口气说："要保持香港的繁荣，就必须由英国来管治。如果中国宣布收回香港，就会给香港带来灾难性的影响和后果。"

邓小平同志立刻针锋相对地顶了回去。他指出：我们对香港问题的基本立场是明确的。这里主要有三个问题，第一个是主权问题；第二个是 1997 年后中国采取什么方式来管理香港，继续保持香港繁荣；第三个是中英两国政府要妥善商谈如何使香港从现在到 1997 年的 15 年中不出现大的波动。他强调：主权问题不是一个可以讨论的问题。不迟于一两年的时间，中国就要正式宣布收回香港这个决策。保持香港的繁荣，我们希望取得英国的合作，但这不是说，香港继续保持繁荣必须在英国的管辖之下才能实现。香港继续保持繁荣，根本上取决于中国收回香港后，在中国管辖之下，实行适合于香港的政策。

当撒切尔夫人提出有人说一旦中国宣布 1997 年要收回香港，香港就有可能发生波动时，邓小平同志指出：我的看法是小波动不可避免，如果中英两国抱着合作的态度来解决这个问题，就能避免大的波动。中国政府在作出这个决策的时候，各种可能都估计到了。他严肃地指出：如果在 15 年的过渡时期内香港发生严重的波动，中国政府将被迫不得不对收回香港的时间和方式另作考虑。

这次会谈打下了撒切尔夫人的气焰，她走下人民大会堂东大门台阶时穿着高跟鞋摔了一个跟头。中国是礼仪之邦，我们对她客气，留点面子。新闻里没有这个镜头。

英国的"铁娘子"顶不过中国的"钢铁公司"！"钢铁公司"是毛主席送给邓小平同志的绰号，第一次交锋，"铁娘子"就败下阵来。1997 年撒切尔夫人到香港出席交接仪式、接受记者采访时回忆：她曾要求邓小平让英国继续租借新界，但邓小平马上说："不可以"，还说，中国可以在当天下午就收回香港，当时令她深感遗憾。

撒切尔夫人这次访华的结果是中英双方发表了一个公报，宣布双方同意通过外交途径继续就香港问题进行商谈。但是撒切尔夫人离开北京到达香港以后，还是宣扬她的"三个不平等条约有效论"，说："英国是根据这些条约来管治香港的，条约是有效的、合法的”，并声称“英国政府对 500 万港人负有道义上的责任和义务”。这引起了香港青年和爱国学生的抗议和中国政府的严厉批驳。

山重水复疑无路

虽然中英双方都同意通过外交途径解决香港问题，但要开始双方副外长级的外交谈判，不是一件容易的事。双方一开始就陷入了有关议程问题的争论。

一开始，由章文晋副部长同英国驻华大使柯利达进行的即将开始的第二阶段正式谈判的议程出现问题。所谓“第二阶段正式谈判”即指后来双方副外长级的 22 轮谈判。一个议程问题谈了几个月还谈不下来。中方要求英方首先承认中国对香港整个地区的主权，然后进入同中方磋商如何保持香港稳定繁荣与移交主权等技术性问题。英方认为谈判不应该有任何先决条件，主权问题只能作为更广泛、更具体的“一揽子”交易的一部分来加以讨论。这样就一直拖着。后来章文晋调到美国当大使。姚广接着谈，也没有谈下来。邓小平同志 1982 年 9 月和撒切尔夫人讲两国谈判以两年为期，但到了 1983 年春天，过了六七个月，议程问题仍没有解决。

议程没解决，那怎么办呢？柯利达开始的时候态度比较强硬，但是很快就理解，中国在一些原则问题上不会让步。英国要保持在香港的最大利益，就只有妥协。

撒切尔夫人终于在柯利达等人的劝说下召开紧急会议，并在 1983 年 3 月致函中国总理：“如果中英两国能够就香港的行政管理安排达成协议，而这些安排既能保证香港今后的繁荣和稳定，又能为中国方面，也能为英国议会和港人接受，她就准备向议会建议，使香港的主权回归中国。”这段话虽然没有对恢复中国主权作出任何承诺，但比较过去的态度有所变化。因此，中国方面立即提出实质性谈判的三项议程：主权的移交、997 年之后的安排、1997 年以前的安排。但是英方只同意讨论 1997 年前后的安排问题，不同意在议程中出现"交还香港"或"主权移交"一类的字眼。这样议程还是僵在那里，实质性会谈的日期也迟迟定不下来。

柯利达觉得这样下去不行。我当时是外交部主管西欧工作的部长助理，记得大概是 1983 年夏天，柯利达专门约我到他官邸共进午餐。我心想他大概有事找我谈。果然，吃过饭喝咖啡的时候，他就讲：我非常着急，议程问题到现在还谈不下来。中方提出的第三项议程——香港主权的移交，英文是 the transfer of sovereignty，英方不能接受。如果用这种表达方式，就等于说英方还没有谈判就已经承认了主权必须移交，但实际上移交不移交只能是谈判的结果而不能是谈判的开始。他建议把冠词"the"改成"a"，就是 a transfer of sovereignty。我当时想，用"a"就很不确定了。我也来不及回部里和大家商量就跟他说，在英文里名词前面可以加冠词，也可以不要冠词，是不是既不要"the"，也不要"a"，就叫 transfer of sovereignty。我问柯利达是不是可以，他说文法上是可以的。他跟助手商量了一下，说可以考虑。我马上说，那好，就这样吧，反正中文根本没有冠词的问题。

这么一来，议程问题就迎刃而解了。当时英方人员和我方人员都觉得这样处理很好。

"主权的移交"的说法，后来有变化。我记得在第二轮谈判以后，外交部法律顾问邵天任提出意见，说法律上用这种字眼不大好，主权本来是属于中国的，英国侵占了香港，不能说主权就归它了。因此他建议改成"恢复行使主权"，这样更科学。从那以后，我们的说法就改了。开始邓小平同志讲话还是"主权的回归"或"主权的移交"，后来都改成"恢复行使主权"。

这之后，我和柯利达就第二阶段谈判的议程达成了一致意见，决定先谈 1997 年后的安排，再谈 1997 年前的安排，最后谈"关于主权移交事宜"。议程问题解决之后，双方商定于 1983 年 7 月 12 日开始正式举行中英关于香港问题第二阶段会谈的第一轮谈判，地点是北京台基厂头3号。会谈的时间和地点本来是保密的，但是来北京采访中英会谈的大批香港记者，一早就守候在英国驻华使馆门口，一看到使馆的车队开出大门，就搭乘出租车穷追不舍。为了不被甩掉，他们不惜出高价让司机闯红灯。结果，会谈地点终于被记者发现。中方由姚广任团长，成员包括外交部法律顾问邵天任、新华社香港分社副社长李菊生、外交部港澳办主任柯在铄、外交部西欧司顾问鲁平、西欧司参赞罗家 。英方由柯利达任团长，参加谈判的还有香港政府政治顾问麦若彬，英国驻华大使馆一等秘书欧威廉，二等秘书毕瑞博、史棠穆。港督尤德作为英国政府代表团成员参加会谈。当时，大致每月举行一轮会谈，每轮会谈时间为两天。

姚广在前台。我在后台，主要研究谈判策略和同柯利达进行私下接触和磋商。每次谈判结束后，我和代表团成员还开个小会集体讨论一下。

节外生枝"三脚凳"

英国人从一开始就玩弄"三脚凳"。什么叫"三脚凳"呢？本来是两个主权国家谈判，但英国却想把香港作为独立的第三方拉进来，实际上是想"以华制华"。我们坚决反对，英国没有办法。

1984年3月，香港立法局通过一项由一名外籍议员提出的动议，要求英中有关香港问题的任何建议，在没有达成协议之前，必须首先提交香港立法局辩论。而早些时候，英国的几名保守党议员在英国议会提出的议案宣称，英中双方就香港问题达成的解决方案，如事先没有获得港人采纳，则英议会将不予通过。明眼人都看得出来，两者是相互配合的。这是英国人再一次玩弄"三脚凳"。

1984年6月，部分香港工商界人士来北京访问。23日上午邓小平同志接见了他们。邓小平同志说："香港问题我们会和英国解决，这里只有'两脚凳',没有什么'三脚凳'。1997年香港一定要回归,我们不会受任何方面的干扰。""你们说对香港人没有信心,其实是你们个人的意见,概括起来就是你们对中国政府所制定的政策不信任,那就只能让外国人来管理。""你们说的,就是港人治港不可能,这实际上是不相信中国人有能力管理香港,这是老殖民主义影响下的精神状态。"邓小平同志还让他们"多了解中华人民共和国,多了解中华民族"。此后,"为民请命"的论调才有所收敛。

中央外事领导小组当时由国家主席李先念当组长。我记得有一次中央外事领导小组谈到香港问题,李先念同志说英国人打"民意牌",我们也应该动员舆论。因此那一段时间,《人民日报》上发表了很多文章进行反击。当时正好我们拍了一个电影,叫《火烧圆明园》。这是个巧合,并不是我们为了配合谈判,专门拍那个片子。但是既然拍了这个片子,外交部就组织各国使节去看。英国大使馆的人很敏感,怕自己下不来台,就没有出席。

这时,除了"民意牌"之外,英国人还打"经济牌",有意地制造恐慌。一时间物价飞涨,老百姓去抢购日用品,港币大幅贬值。本来他们是想拿这个压我们,港英当局的主要官员就曾经讲过,如果中国政府不改变在香港问题谈判方面的态度,这种趋势还会继续发展。香港经济上要出现崩溃了,看你中国受得了受不了。同时,港英当局还鼓励香港的一些亲英人士和传媒,以香港"民意代表"的姿态,再次掀起"敦请"英国继续管治和反对中国收回香港的论调。我们的方针是:你搞你的,我们不为所动。结果出现了个"黑色星期六",股市大动荡,港元大贬值,弄得他们自己倒先慌张起来,撒切尔夫人召开紧急会议,最后商量出一个办法,赶快让港元同美元挂钩,这才稳住局面。

幻想"主权换治权"

在头三轮的谈判中,柯利达执行撒切尔夫人的策略,不厌其烦地宣传香港的繁荣都是英国统治的结果，宣传要保持香港的繁荣离不开英国的管治。他还称：只有中国同意由英国继续管治香港，英国才会同意给中国以名义上的主权，希望中国以"实事求是"的态度来对待香港问题。中方对此当然进行了驳斥，明确指出："香港问题的最基本的事实就是：香港是中国领土，至今仍为英国占领。要解决这一历史遗留的问题，最根本的一条就是把香港归还中国。因此才有今天的谈判，如果无视这一基本事实，还谈得上什么'实事求是'？"

这当中还有一个插曲。1983 年 8 月 15 日，一个日本《朝日新闻》的记者来采访一位中国领导人，这位领导人向他透露，1997 年我们打算收回香港。柯利达当时回国述职，8 月 18 日，英国驻华临时代办柯杰儒带上参赞高德年来找我，提出抗议，说我们本来商定谈判的内容不对外公布，现在你们跟《朝日新闻》讲香港 1997 年要收回，英国政府对此表示惊讶和关切，要求以后不能再发生类似事件。

我借这个机会当场驳斥了英方从谈判开始以来坚持的错误立场。首先，我说我们国家领导人完全有理由和权利公开阐明中国政府对香港问题的基本立场，没有什么泄密不泄密的问题，你这个理由站不住脚。中国领导人并没有讲到会谈的进程和具体议程。当日本记者问到会谈的细节的时候，中国领导人表示："谈判的情况我不能说，对不起。"事实上，英方倒是多次通过在它影响下的报刊泄露了会谈的内容，企图通过新闻媒介来影响谈判，并通过香港的一部分人制造舆论，支持英方观点。我接着说，你们想拿主权换治权，延续 1997 年后对香港的殖民统治，这是根本行不通的。到了 20 世纪 80 年代，英国还打算采用 19 世纪的殖民主义、帝国主义的态度来对待已经站起来的中国人民，说得客气一点，至少是缺乏起码的时代感和现实感。你们搞所谓的"民意"，实际是英国的"官意"，不是香港的"民意"，是你们制造出来的。打什么"民意牌""信心牌""经济牌"，一概是徒劳。对方当时不吭声，我让他们把我说的话原原本本地报告给伦敦方面。过了两天中央外事领导小组开会，李先念同志看到那个简报了，说我讲得很好，特别欣赏"不是民意，是官意"这句话。

因为双方争执得很厉害，前三轮会谈公报内容都很简略。第一轮会谈后发表的公报中提到双方认为本轮会谈是"有益的"和"建设性的"。第二轮会谈后发表的公报，去掉了形容词"建设性的"，只说"双方进行了两天有益的会谈"。第三轮会谈后发表的公报只有"双方举行了进一步会谈"一句话，什么形容词都没有了。香港媒体猜测双方一定谈得不顺利，所以才如此。

1983 年 9 月 10 日，邓小平同志出面讲了话。他在会见英国前首相希思时说：我借此机会说一下，英国想用主权来换治权是行不通的。希望英国不要再在治权问题上纠缠，不要搞成中国单方面发表声明收回香港，而是要中英联合发表声明。在香港问题上，希望撒切尔夫人和她的政府采取明智的态度，不要把路走绝了。中国 1997 年收回香港的政策不会受任何干扰，不会有任何改变，否则我们就交不了账。希望本月 22 日开始的中英第四次会谈，英方不要再纠缠主权换治权问题，要扎扎实实地商量香港以后怎么办，过渡时期怎么办。这对彼此最有益处。邓小平同志请希思把他说的话传给撒切尔夫人。

经过 50 天的休会之后，中英双方代表于 9 月 22 日和 23 日举行了四轮会谈。这次会谈英方虽然态度表面上有变化，但实质上仍然坚持前三轮会谈的立场，致使谈判没有任何进展。会谈结束前，英方表示，最近很多人由于对会谈进展情况不明，感到忧虑，信心已经受到很大打击，因此建议发表一项声明："双方在友好的气氛中再次会谈，并进行了有益和有建设性的讨论，双方再次确认其维持香港稳定和繁荣的共同目标，以及为此目的继续进行讨论的决心。"中方不同意发表这样的声明，说："英方在会谈中既未拿出'有益的'主张，也没有提出任何'建设性的'意见，我们不能欺骗舆论，希望英方在下次会谈中提出建设性建议。这样，下次新闻公报内容就丰富了。"结果，这次会谈后发表的公报同第三轮一样，只说"双方举行了进一步会谈"。

9 月 27 日，在纽约出席联合国大会的中国外长吴学谦和我，同出席联合国大会的英国外交大臣杰弗里·豪进行了一次会谈。杰弗里·豪在他的回忆录中这样描述这次会谈："我在纽约的简短会面使吴学谦和我都能够出于彼此的立场彬彬有礼地交换意见。我强调了我们真诚的观点，即只有由英国继续管治，才能保持港人的信心。吴学谦则讲了另外一面，即如治权也交还给中国，英国还能在1997年后扮演重要角色。而周南则指责英国回避关键性的问题，因此应对目前的僵局负责。"

第五轮谈判，中方的态度非常强硬。中方代表在发言中说，如果英国不改变态度，我们就要考虑继续谈判下去的必要性了。

这之后，撒切尔夫人在其他一些内阁成员和柯利达等人的说服下，终于开始考虑改变态度。她回忆说："中国的领导人提醒我们，福克兰群岛事件不能成为处理（香港）这块殖民地的先例。不论是从军事还是从法律的角度看，我都理解这一点。"

折冲樽俎任首席

1983年10月14日，柯利达返回北京，带来了撒切尔夫人给中国领导人的口信，表示"可以在中国建议的基础上探讨香港的持久性安排"。

10月19日，在第5轮谈判中，柯利达详细介绍了撒切尔夫人的口信所表达的英国政府的新立场，其中有这样一句话：香港问题解决以后，英国不谋求在香港的管治方面"发挥主导作用"，"而只谋求与香港保持某种密切联系"。"某种密切联系"显然含混不清，究竟是什么意思？我们要柯利达讲清楚。

11月14日，在第6轮会谈中，姚广第一次详细介绍了中国政府对香港的12条基本方针政策。但柯利达拒绝谈这些问题，要求集中讨论有关细节问题。

12月7日，在第7轮会谈中，柯利达讲：英方不再坚持英国在1997年后对香港的管治，也不谋求任何形式的共管。英方讲"某种密切联系"，将不会与 1997 年香港的主权和管治权一并归还中国这一前提相冲突，并不意味着英方要求未来的香港政府跟英国政府建立"权利或汇报的关系"，英方不会去挑战中国的主权。话讲得冠冕堂皇，但是后来事情的发展证明这又是一句假话。英国并没有放弃 1997 年后插手香港行政管治和在最大限度上使未来的香港成为独立的"政治实体"的念头。

第 7 轮会谈后，柯利达奉召回国当撒切尔夫人的顾问，继续主管香港的事情。英国换了伊文思大使当谈判代表团团长。这时中方也决定换将，1984 年 1 月 25 日，第 8 轮会谈时就让我接替姚广当团长。中英双方代表团原有的团员都没变。

按照习惯做法，每一轮正式会谈只有两天。会谈时，中英双方都一本正经地做正式发言和评论对方的发言，很难深入交换意见和进行磋商。有鉴于此，我担任中方谈判代表团团长以后，增加了双方私下的接触和非正式磋商。

从第八轮起，中英双方开始谈有关香港 1997 年以后的安排问题，都是围绕主权问题展开的。英国的方针概括起来就是一句话：步步为营，不断地冲击中国的底线，试图损害中国国家利益，以保证 1997 年以后英国能继续最大限度地操控香港政局。

英国人的谈判方式是典型的"迂回战术"。我们讲 12 条基本方针，他们并不明言反对，而是在每轮会谈中，针对每一项议题，掏出几页纸，大谈他们对中方提出的每一条方针的"理解"。他们的理解跟我们的理解相差很大，实际上就是要损害中国的主权，维护他们在香港的特殊利益。

这一阶段会谈中涉及以下几个重要问题：

中央和地方的关系问题。中方提出的协议文件草案中明确讲，香港特别行政区直接隶属于中国中央政府。英国方面竟然要求删掉。我们说，香港不隶属于中国中央政府，难道还隶属于大英帝国政府吗？不行，一定不能删掉！这样双方就争论起来了。中方说香港"高度自治"，英方就要求"完全自治"。如果香港"完全自治"的话，中国中央政府根本不能管香港了，即使有一天香港宣布"独立"，都不能干预了。这当然不行。后来，英方又说，如果香港不能"完全自治"，则应"最大限度自治"。"最大限度自治"是什么意思呢？这和"完全自治"又有什么实质性区别呢？英方又讲不出来。英方不但要求删去"香港特区直辖于中央政府"的字样，并要求规定"香港以外"的任何"其他地方"，也就包括中国中央政府，对香港的事都没有否决权。我们也马上否定掉了。我说，中国提出的"高度自治"的政策的内涵已经十分广泛，不能再宽松了。英方的修改意见实际上是要削弱乃至割断中国中央政府与香港特区的联系，要把香港变成独立于中国中央政府的"政权实体"。英方还说要在 1997 年 6 月 30 日把香港政治、行政管理权直接交给香港特区政府，想绕开中央人民政府，来个"私相授受"。我说这怎么行！香港是英国从中国手中抢走的，按照中英协议，理所当然地要交还给中国政府，为什么要绕过中央政府呢？这又是什么意思呢？英方一定要把香港政治、行政管理权先交还给中国中央政府。因此，在 1997 年 6 月 30 日晚上交接仪式上，大家可以看到，英方是先把香港政治、行政管理权交给中国，然后中国中央政府再把高度自治权授予香港特区政府。英方甚至提出更荒谬的说法："为保持香港的繁荣，就必须继续保持英国对香港的联系，并使社会主义的大陆同资本主义的香港隔离和绝缘。"这里居然用了"绝缘"两个字，英文是"insulation"。我说，你这样不是很荒唐吗？香港还算不算中国领土呢？这个绝对不行！英方只好知难而止。

外交问题。中方主张，香港是中国的一个地区，凡是和中国建交的国家都可以在香港设立总领馆或领事馆，但不能设大使馆。英方却不同意，要求在香港设高级专员公署，即 high commission。我在英联邦成员国工作过，知道这是怎么回事。英国把其设在英联邦国家的大使馆叫作高级专员公署，以表示它的特殊地位。于是，我说，你们提这个是什么意思？我知道你们只在英联邦国家设立高级专员公署，而且只是在那些国家的首都设立。将来的香港，只是中国的一个特区，中国的首都在北京，不在香港。你们究竟是什么想法？是不是想把未来的香港特区变成准英联邦成员国，或者是英联邦成员国？我看到当时伊文思跟他旁边的几个代表团成员交头接耳。他没料到我们会这样质问他，一下子答不出来。商量以后才说，我们在一些国家设有商务专员。我马上批驳说，你这又胡扯了，商务专员是商务处的商务专员，商务处是大使馆下面的一个单位，跟高级专员公署是风马牛不相及的事情。你这样糊弄我们不行。后来，英方看这招也不行，只好同意在香港设总领馆。

特区政府的官员问题。这个问题在拟定 12 条基本方针的时候，没有完全讲清楚。后来中共中央政治局讨论后认为，应该讲清楚，可以保留一些外国人当港府顾问或者低级官员，但港府主要官员必须由在香港有长期居留权的中国人担任。这些"主要官员"指的是特区政府的司长级别的官员。这才能体现香港的回归，要不然还是外国人统治啊！我记得陈云同志还批了一句：警察署的署长也必须由中国人担任。警察署不是司级单位，比司低一点，但是警务权是刀把子，还让英国人干怎么行？这说明我们老一辈革命家对政权重要性的认识很清楚。英方就想改这个东西，谈判中要求规定外籍人士可以担任港府行政的高级职员，即司长级官员。我们说这个不行，如果那样的话就等于除了特首是中国人之外，其他的高级职员还是英国人，照样是英国管治，那不是又跟你们撒切尔夫人的"主权换治权"一样了吗？我们把英国人的无理要求打了回去。

小平一怒安天下

另外，还有一个大一点的问题。就是驻军问题。在同意香港实行高度自治的同时，中国中央政府要保留必要的权力，其中首先是国防、外交必须由中央直接管理。既然国防、外交由中央政府直接掌握，那么中央政府就有权在香港驻军。英方却又百般抗拒，说中方一旦驻军，香港老百姓就吓坏了，都要移民了。我说，英方能驻军，为什么中方就不能驻军呢？英方说，英国离香港十万八千里，万一有什么事英国一时来不了。中国就在香港旁边，不需要在香港驻军，在广州、深圳有军队就行了。因为离中国近，所以不需要驻军；英国远，所以要驻军。这又是一个荒唐的逻辑。如果香港受到外国的侵略怎么办？英方说，万一发生这个事情，那中方得事先征求港府的意见。特区行政长官同意了，立法会同意了，中方军队可以暂时来一下，然后马上回去。这又是一个涉及主权问题的重大争论。对这个问题，我代表中方在谈判中明确讲，这个问题已经谈了多次，英方反对驻军毫无道理。中国中央政府负责香港的防务，必须在香港驻军。驻军是主权的体现，是天经地义的事，不管英方赞成与否，中国都不会在这个问题上让步，而且驻军对香港的繁荣稳定有利无弊，希望英方采取合作的态度，不要再无理取闹了。

我们在会场上跟英国斗的时候，会场外出了一个纰漏。全国人大开会的时候，香港记者找到我们的一位领导人，说香港老百姓怕中央政府驻军，中央政府是不是一定要在香港驻军？这位领导人不熟悉香港问题，不经意地回答了一句：也可以不驻军吧！结果第二天，香港各大报纸头版头条报道，中国的某领导讲不必驻军，是中国政府的意见。

正好那时候小平同志会见出席六届全国人大三次会议和政协六届二次会议港澳地区的人大代表和政协委员。会见之前，允许记者进来照相，然后退场。那天会前，我们已经把这个事报告给小平同志，他很生气。记者在退场的时候，要出门了，小平同志说："哎！你们回来！回来！等一等！我还有话讲，你们出去发一条消息，辟个谣。香港怎么能不驻军呢？驻军是主权的体现嘛！为什么中国不能在香港驻军，英国可以驻军？我们恢复了主权反而不能在自己的领土上驻军，天下有这个道理吗？驻军起码是主权的象征吧，连这点权力都没有，那还叫什么恢复行使主权哪？必须要驻军。"

第二天我一上班，伊文思就来电话，说奉英国政府之命紧急约见。我想是不是跟这个事有关呢？伊文思到了外交部，果然是这个事情。他当时说话很紧张，有点像唐朝韩愈讲的那样"口将言而嗫嚅"。他说："听说昨天邓主任在人民大会堂讲话，批评了有关人士，说一定要在香港驻军。这件事在香港各界引起极大震动，我们很关注。香港人还是很怕这个问题，希望中国政府慎重考虑，是不是不一定要在香港驻军。"我说："谈判谈了很久不就是为了这个问题嘛？你们不要再讲了，我们讲了多次，这是恢复行使主权。国防要中央管，就必须在香港驻军。你回去后就说中国的这个立场是坚定不移的，没有谈判的余地。"伊文思灰溜溜地走了，真实地把我们说的话传回去，从此没有再提驻军问题。

驻军问题是一场严重的斗争。小平同志的讲话对解决驻军问题起了关键作用。后来小平同志还曾讲："在香港驻军还有一个作用，可以防止动乱。那些想搞动乱的人，知道香港有中国军队，他就要考虑。即使是动乱，也能及时解决。"

无中生有"跛脚鸭"

1984 年 4 月 11 日举行第 12 轮会谈，中英香港问题谈判开始进入第二个议程——1997 年之前的安排问题，就是小平同志讲的要保证过渡时期香港的局势稳定，以便顺利实现 1997 年的平稳过渡问题。小平同志担心英国在此期间制造混乱，认为需要成立一个中英联合机构进驻香港，有问题就可以在那商量，双方达不成协议的问题，可以反映到中英两国外交部或两国政府再来解决。

我们根据小平同志的意思拟了个草案，开始的名字叫"中英联合委员会"。英方一看，大吃一惊，用柯利达回忆录的话，就如"晴天霹雳"一样，没想到中国还有这么一手。英方无论如何不同意，他们说，你们搞个"联合委员会"进驻香港，那不就等于 1997 年之前香港就由中英共管了吗？我们对英方反复解释，不是什么"共管"，委员会只不过是为了贯彻中英联合声明和处理跨越 1997 年的重大事务。好说歹说英方就是不同意。他们特别怕的是，中英联合机构进驻香港以后变成第二权力中心，港督就成了"跛脚鸭"，走不动路了。香港老百姓有什么官司、有什么问题就不找港府，找联合委员会去告状了。

这个问题一直僵持到 1984 年 7 月，柯利达这时候也有点着急了，因为到 9 月就满两年了。怎么办呢？他建议外交大臣杰弗里·豪再到中国访问。当时我也认真考虑了这个问题，跟我们代表团讲，英国外交大臣快来了，这个僵局怎么打破？英国人的顾虑无非是怕我们干预香港政府的日常事务。我们把这个机构的任务讲清楚点，它不干涉香港政府的日常事务，而是根据中英联合声明的条款，设计平稳过渡的问题，研究讨论，作出决定。另外，时间上也还可以给英国照顾一下，联合机构晚一两年进香港，1997 年之后让它再存在一两年，给英国人一个面子下台阶。

那时候，国务院领导也比较急，因为英国外交大臣来了要见他。国务院领导就找我去，在他家里谈这个事。我就把我的想法跟他说了。国务院领导说，我看可以这么做，不过这个事太大了，要小平同志亲自做决定才行。国务院领导叫来秘书，让其安排专机，第二天一早就飞北戴河。他对我说，你跟吴学谦一块去。我说我不去了吧？吴学谦去就可以了。他说不行，你是直接负责的，你要去汇报。所以第二天一清早，我们就飞北戴河，到小平同志那儿，向他汇报这个设想。小平同志稍微考虑了一下说，中英联合机构进驻是必需的，名称可以改变，进驻时间早晚可以松动。大家可以互谅互让，但必须进驻，晚两年进驻也无所谓。你们争取按此方案谈出个结果来。

接着，小平同志讲，《香港特别行政区基本法》原定 1993 年公布，太晚了，应该早一点，改成 1990 年。然后他又讲过渡时期要注意五个"不要"：其一，不要动摇港币的地位。其二，不要滥用卖地的收入。根据小平同志的这条指示，我们后来在谈判中提出两点：一是考虑到香港经济发展的需要，给港英政府一定的权力批出超出 1997 年租期的土地，但是每年不许超过 50 英亩，如果超过必须双方达成协议才行。二是土地批租收入必须对半分，一部分归港府的财政，一部分归土地基金委员会，由中方派人管理，放在银行里存起来保值增值。经过艰苦的斗争，中英双方就此终于达成协议。其三，不要增加将来特区政府的财政负担，搞一些大而不当的基建项目。这样才有后来机场问题的斗争，这个机场就是现在的大屿山机场。其四，不要带头转移资金。其五，不要自搞一套治港班子强加给特区政府。前面 4 条是经济方面的，最后一条很重要，是政治方面的。事后证明，小平同志对香港的事情很清楚，而且看得准、看得深、看得远。

我们听完小平同志的指示，就赶了回来。第二天，7 月 28 日，杰弗里·豪一行到了北京，住在钓鱼台。

头一天中午，我约请柯利达、高德年等人共进午餐。吃午饭的时候，我打出底牌，但比在北戴河商定的"要价"高一点。我说，现在已经到了这样的时刻，这个问题需要早一点解决。我们考虑再三，提出一个方案来。联合小组必须进驻香港，除了明确规定任务之外，进驻的时间可以晚点，1985 年、1986 年、1987 年三年在外边，到第四年，即 1988 年 1 月 1 日进驻香港。同时为了照顾你们，1997 年之后再过两年半，到 2000 年联合小组结束。我说这是中国最后的方案。如果你们还不接受，我们就撤回方案，撤回方案的后果你们负责。柯利达一听到这个情况，马上意识到中国要摊牌，不能不严肃地考虑。他在回忆录中这样写道："我睡眠不足，从家出来第一个夜晚就主要跟杰弗里·豪和高德年一起在飞机的后舱里，为联合联络小组起草的职权范围进行反复修改，对跟能豪饮茅台的周南先生共进午餐并不十分感兴趣。但是，他的信息令我顿时清醒过来。他说，中方有一些重要的会议即将迫近，会影响到香港问题谈判。那就暗示着悬而未决的问题必须在未来的 2 天到 3 天内解决。否则，中国人就会收回原先所提出的方案，谈判就会失败。他们准备接受我们为联合联络小组所制定的某些职权范围，也准备让联合联络小组晚两年进驻香港，并从 1997 年开始延期 3 年。但是，他暗示我们想要一个迅速的回答，问题要在外交大臣见邓小平之前解决。"

柯利达马上从 2 号楼跑回他们住的楼，把这个情况向杰弗里·豪和港督尤德等人做了汇报。杰弗里·豪一听，说不要在屋子里谈，屋子里可能有窃听器，到外边找个大树底下谈。那时候是 7 月份，骄阳如火，热得不得了，他们不得不忍受炎热。杰弗里·豪认为，这是中国底线，不能再拖延和僵持了。尤德不同意，说要逼中国做更大的让步，最好能打掉联合小组。尤德属于少数派，多数人认为搞不好要破裂，应马上向伦敦发报提出建议。因此，那天下午的会谈柯利达缺席。我们想，他大概是跑回英国驻华使馆发电报去了。第二天，姬鹏飞请吃饭，第一道菜刚喝了个汤，英国那边来电话又把柯利达叫回去。我想，是英国政府回电了，结果果然是这样，撒切尔夫人同意跟我们达成妥协，只是还要他们争取更好的结果，所谓更好的结果，就是要再晚些年才让联合小组进驻香港。我们说要 1988 年进去，英方提出要 1993 年才进去，在吃饭的时候我们就拒绝了。英方又提出联合小组要再晚几年结束工作，想拖到 2002 年，我们也拒绝了。杰弗里·豪没办法，但是他要跟撒切尔夫人交账啊！结果他见中国国务院领导的时候说，1988 年 1 月 1 日让联合小组进驻香港，时间太早了，再松一松，就 7 月 1 日吧。我们同意了他的建议，这样双方达成了协议，确定联合小组自 1988 年 7 月 1 日进驻香港，而不是 1993 年才进驻。杰弗里·豪在他的回忆录中这样写道："撒切尔夫人知道了有关情况之后，也同意了这项妥协，但仍对英方未能将小组进驻香港的时间推迟到 1988 年以后而感到失望。"

我们一达成协议，马上报告小平同志。小平同志就坐专列回来见杰弗里·豪。见之前找我们去汇报。我就讲了这个经过，他一听很高兴，说："那好了，大问题都解决了，等会我见他的时候就可以讲欢迎英国女王来访了。"小平同志高兴地接见了杰弗里·豪。杰弗里·豪在他的回忆录里描述了当时的情景：小平先生接见时，先开个玩笑，说："你看我在北戴河都晒成非洲人了。"然后说："我们的周南部长助理和你们的伊文思大使工作都很出色啊！现在已经基本达成协议了。"杰弗里·豪凑了个趣，他说："英中谈判如果没有周南就像中国的正式宴会没有茅台酒一样。"小平同志哈哈一笑，说协议正式签署之后，中国政府欢迎英国女王来访，并讲了他在北戴河对吴学谦和我讲过的"五不要"。杰弗里·豪保证中方担心的事不会发生。但小平同志还是有点不放心，他说："还可能出现我们不愿看到的事情，还可能出现不以我们意志为转移的问题。"后来事态的发展，证实了小平同志的预见。

柯利达在他的回忆录中讲，在英中会谈过程中有许多转折点，1984年7月份的这次事件"无疑是最富有戏剧性的"。"在此之前，人们怀疑双方是否能够达成可以接受的协议，谈判似乎有可能破裂"。但这次事件之后，"已经可以看到达成一项历史性协议的前景了"。

乾坤旋转瑞珠还

中英香港问题谈判时，会谈的进程不能对外透露，但香港的记者们恳求我在每次会谈开始前双方代表寒暄时，多少讲一两句有意义的话，以便他们"有料"可以报道。于是，我就根据记者们的要求，同英方团长寒暄时，即景生情，顺口引用了几句中国古诗词，对会谈进程做了一些暗示。对此，香港传媒做了不少报道和猜疑。

大问题解决了，剩下的一些具体问题，比如民航问题、国籍问题，很快基本达成了协议。在双方代表团领导下，又设置了一个临时性的专题小组，由中方鲁平和英方麦若彬负责，商谈并提出有关具体问题的具体措辞，然后再交给负责起草文件的工作小组推敲。

至此，中国在1997年恢复对香港行使主权，就剩下了一个公报的形式问题。英方不愿意写这是主权回归，它提出的文本说："联合王国将在1997年6月30日以前继续管治香港，并将于1997年7月1日起终止它在香港行使的一切管治权力。"而中方则强调这是核心问题，一定要说明英国将于1997年7月1日把香港交还给中国，中国将于该日恢复对香港行使主权。商量来商量去，英方提出要搞一个条约，而中方则说不搞条约了，搞中英联合公报的形式。你说你的，我说我的。最后英方接受了中方的建议，仿效美国总统尼克松访华时签署的《上海公报》

的做法，采用了联合公报的形式，在主权问题上采用了各自作出声明的表达方式。中国政府声明："中华人民共和国政府决定于 1997 年 7 月 1 日对香港恢复行使主权"；英国政府声明："联合王国政府于 1997 年 7 月 1 日将香港交还给中华人民共和国政府。"英国开始不愿意写将香港交还给中国，坚持了一下，后来也不得不同意了。

中英两国代表团逐字逐句商定了联合声明的最后文本以及三个附件，即《中华人民共和国政府对香港的基本方针政策的具体说明》、《关于中英联合联络小组》《关于土地契约》，还有一个关于国籍问题双方交换的备忘录。1984 年 9 月，中英联合声明由我和伊文思草签，从谈判开始到结束，正好两年，完全符合小平同志一开始提出的要求。

1984 年 12 月 19 日，中英两国政府首脑正式签署关于香港问题的联合声明，正式确认中华人民共和国政府将在 1997 年 7 月 1 日起恢复对香港行使主权。小平同志出席了签署仪式。这之后，中英双方把《联合声明》作为一份具有法律效力的文件，交至联合国备案。

为什么能够达成协议？后来小平同志讲，首先是因为我们国家是一个有实力的国家，有实力做后盾。外交谈判历来是这样，没有实力不行。撒切尔夫人在她的回忆录《唐宁街岁月》中写道："协议并不是，也不可能是我们的胜利，因为我们是同一个不肯让步，而且在实力上又远远超过我们的大国打交道。"第二，就是我们"一国两制"思想对头。因为回归无非是两种方式，和平的方式和非和平的方式。"一国两制"可以采取和平的方式，有关各方比较容易接受，当然也不可避免地充满了斗争。一个是国家的实力，一个是正确的方针，两者相辅相成、密切配合。如果只有一个正确方针，没有国家的实力做后盾，他们可以不理睬我们。如果只有实力而没有正确的方针，也不可能和平解决。最后一点原因，邓小平同志曾说，谈判之所以成功，还是双方共同努力的结果。谈判当中中方坚持了原则性又有必要的灵活性，对谈判成功起了积极的作用。记得在中英谈判的后期，除了正式谈判之外，我有时候也找英国代表团团长伊文思吃饭，他请我，我也请他。有一次我问他："大使阁下，你应该清楚在涉及主权的问题上，中国是不会让步的，你们为什么还在谈判当中多次提出那些无理要求呢?"他倒是老实地说:"我们要是不提出来，怎么知道你们一定会不同意呢?"国与国之间的谈判历来都是这样的，任何一方总是想争取对它来说最有利的结果，如果对方过早让步了，就上当了。英国人是如此，我们也总是把比我们底牌更高的"要价"拿出去，来争取比我们底牌更好一点的结果，这才是为国家着想。不能人家一要，或施加一点压力，就什么都给，那还行啊!

(原载《百年潮》2006 年第 5、6 期)

我国乡镇政权建设的纲领性文件

——对《关于加强农村基层政权建设工作的通知》出台始末的回顾

　　乡镇政权是我国政权序列的最基础部分，乡镇作为国家行政机构设置中的起始端，处于"上情下达"和"下情上达"的位置，是连接国家与群众的桥梁与纽带，地位重要，作用巨大。加强乡镇政权建设是我们党基层政权建设的基础，是巩固我党执政地位、提高执政能力的基础。但由于历史及社会发展等多种原因，面对新形势，乡镇基层政权建设还存在一些不足和问题。

　　为加强乡镇政权建设，1986年9月26日，中共中央、国务院发出《关于加强农村基层政权建设工作的通知》（以下简称《通知》）。《通知》共分为七个部分。《通知》指出：全国农村人民公社政社分开、建立乡政府的工作已经全部结束。各地要进一步理顺农村党组织、政府、企业之间的关系。政社分开以后，乡党委要按照党章的规定和实行党政分工的要求，集中精力抓好党的路线、方针、政策的贯彻执行，保证乡政府依照宪法和法律的规定独立行使职权，支持乡长大胆开展工作。乡政府要运用经济的、法律的、行政的手段，为发展商品生产服务，要支持乡经济组织行使其自主权。

　　《关于加强农村基层政权建设工作的通知》是新中国成立以来，第一次以党中央、国务院的名义发出的关于加强我国农村乡镇政权建设的文件。这个文件明确了我国农村乡镇政权建设的目标和乡镇党委、政府建设的一系列问题，是我国乡镇政权建设的纲领性文件，对于目前和今后我国乡镇政权建设仍有重要的指导意义和作用。

｜作者简介 ▶

白益华，1946 年出生，渭南市潼关县人。1970 年大学毕业，并下放农场劳动锻炼。1971 年分配至陕西日报社，任编辑、记者。1979 年调入国家民政部。1988 年 8 月前历任科员、副处长、副司长。1988 年 9 月转任基层政权建设司副司长、司长。1991 年 8 月至 1993 年 8 月，根据中央安排到中央编办参加机构改革研讨工作，任地方组副组长。1996 年任社会福利司司长。1998 年调民政部办公厅副主任（正局级）。2001 年出任民政部财务司司长。时为民政部民政司副司长。

1986 年 9 月 26 日，是新时期我国农村乡镇政权建设史上值得永远记住的一天。这一天，经过将近两年时间的努力，《中共中央、国务院关于加强农村基层政权建设工作的通知》（中发〔1986〕22 号）发布。这是自新中国成立以来，第一次以党中央、国务院的名义发出的关于加强我国农村乡镇政权建设的文件。这个文件明确了我国农村乡镇政权建设的目标和乡镇党委、政府建设的一系列问题，是我国乡镇政权建设的纲领性文件，对于目前和今后我国乡镇政权建设仍有重要的指导意义和作用。那时，我是民政部民政司（后改为基层政权建设司）副司长，具体负责全国城乡基层政权和基层组织的建设工作，主抓代中央起草这个文件的具体工作，下面我回顾一下起草和出台这个文件的前后过程，供大家了解和研究参考。

起草文件的由来

1984 年是我国农村基层政权建设的改革年。这一年，按照 1982 年

《中华人民共和国宪法》规定，全国开展了改革人民公社政社合一的体制、建立乡政府和改革生产大队管理体制、建立村民委员会等一系列工作。在全国进行人民公社政社分开、建立乡政府的工作，得到民政部党组的高度重视。民政部每年都对这项工作及时进行总结、部署并提出要求，民政部领导和全国各省、自治区、直辖市党政领导以及民政部门的同志都经常深入基层、调查研究，发现问题并及时给予指导，具体负责全国建乡日常工作的民政部民政司还专门编发了全国政社分开、建立乡政府工作的情况简报，总结交流经验，掌握工作进度，进行具体指导，民政部党组还就政社分开、建立乡政府工作及时向党中央请示报告，以保证这项改革的顺利进行和健康发展。特别是在1984年10月，全国政社分开、建立乡政府的工作接近尾声时，为了使这项工作顺利完成，并使工作中出现的一些主要问题能够引起各省、自治区、直辖市党委和人民政府的重视，民政部党组向中共中央、国务院写了《关于全国政社分开建立乡政府工作情况的报告》，并建议中央能将这个报告以中央文件的形式向全国各省、自治区、直辖市党委和政府发出。1984年10月6日，该报告及为中央起草的转发报告的代拟稿报送中共中央、国务院以后，中央领导同志非常重视。11月23日，中共中央办公厅将民政部党组的报告作了少部分文字删节以后，全文发表在中央办公厅编发的《综合与摘报》第113期上，并在这期摘报上公布了时任中共中央总书记胡耀邦在民政部党组报告上的重要批示，以及时任中央办公厅主任王兆国的批示。

接到第113期《综合与摘报》以后，民政部民政司将胡耀邦的重要批示和王兆国的批示及这期《综合与摘报》加了编者按语，全文刊登在民政部民政司1985年1月3日编发的《城乡基层政权建设工作简报》第一期上，并下发全国各省、自治区、直辖市县级以上民政部门和中共中央、国务院有关部门。民政部转发中央办公厅《综合与摘报》并胡耀邦的重要批示及王兆国的批示时，我还在河北省唐山市挂职锻炼。1985年1月，民政部党组通知我挂职锻炼结束，回京到民政部民政司任副司长，分工主管基层政权和基层组织建设工作。到部里，部领导与我谈了话，司里李宪周司长做了工作交接，我即开始履行职责，当时的头等大事就是要求我认真组织好贯彻落实胡耀邦关于"请要民政部做进一步调查研究，明年上半年可否以中央名义发一个指示，解决一些主要问题"的指示，认真做好建乡以后的调查研究工作，代中央起草一个加强农村基层政权建设工作的文件。

我按照部里的要求和安排，立即组织司里起草了《关于贯彻胡耀邦同志批示对农村基层政权建设工作进行全面调查研究的通知》，并以民政部名义下发各省、自治区、直辖市民政厅（局），动员全国各级民政部门组织力量立即开展调查研究工作。

调研全国建乡以后的情况遵照胡耀邦的指示精神，民政部和全国各省、自治区、直辖市于1985年上半年都对建乡以后的调查研究工作作了安排。民政部崔乃夫部长到安徽作了调研，邹恩同副部长先后去辽宁、江苏和河南作调研；主管全国基层政权建设工作的民政司组成三个工作组，由司领导和处长带队，分别到四川、陕西、江苏和广东进行了调研。各路工作组回来后都整理形成调查研究报告。与此同时，全国各省、自治区、直辖市民政厅（局）也派出工作组对本省的情况进行调研。截止到1985年5月20日，天津、山西、内蒙古、河北、辽宁、黑龙江、上海、安徽、湖北、湖南、河南、广西、江西、四川、贵州等15个省、自治区、直辖市以及西安市、沈阳市将形成的调研报告报给了民政部。

为了摸清全国建乡以后乡一级经济组织的设置情况，民政部于4月11日发出了调研各地乡一级经济组织设置情况的电报。此后，各省也都先后向民政部报来了相关的具体情况材料，使我们基本掌握了全国乡一级经济组织的名称与乡政府的关系和存在问题的情况。

这是一次较大规模的情况调查。由于领导重视、组织得力，我们基本了解和掌握了全国建乡以后的情况和大家的意见建议，为代中央起草关于加强农村基层政权建设工作的指示打下了良好基础。调查研究工作结束之后，各个工作组都对调查情况进行了汇总，形成了调研报告，并且向领导进行汇报，同时，民政部民政司还编发了工作简报，向中央和中央有关部门进行通报。4月24日和25日，我们还召集中央有关部门的同志，向他们通报调查研究的情况，并就如何加强农村乡镇政权建设工作特别是解决乡镇行政区域内条块分割的问题听取他们的意见和建议。通过此次调研，大家一致认为，人民公社政社分开，建立乡政府以后，乡镇政权建设的工作中存在的主要问题有以下几个方面：

1. 党政不分、以党代政、乡党委包揽一切，特别是党委书记一人说了算的情况还普遍存在。据调查分析，政社分开以后，党政分工比较好的占20%，比较差的占20%，60%的乡镇没有得到很好解决，主要原因：一是不少领导对政社分开的意义认识不足，认为分不分一个样，有的地方只是换了一下牌子，走了形式；二是"一元化"领导、"书记挂帅"的影响和旧的习惯势力禁锢着人们的思想和行动；三是党政职责不清，没有从制度上分清，需要制定相应的规章和制度；四是有的地方干部编制少，相互兼职多，如四川省乡政府平均六人，少数四人，党政合在一起共八九个人；五是沿袭过去"下去一把抓，回来再分家"的工作方法；六是没有规章制度或者规章制度不健全；七是县级及县级以上党委和政府也没有分开，县级还是"一揽子"的领导方法等。

2. 政企职责没有分开，在建乡中，多数地方乡镇一级设置了与乡党委、乡政府平行的独立于乡政府之外的经济管理机构，名称有的叫农工商联合公司，有的叫农工商联合社，有的叫乡经济委员会、经济联合社，也有的叫人民公社管理委员会、经济联合公司、经济办公室等，代行了乡政府管理和领导经济工作的职能，管理全乡经济工作，而且不少党委书记、副书记或正、副乡长担任负责人，群众把这种经济组织称为"第二乡政府"。

乡经济组织按其性质大体可分为三种类型：一是与乡党委、乡政府平行的经济管理机构，这类经济组织占大多数，而且有的是乡党委书记、副书记担任领导。二是经济实体，这类占少数。三是经济实体和行政管理机构相结合的形式。也有的省没有设立乡一级经济组织，而在乡政府下设立经济管理机构，如企业办公室等。陕西省与乡政府平行的经济管理机构有 1715 个，占 86.1%，其中属经济实体的有 240 个，占 12.1%，其余名义上是经济协调机构，实际上也是经济行政管理机构，有 37 个，占 1.8%。上海市基本都不是独立的经济实体，而是行政管理经济的组织。22 个省、自治区、直辖市共同反映，与乡党委、乡政府平行的经济管理机构，代行了乡政府管理全乡经济工作的职能，造成乡政府难以领导本行政区域内的经济工作，应当予以调整。另外，也有些同志认为，建乡以后也存在政府该管的没有管，不该管的管得过多的问题。因此，有必要对乡镇政府管理经济工作的职能予以明确，使之有所遵循。

3. 条块分割矛盾问题，使乡镇政府职能作用不能充分发挥。从调查的情况看，当时县级有关部门共有十多个分支机构设在乡镇政府驻地，大致有供销社、粮站、食品站、医院、学校、广播站、兽医站、多种经营管理站（员）、水利站（员）、林业站（员）、农机站（员）、农技站（员）、信用社、邮电所、税务所、工商所、电管站、公路管理站，还有计划生育、文教专干等，这些单位人、财、物三权基本由县有关部门直接管理，与乡镇形成条块分割，造成"看得见的管不着，管得着的看不见"的现象，使乡镇政府职能作用不能充分发挥，不利于乡镇统筹领导和安排乡镇工作。在调查研究中，乡镇要求改变这种状况，加大块块的，削弱条条的，但条条基本都难以放权，也有的条条愿意将权力下放给乡镇，但多数基本不赞成，仍然强调加强条条的管理。

4. 关于建立乡一级财政问题。调研显示，1985 年上半年除了少数地方通过试点建立了乡一级财政外，全国大多数地方都没有建立乡一级财政，仍然是人民公社政社合一时的情况，仅仅管理自有资金，政府开支不足，举办公益事业时，仍然依靠企业上缴的利润，一般的乡镇企业利润的 20%—30% 需要上缴，高者可达 50%，有的则全部上缴，由乡镇政府支配。因此，对乡一级建立乡财政问题，各地呼声很高。建立乡财政以后，各地最关心的是给乡镇政府分成比例问题，要求对乡财政要让利，调动乡政府聚财、理财的积极性。

5. 关于乡的规模问题。根据调查和各地的反映，以原公社管辖范围建乡的大多数比较适宜，有利于政权建设工作，有利于经济发展，干部群众思想比较稳定。但乡的规模过大或者过小都对政权建设和经济发展造成了一些影响。在全国各地建乡过程中，对过大的公社有的分成几个乡，有的则没有分乡。广东、云南两省基本上以生产大队建乡或者几个生产大队合并建乡，山东、湖北两省有的地方则以公社下的管辖区建乡。如广东省有一个乡不到 200 人，全省平均每个乡 2300 人，规模过小，乡政府形不成一级政权实体，而县以下的区公所则成为政权实体。

6. 关于加强社会主义民主和社会主义法制建设问题。这方面比较薄弱，需要认真进行加强。主要是乡镇人民代表大会制度不健全，没有按照法律规定及时召开人民代表大会，甚至一年连一次乡镇人民代表大会也不召开。乡镇重大问题没有提交人民代表大会讨论决定；乡镇政府联系人民代表大会代表、代表联系选民制度没有建立起来；选举产生的乡镇长、副乡镇长的调动，没有按照法律程序办理；乡镇长的调动比较频繁，一个乡甚至一年内换了三个乡长。群众反映，"选了一年乡长，过年没有个乡长"，"几百张选票，抵不上一个调令"。

乡镇一级法制观念也比较淡薄，存在以言代法、以权代法，甚至有个别随意捆绑打骂群众的现象。

7. 关于小城镇的建设问题。主要的问题是：缺少建设资金，基础设施较差，有的建起来了，没有搞建设规划。不少建制镇破破烂烂，连农贸市场都没有。镇内的公路建设较差，坑坑洼洼，雨天小泥路，晴天扬灰路。另外，不少镇建起来以后，没有见到好处，反倒增加了负担。有的镇政府反映，建镇以后，公路养路费由过去建乡前的半价提到了全价，镇社区居委会经费要镇政府出，城镇规划费要镇政府出。因此，建镇的不少地方提出，要求上级政府放宽政策，加快镇的建设。

8. 关于加强对乡镇政府政权建设工作的领导问题。在人民公社政社分开、建立乡政府的工作中，各地领导都比较重视，建立了工作机构，抽调了大批干部指导建乡工作，但建乡任务完成以后，如何进一步巩固和完善乡镇政府建设和建乡成果，不少地方没有列入议事日程。民政部门负责管理乡镇政权建设工作的渠道没有打通，有的认为乡镇政权建设工作应当政府对政府，不应该让民政部门管。民政部门本身对管基层政权建设工作的认识也不统一，管理基层政权建设工作的职责、权力不明确，一无权，二缺少编制，三缺少经费，不好管，无法管。因此，各地民政部门要求中央明确具体工作职责，增加人员编制和必要的工作经费，这样才能不辜负中央的要求和希望，才能把基层政权建设工作承担起来。

9.其他问题。一是乡一级的人员编制过少，乡干部感到工作量大，任务繁重。人少了适应不了工作需要，势必造成兼职，造成顾此失彼的结果。二是干部素质问题，新上来的干部多，对政府工作不熟悉，缺乏领导工作经验，有的还是顶替的，一个人不顶一个人用，因此，对培训工作的呼声较高。三是乡一级干部仍然是过去的老作风，不能适应农村实行联产承包责任制新形势下的工作。四是村民委员会建立以后，乡政府把村当"腿"看待，没有很好地发挥群众自治组织的作用，村干部难选，村民大会基本没开，村民自治组织建设和制度建设需要加强，等等。

代中央起草文件

代中央起草关于加强农村基层政权建设工作的文件是一件大事，为了更好地完成这项任务，我们经过认真研究，认识到必须做好两件事情：一是发动全国民政系统进行认真的调查研究，摸清全国建乡以后的实际情况和存在的主要问题以及各地解决这些问题的做法、经验，以便有的放矢，切实解决一些主要问题，使农村基层政权和基层组织建设工作能够认真开展起来，乡镇政府能够充分发挥作用，开创工作新局面。二是必须和中央有关部门紧密联系，发动和依靠他们也做调查研究工作、提供有关情况，认真听取他们的意见和建议，共同负起责任，协调配合，把这项重大任务完成好。于是，在正式起草文件之前，我们着重抓了两件事情：其一，起草了民政部函件发给中央组织部、中央书记处农村政策研究室、国家体改委、国家民委、劳动人事部、财政部、农牧渔业部、城乡建设环境保护部等八个部门，并于1985年1月16日请他们到民政部开会介绍情况，共同研究。此次会议之后，各有关部门按照本部门所负责的工作，分别进行调查研究，并准备对乡镇政权建设，特别是如何简政放权、加强和完善乡镇政府职能的问题提出意见和建议。其二，1985年4月，民政部派出三个调查组，分别下到江苏、四川、陕西和广东省进行调查研究。之后分别起草了调查研究的文字材料，并把调查材料刊登在民政司编发的《城乡基层政权建设工作简报》上，发到全国各省、自治区、直辖市民政厅（局）和中央有关部门。在做好这两项工作以后，就正式开始文件的起草工作。对于文件如何起草，当时有两种意见：一是以民政部党组给中央报告的形式，让中央批转下发。二是直接以中央的名义发文件，明确如何加强农村基层政权建设，并且明确解决一些主要问题。刚开始起草的时候，对究竟采取哪种形式确定不下来，但大家认为不管采用哪种形式，文件的内容才是最重要的，于是我当即开始起草这个文件的提纲。提纲形成之后，大家又在一起进行认真研究，并且向主管副部长邹恩同作了汇报，他基本同意这个框架，也明确指示，按照民政部党组给中央报告的体例写。于是我就开始进行起草，同时在起草过程中又修改和增加了一些内容，形成了第一稿初稿。

这一稿除开头语外，共写了8个问题：1.进一步改变党政不分、以党代政的状况；2.切实实行政企职责分开；3.要给乡财政更多的自主权；4.改革条块分割的管理体制，加强和完善乡镇政权的职能；5.放宽政策，加强小城镇建设步伐；6.继续完善乡的规模；7.进一步加强社会主义民主和社会主义法制建设；8.加强对农村基层政权建设工作的领导。第一稿初稿形成之后，民政司的同志在一起进行讨论，我和张景发副司长对这一稿进行认真斟酌和修改，形成第一稿，并将第一稿呈邹恩同副部长，他谈了对第一稿的修改意见。之后，我又对第一稿进行认真修改，并由张景发副司长定稿，于5月25日形成第二稿。第二稿在文字上作了不少精简，共写了8个问题，主要修改的内容是将第一稿中的第3个问题改为"放权让利，建设好乡财政"；将第一稿中的第6个问题改为"乡的规模要有利于发挥基层政权的职能作用"。对第一稿进行修改后，一些内容就更加明确，更加完善了。第二稿形成之后，邹恩同副部长批示，将这一稿提请民政部部务会讨论。5月29日，崔乃夫部长主持召开民政部部务会议，会上大家认为，相关内容基本回答了胡耀邦同志的重要批示，基本赞成这一稿，同时也提出了一些修改的意见和建议。崔乃夫部长在总结时着重讲了几点：一是这个文件中的基本立足点要放在进一步促进农村经济发展上；二是党政分开要按党章和地方组织法的规定写；三是政企分开主要是解决思想观念问题，明确政府管什么，企业管什么，给企业以自主权；四是乡的规模可以不提，通过实践解决。他还提出，可将第7个和第8个问题合并，写几个主要问题就可以了。此次会议之后，根据大家的意见，我们又进行认真考虑和斟酌，于6月25日修改出第三稿，并且起草了中央批转民政部党组报告的批语。这一稿对第二稿作了较大的修改，新写了一个问题，即进一步加强社会主义民主和社会主义法制建设这部分，明确提出，加强农村基层政权的建设的首要任务，是不断完善乡镇人民代表大会制度。另外，去掉了第二稿中的第6个问题，变成7个问题。

第三稿形成之后，大家认为，这一稿究竟写得怎么样，能否解决全国政社分开、建立乡政府以后存在的主要问题，基层特别是工作在乡镇第一线的乡镇党委书记、乡镇长有什么反应，应当深入基层听取意见。于是，建议邹恩同副部长到北京基层去开一个有乡镇干部参加的座谈会，听取他们的反映和意见。得到邹恩同副部长的同意以后，经与北京市民政局联系，6月11日，邹恩同副部长带领我、张景发副司长和处里的同志，在北京市民政局领导的陪同下来到北京市房山县召开乡镇长座谈会，房山县城关镇、云草尾乡、琉璃河乡乡镇长和县人大常委会的领导同志参加座谈。座谈会前，我们先把代拟第三稿发给大家，邹恩同副部长讲了此次来的目的，张景发副司长讲了为什么起草代拟稿以及代拟稿的内容，之后听取大家的意见。

参加座谈的乡镇长认为，这个稿子说出了他们的心里话，切中了要害，解决了乡镇工作中面临的主要问题，反映了基层的一些实际情况，总的是好的，大家十分赞成。同时，希望一定要明确乡镇政府和乡镇经济组织的关系，要制定乡镇有关的工作条例和规章制度，把乡镇工作纳入法制化的轨道，解决好乡镇财政问题和乡镇与村的关系、条块关系等问题，以便更好地发挥乡镇政府的职能作用，等等。大家还就第三稿写的几个问题逐个过了一遍，提出了修改意见。邹恩同副部长认为这次座谈会开得很好，表示回去以后再认真修改一下第三稿，一定不辜负大家的希望，代中央把这个文件起草好。

从房山县回来之后，6月18日，我们又召集天津、河北、辽宁、江苏、湖南等五个省市民政厅民政处处长到民政部来开会，听取他们所在省市有关领导、有关部门和基层对代拟报告稿的意见和建议。大家基本上赞成代拟稿报告所写的几个问题，并一致反映报告写的这几个问题是好的，但关键还在上面，特别是有关部门是否放权，县级以上政府是否能够带头改进领导方法和转变工作作风，切实发挥乡镇政府的作用。同时，大家建议代拟稿的写法要再研究一下，最好以中央的指示来写，以便和胡耀邦同志的重要批示一致起来，这样会更加有力。召开座谈会时，我们也请了崔乃夫部长参加并听取大家的意见和建议。两次座谈会以后，我们把这些情况和大家反映的意见与建议向崔乃夫部长、邹恩同副部长作了汇报。

反复斟酌修改稿

第四稿形成以后，我们即向邹恩同副部长作了汇报。7月13日，邹恩同副部长就第四稿谈了他的几条意见:1.一定按照政权建设的要求,明确应当把乡镇建设成一级什么样的政权组织;2.乡镇政权建设中的问题应当本着什么原则解决,要有明确的指导思想;3.中央指示要有虚有实,需要明确的问题尽量要实。根据邹恩同副部长的指示,我和张和如何落实胡耀邦同志的批示,民政部和中央有关部门及各省、自治区、直辖市如何调查、共同研究、报告起草的指导思想和解决的主要问题,以及大家对中央的希望作了比较翔实的说明和汇报。之后,崔乃夫部长也讲了他的意见,他说,这个报告应该说是大家的集体创作,单靠民政部门一家难以完成。崔乃夫部长接着说,目前总的讲,基层政权建设和经济建设比过去大有进步,但是问题不少,这些问题在基层政权建设中都有反映,真正把农村基层政权健全起来,有相当长的路要走,要不断研究,不断加以解决。报告涉及的只是一部分,不是全部,如干部作风、党风,这些问题相当大,难以解决;机构问题,人员编制问题,头大脚轻相当严重。当前突出的问题有三个:一是以党代政,基本上是书记说了算,县一级抓工作找党委,不重视政府,县上开会没有一个会让乡长参加,这种体制下把党政完全分开不可能;二是政企不分,基本是以企代政,党政企,政府处于中间,中间削弱,政府难以充分发挥作用;三是基层组织不健全,职能削弱,一些地方乡干部年龄卡得太紧,四十多岁的没有进去,五十多岁的很少。乡以下村级组织问题也不少,有些不能发挥作用。民政部抓基层政权的工作也存在渠道不通、思想不通、力量不足等问题。因此,也需要解决民政部抓这项工作的权责等问题。

崔乃夫部长讲完以后,最高人民检察院等部门领导也发了言。乔石最后对讨论作了小结。他说:基层政权建设工作是中央让民政部门管,民政部应当继续抓好这项工作。这个报告稿讨论后送中央书记处和国务院,报告稿谈几个主要问题,如果被否定了,再继续做调查研究,再继续写好这个报告,以引起各级党委、政府对农村基层政权建设工作的重视,切实把基层政权建设工作重视并认真抓起来。

1985年11月12日,民政部党组召开会议,对代拟稿进行认真讨论。崔乃夫部长对报告稿作了说明，他说，这次讨论后，我签发报中央政法委员会，现在突出的问题有三个：一是目前基层的问题比较严重，涉及党风、干部作风、官僚主义、临时机构多，相当一部分基层组织不起作用，上面千条线，下面一根针，加强基层政权建设非常迫切；二是这个报告到底用什么形式写，以什么名义发要好好考虑，因为报告写的这些问题都是带根本性的问题，我看应用中共中央、国务院的名义发；三是民政部门具体承担什么任务，是需要下决心的时候了。

这一稿除开头语以外，共写了 7 个问题：1.进一步改变以党代政的状况；2.切实实行政企职责分开；3.简政放权，加强乡政府的职能；4.发展社会主义民主，加强社会主义法制，搞好乡政权的自身建设；5.提高乡干部的素质，改进工作作风；6.加强村（居）民委员会的建设；7.加强农村基层政权建设工作的领导。

张景发副司长在一起认真进行研究，厘清思路，又对第四稿进行认真修改和完善，形成第五稿。这一稿最主要的改动是，在文件开头明确了加强农村基层政权建设，就是要使农村基层政权牢牢掌握在人民手里，使农村基层政权真正成为能够领导和管理本行政区域内政治、经济、文化和各项社会事务有权威有活力的一级政权，充分发挥它在社会主义物质文明和精神文明建设中的作用。在具体内容上仍然是第四稿的内容，除了个别文字以外基本上未作大的改动。

1985 年 7 月 17 日，民政部召开部务会议，讨论我们代中央起草的关于加强农村基层政权工作的文件第五稿，崔乃夫部长主持会议，大家在会上发表意见：一是民主和法制建设问题，要把基层政权掌握在人民手里；二是要发挥政权职能，促进经济发展，促进精神文明建设，机构精简，提高效率，党政分开，政企分开；三是干部制度要改革，能上能下，能官能民，改进工作作风，克服官僚主义。要用这三个原则来统帅，解决建乡以后乡政权建设问题，这样就能抓住主要问题，范围就小了。

大家还提出，乡政府要按宪法办事，保证人民当家作主；乡政府要依法行使好自己的职权，抓好政府工作；乡政府要杜绝强迫命令，认真改变工作作风。政权建设重点要突出出来，如有必要，可以附一些典型材料。大家认为，此稿总的不错，基本可以用，就是长了一点，文字可以压缩一些。会后可以召集有关部门来谈一谈，征求他们的意见，横向的竖向的都可以听听意见，修改之后上报中央政法委员会，政法委审议以后再报中央。7月19日，根据部务会议提出的意见，我又对第五稿进行认真修改，形成第六稿，之后又对第六稿进行了一次修改，并于7月26日将这一稿以征求意见稿形式发给中央有关部门。8月5日开始，我们陆续收到了有关部门退回的修改意见。

8月30日下午，中央书记处农村政策研究室寄来了关于对代拟稿的意见，我们即复印送崔乃夫部长、邹恩同副部长。当天下午4点，崔部长找我谈关于报告稿的事，他的意见是：文字要压缩少一些，可要可不要的去掉，像中央"一号文件"，成熟了的，一年写一点。关于党政分开问题科学一些，写短一些。9月3日，我们又根据崔乃夫部长的意见对修改好的稿子进行认真修改，主要是对代拟稿的第6个问题即"关于加强领导，加快小城镇建设步伐"的问题进行了比较大的修改。之后，即将修改后的报告稿报送中央政法委员会。

10月17日上午，在中央政法委员会办公室开会讨论民政部党组给中央的报告。时任中央政治局常委、中央政法委书记乔石主持会议。崔乃夫部长、邹恩同副部长带着我参加了会议。乔石说，民政部党组给中央的报告，基本想法是好的，大家认真讨论一下，可简明扼要地讲一下意见。

根据中央意见反复修改

中央政法委员会讨论民政部的代拟稿以后，我们再次进行修改，随后以民政部党组的名义报送中央书记处。1986年2月17日，中央书记处召开第262次会议，讨论民政部党组的报告和起草的代拟稿。会议由胡启立主持，民政部部长崔乃夫、中央书记处农村政策研究室主任杜润生列席。在会上，先由崔乃夫部长汇报了民政部起草代拟稿的情况，之后中央书记处的领导进行了讨论。

会后，崔乃夫部长随即向我们传达了中央书记处讨论的情况。他说，在这次会议上，书记处的领导对代拟稿没有多少意见，认为基层政权建设工作是一件大事。具体来说，一种意见是再改一下，文字再精练一些，修改后批准下发民政部的报告，让地方研究执行；另一种意见是，加强农村基层政权建设是一件大事，涉及面广，立即批转下发不行，修改后以中央名义发一草案稿，听听地方和有关方面的意见，下半年再发。传达完中央书记处会议情况后，崔乃夫部长对我说，代拟稿文字比较啰唆，可再压缩1/3，之后报送中央。关于贫困地区建立乡财政问题，要跟财政部谈一谈，听听他们的意见。

当天，邹恩同副部长向我们讲了他的意见。他说，中央书记处讨论的意见非常重要，代拟稿要按这个精神认真进行修改。要突出理顺党政企之间的关系，文字也要再精练一些。2月24日，崔乃夫部长叫我到他办公室，对修改代拟稿谈了他的意见，并要求认真进行修改。他指出，乡财政问题要按财政部的意见写，乡党委的任务要按组织部的意见写，条块分割问题宜统则统、宜放则放。上半年你们的主要任务是把代拟稿修改好，上报中央。

当天下午，邹恩同副部长带领张景发副司长和我到中央书记处农村政策研究室主任杜润生的办公室，和杜润生主任商谈修改代拟稿事宜。邹恩同副部长和张景发副司长说明情况和意见后，杜润生说，农村乡镇经济组织需要健全，乡政府不建立经济组织，老百姓就认为是单干了，不能造成这个印象。农村既不能以政代企，也不能把社队企业变成乡镇的机关。乡经济组织代政府管经济是一种偏向，乡政府不要经济组织，一切自己管起来，也是一种偏向，不能以企代政，也不能以政代企，企业还有财产。农村要建立农民群众自己的合作经济组织，要设立机构，政府不要代替经济组织，经济组织也不要代替政府，要明确政府管经济的职能。经济组织的建立，要按照中央"一号文件"的精神来写。

2月27日，中央办公厅秘书局把2月17日中央书记处会议讨论的意见以中央会议决定事项的通知下发给民政部。3月25日，根据中央书记处讨论的情况，鉴于农村的各项改革正在进行之中，为了慎重稳妥起见，中共中央办公厅、国务院办公厅下发了《关于研究修改中共中央、国务院〈关于加强农村基层政权建设工作的通知(草案)〉的通知》，将《通知(草案)》发给各地征求意见，下半年再正式下发。中办、国办的通知发出后，全国各省、自治区、直辖市和中央有关部门都非常重视，一方面认真学习《通知(草案)》，另一方面研究提出修改意见和建议。需要特别指出的是，全国不少地方按照该通知中关于"如认为通知中提出的意见可行，也可以先在本地区参照执行"的指示，在简政放权、健全完善乡政府职能这个方面进行了改革的试点，做了有益的探索，并初步取得成效。

当时全国先行试点的有河北省定县、内蒙古丰镇县盛庄镇、辽宁省海城市、山东省莱芜市等县市，有的地方还放宽政策，加强小城镇建设，并对理顺乡一级党政企关系进行了有益探索，在乡镇政府完善职能、发挥作用方面迈出了新的一步。

与此同时，民政部对收集整理意见和修改《通知(草案)》的工作更加重视。7月7日上午11点，崔乃夫部长叫我去他办公室，说了三件事：一是通知稿要送乔石、杜润生和中央有关部门征求意见；二是农村水利员如何设，驻乡机构哪些下放给乡、哪些县上统，要具体研究出一个意见；三是农村政权管理如何搞，区、乡、镇如何发挥作用，要进行研究。

7月11日上午，崔乃夫部长叫来张景发副司长和我，又说了三件事：一是邓小平同志，党政要分开，因此党政分开这一条内容比原来写的要提高，要向小平同志讲话调子看齐，并作为文件的一个重点内容；二是经济体制改革农村怎么办，要和中央农村政策研究室主任杜润生交换意见；三是7月初乔石谈社会治安根本好转，关键是要靠基层组织，这个搞不好，社会治安综合治理就搞不好。因此，要抓紧修改通知稿。

为了研究修改好《通知（草案）》，7月16日，民政部办公厅向国家教育委员会、公安部、财政部、农牧渔业部、商业部、国家工商行政管理局、财政部税务总局、劳动人事部、交通部、水利电力部、林业部、卫生部、广播电影电视部、中国人民银行等部门发出召开座谈会的通知，具体内容是：定于7月22日上午8点半在民政部第一会议室召开座谈会，研究修改《通知（草案）》中"简政放权，健全和完善乡政府的职能"部分，请届时派一位负责同志参加。为了讨论好这个问题，通知还把部分省、自治区、直辖市对《通知（草案）》"简政放权，健全和完善乡政府的职能"部分的意见一并附上，供大家参考。

7月22日上午，在民政部召开了会议，邹恩同副部长和民政司领导一起与大家研究修改相关部分的内容。邹恩同副部长说，今天开会，主要和大家共同商量研究如何修改通知稿，如能取得认识一致就一致，如果不一致我们向中央书记处反映，最后由中央书记处决定，希望大家发表意见。之后，与会的中央各部门都谈了本部门的情况和对简政放权的具体意见。听取大家的意见以后，邹恩同副部长说，非常好！我们有些同志不了解有关部门具体都管什么，听了大家意见，就清楚了。当然，全国各省情况不同，具体照顾到每个省办不到，中央发一次文件，全部解决问题相当困难。目前农村改革正在进行之中，简政放权、加强乡镇政府职能也在试点之中。通知稿只能提出方向，明确目的，明确原则，不可能太具体。我们将按照大家意见，对通知稿再认真进行修改，之后报中央审定。会后，我们根据崔乃夫部长和邹恩同副部长的指示以及中央15个部门的意见，对《通知（草案）》进行了反复研究和认真修改，形成第九稿，还代民政部党组起草了关于报送修改稿的报告，于8月9日向中共中央、国务院报送，并附了各地各部门对中央《通知（草案）》的修改意见稿。

文件正式发出和下发后的工作

1986 年 9 月 26 日，经过将近两年时间的努力，《中共中央、国务院关于加强农村基层政权建设工作的通知》（中发〔1986〕22 号）终于发布。这个文件适应了当时农村改革的形势，明确了乡镇农村基层政权建设的一系列问题，是当时和此后相当长一段时期指导农村基层政权建设工作的纲领性文件。文件内容包括七个方面：一是明确党政分工，理顺党政关系；二是实行政企分开，促进农村经济的进一步发展；三是简政放权，健全和完善乡政府的职能；四是切实搞好乡政权的自身建设；五是努力提高干部素质，认真改进工作作风；六是搞好村（居）民委员会的建设；七是加强对农村基层政权建设工作的领导。

10 月 4 日，中共中央政治局常委、中央政法委书记乔石作出重要批示：文件已发，且正式确定由民政部负责城乡基层政权的日常工作。希望民政部党组认真讨论一次，研究如何认真加强这项工作，采取切实措施，使这项极重要的基础工作逐渐有所加强，巩固我国人民民主专政的基础，以不辜负中共中央、国务院的期望。

收到乔石的重要批示后，我们立即起草了一份《关于贯彻执行〈中共中央、国务院关于加强农村基层政权建设工作的通知〉的通知》，于 10 月 24 日发往全国各省、自治区、直辖市民政厅（局），并抄送中央政法委。

11 月 18 日，民政部党组给中央政法委并乔石报送关于加强基层政权建设工作的报告，这份报告由我起草后经民政部党组讨论通过。报告主要有以下几个方面内容：1.《通知》和乔石同志的批示，指出了加强基层政权建设工作的重大意义，明确把基层政权建设工作的日常工作交给民政部门，这是对全国民政部门的信任、鞭策和鼓舞，我们决心继续努力，搞好这项工作，以不辜负党中央、国务院的希望。2.民政部成立以来，在基层政权建设工作中做了一些工作，对于如何加强和做好这项工作，我们打算在 1987 年召开的全国民政厅（局）长会议上，深入学习《通知》和乔石同志的批示，进一步统一民政部门的思想认识，安排部署明年和今后一个时期基层政权和基层组织建设工作的任务；在 1986 年 12 月召开的全国城市街道居委会工作会议上，对如何做好城市街道居委会工作作出安排和部署。3. 建议国务院在 1987 年召开有各省、自治区、直辖市主管领导参加的农村基层政权建设工作会议，总结交流、贯彻《通知》的做法和经验，推动农村基层政权，当时已经办起第一期培训班。为了加强对基层政权建设工作的领导，北京市成立了基层政权建设领导小组，办公室设在民政局。吉林、安徽、四川确定省委省政府三四名领导同志来抓城乡基层政权建设工作，日常工作由民政厅具体承担。《通知》明确乡镇基层政权建设的日常工作由民政部负责，使各地民政部门受到很大鼓舞。在贯彻《通知》过程中，各地民政部门积极出主意、想办法，主动当好党委、政府的参谋和助手。《通知》发出后不久，大多数省、自治区、直辖市民政厅（局）都为党委和政府提出了贯彻落实《通知》的具体意见和工作方案。

在各地进行的向乡镇简政放权、加强和完善乡镇政府职能的试点中，山东省莱芜市是全国搞得比较好、比较成功、成效最为显著的典型，为全国各地贯彻落实《通知》，加强和完善乡镇政府职能，发挥乡镇政府作用，树立了学习的榜样。

推广莱芜经验，健全和完善乡镇政府的职能

山东省莱芜市当时是泰安市下辖的一个县级市，辖 27 个乡镇，1 个城区街道办事处，1005 个村；总面积 2100 平方公里，耕地面积 86.6 万亩；总人口 107 万人，其中农业人口 90 万人，占人口总数的 84%。《关于研究修改中共中央、国务院〈关于加强农村基层政权建设工作的通知（草案）〉的通知》下发以后，莱芜市委、市人大、市政府的负责同志首先对《通知（草案）》进行认真学习。大家认为，《通知（草案）》很重要，

下发得很及时。莱芜市自政社分开、建立乡镇政府以来，党不管党、政不管政、政企不分的状况有了改变，促进了农村"两个文明"建设。但是，对照《通知（草案）》要求，在党政分工、政企分开、条块关系，以及发挥政府职能等方面存在的问题并没有从根本上得到解决。过去对如何解决这一问题思想上很不明确。《通知（草案）》从七个方面提出的要求，很符合莱芜的情况，给他们指明了方向。市委认为，在农村乡镇整党结束之后，集中力量，集中时间，抓一下基层政权建设，很有必要。在莱芜市，农村是个大头，农村人口占了全市总人口的80%以上，农业和乡镇村办工副业的收入占全市经济总收入的将近一半。农村基层政权建设如何，对全市经济发展和社会稳定影响极大，只有把农村基层政权建设搞好了，才能把"两个文明"建设搞上去，实现莱芜工农业总产值翻两番和1987年建成文明市的目标。因此，他们下决心把农村基层政权建设作为全市的一件大事来抓。据此，在市委的直接领导下，莱芜市建立了由市委朱应铭书记挂帅的试点领导小组，组建了办公室；从市直部门选调56名干部，编成28个工作组，分赴各乡镇，帮助乡镇搞好基层政权建设；各乡镇也都建立了领导小组，由乡镇党委书记亲自抓。之后他们狠抓学习，把大家思想统一到《通知（草案）》上来，提高搞好试点的自觉性；接着认真进行调查研究，摸清影响乡镇政府活力和权威的主要问题；广泛听取意见，制定切实可行的简政放权方案；方案基本议定之后，本着先易后难、分步实施的原则，稳妥扎实进行改革。同时，一是在市民政局设立基层政权建设办公室，主任配副局级干部；二是把民政局长吸收为市政府党组成员，以便全面了解政府工作，更有利于当好参谋助手；三是给予民政局一定权力，真正使民政局发挥作用。

从1986年4月开始，经过一个月深入、细致、扎实的工作，市委决定首先向乡镇简政放权，这是第一项改革。具体是将市直21个部门在乡镇设立的26个分支机构分为三类：一是农行营业所、邮电分局、供电站、公安派出所、人民法庭等5个单位，维持以垂直领导为主、乡镇协助管理的现状；二是工商所、税务所、信用社、供销社、食品站、粮管所等6个单位，由市直主管部门和乡镇政府共同管理，以乡镇政府为主；三是农技站、经管站、兽医站、林业站、水利站、农机站、物资供应站、煤炭供应点、文化站、教育办公室、卫生院、计划生育办公室、交通运输管理站、广播站、邮电农话站等15个单位，人、财、物三权下放，归乡镇管理。对市委市政府提出的简政放权试行意见，乡镇十分欢迎，都认真制定了机构下放后管好、管活的方案。市直多数部门认为这样做十分必要，有利于强化农村基层政权建设，对"四化"建设大有好处，态度积极，根据市里的意见，也制定了本部门的实施方案。市联社管理体制改革起步早，从1982年开始，基层供销社改官办为民办，由原来的条条垂直领导变为条块共管，有力促进了供销事业的发展。这项改革共下放人员13000多名，移交固定资产折款1120多万元，下放财政支出1410万元。第二项是建立乡财政。乡镇建立财政所，实行"定收定支，收支挂钩，定额1987年，民政部部长崔乃夫（前）实地考察莱芜简政放权情况补助，超收全留，欠收自补，一年一定"的财政包干体制。除供销社、粮管所的财权不变外，其他下放到乡镇的单位，财权也下放到乡镇。对于市财政拨款，由财政局切块到乡镇；对于专项经费拨款，不改变下拨渠道，不改变下拨单位；对于小农水经费，市财政统一管理，由乡镇报项目，水利局审查，市政府批准。下放人员的工资，由乡财政所统一管理；下放单位的债务，属于市局批准的基建项目欠债，市局负责还清；业务单位下放后的收入，主要用于自身建设，乡镇不搞平调和提成。第三项是物权的下放。企业单位的物产仍归企业，下放时按折旧费计算，登记在交接书上；行政事业单位的物产，按原始价格计算，在交接书上写清；供销社仍按原来的状况不分家，财产归属关系不变。第四项是在给乡镇简政放权以后，市委市政府又搞了两项配套改革。一是在乡镇政府组建经委、农委、商委、文委、社保委、政府办公室和统计站，实行对下放单位的协调指挥。五委一办各设主任一人，副主任一至二人，主任由正乡镇长兼任，副主任由各委办所属负责人兼任，使乡镇政府适应下放后的形势，加强了管理。二是指导市直部门和下放乡镇的部门转变职能，围绕发展商品经济、兴办服务实体开展系列化服务。这样，市直放权部门都建立了服务实体。如畜牧开发公司建起了配合饲料加工厂、畜禽良种繁殖场，以此为龙头，与乡镇畜牧兽医站连接起来，在全市形成良种繁育、饲料加工、疫病防治、加工销售四大服务体系。下放到乡镇的机构也纷纷办起了服务实体，为发展农村商品经济服务。

除此之外，莱芜市还落实《通知》要求，针对党政分开、政企分开、乡镇自身建设、村委会建设制定了一些改革和加强的措施。莱芜市向乡镇放权收到了明显的效果。最显著的改变是农村乡镇政府的职能健全了，增强了指挥、协调和服务职能，以乡镇为主发展农村商品经济的新体制开始形成；部门间在乡镇政府的统一领导下由互相扯皮变为相互协调，围绕服务办实体，齐心协力搞服务。这种新局面的形成，给莱芜农村经济的发展注入了活力，促进了经济和各项事业的发展。1987 年，莱芜市完成工农业总产值 8.5 亿元，与改革前的 1985 年相比平均每年递增 25.3%；乡镇企业完成工业产值 4.08 亿元，平均递增 50%；1986年粮食总产量达到 8.04 亿斤，比 1985 年增产 1117 万斤，1987 年达到 8.33亿斤，创历史最高水平；1987 年，农民人均收入 602 元，年均增长 70元。莱芜市向乡镇放权，层层办服务实体，使市直机关放下了沉重的事务包袱，转变了职能，为机关人员集中精力抓业务，为市直机构精兵简政和政治体制改革创造了条件。

更为可喜的是，向乡镇放权、强化乡镇政府职能的改革，实质是利益的重新调节。莱芜市在整个改革过程中，没有急于求成，没有搞"我说你听，我打你通"的硬性措施，更没有搞强迫命令那一套做法，始终坚持把调节好各方面的利益贯穿于改革的始终，从而使改革的成果不断得到巩固和扩大。莱芜市在改革中下放了上万人、2000 多万元资产，涉及三四百个部门，结果既没有一人上访告状，也没有一人起哄闹事。莱芜市贯彻落实中央文件，向乡镇下放权力，加强和完善乡镇政府的职能，走在了全国的前头，为全国在这方面树立了学习的榜样，开了一个好头。

莱芜市简政放权、健全和完善乡镇政府职能的试点工作，首先得到了山东省委省政府的高度重视。山东省委书记梁步庭对莱芜市按照中央《通知（草案）》的精神，敢做敢创、敢为人先，并且取得经验的做法十分赞赏。1987 年 1 月 3 日，梁步庭书记带领山东省委省政府和有关部门的主要负责同志来到莱芜，亲自考察莱芜市简政放权、加强和完善乡镇政府职能的情况，并召开现场会，对莱芜市的成绩给予充分肯定和高度评价，他建议全省都要向莱芜市学习，并决定适当时候在莱芜市召开全省会议，推广莱芜市的经验。在山东省委省政府的重视和省民政厅的关心、支持下，经过认真筹备，1988 年 6 月 2 日，山东省委省政府在莱芜市召开强化乡镇政权、深化农村改革的莱芜现场会。会议安排一天时间让大家参观了杨庄镇、寨里镇、方下镇、高庄镇、口镇、张家洼镇以及市直下放到乡镇的十多个单位的情况和发生的变化；第二天听取莱芜市委书记朱应铭、莱芜 11 个放权单位以及山东省平度、招远、滕州、周村四个县、市深化农村改革方面的典型发言；第三天进行分组讨论，大家一致认为这次会议准备得好，通过一看、二听、三议环环紧扣，会议开得生动、活跃，开阔了眼界，提高了认识，开拓了思路，特别是莱芜经验有突破、有新意，工作做得很扎实，解决了过去长期解决不了的乡镇管得着的看不见、看得见的管不着的问题，有决策权的不了解情况、了解情况的没有决策权的问题，还有市直部门之间在发展商品生产中互相扯皮的问题，为乡镇政府注入了活力，促进了农村经济的发展，值得大家学习、借鉴和推广。

山东省莱芜市贯彻落实《通知（草案）》，从本地实际情况出发，积极推行简政放权、加强和完善乡镇政府职能的试点，不仅引起山东省委省政府的高度重视，而且也引起民政部的高度重视。民政部多次派出干部到莱芜市进行调查研究和工作指导，并在主办的《全国基层政权建设工作简报》上刊登莱芜市的做法和经验，向全国各地和中央有关部门广泛宣传，还决定于 1988 年 6 月在莱芜市召开全国基层政权建设工作会议，向全国宣传推广莱芜市的做法和经验。

在莱芜市召开全国会议的意见定下来后，我们对会议进行了认真筹备。一是确定了会议的名称为全国农村基层政权建设工作座谈会，时间为 6 月 25 日，参加人员为各省、自治区、直辖市民政厅（局）负责基层政权建设工作的处长，部分简政放权、加强和完善乡镇政府职能搞得好的试点县、市的领导；二是着手起草会议文件、领导讲话以及会议上经验交流的典型材料；三是立即派出人员到山东省民政厅，和省厅领导一起到莱芜市具体落实会务及参观单位等有关事宜。经过上下配合、共同努力，会议如期举行。这次会议开了四天，民政部崔乃夫部长、邹恩同副部长和山东省及泰安市的领导出席。会上听取了山东省、泰安市领导的讲话，莱芜市关于简政放权、加强和完善乡镇政府职能的经验，以及河北定州市、辽宁海城市和山东、辽宁等省民政厅领导介绍的相关经验。

最后，崔乃夫部长对会议作了总结讲话。他说：几天来，大家普遍感到开阔了眼界，学到了经验，收获很大。特别是莱芜的经验，内容丰富，工作扎实，其意义超过了一般意义的基层政权建设。大家普遍认为，莱芜的经验很好，好在它解决了一个大家普遍关心，但又难以解决的大问题，这就是通过简政放权、加强和完善乡镇政府的职能，建立了乡镇这个层次的社会化服务体系，促进了商品经济的发展。在经济发展的同时，教育、文化、卫生、民政等事业也都有了很大的发展。社会治安稳定好转，全市刑事案件发案率低于万分之一点五，创造了一个社会安定、生产发展、人心向上、团结奋进的好局面。用生产力标准、实践标准来衡量，莱芜的改革是成功的。这次会议以后，民政部还将崔乃夫部长在会上的讲话以民政部文件的形式下发各省、自治区、直辖市民政厅（局），进一步促进了各地贯彻落实《通知》的积极性和主动性。全国许多地方纷纷到莱芜市学习和取经，并结合本地实际情况贯彻落实《通知》，开展加强和完善乡镇政府职能的工作。全国各地民政部门也积极当好党委、政府的参谋和助手，认真开展基层政权建设工作，从而使我国农村乡镇政权建设进入了一个新的发展阶段。

（原载《百年潮》2018 年第 2、3 期）

中苏关系的解冻

导　读

　　中国和苏联是世界上拥有最长陆地边界的两个邻国，中苏两国关系经历了曲折的发展历程。20 世纪 50 年代中苏友好合作关系处于全面发展时期；60 年代中苏关系逐步恶化，甚至发展到边境武装冲突；70 年代两国关系基本处于僵冷、对峙的局面。党的十一届三中全会后，中国政府为实现中苏关系正常化，采取了许多实际步骤。经过共同努力，双方商定，从 1979 年 9 月下旬开始，轮流在两国首都举行副外长级的中苏国家关系谈判。

　　第一轮中苏国家关系谈判于 1979 年 9 月 25 日至 11 月 30 日在莫斯科举行，因双方存在原则性分歧，谈判未有成果。此后因苏军入侵阿富汗，中苏关系正常化谈判搁置了两年多。1982 年 10 月恢复谈判，由两国政府特使（副外长级）轮流在北京和莫斯科就改善两国关系问题进行磋商。中方指出，苏联支持越南入侵柬埔寨、在中苏和中蒙边境驻扎重兵、武装占领阿富汗是中苏关系正常化的三大障碍。从 1982 年 10 月至 1988 年 6 月，中苏两国政府特使就实现两国关系正常化问题经过了 6 年 12 轮的磋商。此后，苏联开始从蒙古撤军、从阿富汗撤军，并表示愿意作出努力以帮助越南从柬埔寨撤军。在消除三大障碍方面出现明显进展的情况下，双方决定，在结束两国政府特使政治磋商使命的同时，开始为实现两国关系正常化进行直接准备。1988 年年底和 1989 年年初，两国外长完成了互访，并发表了中苏关于柬埔寨问题的九点声明。双方还商定了苏联最高苏维埃主席、苏共中央总书记戈尔巴乔夫访华日期。

1989 年 5 月 15 日至 18 日，应中华人民共和国主席杨尚昆的邀请，苏联最高苏维埃主席团主席、苏共中央总书记米·谢·戈尔巴乔夫对中华人民共和国进行了正式访问。这是自 1959 年以来苏联最高领导人对中国的第一次访问。5 月 16 日，中央军委主席邓小平与戈尔巴乔夫举行了高级会晤，宣布中苏关系实现了正常化。5 月 18 日，中国和苏联发表了联合公报，《公报》共 18 条，概括了中苏高级会晤的成果。中苏关系正常化以后，两国关系既不同于 20 世纪 50 年代的结盟关系，也不同于六七十年代的僵冷对抗的关系，而是建立在和平共处五项原则基础上的睦邻友好、互利合作关系。

中苏关系正常化是 20 世纪 80 年代中国外交的重大突破，改变了中国的国际环境和周边环境。随后，虽然经历了东欧剧变、苏联解体，但随之建立的中俄睦邻友好关系不但经受住了考验，而且不断平稳、健康地向前发展，确立了平等互信、面向未来的友好合作关系。

▌作者简介 ▶

钱其琛，1928 年生，1942 年加入中国共产党。历任上海徐汇、长宁、杨浦区委委员，共青团徐汇、长宁、杨浦区委书记。1953 年至 1954 年任共青团中央办公厅研究员。1955 年至 1963 年任驻苏联使馆二秘、留学生处副主任、研究室主任。1963 年至 1966 年任高教部留学生司处长、高教部对外司副司长。"文化大革命"中受冲击，下放"五七"干校劳动改造。1972 年后曾任驻苏联使馆参赞，驻几内亚大使，外交部新闻司司长。1972 年至 1988 年任外交部副部长、党组成员、党委副书记。1988 年至 1991 年任外交部部长、党委书记。1991 年任国务委员兼外交部部长、党委书记。1993 年 3 月在全国人大第八届一次会议上被任命为国务院副总理。1993 年 7 月至 1995 年 12 月任香港特别行政区筹备委员会预备工作委员会主任。1995 年 12 月至 1997 年 7 月任香港特别行政区筹委会主任委员。1998 年 3 月至 2003 年 3 月任国务院副总理。

1998年5月至1999年12月任全国人大澳门特别行政区筹委会主任委员。时为中国外交部部长。

"要采取一个大的行动"

20世纪80年代初，国际形势发生了重大变化。1979年12月苏联入侵阿富汗后，从对外扩张的顶点衰落下来，同美国争夺日感力不从心，被迫实行战略性调整。其中一个重大步骤就是希望缓解同中国的关系。1982年3月24日，苏联领导人勃列日涅夫在塔什干发表讲话，明确承认中国是社会主义国家，突出强调中国对台湾的主权，表示愿意改善对华关系，建议磋商双方都可以接受的改善关系的措施。这在客观上为我调整对苏政策提供了契机。根据小平同志的指示，当时我以外交部发言人的身份作出了积极反应，主要的一句话就是要"听其言而观其行"，语言极其简略，但却引起了国际上的广泛注意，预示着可能发生什么重要的事情。

1982年盛夏的一天，邓小平同志邀集几位中央领导同志和外交部主要领导到他家中开会，我作为外交部主管苏欧地区的副部长也参加了。邓小平同志提出，要采取一个大的行动，向苏联传递信息，争取中苏关系有一个大的改善，但必须是有原则的，条件是苏联得做点事情才行。这就是苏联要主动解决"三大障碍"，即消除对中国安全的威胁。当时苏联在中国北部的中苏、中蒙边境地区大军压境，武装侵入中国的西邻阿富汗，在中国南部支持越南侵占柬埔寨和对中国边境进行挑衅，成为改善中苏关系正常化的三个主要障碍。

会上，有的中央领导同志提出究竟用什么方式、如何向苏联传递信息的问题。小平同志当时说，为了不引起外界的无端猜测，可由外交部苏欧司司长作为视察使馆工作前往莫斯科，并同时前往华沙。8月10日，苏欧司司长于洪亮启程赴莫斯科。我驻苏联大使把苏副外长伊利切夫请到使馆，于洪亮同志一字不差地向他背诵了根据小平同志指示起草的、长达 1000 多字的说帖全文。在说帖中，我方指出，中苏两国关系不正常状态已经存在许多年了，中苏两国人民都不愿意看到这种状况长久继续下去。双方应当作出努力，使中苏关系走上正常轨道，并逐步建立起睦邻友好关系。中方建议双方坐下来平心静气地讨论，通过共同努力，设法排除妨碍发展两国关系的严重障碍，从有助于改善两大邻国关系的一两个实质问题着手，推动其他方面关系的发展。

苏方的反应经历了一个过程。长期从事中苏意识形态论战的伊利切夫将眼睛闭成一条缝，仔细地听着，但并未察觉中方信息的真实含义，仍然沿用过去的老调表态一番。当时在座的苏联外交部第一远东司司长贾丕才比较敏感，捕捉到了中方信息中的新东西，称这件事可能起到某种推动作用，表示要"报告政治局和最高领导"。于洪亮转达完口信后，即去驻波兰使馆，表明此行目的不在莫斯科，也是为了避开外国记者，同时给苏联准备回答的时间。8 月 20 日，当于洪亮回国途经莫斯科时，苏方作出正式答复，表示愿在任何时间、任何地点、任何级别上同中方讨论苏中双边关系问题，以便"消除关系正常化的障碍"。当时，中美之间已就"八一七"公报达成协议并公开发表。

小平同志随后找我和于洪亮去他家里，听取了有关传递信息的汇报，并决定同意重开中苏谈判。在 1982 年 9 月 1 日党的十二大开幕前，中苏双方已商定由两国副外长级的政府特使就两国关系正常化问题举行政治磋商。当时我担任中国政府特使，苏联政府特使是伊利切夫。第一轮磋商于 1982 年 10 月在北京举行。这不仅标志着当时两国间只对抗、不对话状态的结束，而且预示着两国关系将由长期对抗转向缓和。

勃列日涅夫逝世的"葬礼外交"

1982 年 11 月 10 日，苏联领导人勃列日涅夫突然病逝，苏联决定 15 日举行葬礼。为了抓住时机做苏方的工作，小平同志立即指示派国务委员兼外长黄华同志作为中国政府特使赴莫斯科参加葬礼。这是在中苏高级接触中断多年后所采取的非同寻常的举措。小平同志还特意找了吴学谦和乔木同志，对这次"葬礼外交"中同苏联领导人谈什么、怎样谈、如何报道，都做了具体部署。这时，黄华同志已经乘民航班机离京了，来不及向他转达小平同志的指示，就决定以黄华同志离京前对新华社记者发表谈话的形式公布中方的态度。黄华同志在莫斯科下飞机后，才从驻苏联使馆的同志那里知道"他在北京机场作了这样一篇谈话"。根据小平同志的意见，谈话对勃列日涅夫的评价既不要简单批一顿，也不能只说好话。谈话中用明确而又巧妙的语言说到 20 世纪 50 年代后期起两国关系开始恶化，是指赫鲁晓夫；说到 60 年代后期以后这种恶化达到了严重的地步，是指勃列日涅夫。照顾到这次活动是吊唁，都没有点名。对勃列日涅夫不久前关于改善中苏关系的讲话则表示赞赏，这是寄希望于苏联新领导。

11 月 15 日，黄华同志见到苏联新任领导人安德罗波夫，当面转达了中国领导人对他当选苏共中央总书记的祝贺，表示真诚希望在双方共同努力下，中苏两国关系会逐步恢复正常。16 日，黄华同志主动约见苏联外长葛罗米柯。根据邓小平同志的指示，我方强调要使两国关系得到真实的改善，苏联必须采取实际步骤，消除妨碍关系正常化的障碍，在几个重大问题上先做一两件事，例如促使越南从柬埔寨撤军。

由于小平同志的果断、正确决策，中苏两国关系正常化的进程启动了。这是一场马拉松式的谈判。两国政府特使就消除两国关系正常化的障碍问题进行了长达 6 年、共 12 轮的政治磋商。在此期间，双方在各个领域的交往逐步恢复。其间，苏联又有两位领导人相继逝世，我国万里副总理、李鹏副总理分别率政府代表团出席葬礼，保持了高层对话。中苏两国外长 5 次在联大期间会晤，讨论两国关系正常化问题。1984年 12 月，50 年代时担任苏联专家总顾问的阿尔希波夫以中国人民的老朋友、苏联副总理的身份访华，两国实现了副总理级官员的正式互访。

"愿意破例到苏联任何地方同戈尔巴乔夫见面"

从何处着手打开中苏关系僵局？双方曾有过一段争论。苏方企图避重就轻，主张从停止"敌对宣传"、增加经贸合作、旅游和互派留学生开始。但正如小平同志 1984 年 10 月 11 日会见竹入义胜时所指出的："'三大障碍'不消除，中苏关系不可能有根本改善。"

1985 年，戈尔巴乔夫继任苏联领导人，着手调整内外政策。他多次表示，希望苏中关系能得到重大改善，强调发展政治关系、提高对话级别。但在消除"三大障碍"的关键问题上：特别是在越南从柬埔寨撤军这一问题上，却没有松口。

1985 年 10 月 9 日，小平同志在会见访华的罗马尼亚领导人时指出，解决中苏关系正常化问题、消除"三大障碍"，首先应在越南从柬埔寨撤军这件事做起。只要这个问题解决了，其他问题都好解决。为推动中苏关系取得突破，小平同志首次提出中苏举行高级别会晤的设想。小

1982 年 10 月 21 日，中国外交部副部长钱其琛同苏联外交部副部长伊利切夫在北京举行会谈。

平同志请罗马尼亚领导人带口信给戈尔巴乔夫：如果苏联同我们达成谅解，让越南从柬埔寨撤军，而且能办到的话。我愿同戈尔巴乔夫会见。我出国访问的历史使命虽已完成，但为这个问题，我可以破例。

1985 年 11 月 6 日，苏方答复说口信收到了。23 日，苏方表示，苏中举行最高级别会晤和恢复党的关系的时机已经成熟，建议两国最高领导在远东地区的苏联或中国境内举行会晤，讨论苏中关系正常化问题。1986 年 7 月底，戈尔巴乔夫在海参崴发表讲话，表示苏愿意在任何时间和任何级别上同中国最认真地讨论建立睦邻局势的补充措施问题，同意按主航道划分阿穆尔河（黑龙江）边界线走向，同时宣布苏联将分阶段从阿富汗撤军并正在同蒙古国讨论撤出大部分苏军问题。对苏方的这种反应，我们给予了积极的评价，同时指出，它同消除"三大障碍"距离尚远。1986 年 9 月 2 日，小平同志在接受美国记者华莱士电视采访时，强调让越南从柬埔寨撤军问题是改善中苏关系的关键。越柬问题使中苏关系实际上处于热点和对峙，是中苏关系正常化的主要障碍。如果戈尔巴乔夫在越柬问题上走出扎扎实实的一步，消除了这个障碍，他愿意破例到苏联任何地方同戈尔巴乔夫见面。我们于 9 月 7 日对外发表了这一谈话，把中方的立场公诸于世，实际上是对戈尔巴乔夫在海参崴的讲话作出了公开的答复。

"高级别会晤日期不能变"

中苏政治磋商由此取得了重要进展，苏方在柬埔寨问题上的态度逐渐发生变化，并同中方达成谅解，为两国关系正常化创造了前提。小平同志指示，现在可以进行中苏外长的互访，说外长访问标志着两国关系已开始"半正常化"。1988 年 12 月，我访问了苏联。这是自 1957 年以后 30 年来中国外长第一次访苏。那时莫斯科正是严寒的冬天，我们代表团的几个主要成员每天清晨在宾馆院中厚厚的雪地里边走边商量如何谈判。这次访问取得了成功，不仅深入讨论了柬埔寨问题，而且就中苏高级会晤问题交换了意见。接着，1989 年 2 月，苏联外长谢瓦尔德纳泽进行回访，继续为中苏高级别会晤做准备。双方主要讨论关于解决柬埔寨问题的声明和举行高级别会晤的时间，以便达成一揽子协议合同时发表。但当中方同意苏方建议的戈尔巴乔夫 5 月中旬访华的时间后，苏方在柬埔寨问题上的态度突然变卦。当双方代表到达上海准备会见邓小平时，苏方只想确认高级别会晤的时间而不愿发表已达成协议的关于越柬问题的共同声明。在小平同志会见谢瓦尔德纳泽前，我向他汇报了苏方在柬埔寨问题上立场后退的情况，并建议关于中苏高级别会晤的日期也暂不公布，由双方继续商谈。小平同志表示，中苏高级别会晤日期不能变，而且语气非常坚决。同时他又说：我今天不谈会晤日期，这由你们去谈。会见时，谢瓦尔德纳泽外长对小平同志说："戈尔巴乔夫建议 5 月 15—18 日访华，昨天我同钱其琛外长谈了这个问题。"谢的用意显然是尽管柬埔寨问题未谈妥，先请小平同志确认高级别会晤的日期。小平同志马上作出反应说："你们两位外长的谈话还没结束，希望你们继续工作，日期由你们商定，我听你们的。"谈话中，小平同志再次强调了早日解决柬埔寨问题的重要性。谢瓦尔德纳泽想绕过柬埔寨问题、只确定高级别会晤日期的企图没有得逞。苏方不得不同意与我继续商讨柬埔寨问题。谢瓦尔德纳泽采取走边缘的手法，从上海回到北京的飞机上谈判仍未停止，到北京以后，双方继续相持不下。谢瓦尔德纳泽原定的离京时间一推再推，也解决不了问题。我当时一直在机场守着等待送行。天黑以后，双方在机场休息室又进行了一次最后的会晤，苏方同意留下人员同我方继续谈判。直到第二天，双方就共同声明措辞达成一致，才连同公布了戈尔巴乔夫的访华日期。

"只握手，不拥抱"

中苏举行高级别会晤是轰动世界的大事。在礼仪、热度等方面如何把握方寸，事关重大，也是一个极为敏感的政治问题。小平同志对此考虑得很细。他说，全世界都注视着中苏高级别会晤，在接待戈尔巴乔夫来访的礼仪等安排上不要太热，要适度。见面时"只握手，不拥抱"。小平同志还叮嘱说，此点在同苏方谈具体礼宾安排时向他们打个招呼。"只握手，不拥抱"，不只是个礼仪问题，而且准确地概括了当时中苏两国关系的性质，形象地勾勒出了未来相互关系的定位。

1989 年 5 月 15—18 日，戈尔巴乔夫应邀访华。四十多年来的中苏关系，经历了错综曲折、充满戏剧性变化的复杂时期。高级别会晤谈什么、怎样谈？小平同志早就开始思考、运筹。他明确指出，高级别会晤不谈过去的事，有些事实只作为回忆讲一讲，但不作为问题提出来，着重探讨建立新的关系。中苏关系正常化和高级别会晤的中心任务是"结束过去、开辟未来"。在同戈尔巴乔夫会晤时，小平同志说，重点是放在将来的事，但过去的事完全不讲，恐怕也不好。中方的一些看法要讲，目的是在更加扎实的基础上前进。但不要求苏方回答，也不要进行辩论。小平同志从两个方面回顾了历史：一是历史上中国在列强压迫下遭受的损失；二是近几十年对中国最大的威胁来自何方。小平同志指出，从鸦片战争起，列强侵略、欺负、奴役中国，对中国造成损害最大的是日本，最后实际上从中国得利最多的是沙俄，包括苏联一定时期、一定问题在内。20 世纪 50 年代，对中国的威胁主要来自美国，六七十年代对中国的威胁主要来自苏联。小平同志总结了几十年风风雨雨的中苏关系，强调主要是苏联把中国摆错了位置，真正的实质问题是不平等。虽然如此，我们从来记得，斯大林时期帮助我们搞了一个工业基础。关于意识形态争论的那些问题，小平同志说，回过头来看，双方讲的都是空话。必须根据自己的条件建设社会主义，一个固定的模式是没有的，也不可能有。那些争论，我们也不相信自己是全对的。小平同志最后说，历史账讲了，这些问题就一风吹了。戈尔巴乔夫表示，在不太久远的过去，在苏中关系的有些方面，苏联有一定的过错和责任，并赞同讲过去就到此为止。

所谓开辟未来，是指两国关系正常化后建立一个怎么样的国家间关系，明确今后两国新型关系的具体内涵和应当遵循的准则。小平同志深刻总结了几十年来国际共运的历史教训，强调无论是结盟还是对抗，都是不成功的，中苏关系还是要以和平共处五项原则为基础。高级别会晤结束时双方发表的联合公报指出，中苏关系正常化不针对第三国，不损害第三国的利益。这样就形成了既不同于 20 世纪 50 年代的那种结盟，更不同于六七十年代那种对抗状态，而是不结盟、不对抗、不针对第三国、睦邻友好的正常的国家关系。中苏、中俄关系的历史发展表明，这种完全新型的国家间关系不仅最符合两国人民的根本利益，而且有利于维护世界的和平与稳定。

通过这次高级别会晤，中苏两大邻国终于结束了几十年的不正常状态，并郑重声明将在互相尊重主权和领土完整、互不侵犯、互不干涉内政、平等互利、和平共处的国与国之间关系的普遍原则基础上发展相互关系。回首往事，感慨万千，两国都为自己的过去付出了沉重的代价。正因为如此，双方倍加珍惜这一来之不易的宝贵成果。中苏关系正在实现正常化的时候，1989 年政治风波正在临近。两国关系正常化后不久，国际形势经历了东欧剧变、苏联解体的巨大变化。中苏关系的正常化、随之建立的中俄睦邻友好关系，不仅经受住了种种考验，而且不断健康、平衡地向前发展，确立了两国平等信任、面向 21 世纪的战略协作伙伴关系。

（选自鲁林、卫华、王刚主编：《红色记忆——中国共产党历史口述实录（1978—2001）》，济南出版社 2002 年版）

回忆邓小平 1992 年南方之行

进入 20 世纪 90 年代，全球风云多变，世界动荡不安，国际共产主义运动连遭挫折，东欧社会主义国家的改革非但没有成功，反而改变了颜色。接着，世界上第一个社会主义国家苏联也出现剧变。这一严重结果，给世界范围的社会主义运动前途蒙上阴影。西方的一些政治势力继续利用这一时机，加大和平演变的力度，利用政治、经济、文化、外交等手段，妄图达到"不战而胜"的目的。在这种形势下，中国的改革是继续前进，还是向后退；是继续以经济建设为中心，还是以保卫政权、防止和平演变为中心；是继续扩大开放，还是退回到原来的路子？社会主义中国前途和命运到了一个转折关头。中国的路怎么走，需要给予回答。

1992 年 1 月 18 日至 2 月 21 日，中国改革开放的总设计师邓小平视察南方并发表讲话。讲话精辟地分析了当前国际国内形势，科学地总结了党的十一届三中全会以来的基本实践和基本经验，明确地回答了这些年来经常困扰和束缚我们思想的许多重大认识问题。谈话不仅对当时即将召开的中国共产党第十四次全国代表大会，发挥了十分重要的指导作用，而且对中国的改革和建设，对整个社会主义现代化建设事业具有重大而深远的意义。邓小平的南方谈话是在国际国内"政治风波"严峻考验的重大历史关头，坚持党的十一届三中全会以来的理论和路线，深刻回答长期束缚人们思想的许多重大认识问题，把改革开放和现代化建设推进到新阶段的又一解放思想、实事求是的宣言书。

首先，谈话提示了为应对改革开放可能遇到的风险必须进行社会试验的思想。社会主义现代工业化发展在中国是前无古人的事业，总有风险和不确定性。在发展中减少风险、减少失误，较好的办法就是试验。正因为如此，邓小平把改革开放视为中国进行的社会试验。

其次，改革开放的试验要有"闯"和"冒"的精神。邓小平在视察上海谈话中指出，由于改革开放是创新，是一场革命，必然遇到阻力和障碍，对旧体制的路径依赖，旧的思维惯性的阻滞，由于"恐资"而引发的姓"社"姓"资"的争论，都是改革开放必须应对的挑战。因此，必须要解放思想，敢试、敢闯，通过试验，开拓中国现代化发展的新路子。

最后，谈话提出了"三个有利于"的评价标准，为敢试、敢闯提供了检验的尺度。这一标准体现了科学性与价值性的统一，超越了姓"资"、姓"社"、姓"公"、姓"私"的抽象争论，以国家与人民的最高利益作为评价的基点，为改革开放伟大事业，为中国特色社会主义事业的健康发展，提供了依据。

▌作者简介 ▶

陈开枝，1940 年生，广东云浮人，1960 年加入中国共产党。曾任广东省革委会办事组第一秘书处调研组副组长，中共广东省委办公厅第一秘书处副处长，第二秘书处副处长、处长，中共广东省东莞县委副书记兼东莞县经委党组书记，中共广东省委副秘书长。1992 年 12 月至 1993 年 4 月任中共广州市委常委、常务副市长。时为广东省委副秘书长，直接负责邓小平同志南方谈话时的接待和安保工作。

陈建华，1956 年生，广东陆丰人，1982 年加入中国共产党。曾任广东省韶关钢铁厂转炉车间副工段长、设备组副组长、车间副主任；1984 年 11 月后，任广东省委办公厅干部；1993 年 9 月后，兼任广东省委办公厅副主任；1998 年 12 月后，任广州市委常委、从化市委书记等。

时为谢非同志秘书，负责邓小平南方谈话的录音工作。

姚欣耀，1950 年生，广东汕头人，1969 年加入中国共产党，曾任陆军 139 师通信科参谋；47 军司令部通信处参谋、正营职参谋；陆军第 140 师司令部通信科科长；47 军司令部通信处处长。1990 年 7 月至 1992 年 9 月，深圳市接待办公室接待处副处长，接待一处处长，兼迎宾馆总经理；后任深圳市接待办主任助理、党组成员；深圳市政协办公厅副主任，副秘书长；深圳市政协副秘书长兼办公厅主任、市政协常委；2002 年 3 月任深圳市政协秘书长、党组成员，政协办公厅主任；深圳市政协副主席等。时为深圳市政府接待处处长，其间做了大量工作笔记。

陈开枝：我是 1964 年 8 月 5 日奉调到广东省委工作，1992 年陪小平同志视察南方以后，离开省委机关，到广州市工作。在这 29 年的工作中，除了做省委主要领导的秘书以外，又当了 8 年秘书处长、8 年副秘书长。1985 年接任副秘书长后，分管中央领导到广东视察的接待和安全保卫工作。1992 年邓小平同志视察南方时，我是全程操办。

回忆小平同志视察南方的情景，看看今天我们党和国家的发展，就会更加深刻地理解小平同志视察南方的重大意义。我认为：我国的改革开放有今天这样的变化，同小平同志这次视察有着直接联系。大家都读了《邓小平文选》第三卷最后那篇文章。他也说了，这是作为终篇之作，也是对全党作出的一个交代。我认为，小平同志这次视察南方，是一个战略性的举动。

当时的情景，我现在仍记忆犹新。1992 年 1 月 1 日，我到南海市的一个镇去检查工作。上午 10 点，谢非同志用我们能够听得懂的语言打电话告诉我说："我们盼望已久的那位老人将要来了！"他要我回机要室看电报，作出一个计划安排。我听后，非常兴奋。我对南海市委书记、市长说："我有急事马上要走。"他们要我吃了午饭再走，我说不行。我离开南海回到机要室，看到了中央办公厅给广东省委发来的密码电报，内容很简单，只有两行字：小平同志要到南方休息，请广东省委做好安全、接待工作。我看完这份电报，对身边的同志说：小平同志这次来广东可能不光是休息，可能会有大的举动。我们立刻明确了这样一个指导思想：小平同志已经88岁高龄了，很难说再有第三、第四次这样的举动了（改革开放以后，小平同志第一次视察南方是1984年，这是第二次）。他这次来，我们不仅要把安全保卫工作和他的生活安排好，让他休息好，而且要利用这次机会，让小平同志把他的思想谈出来。另外，还要让他多看一看他自己耕耘的改革开放试验田的变化情况。所以，1月1日当天，我们就研究了他要去的地方、要做的准备工作。

1月3日，由三人组成的先遣组由北京来到广州。我把我们的想法告诉他们：这次来，不仅仅休息，一定要把他的思想留下来，要多看一些地方。他们的方案是：专列直达深圳，在深圳住几天，坐船去珠海，在珠海看几天，再坐船回深圳，然后从深圳离开广东去上海。我对他们说：这个方案，一个是在海上奔波两次不大安全，再一个是不能看到珠江三角洲的变化。我说，最好在看了珠海以后，从中山、顺德回广州，沿途再看看容声冰箱厂，看看珠江三角洲这些地方的变化。另外，想让部队和省里几套班子的领导见一见小平同志。北京来的先遣组基本上同意我提出的这个方案。随后，我们就派车去深圳、珠海三角洲选点。我跟先遣组的负责同志说，为了留下一些历史资料，最好让南方日报社、广东电视台和新华社三家的记者跟着。他们也同意了。

我们从小平同志视察南方的几个情节中，能够体会到他当时的心情。第一个情节是，专列到武昌后，停车加水20分钟。他下来到月台上散步。湖北省委书记关广富和省长郭树言在休息室等着。小平同志身边的工作人员跟他说：湖北的书记、省长都在里面，要不要见一见？小平同志说："那好啊，见一下吧。"他们就从休息室走出来，到月台上陪老人家散步。一见面，老人家开口第一句话就问："你们的生产搞得怎样啊？你们的经济搞得怎样啊？"关广富向老人家汇报了情况。接着，老人家就说了一通话，如作风要扎实，去抓工作、抓经济，等等。小平同志到深圳以后，我们问他身边的工作人员，小平同志在湖北谈了什么？他说：谈话不多、整理后一共不到 500 个字。小平同志在武昌的谈话，主要是谈作风问题的。传回北京后，中央办公厅很快就发了个文件，作出了关于加强作风建设的六条规定，即"六个不准"。

第二个情节是，按照原来的计划，1 月 19 日上午 9 点小平同志抵达深圳以后，上午休息，下午参观。但小平同志到宾馆后很快就走出来了，说要出去。我说：都商量好了，下午再出去。先休息吧。他说："你不知道，我坐不住。"他说他也听到了关于深圳的一些怪话，所以一定要出去看看深圳到底是怎么个情况。最后，我们只好陪着他去散步，给他汇报了一些情况。

第三个情节是，小平同志下午出去看市容，把深圳看了一个遍。沿途他一直很兴奋，看到了这里的变化、那里的变化。回到宾馆下车的时候，他说了一句让我更加震惊的话。他说："那些人尽讲屁话！"他认为，那些攻击改革开放的人都在胡说八道。

总之，这三个小情节，可以看出他当时的心情。本来，他对中国应当怎么走，1989 年政治风波以后应该怎么走，已经说清楚了。他在接见首都戒严部队军以上干部时的讲话，已经讲得很清楚：改革开放没有错，一定要高举改革开放这个旗帜。但是，在怎么走的问题上，当时确实有干扰。有人认为多一分外资企业，就多一分资本主义，就是一种很典型的舆论观点。

小平同志是在我国改革开放和社会主义现代化建设面临严峻考验的历史关头视察南方，并发表南方谈话的。本来，他可以在北京找人谈他的想法，但他并没有这样做。他来到改革开放的前沿阵地广东后，也没有开干部会来谈。我想，他主要是考虑自己已经退休了，是一个普通的共产党员。他视察南方期间，见到工人就跟工人谈，到哪个场合，坐下来就谈。他曾说过："我是中国人民的儿子，我深情地爱着我的祖国和人民。"在视察南方期间，从他的言谈举止中，我更加深了对这两句话的理解，从中看出他的无产阶级革命家的胸怀和风格：非常忧国忧民，担心改革开放的方向会被扭转。于是，他就采取了这样一个办法：把自己的思想留下来。最后，小平同志的这些思想，奠定了党的十四大的思想理论基础，并为全党所接受。

小平同志南方谈话的内容很丰富。就我自己的理解，小平同志的南方谈话，明确了下面几个重要问题：

第一，他反复讲党的"一个中心，两个基本点"的基本路线，并强调说：这条基本路线一定不能动摇。这条基本路线是用沉重的代价换来的，总结了国内外的经验。

第二，他反复讲要抓发展，强调"发展是硬道理"，"科学技术是第一生产力"。在珠海仿真厂的一个车间里，他举着手大声地对工人们讲：我们落后几千年了，决不能这样维持下去了；落后就要挨打；不改革开放，不发展生产力，就只能是死路一条。

第三，他特别强调要坚持"两手抓"，说中国特色社会主义，不能搞得像资本主义那样乌烟瘴气，那样就失败了。他很重视新加坡的经验，提倡借鉴新加坡的经验，即要注意精神文明建设。

第四，他也十分重视反"左"的问题。这个问题，他在许多场合都谈了。但他谈得最透彻的一次，是在从深圳去珠海的船上。那次，我们六七个人围着他，谢非同志向他简要汇报了广东的发展情况。接着，小平同志就谈起来，谈了1个多小时。他说：经济能够发展多快就要发展多快，要有跳跃式的发展。广东一定要追赶"亚洲四小龙"，要用20年基本实现现代化。他还说：一定要结合自己的实际，思想要解放。他说："我告诉你们，我邓小平就没有读过多少书，没读过多少大部头。但是，读过《联共（布）简史》，读过《共产党宣言》。我只是用马列的这些基本观点来研究中国的问题。"他还说："'左'的东西长期根深蒂固地影响着我们党。纵观我们党七十年的历史，'左'，好像革命，实际是害死人。不解决'左'的问题，就不能解决中国的实际问题。"

小平同志视察南方期间，走到哪里谈到哪里。但是，他谈话的思路是非常清楚的：当时要解决什么问题、明确什么问题，当时党内有些什么思想障碍，以及对这些问题应该怎么回答……他对这些问题都作出了正确的回答。我觉得，只有把这些谈话放在一定的历史背景下来看，才能看到小平同志视察南方意义的伟大，作用的巨大。

小平同志南方谈话的中心意思，就是要坚定不移地贯彻执行党的"一个中心，两个基本点"的基本路线，坚持走中国特色社会主义道路，抓住当前有利时机，加快改革开放的步伐，集中精力把经济建设搞上去。党的十四大以后，我们党和国家事业的蓬勃发展，与小平同志这些思想的指导分不开。同时，以江泽民同志为核心的第三代中央领导集体在实践中又有发展。由此，我感觉到，我们国家是非常有希望的。

作为小平同志视察南方这一重大历史事件的见证者，我经常回忆起小平同志当时的音容笑貌，感觉这是对我的极大鞭策和鼓舞。作为一个普通党员，我没有道理不做好工作。小平同志此举表明，他对国家负责，对人民负责啊！通过陪他视察南方，我的灵魂也得到了净化，从他身上汲取了无穷的精神力量。我深信，在这种力量的感召下，我们一定能够乘风破浪，把中国特色社会主义事业不断推向前进。

*　　　　*　　　　*

陈建华：1992年是改革开放以来小平同志第二次视察南方。我当时担任谢非同志的秘书，按照谢非同志的要求，负责小平同志南方谈话的录音、整理工作。最初，没有安排这个任务，因为一开始说是来休息的，不作指示，不讲话，不听汇报，不题词，不见报。

小平同志的专列是在1月19日上午9点多钟抵达深圳的。谢非同志和深圳市委书记李灏、市长郑良玉等领导同志前去迎接。到深圳迎宾馆的桂园下榻后，小平同志刚进房不一会儿，就又走了出来，说坐不住，要出去走走。

我觉得，小平同志南方谈话的整个思路，就是对中国特色社会主义道路的信念问题。核心是坚持改革开放，坚持发展，坚持党的基本路线。决心和信心问题谈得比较多，也讲一些对历史的回顾。

按照预定的安排，上午休息，下午出去看。小平同志当时不抽烟，只喝一点加饭酒，一餐一杯。他到深圳后的第二天，去了国贸大厦。在那里，李灏和谢非同志分别汇报了深圳和广东的改革发展情况。简单汇报后，小平同志开始讲话。当时，很多人感到措手不及，因为没想到他要讲话，事先没有准备。小平同志讲话时，我站在他的后面。他一开始讲，我就按下了录音机的按钮，开始录音，把讲话内容完整地录下来。其他人多数都没来得及做记录。那天，他讲了很重要的一些话，比如：讲中国还是要发展，不发展跟周边一比就不行了。他还说：苏东发生这么大的变化，一夜之间就完了。中国为什么没有倒？外国人说因为有我在。这个话有点道理。他说，中国不能乱。外国希望中国乱，乱了对外国有什么好处？一乱，肯定会有很多人跑出去，还带着枪，那样，世界就乱了。

在国贸大厦，小平同志前后讲了 30 多分钟。第二天、第三天，包括在植物园，小平同志谈的几个比较重要的问题是：一个是股市问题，他说要允许大胆地试，起码试几年，不行就关，还可以留个尾巴。再一个问题是，再用二十年，我们可以走出一个基本定型的有中国特色的社会主义制度。这是去植物园种树回来时讲的。谢非同志为了更明确时间，问："小平同志，是从现在开始，还是从改革开放开始？"小平同志说："再用二十年"（即从 1992 年开始）。在小平同志的讲话里，始终贯穿着一个时间观念，比如：2050 年、本世纪末、翻两番、第二步走、第三步走、20 年赶上"亚洲四小龙"、香港 50 年不变、坚持党的基本路线一百年不动摇，等等。还有一个是，要搞改革开放，没有一点闯劲不行。他说：搞改革开放，办经济特区，一开始就有人反对。要允许看嘛！现在已经不是允许看的问题了，而是要大胆地闯。再一个是要坚持党的基本路线一百年不动摇。他强调：不要动，不要改变现行的路线方针政策。谁要改变，老百姓不答应。只要我们能够坚持发展，再过一百年，中国就富强了。现在我们就那么一点家当。但是，今后十年会有更大的发展，到那个时候，我们可以基本上实现小康了，社会主义就会更有生命力。资本主义是会衰亡的。他始终坚信：社会主义一定会战胜资本主义，这是一个替代的过程。我觉得，小平同志南方谈话贯穿的一条主线，就是对有中国特色社会主义的那种信念、那种坚持，并对之阐述得特别充分。

在深圳，小平同志还谈了另外一个比较大的、更有现实意义的问题，那就是社会主义是什么？他说，实际上我们要搞的是共同富裕。他说：广东现在富了，很多地方的人跑到这里来打工，我家乡四川就有很多人跑到这里来。这些话是在从深圳市区到蛇口的途中讲的。当时，我还跟他开玩笑说："小平同志，有个牌子上写着'欢迎您到蛇口来！'"毛毛翻译给他听，他笑了笑，没有说话。谢非同志对他说："现在广东的发展也很不平衡，山区还是比较穷。"小平同志说：你首先要把广东的贫富差距问题解决好。其次东部要支援西部，但不要养懒人。他说：这个快了不行、太早不行，太慢也不行。十年内不要动。李灏同志又问起时间问题："小平同志，那是到什么时候？"他回答说："本世纪末吧。"在船上，他还谈了关于马克思主义、关于反"左"的一些问题。他说："我一生三次挨整，都是'左'！"他提出主要防止"左"。

小平同志在深圳还提出广东力争用20年时间追赶"亚洲四小龙"问题。他到深圳的第二天就对广东提出了这个要求。当天晚上，谢非同志叫我算算，我一直算到第二天凌晨4点钟。因为当时广东的人均GDP是很低的，只有1000多元。要搞到"亚洲四小龙"的水平，怎么算也不行。他在从深圳去珠海的船上讲："广东始终是中国改革开放的龙头。但是，你们要善于藏拙。要把尾巴夹得紧紧的。"广东要带好头，不仅经济要上去，精神文明建设也要上去。谢非同志在船上还把那天算账的情况给小平同志作了汇报：在总体上、经济总量上可以超过"亚洲四小龙"，但人均还有较大差距。后来，从广东的实际出发，制定了一个珠江三角洲经济区的规划，经过20年的建设，珠江三角洲完全可以达到中国台湾、中国香港、新加坡和韩国的水平。党的十四大提出："力争经过二十年的努力，使广东及其他有条件的地方成为我国基本实现现代化的地区。"我们算完以后，小平同志就指着广东地图，谢非同志给他汇报说："我们广东也分三块。一块是珠江三角洲，人口占 1/3 左右，工业产值占 80%，GDP 占 70%，出口占 80%，这叫第一世界；东西两翼也是沿海地区，但还不富裕，算第二世界；其他的……"小平同志说："那其他的就是第三世界？"谢非说："是啊。"小平同志说："要得，要得。"

小平同志在船上还谈了其他一些问题，即关于马克思主义理论的问题、关于社会主义必然战胜资本主义的问题。他说：我没有别的，就是相信毛主席倡导的实事求是，就是要实事求是。马克思主义理论，我也只是学了个 ABC，但是，马克思主义并不玄奥。就是要胆子大一点，要敢闯，头脑清醒，错了就改，错了就纠正。这就问题不大。要讲问题，我们的问题还少啊？什么时候问题少过？把它解决了就是了嘛。我们听后，非常受感动，受鼓舞，受教育。他风趣地说，广州军区的司令员朱敦法，他在淮海战役的时候还是个娃娃，是个连长，他带兵打仗可以，我不行，我没有带过兵，我指挥大兵团作战可以。他讲这话的意思是说，要有宏观的思维，要有这种意识。

小平同志到珠海后，去看了几家工厂，主要是科技方面的。在江海电子厂，在生物公司，在亚洲仿真控制有限公司，都谈了中国的科技问题。他说：中国应该在世界高科技领域占有一席之地。他以钱学森为例，说当时搞"两弹"，只给了他 100 名中学生，很艰苦啊，都是从基本的东西学起。现在条件多好啊，以前哪有这样好的设备呀。一个珠海就有这么多的科技人员，那全国就更多了。再过十年，我们的实力会更加强大。但是一定要开放，要走出去。不开放，鼻子不通，信息不灵。他指出，在海外的中国人回国，不管过去政治态度如何，都可以回来，好好安排。要告诉他们，只有我们才相信他们，只有祖国才真正相信他们。他坚持要握一握年轻人的手，并且说："你们是中国的希望"。他说："我老了。但是呢，我要多看点新鲜的，新东西，越新越好。新的东西多了，人民高兴，我高兴，中国高兴。中国已经穷了几千年了，是该改变的时候了。要靠你们，在世界上，中国科技应该占有一席之地。

要靠你们。"

在江海电子厂，他还讲了一段很重要的话。那家厂很简易，是浙江的两位科技人员夫妇辞职下海，在珠海办的一家电子加工厂。他参观出来后，跟谢非同志说："这家厂子姓'社'不姓'资'。"后来，谢非同志在给省委的报告里引用这段话时，讲："不要随意贴上姓'社'姓'资'的标签。"

小平同志视察珠海期间，一再谈到要加快发展，说发展慢了就等于停滞。我觉得，他在珠海主要就是谈这个问题。其间，有过一个插曲，促成了后来的浦东开发。那天，我们从外面回来时，快到中午了，车子要进石景山大门的时候，梁广大同志说：我们的财政收入，从几百万发展到现在的 8 个多亿了。小平同志马上说：搞特区啊，当时深圳考虑的是靠着香港，珠海考虑的是面对着澳门。汕头呢，是华侨多。厦门呢，是台湾。我有一个失误，就是没把上海搞成特区。因为路程很近，只有几百米，他讲到这里的时候，车子已经到宾馆门口了，有人便喊，"行了！老爷子，下车了！下车了！"我说，"不要，不要下车。"于是，大家又坐了下来，听他把话讲完。因为年龄的关系，小平同志并没有注意到这些，他继续说道："这是我一个失误。我当时就没有考虑到上海，上海人多精明哟。"当天晚上，我在整理小平同志南方谈话材料的时候，把这段内容完整地整理进去。党的十四大之后，中央决定建设浦东新区，实行比特区更"特"的政策。

我觉得，在中共党史上，在改革开放史上，小平同志视察南方，是建国以来一个重大的事件。可以说是掀起了第二轮改革开放的高潮。小平同志视察南方，在国际共运史上也有一定的位置。广东这十年来的发展，完全是按照小平同志南方谈话的要求，按照"一个中心，两个基本点"的基本路线，坚定不移，大步往前走的结果。我认为，对小平同志视察南方这个问题进行探讨，研究小平同志的思想，很有意义。

*　　　　*　　　　*

姚欣耀：小平同志视察南方，要从 1991 年夏天说起。那年六七月份，邓朴方来深圳，住在松园别墅。我陪李灏同志去看他。李灏对他说：你要回去了，问老人家好，请他再来，这些年又有很大变化。邓朴方回答说：我们一起做工作，有可能到冬天来。此后，李灏多次找我们谈话，说看来争取小平同志来深圳是有希望的，从现在起就要开始做准备工作。根据市委的要求，我们接待办及时提出了整治、装修柏园和桂园别墅的报告。李灏同志及市政府有关领导批复后，就动工了，还修建了一条专门供小平同志散步的小路。

小平同志来深圳时，我参与了整个接待工作，还记了工作日记。当时的保密工作做得很好。深圳方面的接待方案和思路，经市委主要领导审定拍板：第一站到国贸大厦，上旋转餐厅看深圳全景；第二站去看皇岗口岸；第三站去民俗村，了解深圳的精神文明建设；第四站看先科，了解科技方面的情况；第五站去渔民村（当时因气候原因且已经没有了渔民，只有村，加上道路又不好走，结果没有去）；第六站去仙湖植物园植树。

小平同志的专列于1月19日上午9点到达。毛毛搀扶他下车。虽然坐了两天两夜的车，但一点也看不出他有疲劳感。谢非同志上前迎接："小平同志，我们非常想念您！"李灏说："小平同志，我们深圳人民欢迎您来视察。"毛毛就对他讲："人民欢迎你，谢非、李灏欢迎你。"迎接的车队到了迎宾馆后，在小平同志步入别墅时，我在旁边对小平同志说："首长，这是桂园别墅，1984年您住过的地方。"小平同志点头说："我记不住了"。我又说："首长，这房子又装了一下，房间小了一点。"小平同志说："房还是小点的好。"他说话的声音很洪亮。

进房不到10分钟，小平同志就走了出来。小平同志身边的工作人员孙勇对我说："小姚，快、快，小平同志要到外面走走。"我说："没有安排呀。"小平同志刚到，就这么急着到外面去看，当时我们都感到很惊讶。

我们只好提前按准备的路线走，到皇岗区看市容。小平同志兴奋地说：深圳变化这么快、这么大，我想不到。他还说：看来，我也有失误的地方，应该把上海也放进来就好了。

孙勇同志对我说：小平同志高兴了。看来深圳不错。

午饭，小平同志一家在一起吃的，没有宴请。我们和工作人员一起就餐，因菜肴多了，没有吃完，孙勇同志批评说：小平同志对身边的工作人员要求非常严格，他心里总是想着全国人民，你们要注意节约啊！

20日上午9点30分，小平同志来到国贸大厦。老百姓听说他来了，全都聚集在路边。看到小平同志后，都情不自禁地鼓起掌来。这显示出深圳人民对小平同志的热爱。小平同志的一些重要谈话，主要是在这里讲的。当天上午离开国贸后，接着又去了先科。在国贸，小平同志与群众接触的热烈场面，使负责警卫的同志感到为难。为了做好第二天去民俗村的安全工作，当天下午又作了进一步的研究。

21日上午，车队直接开到了民俗村内。像往常一样，一些游客在里面游览。小平同志坚持乘坐电瓶车游览与群众见面，并频频向大家招手。

22日上午，去仙湖植物园。在那里，小平同志亲手种下了一棵"高山榕"。植树结束后，小平同志自己走了十数步，尽显伟人风采。当时，电视台的同志"紧急行动"，拍摄下这一珍贵的镜头。由于当时的风比较大，毛毛和孙勇劝他赶快上车，往回走。小平同志说："这就走啊？""真不自由。"

小平同志在深圳的讲话主要是在国贸大厦讲的。当时，李灏、谢非同志汇报后，小平同志讲话。他在深圳讲话的主要内容有：姓"社"、姓"资"的问题，要坚持"两手抓"，要敢闯、加快发展，党的基本路线要坚持一百年不动摇，要少说空话、反对腐败。有时在迎宾馆散步时，边听谢非、李灏同志汇报，还边插话。一次，当李灏同志讲到"改革开放有一定阻力"时，小平同志回过头来坚定地说："是拦路虎，就赶走；是绊脚石，就踢开。""改革开放一定要搞下去，不改革开放只能是死路一条。"（此话在国贸旋转餐厅听汇报时又说一次）在民俗村，他主要讲了共同富裕的问题，说：要鼓励一部分人先富起来，带动贫穷地区共同致富。

小平同志离开深圳之前，还接见了有关领导和工作人员，并分别与他们合影留念。照相的顺序是：第一批是广东省委书记谢非、新华社香港分社社长、广州军区领导以及深圳五大班子领导；第二批是参加接待工作的全部人员；第三批是公安警卫交警等人员；第四批是执勤武警部队的同志。

小平同志离开深圳不几天，任仲夷同志来了。他问我有没有做记录，还说：小平同志来深圳讲话后，中国的改革开放将会掀起一个新的大浪潮。他告诉我："应该有思想准备，赶快整理。"我听了这话，很是激动。后来，周南同志见到李灏书记时说："深圳把小平同志请来了，这不仅对深圳，而且对全国的改革开放都会起很大的推动作用。"

我觉得，在接待小平同志的几天时间里，自己受到了很大教育。一是小平同志和身边的工作人员都很俭朴，没有给地方负责接待的同志提什么过分的要求；二是他心里始终装着人民群众，非常热爱人民；三是他对中国的改革开放事业非常关注；四是对中国下一步应当怎么走提出了一系列新思想。小平同志的谈话虽然是脱口而出，但又都是经过深思熟虑的。我认为他谈话的内容，无论是思想性，还是科学性，都是最高水平的。参加接待小平同志后，我曾对自己的亲属讲："要是小平同志再年轻 10 岁就好了！"

（原载《中共党史资料》2003 年第 1 期）

回顾中国社会主义市场经济体制的建立

导　读

1978 年党的十一届三中全会以后，邓小平在探索我国经济体制改革目标模式的过程中，创造性地提出了社会主义市场经济理论，实现了社会主义经济理论上的重大创新，为我国经济体制改革由高度集中的计划经济体制向社会主义市场经济体制转变，建立社会主义市场经济体制指明了方向。

我国关于社会主义市场经济体制目标模式的确立和邓小平关于社会主义市场经济的论述，经过了四个发展阶段：1.1978 年至 1983 年，提出了计划经济为主、市场调节为辅的改革思想；2.1984 年至 1987 年，提出了有计划商品经济理论；3.1987 年至 1992 年，提出了社会主义商品经济理论；4.1992 年以后，正式提出社会主义市场经济理论。由此，从根本上破除了把计划经济和市场经济看作属于社会基本制度范畴的思想束缚，确认建立社会主义市场经济体制的改革目标。

社会主义市场经济理论，是邓小平理论体系中极具创新意义的组成部分，是对马克思主义经济理论的重大发展。

第一，建立社会主义市场经济体制，能够推动资源的合理流动与分配，提高资源的使用效率，从而促进经济的发展。因为社会主义市场经济是商品化的商品经济，是市场在资源配置中起基础性作用的经济；社会主义市场经济具有平等性、法制性、竞争性和开放性等一般特征，从而有利于促进我国社会主义现代化建设。

第二，建立社会主义市场经济体制，有利于社会总供给与社会总需求的基本平衡，实现经济的协调发展和市场经济的平衡运行。因为社会主义市场经济体制是同社会主义基本制度结合在一起的，建立社会主义市场经济体制，就是要使市场在国家宏观调控下对资源配置起基础性作用。

第三，建立社会主义市场经济体制，对进一步转换国有企业经营机制，建立适应市场经济要求，建立产权清晰、权责明确、政企分开、管理科学的现代企业制度具有重要意义。另外，建立以按劳分配为主体，效率优先、兼顾公平的收入分配制度，鼓励一部分地区一部分人先富起来，走共同富裕的道路。社会主义市场经济能够把社会主义基本经济制度的优势同市场经济的长处结合起来，把人民的当前利益和长远利益、局部利益和整体利益结合起来，更好地发挥计划和市场两种手段的长处，更加充分地发挥社会主义制度的优越性，发挥国家集中人力、物力、财力办大事的优势，使国家对经济的宏观调控做得更好、更有成效。

第四，社会主义市场经济体制对于现代化建设有巨大的推动作用，党的十四届三中全会以来的十年经济建设的成就就是明证。①经济保持了稳定高速增长；②经济实力明显增强；③经济运行的质量和效益不断提高；④经济结构战略性调整取得成效；⑤人民生活水平大幅度提高。

作者简介

陈锦华，1929 年生，安徽青阳人。1949 年加入中国共产党。曾任上海市军管会轻工业处秘书，华东纺织管理局秘书，纺织工业部部长办公室秘书、部办公厅研究室干部。1960 年至 1971 年，任纺织工业部办公厅研究室副主任兼党组秘书。1971 年至 1976 年，任轻工业部计划组负责人。1977 年至 1983 年，任中共上海市委常委、市革委会副主任、市委副书记、副市长兼市计委主任。1983 年至 1990 年，任中国石油化工总公司总经理、党组副书记、党组书记。1990 年至 1993 年，任国家经济体制改革委员会主任、党组书记。1993 年 3 月至 1998 年 3 月，任国家计委主任、党组书记。1998 年 3 月，当选为全国政协副主席。时为国家经济体制改革委员会主任。

1989 年政治风波以后，中国经济领域的改革在社会上引起了新的争论，加上苏联、东欧社会主义国家的解体，引起了一些人对中国经济体制改革，特别是对主张以"市场为取向"的改革的种种置疑和批判，给从事经济体制改革的同志带来很大的压力。在这样的背景下，1990 年 8 月 18 日，我受命出任国家经济体制改革委员会主任、党组书记，直到 1993 年 3 月调任国家计划委员会主任。这是我一生经历中面临困难最大的一段岁月，我的体重曾经一度消瘦了 10 多公斤。幸好时隔不久，即 1992 年年初邓小平发表了著名的南方谈话，改革的春风再次吹拂中国的城乡大地，"以市场为取向"的改革目标终于认识趋同，党的十四大决定建立社会主义市场经济体制。

一、总书记深夜打来的电话

1992 年 3 月 20 日至 4 月 3 日，中国共产党第七届全国人民代表大会第五次会议在北京举行。我是安徽省代表团的全国人大代表，住在西苑饭店。4 月 1 日晚上 11 点，时任总书记江泽民打电话找我，对我说现在改革开放正处在一个非常重要的时刻，下一步该怎么办，大家都在等待，也有点着急，体改委好好研究一下，向中央提出建议。我说，情况确实是像总书记指出的那样，大家都在等待，在看中央的态度，下一步该怎么搞，认识也不大一致，思想有点混乱。我表示尽快找人研究，向中央提出建议。总书记说，好，并说他自己也在考虑这个问题。

党的七届全国人大五次会议结束以后，我于 4 月 15 日邀请广东、江苏、山东、辽宁、四川 5 个省的体改委主任，到北京专门座谈下一步的改革设想，主要议题是计划与市场的关系。考虑到 1989 年政治风波引起的对改革的种种非议还没有过去，计划与市场的关系问题非常敏感，我没有向他们讲总书记给我打电话的背景。中央决定调我到国家体改委工作的时候，李鹏、姚依林、宋平等中央领导同志先后找我谈话。我对他们讲，当前中国的改革真是"急不得，慢不得，左不得，右不得"。这"四个不得"集中反映了我当时的思想。正是基于这样的心态，我对 5 省体改委主任座谈会采取了极严格的保密措施，到会的不足 10人，规定不带助手，不做记录，议论的事情不得外传。当时我主要是担心传出去引发不必要的麻烦。

5 省体改委主任座谈会开了 3 个半天。结束以后，我根据会上讨论的意见，给江泽民、李鹏写了报告。我说，这 5 个省都是大省，尽管在计划与市场的关系上代表了不同层次的改革开放程度，但他们都一致表示，寄希望于党的十四大在计划与市场的关系上有所突破。5 个省的体改委主任一致认为：从 5 个省已经形成的、不同程度的经济发展的生机和活力看，今后应当明确提出："建立和发展社会主义市场经济"，"社会主义界定公有制基础、按劳分配原则、政权性质、国家在宏观经济上的规划和重大决策；市场经济是手段、方法，应当也只能为社会主义服务。"这个报告是我自己写的，事先没有同任何人商量，写好后也未给任何人看过。4 月 21 日直接送江泽民、李鹏亲收。我在报告中还附了一个统计资料，列举 5 个省 1978 年和 1991 年的国民生产总值、固定资产投资、出口额、进口额、引进外资、社会商品零售总额、城镇居民人均收入、农民人均纯收入等 8 项宏观经济指标，并以 1991 年同 1978 年的增长数字做对比，说明市场对发展经济和改善人民生活的巨大作用。

在我召开座谈会的前不久，国家体改委召开了一个"经济体制转换国际研讨会"。4 月 20 日，美国前国务卿亨利·基辛格博士送来一篇题为《经济发展与政治稳定》的论文。他在论文的开头指出："在当前迅速变化的世界中，没有比这个题目更重要的问题了。"这个题目，就是指这次研讨会讨论的"中央计划经济向市场经济转换的问题"。基辛格

说："我很赞赏中国政府不失时机地主持了这一研讨会。"他对这种转换
提出了 3 点基本看法。第一，他认为目前有关经济体制转换的讨论中大
都将"纯粹的市场制度"与"纯粹的计划经济"相对比，但在现实生活
中并不存在这种极端的模式。他举例说，美国无疑是所谓最开放的市场
经济，但政府仍在一系列部门中（如石油、天然气、电讯等部门）发挥
着重要作用。他认为"经济本来就是'混合的'"。第二，相对集中的经
济向更多地以市场为基础的经济结构的转变，在世界范围内进行着。他
以中欧、东欧、苏联、拉美国家的转变情况和成效为例，分析和论述了
他的观点。第三，任何国家都不能不考虑其独有的历史和文化背景。他
说，一个改革方案在某个国家运转得很好，但到另一个国家则可能行不
通，道理很简单，没有两个一样的国家。他同时认为，在经济体制转换
过程中，确有一些共同点可以考虑，他讲了 7 个共同点。基辛格的结论
是："我们正处在一个变革的时代，我们周围的经济生活在发生着重大
的变化。变化的趋势错综复杂，但中心是朝向市场经济。似乎可以说，
世界各地的领导人不约而同地得出这样一个结论：总的来说，市场为持
续经济发展提供了较好的基础。"他还指出："向市场转变的目标被广泛
接受，但实现这一目标的方式同试图改革的国家一样多，显然，没有一
个'通用'的办法。改革过程必须与各个国家的经济、社会、文化环境
相一致。"基辛格在结论的最后强调："改革的成功取决于政治稳定"，"简
而言之，经济发展与政治稳定密不可分"。我仔细看了他给我的信和所
附论文，感到他的论点没有政治偏见，没有夹杂意识形态，讲得比较客
观，其中一些重要的论点同中国的改革实践也比较一致。我觉得他的论
文可供参考，就把它附在给江泽民、李鹏的报告后面，推荐他们一阅。

二、计划经济从理论到实践

1990 年 9 月，中央决定调我到国家体改委工作的通知发出以后，
国家体改委立即派秘书长洪虎到中国石化总公司接我上班。我说，不

行，全国人大常委会还没有正式通过任命，我不能去上班。如果你们方便，可以先给我送些资料看看。我先了解下情况，再和安志文（当时是国家体改委党组书记）谈谈领导班子和干部的问题。洪虎说可以。第二天他就送来了几大包资料，涉及改革的全局和方方面面的工作。面对这么多材料，我真不知道从何看起。这些材料中，有全国的经济体制改革要点，有城镇改革试点、农村改革、国有企业改革、金融改革、财税改革、商业改革，等等。这么多材料，什么是中心问题？什么是改革的纲？从这一件看到另一件，有点"只见树木，不见森林"的感觉，越看越迷惘。

根据多年的工作经历，我认为改革所追求的目标，应当是邓小平讲的解放生产力、发展生产力。对现有的宏观经济和微观经济来讲，是激发生机活力，是有效率的工作机制。然而什么是活力，动力又在哪里呢？我想起 1979 年在上海工作时的一次经历。那一年的五六月间，薛暮桥从四川到上海，我去看他，他从一路见闻谈到商品经济，谈到人们对发展商品经济的认识。他说，政府要放宽政策，允许搞有计划的商品经济，内地的同志跟他谈半天也听不明白。到了上海，你只要讲一句"允许长途贩运"，上海的同志就明白了，就什么也不用再讲了，上海人会干得很快很欢。薛暮桥说这就是商品意识。人们常说，上海人能干，会做生意，会赚钱，其实就是说上海人的商品经济观念强，会抓住商业机会，会使用市场发展经济。我在上海工作时兼任市计划委员会主任，中央领导同志常表扬上海工作做得好，计划完成得好，我自己的感受是，上海编计划比较灵活，留有较多的余地让企业去适应市场，去安排生产，去进行互通有无的交换。这些经历，使我较多地感受到，经济要有活力，动力在市场。解放生产力、发展生产力，都要靠市场。面对新的工作岗位，面对新的形势和桌子上的一大堆资料，我想应当把重点放在有关市场的改革上。于是我请洪虎帮我找人整理两个资料，一个是国内有关计划和市场关系的争论资料，另一个是国外关于计划与市场的综合资料。

我之所以这样考虑，除了我的个人经历和感受外，当时改革的目标、方向出现反复，争论不少，也是一个重要原因。当时的大背景是，一方面，党的十一届三中全会恢复了实事求是的思想路线，党的十二届三中全会通过的《关于经济体制改革的决定》，对经济领域的一些重大理论和体制性问题有决定性的突破，确认中国的社会主义经济是"在公有制基础上的有计划的商品经济"，提出了一系列发展"社会主义商品经济"的新方针。党的十三大报告又强调，社会主义有计划商品经济的体制应该是"计划与市场内在统一的体制"，"计划和市场的作用都是覆盖全社会的"，明确指出："利用市场调节绝不等于搞资本主义"。1989年6月9日，邓小平在讲话中再次肯定改革开放以来的方针政策"没有错"、"都不变"、"不能改"。邓小平在同李鹏谈话时还特别交代说，不要提"以计划经济为主"。这些都表明，中央推进市场化改革的态度很坚决，而且不断发展、深化。

另一方面，对改革的方向、目标一直存在着争论，中国改革的道路依然不平坦。无论是马克思主义的教条主义者，还是西方经济学的教条主义者，都认为社会主义与市场经济不能兼容，公有制与市场经济不能兼容。这种教条长期禁锢着人们的头脑。在理论界或者在从事实际工作的干部当中，都有不少人把计划经济看作是社会主义制度的根本特征，把市场经济看作是资本主义所特有的，认为市场经济与生产资料私有制相联系，与社会主义公有制是对立的。1989年政治风波之后，报刊上发表了不少批判"市场取向改革"和"市场经济论"的文章。1990年2月22日，北京的一家大报发表文章，对改革者提出质问："是推行资本主义的改革，还是推行社会主义的改革？"这是北京最早提出的改革要问一问姓"资"、姓"社"的文章。这些批判文章的共同点，是把计划与市场同社会的基本制度联系起来，认为要"坚持社会主义制度就是要坚持计划经济"，如果改革不问姓"资"、姓"社"，就会把改革开放引向"资本主义的邪路"。有人还把市场经济与计划经济之争提到"路线斗争"的高度，说改革的方向与目标的争论是"两条道路的斗争"，等等。

我感到，这些问题都是大是大非问题，关系到改革的方向、目标，这个问题不解决，其他改革只能是舍本逐末。

1990 年 9 月 30 日，国家体改委国外经济体制司副司长江春泽（多年从事研究国际经济学和比较经济学的专家）根据我布置的任务，送来一篇题为《外国关于计划与市场问题的争论和实践以及对中国的计划与市场关系的评论》的材料，扼要地介绍了从 1902 年意大利经济学家帕累托开始，西方学术界对是以中央计划机关还是以市场作为未来社会资源配置的主要方式，进行长达一个世纪的争论情况。材料还介绍了社会主义国家，从苏联战时共产主义后期开始的关于计划与市场问题的争论过程。

这个材料表明，最先提出用中央计划机关取代市场来配置资源的学者是意大利经济学家帕累托。他和他的追随者都不是马克思主义者，更不是共产党员，而是西方研究社会主义经济的学者。在这个问题的争论初期，社会主义制度还没有诞生，主张计划经济或是主张市场经济，同坚持或反对社会主义制度根本没有关联。西方国家的政府，由于两次世界经济危机的教训，开始探讨和纠正"市场失灵"的问题，普遍采取了政府干预的政策，包括调整就业、税收政策，动用国家的经济资源和行政手段对市场进行宏观调控，解决经济社会问题的中长期规划和建设重大基础设施，直至进行跨国间的协调，等等。"看得见的手"与"看不见的手"相结合，开始成为世界经济体制优化的普遍趋势。资本主义国家可以用计划手段弥补市场的缺陷，社会主义国家为什么就不可以利用市场机制来克服计划的弊端，以提高资源配置的效率呢？材料清楚地表明，计划不是社会主义制度的"特产"，市场也不应是资本主义的"专利"。资本主义可以用计划，社会主义也应当用市场。

我看了江春泽写的这个材料，觉得思路清晰，言之有理，针对性强，就立即报送中央领导同志参阅。江泽民看了以后特地给我来电话说："材料很好，我看了两遍，并批示印发中央领导同志参阅。"李鹏还指示党的十三届七中全会文件起草小组参考。

　　计划与市场的关系，是经济学家跨世纪的争论问题。意大利经济学家帕累托，是最早用数学手段进行经济研究的学者之一。他把统计资料和数学工具结合起来分析经济理论问题，对一般均衡论、分配论和社会福利论都产生了深远的影响。正是基于这种学术特点，他在1902年至1903年出版的两卷本《社会主义制度》一书中，假设了"一个社会主义生产部门"，由它实行经济计划，并在理论上达到与市场均衡力量所导致的完全一样的结果。他认为，这个假设"是会得到证明的"。帕累托的学生巴罗内，于1908年撰文发展了帕累托的观点，对全部经济资源归公共所有、整个经济由国家机关集中管理的社会主义经济的可行性，作了肯定性的论述。奥地利经济学家米塞斯，于1920年发表《社会主义制度下的经济计算》一文，把社会主义经济制度的本质特征，归结为生产资料公有制和中央计划。但他同时认为，中央计划无法预知某种产品最终是否符合需要，也无法计算某种产品在其具体生产过程中所耗费的劳动和原材料。他还认为，巴罗内设想的用中央计划来模拟市场，组织劳动和生产资料等要素的计算是行不通的。

　　这以后，赞成帕累托观点的人和反对帕累托观点的人，各有阐述又各不相让，但争论的各方都是理论界的专家、学者，都是为了从理论上探索资源配置的最佳方式，并没有联系社会政治制度和意识形态。把这个理论和设想付诸实践，并形成计划经济模式的是苏联政府，特别是在列宁逝世以后，以1929年的"大转变的一年"为标志，重视市场作用的新经济政策在苏俄消失，代之而起的是高度集中的、排斥市场的计划经济。在斯大林的亲自指导下，苏联科学院经济研究所编著的《政治经济学教科书》，把国家所有制和由国家机关组织实施的计划经济列为社会主义最基本的经济特征。从1930年到1991年，苏联实施了长达60多年的计划经济。

　　历史地、公正地讲，苏联早期的计划经济，对于苏联的工业化、国防现代化和战胜法西斯德国，赢得第二次世界大战的胜利，都起了历史性的作用。对比同一时期发生的资本主义国家的严重经济危机，更是显示了新生的社会主义制度和早期计划经济的优越性。

根据美国经济学家伯格森的估算，1928 年至 1955 年苏联的国民收入，平均年增长率达到 4.9%—6.3%。1950 年的社会总产值，比 1913 年增长了 17.2 倍，工业总产值增加 12 倍。1929 年至 1932 年苏联第一个五年计划期间，工业平均增长率高达 19.20%。而处在同一时期的 1933 年，美国工业总产值只有 1929 年的 65%，英国是 86%，法国是 77%，德国是 66%，都是大幅度的下降。第二个五年计划的 1933 年至 1937 年，苏联经济继续保持了 17.8% 的高增长率。第三个五年计划的 1938 年至 1940 年，苏联经济的增长率仍然高达 13.2%。这一切，都大大加快了苏联的工业化进程，迅速改变了苏联的面貌。正像后来丘吉尔在评价斯大林功绩时所说的，是斯大林把"用木犁耕地"的俄罗斯变成了"用拖拉机耕地"的俄罗斯。

在苏联推行计划经济的同时，世界发生了深刻的变化，凯恩斯主义诞生了，罗斯福实行了"新政"。资本主义国家，首先是美国，吸取了经济危机的教训，借鉴学术界的理论成果和苏联的实践经验，加强了政府对经济的干预，对社会分配制度等也实行了不同程度的改革，生产的无政府状态有所克服，资产阶级和无产阶级的矛盾有所缓和。资本主义在调整自身的矛盾中，从 1929 年至 1933 年、1937 年至 1938 年的两次经济危机中走了出来，生产力继续发展。

同资本主义对待自身矛盾的态度相反，苏联则迷恋新制度的优越性，不去正视计划经济开始显露的缺陷，继续视市场为异端，看不到由于科学技术的进步而带来的生产变化和市场变化，继续坚持 20 世纪 30 年代的计划经济模式。到 1958 年，苏联全民所有制的 20 万个国营工业企业、6000 个国营农场、5000 个技术修配站和机器拖拉机站、10 万个国营工厂和机关所属的农业副业企业，都要按照中央计划机关层层下达的计划执行。在企业的技术经济指标中，企业只对上级负责，没有市场信息，没有对市场需求的压力和追求。直到 1965 年，苏联按照利别尔曼的利润原则实行经济改革方案以前，由上级下达给企业的计划多达 30 种。改革方案实施以后，仍保留了 9 种。1971 年，苏共召开第二十一次代表大会，苏联部长会议主席柯西金在会上作报告，强调："党中央委员会和苏联政府的出发点是：指令性计划是主要的和有决定意义的"，"我们要批驳主张用市场调节来取代国家集中计划领导的各种错误观点。"在苏共领导人的这种严重背离经济规律的教条主义态度下，思维更加僵化，计划经济继续抱残守缺，生产脱离市场，企业失去活力，产业技术停滞不前，效率低下，最终导致整个经济逐年下降。

　　1985 年，戈尔巴乔夫接任苏共中央总书记，面对苏联经济日益恶化的局面，他一面提出"加速战略"；一面又坚持说："计划化过去是、现在仍然是管理社会主义经济的主要杠杆"。他高喊"新思维"，却又继续把集中体现"旧思维"的计划经济看作不二法门，把市场视同"洪水猛兽"。据曾经长期在苏共中央领导核心部门工作并担任过"国家紧急状态委员会"成员的瓦·博尔金在《宝座的坍塌——戈尔巴乔夫肖像》一书中回忆，"市场"这个词，戈尔巴乔夫提起来就"谈虎色变"。可以想象，苏联《政治经济学教科书》中关于"把国家所有制和由国家机关组织实施的计划经济列为社会主义最基本的经济特征"这个教条，对他们的烙印有多么的深。正是这种脱离实际、闭眼不看现实的教条主义态度，使他们在计划与市场的关系上"谈虎色变"，徘徊犹豫，丧失了改革的有利时机，最终导致苏联经济的衰败。1999 年 12 月 30 日，俄罗斯总统普京在《千年之交的俄罗斯》中分析了苏联走向衰落的原因，指出："为限制甚至压制企业和个人的创造性和进取精神付出代价。今天我们在收割塔什干的苦果，既有物质上的，也有精神上的。"

　　当然，导致苏联经济长期衰退、人民生活水平不断下降，直至苏联解体，有多种原因，但不可否认，苏联的经济管理体制落后，计划经济模式的日益僵化，直至完全失去活力，使资源配置错位，最终导致生产力不断下降，应当是其中的一个重要原因。就经济基础和上层建筑的关系来讲，经济管理体制的僵化、衰老，失去对经济的激活作用，它对生产力和生产关系的双重影响都是致命的。

三、中国以"市场为取向"的改革

在争论和反复中发展、深化新中国成立之初，建设社会主义没有经验，在当时的国际大背景和国内环境下，只能学习苏联。在编制和实施国民经济第一个五年计划前后，中国在经济方面学习苏联的重点是工业部门和企业，主要是学习和借鉴苏联的计划经济模式。以苏联援建的156个成套设备项目为代表，集中体现了计划经济的基本方法，并取得了重大成就。但是，就中国经济的整体情况来说，并没有完全照搬苏联的模式，而是实行了自己的政策。1949年9月，中国人民政治协商第一届全体会议通过的《中国人民政治协商会议共同纲领》明确提出："中华人民共和国经济建设的根本方针，是以公私兼顾、劳资两利、城乡互助、内外交流的政策，达到发展生产、繁荣经济之目的。"1954年9月，一届全国人大一次会议通过的《中华人民共和国宪法》明确规定："国家依照法律保护资本家的生产资料所有权和其他资本所有权。""国家对资本主义工商业采取利用、限制和改造的政策。国家通过国家行政机关的管理、国营经济的领导和工人群众的监督，利用资本主义工商业的有利于国计民生的积极作用，限制它们的不利于国计民生的消极作用，鼓励和指导它们转变为各种不同形式的国家资本主义经济，逐步以全民所有制代替资本家所有制。"这些都与苏联不同，是很大的不同。

苏共二十大以后，苏联的问题开始暴露。1955年年底，毛泽东提出了"以苏为鉴"的问题。1956年4月，他在中央政治局扩大会议上作了《论十大关系》的讲话，提出："以苏联的经验为鉴戒，总结中国的经验，调动一切积极因素为社会主义事业服务"的基本方针，对适合中国情况的社会主义建设道路进行了初步的探索。毛泽东在讲话的开头就提出，"特别值得注意的是，最近苏联方面暴露了他们在建设社会主义过程中的一些缺点和错误，他们走过的弯路，你还想走？过去我们就是鉴于他们的经验教训，少走了一些弯路，现在当然更要引以为戒。"

在党的八大上，根据毛泽东在《论十大关系》中阐述的思想，陈云在大会发言中讲了"三个主体，三个补充"的重要政策，就是在工商业经营方面，国家经营和集体经营是主体，附有一定数量的个体经营作为补充；在生产的计划性方面，计划生产是工农业生产的主体，按照市场变化而在国家计划许可范围内的自由生产作为补充；在社会主义的统一市场里，国家市场是主体，附有一定范围国家领导的自由市场作为补充。陈云讲的"三个主体，三个补充"，体现了毛泽东"以苏为鉴"的精神，是走适合中国情况的道路、少走弯路的重要政策。

我们这一代人都读过斯大林写的《列宁主义问题》。在这本被当作马列主义经典的著作中，斯大林强调苏联的 5 种社会经济结构中的"第五种社会经济结构即社会主义结构，已成了在全部国民经济中独占统治的唯一指挥力量"。斯大林讲的"第五种社会经济结构"，就是指社会主义工业企业、国有农场和集体农庄。拿斯大林的这个经典论述来对照《中国人民政治协商会议共同纲领》、新中国第一部宪法、陈云讲的"三个主体，三个补充"，可以看出，苏联经济体制同中国的管理经济模式一直是存在差异的。尽管中国经济长期受到"左"的干扰，"文化大革命"时期更是极左思潮泛滥，到处"割资本主义尾巴"，但中国的广大农村和中小城市，仍然保留了相当数量的个体工商户，保留了遍及全国、联系城乡工农业生产和交换的集市贸易，并允许它们发挥补充作用。正是这些个体工商户，在改革开放以后，迅速地"春风吹又生"，成为活跃和发展城乡市场的酵母。

中国的经济体制改革，是在上述历史背景下，根据新的历史条件而推行的。从 1978 年 12 月党的十一届三中全会算起，到 1992 年 10 月党的十四大决定建立社会主义市场经济体制，前后经历了 14 年。这 14 年是一个渐进的过程，是从发生到发展，由渐进到水到渠成的过程。这个过程，从发生、发育和成熟的程度考察，我认为可以分为 4 个大的阶段。

第一个阶段，是从 1978 年到 1984 年 9 月。这个阶段所处的历史背景是，中国长期受"左"的思想和政策束缚，不能提商品经济和价值规律。在经济管理上，实行高度集中的计划经济体制，统得过多，管得过死，地方和企业都强烈要求"放权搞活"。正是在这样的背景下，引导改革的思想解放，首先是理论界认识到"商品经济"存在于社会主义社会，并有重要作用。继而政府在实践上下放权力，减少指令性计划的控制，允许有更多的市场调节机制发挥搞活经济的补充作用。

这个阶段，最早提出有关经济体制改革中涉及计划与市场关系的，是 1978 年 7 月至 9 月国务院召开的务虚会。孙冶方重提"千规律，万规律，价值规律第一条"。薛暮桥提出："应为长途贩运平反，要利用市场活跃流通"。李先念在总结时讲，要善于用经济手段管理经济，不再着眼于行政权力的转移。他还强调，要尊重农业生产队的自主权，贯彻多劳多得和等价交换的原则。

1979 年 3 月 8 日，陈云在《计划与市场问题》的讲话中，分析了苏联和中国计划工作制度中的缺点，指出其中之一就是"没有在社会主义制度下还必须有市场调节这一条。所谓市场调节，就是按价值规律调节"。陈云在"市场调节"4 个字的下面还加上了着重号。

1979 年 4 月，李先念代表党中央、国务院在中央工作会议上的讲话中指出，在我们的整个国民经济中，可以实行计划调节和市场调节相结合的原则。

1979 年 11 月，邓小平在会见美国不列颠百科全书出版公司编委会副主席吉布尼时就讲得更明确了。他说："说市场经济只存在于资本主义社会，只有资本主义的市场经济，这肯定是不正确的。社会主义为什么不可以搞市场经济，这个不能说是资本主义。我们是计划经济为主，也结合市场经济，但这是社会主义的市场经济。""社会主义也可以搞市场经济。"

邓小平、陈云、李先念的一系列讲话，把党的十一届三中全会有关改革经济管理体制的思想深化了，对中国早期的改革产生了极大的推动作用。农村改革率先推进，乡镇企业如雨后春笋般地兴起，国有企业改革纷纷实行放权让利和扩大经营自主权，城乡市场活跃，使这一时期的中国经济呈现出前所未有的活力。

在城乡经济搞活的形势下，难免泥沙俱下，改革中的一些负面现象发生了。一些思想上受"左"的影响比较深、不赞成改变计划经济体制的人，便抓住这些负面现象做文章，力图改变改革的进程。当时主管理论工作的领导同志，就批评一些经济学家关于发挥价值规律的作用，把企业办成独立的经济实体，企业的经营活动主要由市场调节、体制改革的实践是要建立"在商品经济基础上的计划经营方式"等意见，认为这些主张"必然会削弱计划经济，削弱社会主义公有制"，势必"模糊社会主义经济和资本主义经济的本质区别"。接着，1982 年 9 月，《人民日报》发表评论员文章批判主张缩小指令性计划、扩大指导性计划的观点，是否定计划经济。红旗出版社把 1982 年至 1983 年在报刊上发表的文章汇集出版，并在"前言"上加了编者的话，说："放弃计划经济，必然导致社会生产的无政府状态，导致对社会主义公有制的破坏。"受这件事的影响，理论界一度消沉，主张以"市场为取向"的专家、学者，发表论述文章少了。以浙江温州为代表的发展非公有制经济的做法，受到调查、责备。乡镇企业更是面临改革开放以来的最严峻形势，步履维艰。这些负面影响在不同程度上影响了市场化的改革进程。

第二个阶段，是从 1984 年 10 月到 1988 年年底。1984 年 10 月，党的十二届三中全会召开。全会通过的《关于经济体制改革的决定》，总结了改革开放以来的巨大成就和成功经验，全面地提出和阐明了改革的方向、性质、任务和各项基本方针政策等一系列重大理论和实践问题，是指导中国全面进行经济体制改革的纲领性文件。这个文件在理论上有重大突破，如突破了把计划经济同商品经济对立起来的传统观念，提出社会主义的计划经济是在公有制基础上的有计划的商品经济；突破了把计划经济同指令性计划等同起来的传统观念，提出有步骤地适当缩小指令性计划范围，扩大指导性计划的范围，改变主要依靠行政手段进行计划管理的状况，充分运用经济杠杆和发挥市场调节的作用；突破了社会主义价格就是国家统一定价、把稳定物价同固定价格等同的传统观念，提出逐步缩小统一定价范围，适当扩大有一定幅度的浮动价格和自由价格的范围。

1985 年 10 月 23 日，邓小平在会见美国高级企业家代表团时进一步阐述道："社会主义和市场经济之间不存在根本的矛盾。问题是用什么办法才能更有力地发展社会生产力。我们过去一直搞计划经济，但多年的实践证明，在某种意义上说，只搞计划经济会束缚生产力的发展。把计划经济和市场经济结合起来，就更能解放生产力，加速经济发展。"

历史已经证明，党的十二届三中全会的决定，正像邓小平当时指出的那样，"是马克思主义基本原理和中国社会主义实践相结合的政治经济学"，"有些是我们老祖宗没有说过的话，有些新话"。这个决定中的一系列突破，特别是在计划与市场关系上的突破，成了后来引导经济体制改革的指路明灯，推动了经济持续、快速发展。1984 年至 1988 年，中国国民生产总值年均增长速度分别达到 15.2%、13.5%、8.8%、11.6%、11.3%，几乎都是两位数的高增长；只有 1986 年为 8.8%，虽不是两位数，但依然是一个较高的增长速度。

第三个阶段，是从 1989 年到 1991 年年底的争论和反复。1988 年 5 月中旬，中央决定此后的 5 年内，实现价格改革和工资改革的"闯关"。5 月 30 日，中央政治局召开扩大会议，决定进行物价和工资制度改革。由于缺乏经验和准备工作不足，引发了比较严重的通货膨胀，城市居民恐慌，掀起了全国性的挤提存款、抢购商品的风潮，物价大幅度上涨，1988 年的零售物价指数达到 18.5%。为了消除不利的影响，为改革创造一个良好的宏观经济环境，1988 年 9 月，党的十三届三中全会提出"治理经济环境、整顿经济秩序、全面深化改革"的指导方针，开始对经济领域进行治理整顿。全会还原则通过了《关于价格、工资改革的初步方案》。1989 年春夏之交，中国发生了一场"政治风波"。1989 年至 1990 年东欧社会主义国家相继发生剧变，政权易帜。1991 年年底苏联解体。这些国际国内的新情况，使一些本来就不热心改革、不主张改革计划经济体制的人，把所有发生的这些重大事件的原因都归结于市场化改革。当时有一篇文章说，"社会主义经济就其本质来说，是计划经济，只不过在现阶段还需要有某些商品属性罢了"。他们批判说："市场经济，就是取消公有制，这就是说要否定共产党的领导，否定社会主义制度，搞资本主义。"这段时间，批判市场经济的调门越来越高。

1990年10月10日至13日，中国经济界、企业界知名人士与政府高级官员100多人在北京举行"社会主义经济改革理论研讨会"，对"计划经济与市场调节相结合"的大题目反应强烈，认为应尽快在理论和实践上求出准确答案。我应邀到会讲话，赞成"深入探讨计划经济与市场调节相结合这个大题目"。马洪认为，这是我出任国家体改委主任后第一次亮相表态，特地要《人民日报》、新华社突出地加以报道。

1990年12月24日，即党的十三届七中全会召开前夕，邓小平在同中央几位负责同志的谈话中指出："我们必须从理论上搞懂，资本主义与社会主义的区分不在于是计划还是市场这样的问题"，"不要以为搞点市场经济就是资本主义道路，没有那么回事，计划和市场都得要。不搞市场，连世界上的信息都不知道，是自甘落后。"邓小平的这次重要讲话，有力地批驳了反对市场化改革的错误论调，再一次支持了主张改革的干部和理论界的人士。这也再一次证明，在改革大潮遇到阻力和处于困难的时刻，邓小平的远见卓识和坚强决心，又一次发挥了拨正航向的作用。

第四个阶段，是从1992年1月到党的十四大以后。1992年一二月间，邓小平到武昌、深圳、珠海、上海视察，发表了著名的南方谈话。他满腔热情地肯定了改革开放的巨大成就，并针对国内外关心的一些重大理论问题和路线、方针、政策发表了重要讲话。他在讲话中强调坚持党的基本路线一百年不动摇，深刻地论述了计划与市场的关系。他说："计划多一点还是市场多一点，不是社会主义与资本主义的本质区别。计划经济不等于社会主义，资本主义也有计划；市场经济不等于资本主义，社会主义也有市场。计划和市场都是经济手段。"他还说："现在，有右的东西影响我们，也有'左'的东西影响我们，但根深蒂固的还是'左'的东西。有些理论家、政治家，拿大帽子吓唬人，不是右，而是'左'"。"右可以葬送社会主义，'左'也可以葬送社会主义。"邓小平的这个讲话如同石破天惊，极具理论上的创新精神和批判精神，对改革的实践是又一次的巨大推动。

1992 年 2 月 28 日，中共中央发出《关于传达学习邓小平同志重要谈话的通知》，将邓小平南方谈话的要点迅速传达到全体党员干部。

1992 年 5 月 16 日，中央政治局通过《中共中央关于加快改革，扩大开放，力争经济更好更快地上一个新台阶的意见》，对贯彻落实邓小平南方谈话精神作出进一步部署。

1992 年 6 月 9 日，江泽民在中央党校省部级干部进修班上发表《深刻领会和全面落实邓小平同志的重要谈话精神，把经济建设和改革开放搞得更快更好》的重要讲话，指出建立新经济体制的一个关键问题，是要正确认识计划与市场问题及其相互关系，要在国家宏观调控下，更加重视和发挥市场在资源配置上的作用。江泽民在列举了关于计划与市场和建立新经济体制的几种不同提法后，明确表示：我个人的看法，比较倾向于使用"社会主义市场经济"这个提法。这篇讲话为党的十四大的召开和确立社会主义市场经济体制作了重要的舆论准备。我是十四大报告起草小组成员，整个报告起草工作在中央政治局常委领导下进行，江泽民多次找起草小组研究报告内容，在他决定正式提出建立社会主义市场经济体制这个改革目标后，还提出把报告内容先在中央党校作个报告，听听各方面的反映。大家都认为这个做法好，既是听取意见，集思广益；也是做工作，统一党内外认识。

1992 年 6 月 12 日，邓小平在住地同江泽民谈话时，赞成使用"社会主义市场经济体制"这个提法。他说：实际上我们是在这样做，深圳就是社会主义市场经济。不搞市场经济，没有竞争，没有比较，连科学技术都发展不起来。产品总是落后，也影响到消费，影响到对外贸易和出口。他还说：在党校的讲话可以先发内部文件，反映好的话，就可以讲。这样党的十四大也就有了一个主题了。后来经中央政治局讨论，决定将党的十四大报告征求意见稿发给各地方、各部门、各军队单位征求意见。报告起草小组成员分别到地方直接听取意见。我到了浙江，省委常委讨论后一致表示赞成。在讨论后整理意见期间，我去了温州，地委书记对我讲了各方面对温州工作的责难，他们感到压力很大。我说，这些议论要听，但你们不要去争论，工作还是按照现在的路子走，多做少说，只做不说，最重要的是把经济搞上去，把人民生活搞好。只要有这一条，就能站住。

1992 年 10 月，党的十四大正式作出决议，明确提出："我国经济体制改革的目标是建立社会主义市场经济体制，以利于进一步解放和发展生产力。"

1993 年至 1996 年实行的宏观经济调控及其成功"软着陆"，它所形成的调控机制和重要政策，对社会主义市场经济走向完善是一次成功的实践。尽管还有这样那样的问题，但中国坚持与时俱进的思维，坚持探索、创新的精神，坚持在实践中不断完善的科学态度，以及全方位地参与经济全球化的合作和竞争，都给社会主义市场经济倾注了持续的生机和活力，能够确保它不僵化、不停滞。

1997 年 9 月，党的十五大决定，坚持和完善社会主义市场经济体制。

2001 年 12 月，中国正式加入世界贸易组织。中国实行的社会主义市场经济体制与世界通行的规则接轨，中国的社会主义市场经济向规范化、法制化、国际化迈出了新的极其重要的一步。

2002 年 11 月，党的十六大继续坚持经济体制改革的目标，并提出以人为本，实现全面、协调、可持续的科学发展观，充实和完善社会主义市场经济体制改革的内容。

从 1992 年 10 月党的十四大开始，中国经济体制改革终于摆脱各种纷争和干扰，沿着正确的方向、目标顺利推进。

四、突破市场化改革的重点和难点

1982 年 3 月 2 日，国务院在向五届全国人大常委会提交的机构改革方案中提出："为了更好地解决经济体制改革这个难度最大的问题，国务院建议成立国家经济体制改革委员会，由总理兼任主任，负责体制改革的总体设计。"3 月 8 日，五届全国人大常委会第 22 次会议通过决议，批准了这个建议。我听李鹏说过，小平同志讲总理的屁股要坐在改革上，因此先后由总理兼任国家体改委主任。国家体改委从此成了中国设计经济体制改革的参谋部。在我到任前的 8 年中，国家体改委就是按照全国人大常委会通过的决议，一直从事经济体制改革的总体设计工作。1989 年政治风波以后，由于下属的体改研究所在"政治风波"中的表现，国家体改委受到各方面的责备，工作一度处于困难甚至停滞的境地。我到职后，在江泽民、李鹏、朱镕基同志的直接领导下，积极恢复和开展几乎中断了一年的改革设计工作。当时，除了重点研究社会主义市场经济体制这个中心问题外，我还认为，需要在国有企业改革、推行股份制和住房制度改革这几个社会各界广泛关注的重大问题上重新启动，力争有所作为。我还认为，这几项重大改革，既是构成社会主义市场经济的改革内容，也是发展社会主义市场经济的基础。

（一）从砸"三铁"到全面转换企业经营机制

国有企业改革，一直被认为是中国经济体制改革的重点和难点。改革开放以来，中央和地方先后制定了若干重要政策和改革措施，如 1988 年 4 月七届全国人大一次会议通过的《中华人民共和国全民所有制工业企业法》，要求企业成为市场的主体，更好地发挥作用。但国有企业的改革在放权让利以后，仍然困难重重，长时间迈不开新的步伐，不能成为真正的市场主体。

我们设想，在过去工作的基础上，对《全民所有制工业企业法》做些深化和细化的工作，重点是转换企业经营机制。1991 年 10 月 21 日，国家体改委向李鹏、朱镕基报送了《关于起草〈全民所有制工业企业法实施细则〉几个问题的请示》。11 月 8 日，李鹏批示："同意由朱镕基、陈锦华主持这项工作"，并指出："所有权应得到保证，经营权要落实。"11 月底，这项工作开始启动，由贺光辉、洪虎和孙延祜等同志和我一起，抓这件事。国务院的有关部委以及中央组织部、解放军总政治部和全国总工会、全国残疾人联合会等社团，先后参加了讨论、研究。国家体改委还先后召开各省、市、自治区体改委参加的座谈会，听取意见。从 1991 年 10 月开始起草，到 1992 年 7 月党中央、国务院批准实施，整整历时 10 个月，国务院讨论了 17 次，国家体改委讨论了 21 次，先后大的修改有 7 稿。朱镕基对这项工作予以肯定，说这是历年来制定的最好的有关企业改革的文件之一。

1992 年 6 月底，国务院第 106 次常务会议通过了这个文件，并正式定名为《全民所有制工业企业转换经营机制条例》，共计 7 章 54 条。在第二章"企业经营权"中，明确规定了企业享有生产经营决策、产品和劳务定价、产品销售、物资采购、进出口、投资决策、留用资金支配、资产处置、联营和兼并、劳动用工、人事管理、工资和资金分配、内部机构设置、拒绝摊派等 14 个方面的权利，并明确规定这些权利"受法律保护，任何部门、单位和个人不得干预和侵犯"。在文件起草过程中，几乎所有涉及的部门和单位都提了意见，矛盾集中在企业要拥有 14 个方面的权利上。文件的规定同归口管理的行政部门现有权力格局不一致，有些部门认为向企业放权多了，不好管理。在涉及权力格局需要调整、下放的表述上，有关部委和团体几乎是逐字逐句的争论，对拴住企业的绳子都不想松手。通过这个文件的起草，我深切地感到，企业要成为市场的主体不是企业不想，而是各种各样的"婆婆""姑姑"有意无意地拦住它们，要它们服从领导，听从管理。我由此感到，政府机构不改革，职能不转换，企业要享有充分的经营自主权，自主地走向市场，是难以做到的。

还有一件事与企业转换经营机制有关。从1991年年底到1992年，社会上刮起了一股砸"三铁"的风。所谓"三铁"，是指铁饭碗、铁工资、铁交椅。媒体炒作得很厉害，铺天盖地宣传砸"三铁"，一时弄得企业思想很混乱，无所适从。1992年4月下旬，中国经济体制改革研究会在武汉召开年会，安志文同志要我到会上去作报告。我在报告中讲道："转换企业经营机制不能简单地归结为砸'三铁'，转换企业经营机制是系统的、综合的、配套的改革，它涉及到计划、投资、技术进步、新产品开发、产品定价等等方面的机制，如果这些方面的机制不活，企业即便是砸了'三铁'，也难以形成和发展适应市场需求的持久能力。"我还说，适应企业转换经营机制，"首先要加快政府职能的转变，积极进行政府机构的改革，减少行政干预，给企业创造一个宽松的环境。与此同时，还要加快各种市场的培育。"参加会议的新华社记者很敏感，认为这是当时社会上特别是广大企业普遍关心的大问题，就把这段讲话整理成报道播发。第二天早上，中央人民广播电视台的新闻联播节目，作为头条新闻加以报道。《人民日报》也在头版上方的中间位置突出地作了报道。各方面反映很好。后来我先后碰到江泽民和宋平同志，他们都认为讲得对，讲的是时候，并说不应该再混乱下去了。

（二）以"坚决地试"的精神推进股份制改革

中国国有企业的改革，迄今已经进行了二十多年，就改革的侧重点来讲，大体可以划分为3个阶段：第一阶段为政策创新阶段，从20世纪80年代初期到1992年股份制出台，主要是通过国家对企业放权让利，扩大经营自主权，增强企业活力。第二阶段为制度创新阶段，从1992年股份制出台到党的十六大。第三阶段为结构创新阶段，从党的十六届三中全会以后算起。在我任职期间，国家体改委主要是抓了第二阶段的工作，它的重大意义，是在中国确立了一种新的企业制度，即以股份制为基础的公司制。

当时的背景是，随着中国国民经济的快速发展和经济体制改革的深化，一些新的事物不断出现，对企业改革的要求也日益迫切。例如，横向经济联合带动了企业联合，出现了跨部门、跨地区、跨所有制的并购。专业化分工，出现了子公司、分公司。大量的联合兴办项目，需要明确出资方的权益。进一步的对外开放，也暴露了中国企业不适应国外合资、合作的要求，工厂型的所谓"公司"拿不出董事会决议，无法按外商的要求进行谈判，商务上不能与国外的公司应对合作。在经历了第一阶段的探索之后，各方面对企业改革的关心大为增强，认为企业改革已成为整个经济体制改革的关键环节。在众多的深化企业改革意见中，股份制改革的呼声日益增高。但是社会各界对股份制的看法并不一致，还有很大的分歧。有人认为，股份制是社会化大生产的产物，是马克思讲的对资本主义制度的一种扬弃。但也有人认为，股份制就是私有化，中国不能搞股份制。1992年6月23日，七届全国政协召开第20次常委会议，我应邀到会介绍经济体制改革情况。会前，主持会议的王任重特地对我说："锦华，你不要讲股份制。"我说："小平同志都讲了，我不讲不好。"会上，我还是讲了。我说，"股票筹资和债券一样，对投资者有约束力，迫使企业必须努力经营，提高效益。"我还强调说，"我们还将探索对股票交易市场的有效管理，防止破坏性投资行为。"王任重听了，没有再讲什么。

邓小平在南方谈话中提出："证券、股市，这些东西究竟好不好，有没有危险，是不是资本主义独有的东西，社会主义能不能用？允许看，但要坚决地试。看对了，搞一两年对了，放开；错了，纠正，关了就是了。关，也可以快关，也可以慢关，也可以留一点尾巴。"邓小平的谈话，抓住了企业改革与发展的根本问题。企业发展需要资金，企业的技术改造也需要资金，企业要增强市场竞争力还是需要资金。解决资金的来源，不能单靠向银行借贷，特别是大企业发展所需的资金更是如此。中国必须发展资本市场，满足企业的需要。发达国家的做法是通过推进企业的股份制，向股票市场、证券市场筹集资金。它们的发展历史证明，这种做法是成熟的经验，是稳妥、规范和可监管的。1992年1

月，由我主持，国家体改委在深圳召开股份制座谈会，研究中国的股份制改革试点问题，主张积极试点。邓小平的南方谈话更加鼓舞了我们，国家体改委决心加快研究和试点工作。在这以后的一段时间里，江泽民、朱镕基曾先后多次给我打电话，要国家体改委抓紧研究落实。后来我们花了半年的时间，由孙树义负责，我和贺光辉、刘鸿儒、洪虎参与协调，组织 16 个部门以及有关专家，拿出了 30 多个文件。

1992 年以前，在党中央和国务院领导同志的关怀和支持下，有关部门对股份制的改革曾进行过研究和探索，并在个别企业进行了初步的试点。但真正全面、系统地推进股份制的改革工作，是从 1992 年上半年开始的。根据当时的经济社会和政治状况，特别是国有企业的实际情况，确立以下 6 条要求为推行股份制的基本指导思想。

第一，通过国有资本的绝对或相对控股，使改制后的股份制公司保持公有制的性质。这是当时的改革方向。通过国有资本在股份公司中的控股，表明中国推行股份制是坚持公有制主体地位的改革。

第二，股份制的改组改制，必须坚持"生产力标准"，使资本的组织形态，即新的所有制关系适应中国的生产力水平，有利于促进生产力的发展。

第三，改组改制的相关政策、法规，基本上要和国际通行的规则和惯例相衔接，保证中国的股份制规范进行，依法推进。

第四，对工厂制企业在改组改制的同时，要积极推进相应的配套改革，重点是股份制企业的规范性法规、会计制度、中介组织的建立和完善，证券监管机构的建立，产权的界定等。

第五，选择对国民经济发展有重大影响的行业和大型骨干企业，作为优先进行股份制改组改制的企业，以便形成规范的模式和良好的社会效应。

第六，创造条件，积极推进中国大型企业在境外证券市场的上市工作。接着，成功地实现了 H 股的确立和上市的各项工作。通过国际证券机构和股票市场规则，验证和确认中国的法规、程序、操作符合国际标准和规范要求。同时，通过 H 股的工作，进一步规范 A 股的各项规则。

股份制的实施工作是一个系统工程，在工作中涉及原有的一系列的制度、体制、法规、政策和思想观念。为了避免与原有的体制发生严重的摩擦和碰撞，股份制的推进工作主要从 4 个方面展开。

第一，坚持既要借鉴国际上股份公司的通行惯例，又要立足于中国实际的原则。为此我们设计了国家股和国有法人股。同时规定：(1)在重要的行业，大型企业的改组过程中，实行国家股或国有法人股的绝对控股或相对控股，即保持公有制的主体地位。(2)为了防止国家对重要的行业和大中型企业的失控，防止国有资产的流失，确定国有股、法人股暂不上市流通。(3)设定企业职工股，使企业的职工在企业改制后能参与企业的经营管理，在政治上体现主人翁地位。(4)设立企业公益股，从国有股和法人股中拿出一部分股份，作为离退休职工的社保基金。(5)设立科技股，用以鼓励企业科技创新。

为了体现股份制的基本原则，维护股东的权利，我们还组织了法人股交易的试点，这就是 STAQ。当时选择了具备条件的 15 家股份公司进行股票交易。

第二，坚持以法规引导的原则。我们总结了前阶段改革工作中的经验和教训，强调股份制工作必须按照政策法规进行，以确保改制工作的规范化。为此，我们制定并出台了以下几个方面的政策和规定：一是股份公司和有限责任公司的规范意见。二是实施改组改制的办法步骤和对相关部门的工作要求。三是改组改制以后的股份有限公司的会计准则和实施办法。四是改制工作涉及的资产评估、土地评估、税务交纳、物资保障等相关方面的配套政策，以及会计、法律、证券等方面中介机构的组建和实施范围。五是股份公司股票上市的程序和办法。六是公司上市后的监督管理办法。七是股份公司的标准章程和内部规定。八是股份公司上市后各项政策衔接的规定。

在江泽民和朱镕基的直接关心和督促下，1992 年上半年，我们先后颁布了综合性的文件 2 件，规范性的文件 2 件，配套性的文件 13 件，中介组织的文件 4 件，会计准则和办法的文件 2 件，H 股上市规范办法的文件 1 件，H 股上市后的政策 1 件。

第三，坚持协调配套推进的原则。股份制工作是一项协同工程，涉及中央与地方、国务院各部门、国内与国外有关机构的协调配合。经过很短时间的磨合以后，国务院 15 个部委局办的 30 多位同志组成了一个相当默契的工作集体，在实施股份制改制的过程中，观点一致、配合默契、工作协同、相互补台，使股份制改造工作在半年的时间里就迅速推开。这些部门和单位有：国家体改委、国家计委、国务院生产办公室、财政部、国家科委、人事部、外经贸部、中国人民银行、国家土地管理局、国家税务总局、国家工商总局、国家外汇局、国家统计局、国家物资局等。

在实际工作中，我们注意协调有序地推进。股份制改革涉及多方面、多层次、多领域的工作，任何工作的推进都需要相关方面的联动，甚至一个部门内部的工作，也需要及时协调，确保同步运作。股份制的改革，带动了中国经济体制改革的全面深化，促进了政府体制和财政税收体制的改革。

股份制的工作涉及各个层面，包括理论观念、法规衔接、制度办法、操作准则、国内外认同、相关部门的工作和利益的调整、企业历史问题的处理、机构职能的审定，市场运行的规范、国家对上市企业和市场的监管、中介机构的组建、监管程序、股票证券及市场人才的培训、法人股市场的试点，H 股企业的改制、上市、交易的衔接，外事事务的处理，人大的监督和政协的咨询，各项政策的交叉衔接，对地方各级体改部门的工作指导，等等。这些都需要国家体改委牵好头，把好关，把握好工作的分寸和得失进退。

第四，坚持调查研究、不犯大错的原则。股份制工作必须从企业、行业和各地的实际出发，使企业的改组改制工作做到：(1) 防止国有资产流失。(2) 保持社会和企业的稳定。(3) 保证改制工作的规范。（4）处理好各方面原有权益的衔接。（5）不发生政治性的问题。

由于我们注意把握这些原则，上市工作基本做到了平稳进行，发展较快。到 2003 年年底，全国已有境内上市公司 1287 家，市值 42457 亿元，累计筹资 10328 亿元，大大推动了企业的改革与发展，促进了中国资本市场的成长。在境外、香港上市的企业，到 2004 年 5 月已有 278 家，市值占到香港总市值的 30%；按成交额计算，比例高达 50%。

股份制是国有企业改革的突破性深化，奠定了现代企业制度的基础，是一项涉及经济、社会与政治方面的基础性制度建设。它表明在社会主义制度下，股份制可以成为公有制的实现形式。

股份制推进了中国经济融入世界市场，是企业参与全球经济的分工、合作与竞争的规范性接口。

股份制改革的试点实践，证明了邓小平论述的：证券、股市不是资本主义独有的，社会主义可以用，而且可以用好。

（三）社会事业的老大难问题：住房制度的改革

中国长期实行的低租金、福利分房的制度，造成了住房市场不发育，供应短缺，刺激了人们多占房、占好房的欲望，助长了以权谋房、分配不公的不正之风，社会反映强烈。改革福利分房制度，实行住房商品化，是我们一直想改而又怕改，担心改不成的一个老大难问题。缓解住房紧张状况，成了各级政府的一项重大民心工程。我在上海工作时，1977 年、1978 年市委千方百计挤出资金，每年盖 100 万平方米的宿舍，仍是杯水车薪，粥少僧多，成了每年编制计划供求缺口最大的一项指标。1979 年市委咬咬牙想搞 200 万平方米，有人说搞的多了，是冒进，实际上差得很远。现在上海每年新建住宅 1000 多万平方米，仍然年年大幅度增长，房地产市场一片兴旺。

我最早看到中国要改革住房制度的消息，是邓小平在北京市委书记林乎加陪同下视察前三门住房时的报道。后来，邓小平更明确地提出："城镇居民个人可以购买房屋，也可自己盖。不但新房子可以出售，老房子也可以出售。可以一次付款，也可以分期付款，10年、15年付清。住宅出售以后，房租恐怕要调整。要联系房价调整房租，使人们考虑到买房合算。因此要研究逐步提高房租。"根据邓小平的指示精神，国务院成立了住房制度改革领导小组，加强对这项工作的领导。安志文、陈俊生和林汉雄同志先后担任住房制度改革领导小组组长。我是1991年3月接任房改领导小组组长的。刘鸿儒、刘志峰和陈学斌同志先后同我一起，抓这项工作。在我接手房改工作后不久，就听说朱镕基任上海市市长时，曾经专门考察过新加坡、中国香港的住房建设和住房制度。后来他大力推进上海住房制度改革，讲过新加坡的经验，我印象最深的是两件事，一件是建立住房公积金，一件是房地产开发商必须承担一定比例的、房价较低的平民住房建设任务，好像是20%。后来上海市率先建立住房公积金制度。朱镕基找我，要求国务院批准上海市的住房制度改革方案，以加强推广力度。我找了李鹏，他同意由国务院办公厅正式转发。这件事在全国影响很大，后来各地的房改方案都大体参照了上海市的做法。

根据国务院的部署，房改领导小组在广泛调查研究的基础上，于1991年6月起草、下发了《关于继续积极稳妥地进行城镇住房制度改革的通知》，并于1991年10月17日（世界住房日）召开了第二次全国住房制度改革工作会议，讨论《关于全面推进城镇住房制度改革的意见》。会后由国务院办公厅转发各地、各部门实施。这个文件明确了住房制度改革的目标、基本原则和政策。据调查，当时全国城镇共有无房户和住房困难户800万户，其中人均居住面积在2平方米以下的特困户为50万户，还有5000万平方米的危房，6亿平方米的简易房需要改造，每年还有200万对新婚青年需要住房。解决好职工的住房问题，关键是加快住房建设，多建住房。但建房要用新机制，不能再用老的福利建房、分房的办法。我们提出国家、单位、个人三者共同负担的原则，目的就在于充分调动和发挥三方面的积极性，在保持原有资金渠道不变的情况下，增加个人投入的新渠道。把个人的积极性充分调动起来，更多地筹集建房资金，加快住房建设，缓解住房供求矛盾。三者合理负担的原则，是各地多年进行房改实践的经验总结。

房改从哪里突破？单纯在建房上做文章，解决不了住房商品化的问题。单纯提租金，阻力很大。单纯售房，有如何确定价格机制和经济承受能力的问题。我们还认为，提租不卖房，不能加速资金的回收。卖房不提租，不能解决住房商品化的运行机制，必须配套改革。在第二次全国房改工作会议上，我们提出了"租售建"并举的改革思路。计划经济时期福利分房的体制，是造成职工群众住房困难的根本原因。政府和企业建房投资越多，支出的维修费用和住房补贴就越多，投资不能实现自身积累，不能形成良性循环，包袱越背越重，还助长了"以权谋房"的不正之风，影响干群关系。因此，住房制度改革，必须立足于转换住房运行机制，逐步实现住房商品化，实行租、售、建并举，逐步形成一个提高租金、促进卖房、回收资金、促进建房的连带序列，使提租、售房、建房实现良性循环。

在房改中，我们考虑，全国同一个政策、同一种模式，很难适应各地的实际情况，难度也大。应当考虑中国地域广阔，人口众多，地区经济差异较大的实际情况，允许各地在住房商品化的目标下，因地制宜地探索适合自己的改革方式。我在全国房改会议上提出，沿海与内地，南方与北方，大城市与小城市，城市与县镇之间，在经济发展水平、消费水平、居住条件、文化传统、生活习俗等各方面差异很大，推进住房制度改革必须注意各地的这种差异性和承受能力。要因地制宜、分散决策。

建立住房基金，是房改始终倡导的做法，目的是把原来财政和各单位的住房建设资金集中起来，用于住房制度改革。但由于涉及部门权益调整，进展情况并不理想。朱镕基在上海提出建立住房公积金制度，我们全力支持，认为这是建立住房基金的有效形式，体现了三者共同负担的原则，有利于提高职工的住房支付能力。我们肯定了上海建立住房公积金制度的改革思路，并在全国房改会议上予以介绍和推广。1991年以后，住房公积金制度在大中城市逐步推开。为了规范管理，并把住房基金管好用活，国务院住房制度改革领导小组还颁发了《住房资金管理中心章程（试行）的通知》。实践证明，住房公积金制度符合中国国情，受到各级政府、企事业单位和广大职工的普遍拥护。经过 10 多年的发展积累，截至 2003 年年底，全国已经有 7036 万职工建立了住房公积金账户，累计归集公积金 5563 亿元，累计发放购房贷款 2343 亿元，解决了 329 万户家庭的住房问题，推动了住房建设和住房金融的发展。

房改牵扯面广，影响大。改革试点的早期，都集中在中小城市，后来逐步把重点转到大城市，尤其是特大型城市。因为特大城市职工住房的困难比较突出，职工住房条件差，更需要通过改革来改善职工住房条件，有改革的紧迫性和积极性。我们与上海市有关部门一起研究了上海的房改方案，并以它为样板，推动大城市的房改。根据多年的房改经验，房改的关键是要起步，要综合配套、稳步提租、优惠售房、建立住房公积金和多种形式建房。同时，强调对社会弱势群体，如退休职工、下岗职工、优抚对象给予政策优惠。后来国务院住房制度改革领导小组先后听取了北京、天津房改方案的汇报，并向全国转发了北京、天津的房改方案。实践证明，抓住京、津、沪三大直辖市房改的示范带头作用，就抓住了大城市房改的示范龙头，带动了全国房改的全面起步。这里还有个插曲，在国务院批转上海、北京房改方案以后，各地纷纷要求仿效，但国务院考虑，不宜一一由国务院批准，决定停止转发。天津市市长聂璧初听到这个决定后，亲自给我打电话，说房改事关重大，关系群众切身利益，上海、北京都经国务院批了，天津不批，他这个市长当不下去了。在电话里他说得很激动。我只好答应做工作去争取，后来我同国务院副秘书长何椿霖商量，并请示国务院领导同意，批转了天津的房改方案。

1995 年我在国家计委工作期间，正着手编制"九五"计划，研究国民经济发展的新的经济增长点。我认为，人民生活与生产、经济发展之间，有一个很好的结合点，这就是住房。后来朱镕基给我打电话说，要把经济持续搞上去，要有新的经济增长点，要靠扩大内需，要在住房产业上找路子。我们商量后一致认为：住房是个很大的产业。中国居民消费支出的比重，过去住房仅占 1.9%左右，后来下降到 1%以下，而外国是百分之十几甚至百分之二十几，说明住房市场潜力很大，市场容量广阔。如果居民消费支出中住房消费提高 1 个百分点，市场需求就是一个很大的空间。住房建设的产业链长，可以带动钢铁、水泥、木材、化工、纺织、家电、机电等一系列产业的发展。2003 年中国的钢铁产量加上进口的，消费总量达 2.7 亿吨，一半用在建筑市场，而其中房地产则占了 40%。房改的实践，印证了房改起步阶段所制定的目标、政策、原则是正确的，住房商品化、货币化正在积聚成巨大的效应，成为中国经济发展的重要支柱之一。中国城乡人民的居住状况，也获得了越来越大的改善。

五、邓小平理论的实践成功和对撒切尔夫人的回答

1978 年 12 月，党的十一届三中全会提出，"让地方和工农业企业在国家的统一计划指导下有更多的经营管理自主权"。从那个时候算起，中国开始了以"市场为取向"的渐进式改革，到 1992 年 10 月党的十四大正式确立经济体制改革的目标是建立社会主义市场经济体制，先后历时 14 年。这 14 年的渐进式改革，既是探索建立社会主义市场经济的实践过程，也是学习、理解和运用邓小平理论的过程。

邓小平在计划与市场的论述上，他的理论勇气和创新精神，对中国的改革开放和现代化事业一直起着决定性的指导作用。听他的讲话，读他的著作，可以看出，不管别的国家有什么样的经典教条，只要不符合中国的实际，他就敢于突破，敢于创新。不管国际大气候和国内小气候发生什么变化，遇到什么样的争论和责难，他都不改初衷，坚持走自己的路，坚持理论上的坚定性和一贯性。

从 1979 年 11 月，邓小平在会见美国不列颠百科全书出版公司编委

会副主席吉布尼等时就明确提出，"社会主义也可以搞市场经济"，到1992年1月在武昌、深圳、珠海、上海等地的谈话，再一次论述"计划多一点还是市场多一点，不是社会主义与资本主义的本质区别"，邓小平关于社会主义可以搞市场经济的思想是坚定的和一贯的。这些精辟的论述，是对人类社会长期实践的总结，是对100多年来国际社会有关计划与市场争论的正确回答，是对马克思主义理论的重大创新。

在邓小平理论的指引下，从1978年至2003年的25年间，中国经济年平均增长9.4%。25年前，中国国内生产总值为1473亿美元，2003年达到14000多亿美元；25年前，中国进出口贸易总额为206亿美元，2003年达到8512亿美元；25年前，中国的外汇储备为1.67亿美元，2003年达到4033亿美元。中国的经济总量已经居于世界第六位。据世界贸易组织的报告，中国是世界第三大商品进口国和第四大出口国。中国的综合国力及在国际上的地位和影响，都发生了历史性的变化。

1991年英国前首相撒切尔夫人访问中国。我听江泽民和朱镕基讲，在他们同撒切尔夫人的会见中，撒切尔夫人同他们都有争论。撒切尔夫人认为，社会主义和市场经济不可能兼容，社会主义不可能搞市场经济，要搞市场经济就必须实行资本主义制度，必须私有化。她的这种固执己见，可能同她的执政经历有关系。1979年5月，撒切尔夫人在英国大选中击败工党，出任首相，到1990年11月卸任，在位11年半。20世纪70年代以来，英国患了严重的"英国病"，主要是经济长期衰退，工党蓄意扶持发展的国有企业效率低、效益差、财政亏损严重。针对这种状况，撒切尔夫人执政以后，采纳了哈耶克和弗里德曼的建议，实行"撒切尔革命"。她公开宣称"英国经济最大的两个问题是垄断的国有化企业和垄断的工会"。她大力推行民营化。当时有人讽刺她说："看吧，她连天上掉下来的雨水都要民营化。"

到她卸任时，英国已经有2/3的国有企业被转移到私人部门，有46家大企业和90万雇员民营化。"撒切尔革命"的另一项重大举措，就是反对政府对工会采取协商、谈判和妥协的办法，改为针锋相对、正面斗争策略。除了这两项外，还有一项对她执政真正起到支撑作用的是北海油田的开发。"上帝站在英国一边"——在北海广阔的水域中，只有英国和挪威拥有的水域开采出了丰富的石油。在撒切尔夫人执政期间，英国的北海油田年产 5000 多万吨石油（2002 年的日产量已高达 250 万桶，年产量约 1.3 亿吨），它的巨额硬通货收入，保证了撒切尔夫人渡过财政困难，有力地支撑了她的改革。

撒切尔夫人的私有化经历，成了她的有色眼镜，并到处推销。实际上她是有局限性的。她缺乏基辛格那样的世界性、历史性视野。我在前面讲过基辛格寄给我的论文，曾引用了他的重要观点，基辛格认为："改革过程必须与各个国家的经济、社会、文化环境相一致。"改革实践证明，基辛格的观点是比较切合各国实际的。

根据统计资料，我分析对比了"撒切尔革命"的成效和中国改革的成就。我想，这种来自实践的回答，应当是最好的回答。撒切尔夫人在她出任首相的第二年，也就是 1980 年，开始推行私有化政策，最早出售的是航天和造船工业的国有企业。1983 年英国开始大规模私有化，涉及的部门和产业有电讯、石油、钢铁、汽车、煤气、水、电等。1979 年英国国有企业的销售额占英国当年国内生产总值的 11.5%，到她卸任的时候，工业中的国有部分已经减少了 60%。在撒切尔夫人任期内推行私有化的 10 年间（1980—1990 年），英国的国内生产总值年均增长 2.2%。同一时期的中国，国民生产总值年均增长 9.1%，中国要比英国高 7 个百分点。在撒切尔夫人 1991 年访问中国，坚持认为社会主义与市场经济不能兼容，社会主义市场经济不可能成功以后，中国从 1992 年党的十四大到 2003 年的 12 年间，也是正式实行社会主义市场经济体制以后的 12 年中，国民生产总值年平均增长速度达到 9.7%，其中国有及国有控股企业的工业总产值平均年增长速度达 9.4%，都比英国高得多。

深圳是一个很有代表性的例子。在党的十四大召开前夕，即 1992 年 6 月，邓小平在同江泽民谈话时指出，"深圳就是社会主义市场经济"。

深圳原是广东省宝安县的县城。在 1980 年建立深圳经济特区以前，有学者对它的记述是："旧城区面积不到 3 平方公里，街道简陋狭窄，镇内道路总长 8 公里左右，建筑面积仅仅 1075 平方米，最高建筑只有一幢五层楼，工厂寥寥数家。工业产值 1 个亿，国民生产总值 2 亿多，完全是一个经济落后县。"现在的深圳是"换了人间"。据深圳市的一位负责人对我说，在 20 世纪末，有家美国著名的跨国公司对要不要把它的一个研究开发中心设在深圳，董事会有争论，认识统一不了，于是决定派人实地调查深圳的工作环境和生活环境，调查的结论是"同美国一样"。于是董事会决定把研发中心设在深圳。"同美国一样"的比喻，可能有夸大，但局部比局部，深圳确实当得起世界上最适合人居的环境之一。

中国实行社会主义市场经济体制早的地方，生产力发展较快。这些都验证了邓小平论述的："计划和市场都是方法嘛。只要对发展生产力有好处，就可以利用。它为社会主义服务，就是社会主义的；为资本主义服务，就是资本主义的。"社会主义制度结合采用市场经济手段，使中国的生产力获得解放，中国的发展获得持续不断的动力。撒切尔夫人的观点在中国行不通。中英两国的发展实践表明，中国特色社会主义制度拥有强大的生命力，拥有比撒切尔夫人推行私有化政策高得多的发展速度。这是 20 多年的实践对比，是实践对争论的最好回答。

从 1978 年中国实行改革开放，开始推进以"市场为取向"的经济体制改革，到 1992 年中国决定实行社会主义市场经济体制，前后不过 14 年，不到中国 3 个五年计划的时间，在人类发展的历史长河中只能算作短暂的一瞬间。在中国这个拥有 13 亿人口的大国里，只经历了不到一代人的时间。对于这样一个伟大的工程，我们所做的工作，只能说是阶段性的，今后的路还很长，还需要长期实践、探索、完善。

中国在变，世界在变，旧的问题解决了，新的问题又产生了，我们没有理由自满，没有理由停滞不前。

我经历了这个变革的伟大进程，现在进行回顾、反思，主要有以下

5个方面的感受和认识。

第一，市场经济是一种有利于解放生产力、发展生产力的经济发展模式。市场可以适时反映社会需求，可以提供及时、广泛的信息，可以推动竞争，激发经济活力，可以引导资源进行最佳化配置，可以促进企业改善管理，不断提高经济效益。同这些积极作用相比较，计划经济的最大缺陷，就是同社会需求脱节，缺乏竞争，缺乏活力，工作效率与经济效益低，缺乏市场导向，不能更有成效地引导资源合理配置。中国钢铁工业的发展历史告诉我们：在新中国同一个政治环境和社会制度下，前30年钢产量才达到3175万吨，而后25年钢产量高达22234万吨，2003年为25年前的将近7倍。再以汽车工业为例，经过前30年的发展，1978年全国的汽车产量仅有14.9万辆，后25年，即到2003年汽车产量已增加到444.4万辆，2003年为1978年的30倍。这些变化的力量是什么？这当然有多种因素，但市场的作用应是最重要的因素。

第二，市场经济同所有制有一定的关系，但不是绝对的。不同的所有制都可以利用市场，都可以把市场经济作为一种方法用来发展和壮大各自的所有制。市场经济可以为不同的所有制服务，为公有制服务就是公有制的市场经济。当然，不同的所有制在管理体制和运作机制上互有差异，但这同样不是绝对的，而是完全可以改革，可以按市场经济规律进行改革、调整和完善。中国石化集团公司是中国最大的国有企业，是公有制的经济实体。1983年成立的时候，全部资产总值为210亿元，到了2003年，资产总值已达到5592亿元，为20年前的26.6倍。中国石化集团公司的公有制主体地位并没有改变，但生产力发展了，企业做大了。这表明，所有制不变，利用市场经济做手段，国有企业、公有制经济完全可以发展生产力，可以不断做强做大，提高国有经济在整个国民经济中的影响力和控制力。

第三，市场经济是充满活力的经济，它在形成和发展的过程中充满变数，加上人们的认识不一致，特别是从计划经济向市场经济转变的复杂过程中，有各种理论问题需要研究、探讨和创新，更有大量实践中提出的问题需要探索、解决。改革举措的实施需要避免社会过大的震动，尽力降低改革成本，认真考虑群众的承受能力。这一切，都是在没有经验、没有先例的情况下进行的，这就决定了中国以"市场为取向"的改革必须"摸着石头过河"，必须采用渐进的方式。实践证明，这种选择是正确的。

第四，市场经济有盲目性，有只重视追求个人或本单位利益的片面性，有对社会公益事业的失缺作用。中国政府对这些缺陷和负面效应都有全面、清醒的认识，在重视市场积极作用的同时，针对它的缺陷和失缺作用，制定了相应的对策措施，重要的有坚持四项基本原则，实施对经济的宏观调控，加强民主法制建设，建立以人为本的全面、协调、可持续的科学发展观，等等。这些重大措施，可以纠正和弥补市场的失缺作用，促进市场健康发育。

第五，市场经济必须同各国的政治、经济、历史、文化相结合。从19世纪中叶起，中国长期遭受西方列强的侵略压迫，沦为半殖民地半封建社会。中国人民在奋起反抗中，经过流血牺牲和苦苦探索，选择了社会主义，并让它与中国国情相结合，形成中国特色社会主义。历史已经证明，这个选择是正确的。市场经济作为一种手段，完全可以用来为实现中国的社会主义理想和价值观，为国家强盛、社会公平、人民幸福服务。市场经济重视效率，但往往欠缺公平。中国政府认为，应当效率优先，兼顾公平。在改革与发展中，全面推进物质文明、精神文明、政治文明建设，重视发扬中国优秀文化传统中的精华，进行伦理、道德教育，推崇勤劳致富、诚信经营，反对一切损害社会和公众利益的不法行为。这些探索和实践，都是对市场经济合理内涵的重要补充和完善。

在人类历史上，凡是不尊重人类文明的优秀成果，不尊重人类创造的共同价值，一意孤行，好走极端，力图消灭异类的民族，不论是哪个时代、哪个国家、哪个民族的英雄人物，都只能称雄于一时，而不能独霸于永世。在历史的长河中，他们掀起的不过是几朵浪花而已。政治上如此，军事上如此，经济上也是如此。中华民族之所以能延续五千年，历经磨难而能香火永续，文明从未中断，就是得益于她的海纳百川、兼容并蓄的文化，得益于她的从不排外、善于吸纳的大同精神。对于新中国来说，社会主义制度是外来的，现代市场经济也是外来的，它们在中国的兼容、发展和走向完善，是中国国情、中国文化、中国哲学的必然选择。

2004年5月，曾任美国《时代》周刊资深记者，现任高盛公司资深顾问的乔舒亚·库伯·雷默发表文章，正式提出"北京共识"，引起了广泛的关注。他认为，"中国正开辟出一条通往发展的新道路，这条道路是建立在创新、集聚非对称性力量、实现以人为本的发展和注重个人权利和责任的平衡基础之上。"中国不仅关注经济发展，同样重视社会变化，也涉及政治、生活质量和全球力量平衡等诸多方面，体现了一种寻求公正与高质量增长的发展思路。他在接受新华社记者采访时说，"中国现有市场经济成分，也有社会主义经济成分。""中国是市场经济与社会主义经济的融合体。"他认为，"北京共识"的精髓是，创新、大胆试验、坚持捍卫国家利益。他还分析说，理解"北京共识"，"除了经济因素外，政治和文化因素同样重要"。雷默的观点，已引起中国和国际学术界的关注和争论，有赞同的，有不赞同的，有提出补充的。我认为，雷默的观点，应当说是看到了中国经济发展中的一些本质性因素。重视兼容，在兼容中学人之长、克己之短，进而扬长避短、扩大优势，惠己惠人，应是理解中国社会主义市场经济的文化因素。离开中国国情，离开中国的历史传统，离开中国的文化背景，都不可能对中国的重大政策有深刻而合理的理解。

（原载《中共党史资料》2004年第4期）

"入世"谈判是这样完成的

导　读

从 1986 年起，中国开始了加入世界贸易组织（那时候叫关税贸易总协定，英文缩写为 WTO）谈判，通俗意义称为"入关"谈判。

2001 年 12 月 11 日，中国正式加入了世界贸易组织。15 年的努力，中国终于推开了世界上最艰难的一扇门。入世是机遇，但更多的是挑战，在无数的商机和数不清的急流险滩中，中国已经走向了世界。中国入世当时的首席谈判代表龙永图道出了问题的本质，他说："实际上作为一个国家来讲，我们中国自加入世界贸易组织起，我们已经是市场经济俱乐部的成员，我们已经是一个市场经济国家了，这一点是不言而喻的。"

尽管中国为加入世界贸易组织付出了巨大的努力，为此可能产生一定的临时性的负面影响。但是，要我们拿出应对措施，加入世界贸易组织，对中国来说，机遇远远大于挑战：

第一，有利于中国更快、更好地融入国际经济社会。世界经济一体化、全球化是当今世界经济发展的主流，加入这个主流，可以充分分享国际分工利益，与世界先进经济技术同步前进。

第二，有利于加速中国自身经济的发展，促进改革与市场经济的充分发育。加入世界贸易组织过程是中国建立社会主义市场经济和融入世界贸易组织界经济的一个重要过程。中国加入世界贸易组织以后，通过享受权利和履行义务，将促进中国价格体系的理顺、管理服务水平的提高和企业经营体制的转变；有助于地方保护主义的打破和市场的统一，达到货畅其流，使资金、资源达到合理的配置。

第三，有利于我国外贸环境的改善。加入世界贸易组织是我国融入世贸经济主流的最有效的途径。世界贸易组织成员方之间的贸易占整个国际贸易的90%，因此世界贸易组织对于国际贸易的发展起着决定性的作用。中国如不加入世界贸易组织这个"经济联合国"，就会逐渐被排除在世界经济主流之外，这将严重影响我国的经贸发展大业。参与世界贸易规则的制订和修改过程，最大限度地利用国际资源，这是我国的利益所在。

第四，加入世界贸易组织后，我国可取得稳定的多边的优惠待遇。世贸组织最基本的原则是非歧视原则，即无条件最惠国待遇原则和国民待遇原则。加入世界贸易组织使我国能够享受到任何成员方给予其他成员方的优惠待遇。

第五，加入世界贸易组织可利用多边贸易体制，取得双边贸易谈判的主动权。世贸组织是一个多边体系，利用多边途径来解决贸易问题可避免双边谈判中我国的不利局面。我国还可以利用世界贸易组织的争端解决机制，有效地解决与其他国家的贸易纠纷。

第六，加入世界贸易组织可享受发展中国家的优惠待遇，为外贸发展提供良好机遇。世界贸易组织规定发展中国家可以享受特殊待遇，在关税保护程序、继续实行普惠制、过渡期等方面均较发达国家优惠。另外，发展中国家还可从世界贸易组织得到特殊援助，如定期培训外贸人才等。从发展中国家的经验来看，目前没有任何一个国家因为加入了世界贸易组织而影响其本国经济的发展，而是均较以前有了不同程度的进步。

作者简介

龙永图，1943年生，湖南长沙人。曾在对外经济联络委员会工作。1973年赴英国伦敦政治经济学院学习，曾在中国驻联合国代表团、联合国开发计划署（UNDP）任职。1986 年奉调回国，先后任中国国际经济技术交流中心副主任、经贸部党组成员、国际联络司司长。1992 年开始介入中国复关谈判。1997 年 2 月被任命为外经贸部首席谈判代表，负责贸易谈判及多边经济与法律事务，是中国"复关"及"入世"谈判的首席谈判代表。2002 年至 2003 年年初担任外经贸部党组成员、副部长。2010 年卸任博鳌亚洲论坛秘书长。时为中国"入世"首席谈判代表。

中国"复关"和"入世"的谈判历程很漫长，是否应当理解为其间政治因素起了很大作用？可以这么说。中国"复关"和"入世"谈判是在改革开放的历史进程中发生的。本来，中国恢复在关贸总协定的合法席位应该是很容易的事情。1971 年，台湾的代表被关贸总协定驱逐出去以后，当时关贸总协定的总干事就向我们发出了邀请。如果我们当时对关贸总协定有足够了解的话，"复关"是一个非常简单的事情——由我国驻日内瓦的大使写一封信给关贸总协定的总干事说，中国表示愿意加入。然后，他们开一次会议，可能中国就已经加入了。

当时中国没有加入。由于历史条件的限制，中国认为关贸总协定是一个"富国俱乐部"，关贸总协定的主要成员都是发达国家成员，所以中国决定不参加。1971 年、1972 年，"文化大革命"还没有结束，作出这样一个决定也是很自然的。

中国为什么过了十几年后决定在 1986 年申请加入关贸总协定呢？主要就是改革开放进程使中国领导人觉得，再不加入可能在经济上遭受很大损失。中国在正式提出恢复关贸总协定席位之前，也参加了关贸总协定的一些谈判，主要是关于纺织品的谈判。当时，全球纺织品协定要分配"配额"，中国的纺织品当时在整个中国的出口中占了 1/3。如果不能参加关贸总协定组织的全球纺织品谈判，中国就不可能在全球纺织品配额中拿到自己的一份。所以，中国在 1983 年参加了纺织品谈判，并拿到了一部分全球纺织品配额。中国纺织品出口随后在 5 年里几乎翻了一番，尝到了甜头。

所以说，当时中央作出"复关"的决定，是出于中国对外开放的需要。

记得谈判从 1987 年开始很顺利，但后来却充满了曲折，应当说，谈判一开始是顺利的。主导整个关贸总协定的成员主要是美国和一些西方发达国家。虽然关贸总协定是一个经济贸易组织，但是他们在作出到底吸纳谁成为关贸总协定组织成员决定的时候，有很多政治方面的考虑。中国谈判之所以一开始比较顺利，主要是两个原因。一个原因是，美国的主要对手苏联还没有解体，而且没有进行任何经济体制方面的改革，而中国的改革从 1978 年以来已经进行很多年，西方看好中国的改革进程。虽然在很多方面没有达到关贸总协定成员的要求，但还是想把中国吸收进来。

但是，1989 年政治风波后，以美国为首的西方发达国家中断了和中国的谈判。现在说中国"入世"经历了 15 年谈判，其实真正的谈判大概是 13 年，中间中止了两年多，一直到 1991 年下半年才重新开始。

那时，中国不仅仅把恢复关贸总协定地位看成是一场恢复国际外交和经济地位的谈判，更看成是打破当时西方对中国围堵和制裁的重要政治举措。当时，中央领导同志亲自做工作，李鹏同志给关贸总协定所有成员经济体的政府首脑都写了信。中国"复关"谈判就是在此背景下恢复的。

在整个谈判过程中，政治因素不断起作用。正因为如此，这样一场非常技术性的贸易谈判，常常是由高层从政治上进行推动。这也是国际贸易谈判的一个规律吧。

比如在这个谈判的第一阶段，我们碰上的最大困难是当时中国不承认在搞市场经济。后来，小平同志提出来，在社会主义条件下也可以搞市场经济。这对我们当时谈判代表团是一次思想上的解放。从此以后，我们和外国谈判代表算是找到了共同语言，开始了真正的对话。

关贸总协定和"入世"谈判的景象就是：少数人在谈判，多数人在喝咖啡。

在谈判中，最主要的对手就是美国。

为什么中美谈判格外艰苦呢？中美谈判之所以非常艰苦，我想，首先是因为美国财大气粗，谈判地位非常强。美国在关贸总协定历年谈判中的方式和态度都是：我要求一、二、三、四，你必须做到一、二、三、四，而且，"在这些问题上没有谈判的余地。"美国人与我们谈判的时候，一开始口气也是这样。美国这一套屡屡在关贸总协定谈判上得手，所以他们认为，谈判就是这样一场游戏。

恰恰中国人不吃这一套，所以谈判一开始并不是所谓实质性的谈判，而是对谈判态度的谈判。美国人花了五六年的时间才适应了中国需要平等谈判地位这样一种要求。我这几年的一个很大的收获就是，让外国人知道，你与中国人相处需要平等的态度。

比如说，美国有一个谈判代表，我们可以说彼此欣赏，他卸任以后讲了我很多好话。但是我们谈判的时候，是最针锋相对的。我一直到现在还感到遗憾的是，一次他在我的办公室谈判的时候，我把他赶出了办公室。因为他那天讲的话太让我生气了。他提出了一个要求，凡是美国肉类机构检查合格的肉类，都应该无条件地进入中国市场。我说，那么我们为什么还要商品检验机构呢？中国是主权国家，美国肉类是一定要检查的。他说，你没有必要检查，你们自己市场上的那些肉在美国通通都不合格。我生气了，我说，建议你最好离开我的办公室。

从个人来说，我与美国的历任谈判代表都变成了好朋友。毕竟，他们不过代表自己的国家的利益，我们也是一样。

"打态度"只是第一步

美国人的实质性要求可能是最多的，这其实也不难理解，只有小国要求才会少。比如我们与冰岛代表团的谈判，大概进行了一个小时就结束了。为什么呢？因为冰岛的产业结构单一，是鱼类出口大国。冰岛大使告诉我，只要解决几种鱼的关税，就可以结束谈判。我记得在日内瓦，一个天气很好的早晨，我和冰岛大使谈判。他说："这就是我的要求。"整个要求还不到一页纸。我一看，上面所列鱼的品种与中国的出产差别很大，对中国渔业不会有任何重大的影响。我表示可以同意单子上的要求。一个小时结束谈判，然后就签字了。美国就不一样了。美国贸易代表说，美国的经济结构和出口结构非常全，对于中国进出口的6000多种税号全部都有兴趣，所以"我们都必须一个一个谈"。

这完全没有道理。就算美国经济实力再强，也不可能6000多种商品都是强项。比如说，难道冰岛产的那几种鱼类品种，也是美国的强项吗？与美国谈判的第一个阶段，就是打破它所谓"全面谈判"的要求。一个一个地排除，最后剩下了4000多种。这4000多种产品，再加上它最感兴趣的银行、保险、电信、分销还有律师等，构成了漫长谈判的内容。

美国当时是摆着一副代表世界贸易组织所有成员"领头羊"的姿态来谈判。事实上，它的"领头羊"地位是得到许多成员认可的。这也是为什么世界贸易组织130多个成员经济体，只有30多个成员经济体与我们进行了谈判。其他100多个没有谈判的其实就是相信美国的谈判立场能够充分代表他们。得有一定的经济实力，才能进行谈判。不可能发生美国和孟加拉国进行非常艰难的谈判这种事情。过去的关贸总协定总部有很大的咖啡间，周围都是会议室。那些会议室里面，美国和欧盟、日本和欧盟、美国和加拿大这些对手去谈判，而世界贸易组织的其他成员特别是那些小的成员经济体代表，基本是坐在咖啡馆里喝咖啡，等待消息。这就是关贸总协定谈判的景象——少数人在谈判，多数人在喝咖啡。

在这个意义上，关贸总协定或世界贸易组织是一个很不公平的地方，没有经济实力，很难参与真正的谈判；但从另一个意义上讲，它也是平等的。根据关贸总协定无条件最惠国待遇的原则，美国和加拿大、美国和欧盟关在小屋子里面所谈的结果都会完全、无条件地适用于所有成员。如果美国经过艰苦谈判，把日本汽车的关税拿下来了，美国代表就会很骄傲地从会议室里出来表示，美国已经和日本达成协议，从多少降到多少。那么外面喝咖啡的所有成员都会喝彩，因为这些条件将适用于他们。世界贸易组织的游戏规则就是这样。

所以说，美国在和我们进行谈判的时候，从某种意义上说，确实代表了世界贸易组织大多数成员在和我们谈。因此，对美国的谈判的复杂和艰难也有其合理性。

我知道她（美国贸易谈判代表）绝对是要想谈成协议的。4 点半到 7 点半有 3 个小时的时间，足以把最后的文本全部"clear"，全部解决。

听说在 1999 年 11 月 15 日中美达成协议之前 6 天的谈判，曾经出现非常激烈的场面。当时美国人摆出随时准备走的姿态。那几天的谈判真是跌宕起伏，一会儿觉得有望，一会儿又觉得无望。美国谈判代表的表演水平很高，我后来说，美国人作秀太厉害了。我与他们谈判时间太长了，很知道美国人作秀的技巧，特别是女谈判代表。我知道她们对那次谈判是志在必得的。因为她们在 1999 年 4 月已经失去了一个机会，结果后悔得不得了。

1999 年 4 月朱镕基总理访美，未能与美达成 WTO 协议，后来离开美国后去了加拿大。传说，克林顿总统特别后悔，还希望我们回来再谈。美方公布中美谈判清单后，美国企业反响很大，认为这是一个很好的谈判结果。美方谈判代表也这样认为。但是，当朱镕基总理访美与克林顿总统会见时，克林顿总统说，很抱歉，我觉得谈得很好，但是，这次不能签订协议。美国谈判代表团在听到这个消息以后，有很多人哭了。由于上层的政治决断，那次不能够达成协议，他们的失望比我们还大。

1999 年 4 月，本来谈判就要成了，为什么美国最高层又作出否定的决策？因为克林顿总统对于中美谈判所达成的协议作出了错误判断。他认为可能得不到国会的支持。后来知道整个美国商界和国会都很支持后，克林顿很后悔。当我们还没有离开美国的时候，克林顿总统就打电话给朱镕基总理说，能不能够把谈判班子留下来，做一点最后的修饰，就可以达成协议。朱镕基总理说，美国人想达成协议时就要签字，不想达成就不达成协议，天下没有这样的事，不谈了，要谈到北京去谈。

美国人一直追我到加拿大。我记得在离开加拿大前，美国贸易代表还两次打电话给我，想确定在北京谈判的时间。她要求，我们前脚到北京，他们第二天就赶来。我说，你们也给我们一点休息时间吧，还要倒时差呢。她说这个事太急了。我们回到北京后的第二天，美国谈判代表团就赶来了。

到了 11 月以后，他们摆出一个很强的谈判阵容，而且用高压的手段，想榨取更多的东西。我们知道他们心很虚，4 月的那些东西已经完全能够满足他们的要求了，所以我们根本不想做任何新的让步。

不过，当时我们确实也想达成协议。中央主要从中美关系大局来看，5 月我驻南使馆被炸事件后，中美关系很困难，双方都需要转机。中美关系对双方来讲，毕竟太重要了。

我理解，江主席和中央其他领导同志，就是想用中美达成协议使中美关系从最困难的局面中走出来。从中美关系战略全局考虑，中国是愿意达成协议的，但是达成的协议必须是双赢的协议。美方到最后还提出了很多超过 4 月间条件的无理要求，我们一个一个把它拿掉了。但是美国人总觉得他们还得拿到一点新东西，才能解释为什么不在 4 月接受这个协议，所以也表现出很强硬的态度。他们做戏一直做到最后一刻。

到了 11 月 14 日晚上 7 点钟以后，整个美国谈判代表团全部消失。我们打手机、打到饭店房间都找不到他们。打通的唯一一次电话，对方说他们现在都想休息，有些人到酒吧间去了，有些人逛商场去了，准备次日早上启程回国。他们还给礼宾部门打了一个电话，说是人很多，要求安排一个开道车，并在机场上给予一定的礼遇。一切迹象都表明，他们明天是肯定要走了。

当天晚上 11 点钟，我打电话给美国的驻华使馆代办（当时他们的大使在美国国内）。我说，作为常识，在经历这么一个世界瞩目的谈判以后，双方总得见一次面吧，至少需要商量一下如何对新闻界发布此次谈判的结果。大概一个小时以后，美国贸易代表给我打电话来了。她说，出发之前见一见是必要的。我说，好啊，你看几点钟见，她说能不能 4 点半钟见。

凌晨 4 点半，我心里就笑了。我想，如果你们打算走，为什么要 4 点半钟见我们？你们不是 10 点钟的飞机吗？七八点钟见一下，半个小时不就解决了吗？我说，是不是太早了。她说，不早，我们还习惯于美国的时间。

我知道她绝对是想要谈成的。4 点半到 7 点半有 3 个小时的时间，足以把最后的文本全部"clear"，全部解决。我很快就向上报告了，我觉得谈判成功的可能性很大。果然，我们 4 点半钟去了以后，他们把谈判的协议文本全部准备好了。然后我们就开始一页一页地核对文本，最后剩下 7 个问题。她说，这 7 个问题，中方必须接受，如果不能接受，前面还将以失败告终。我说，很抱歉，如果要签订协议，就是这个东西，那 7 个问题免谈。这 7 个问题是他们在这几天谈判过程中施加强大压力一直想要解决的。

我把情况作了汇报，上面很快作出了决策。在最后关头，朱镕基总理出现在谈判第一线。

朱镕基总理谈判技巧非常高明。他到了以后，马上跟我说，龙永图，你看看还有什么问题，把它写下来，不要多说；这些问题你已经跟我谈过很多次，我都已经知道细节了，但是我要知道是哪些问题。他说，只用一张纸。

我把 7 个问题写下来。朱镕基总理说，如果他们决定改行程，我可以跟他们谈。话一说完，美国人就来了，根本就不谈什么改行程的问题了——他们根本就没订那天的飞机。

朱镕基总理也不跟他们多说，就说，这 7 个问题，有两个问题我可以让，其他你们必须让步。如果接受，马上可以签订协定。我不是来跟你谈判的，我是来作决策的。五比二应该说是不错了，而且让的那两个问题也不是什么特别要害的问题。但是作为谈判代表，我们把这7个问题作为底线把了这么多年，所以一旦要让的时候，也不太情愿。当然大家都知道对谈判的定义就是妥协的艺术。美方拿到这两个让步，喜出望外，他们生怕我们一点面子也不给，7个问题都不让步。这实际上是给了对方一点面子，给了一个台阶下，使大家有了签订协议的可能性。所以美方很快就答应了。

朱镕基总理以两个问题的让步，换来了5个问题的不让步，同时换来了整个中美协议。关键是换来了整个中美的协议，换来了中美整个关系的转机。朱镕基总理讲，不是他自己来的，那不是他的意思，是江主席的意思，是政治局常委的决定。对那7个问题当中两个问题作出让步，也不是他个人的决定，而是执行整个最高领导层的政治决定。在这样一种关键时刻，的确需要政治领导人从战略和全局的高度作出决定。

多年谈判的经验告诉我，在谈判最关键的时候，不管是中美谈判也好，中欧谈判也好，还是世界的谈判也好，没有政治领导人的推动，谈判很难进行。这可以说是贸易谈判的规律，也是我们这几年从贸易谈判中学到的很重要的一条。

以上谈到的中美谈判，是整个15年谈判中最艰难的一个环节。在经历了惊心动魄、峰回路转之后，当时大家就觉得，中国可能在1999年内"入世"。但是，马上中国又面临和欧盟的谈判了。为什么又会出现一次挫折呢？国际关系是很微妙的。美国固然财大气粗，但欧盟也觉得其15国的经济总量比美国还大，也是不可等闲视之的力量。长期以来，中国一直希望与欧盟先达成协议，以此来推动与美国达成协议。但是欧盟15国各自有很强的声音，所以欧盟在协调15国的立场时，也是非常困难的。一些欧盟代表悄悄跟我说："我们在政治上是不可能和你们先达成协议的。"我知道他们的苦衷。所以我们和美国先达成了协议，达成协议以后马上和欧盟达成协议，因为欧盟提出的要求和美国提出的要求基本上差不多。世界贸易组织就是这些规则，世界贸易组织开放市场的要求就这么多，不可能一个最强大的谈判对手谈判出来结果以后，还有什么不满意的地方。

但是，到最后，欧盟和美国产生了攀比的心理。欧盟代表跟我们讲，打个比方，在一个晚餐会上，你不可能把请美国人吃的菜单，同样请我们吃一遍，我们有我们自己的要求。中国与欧盟的谈判，在很大程度上是满足欧盟作为强大经济体的自尊心要求。当然，欧盟有一些具体的问题需要我们解决。与欧盟的谈判花了好几个月，基本上就是花在解决欧盟特殊关切的问题上。

结束与欧盟谈判后，就进入到多边进程了，因为中国与 30 多个国家都进行了双边市场准入谈判。按照世界贸易组织规定，要把 30 多个谈判达成的协议综合成一个协议。中国加入世界贸易组织时不会有 30 多个协议，而只会是一个综合协议。在综合出这个协议的过程中，有很多技术工作要做。比如说，我们和哥伦比亚咖啡达成的关税水平是 15%，与巴西达成的咖啡的水平是 12%。根据世界贸易组织的规定，归纳整体协议都要取最好的谈判结果。这是很复杂的一个工作。

还有，要把我们中国十几年谈判的结果归纳成一个报告书。15 年谈了什么东西，中国做了哪些承诺，外方提出了哪些问题，这就是中国加入世界贸易组织的法律文件。这个法律文件的起草过程也出现了很大的困难。

开始我们都认为，既然和美国人、欧盟谈判都已经结束，应该是很顺利了。但实际上并非特别顺利。其中有他们的原因，也有我们的原因。他们的原因，是西方国家对中国的信任度始终不是那么强，始终怀疑中国是不是能够履行承诺，所以要用大量的律师班子来堵住一切可能出现的法律漏洞，使得中国在今后履行协议的时候能够真正像承诺的那样做。

从我们这边的角度来讲，确实也存在法律意识不强的因素。比如说，中国人喜欢讲"原则同意"。同意什么呢？常常不知所云。举个例子，在开放外贸经营权的这个问题上，我们说："原则同意这三年内，全面开放中国的外贸经营权。"最后法律文件起草的时候，人家就说，三年内开放，你不可能现在不开放，三年以后就突然放开。你跟我讲一讲，你第一年放什么，第二年放什么，第三年又放什么，你放开的标准是什么，你对外资企业怎么放开，国有企业怎么放开，民营企业怎么放开。他要白纸黑字写进来。所以在后来整个起草法律文件的过程当中，又花费了很多时间。

我认为最根本的一点，是他们对我们的信任度还是有些问题。他们怀疑中国在加入世界贸易组织的谈判中作出这么多的承诺，到底能不能够履行。这种怀疑到现在可能还存在。

15 年谈判是一个非常艰苦的过程。"黑发人谈成了白发人"。我从 1992 年开始就担任复关谈判的秘书长，后来又成为"入世"谈判首席代表。这些年来，"入世"是件有争议的事情，依我扮演的角色，有的人称我为"民族英雄"，有的人说我是"卖国贼"，这两种评论都非常极端。从我本人来讲，我们无非就是做了一件应该做的事情。对于我们的褒贬很多都是因为对情况不了解。在这样大的历史进程当中，我们所作的贡献是非常有限的。而对我们的误解，随着时间的推移，将逐渐消失。我自己一直是以非常平和的心态来对待。什么事情，事后总有一个结论，就像历史上很多事情一样，哪怕当初并不能有很明确的判断，历史会作出公正的评价。

我从来不太爱哭的。谈判中我唯一一次流泪是在 2000 年年初与欧盟大使的谈判中。这位欧盟大使是有名的中国通，也是我的朋友，但也是非常典型的以为自己的民族是很优越的那种人。当时中美已经达成了协议，中欧谈判已经接近尾声，只剩下很小的几个问题。他跟我谈判的时候，突然采取一种非常强硬的手段。他说，如果中国不能答应某个问题，欧盟就不可能支持中国加入世界贸易组织。我知道他在唬我，作为朋友，为什么要这样做呢？

我压力最大的时候，不是在中美达成协议的时候，而是在中美达成协议以后。因为全国、全世界的期望值，都是中国很快要加入世界贸易组织，所以我压力最大的期间是 1999 年年底到 2000 年 9 月在日内瓦全面达成协议。没有期望值的时候，我没有压力，因为当时中央对于我们整个指导思想就是不急不躁，水到渠成就行。我对于自己掌握谈判的节奏是非常有信心的。我真正着急是在 1999 年 11 月中美达成协议以后，当时全国老百姓有那么高的期待，中央也有很大的期待，如果不能很快解决，如何交代？

但是事情一拖再拖，开始觉得是 1999 年，后来觉得是 2000 年，而有很多事情我又无法向公众披露，也不能到处去讲发生了什么样的事情，所以那段时间我的情绪很波动。

欧盟大使跟我谈话后，我一夜没睡觉，第二天我本来答应给外经贸大学的学生作报告。但是我血压一下子很高，于是向同学们表示道歉。我说我今天不能够作报告了，我就讲起前一天的事情，我那次流泪了。这是出于心理压力的一种发泄。

但是，我从来没有在最关键的时刻流过泪。1994 年年底的那一次冲刺。我和很多同事作出了最大努力，希望中国在世界贸易组织诞生之前成为创始成员。当时我的心情是，既然中国当年是关贸总协定的创始成员，也应该成为世界贸易组织的创始成员。而且，我坐在观察员的位置上太久了。当时关贸总协定和世界贸易组织开会，我还不愿意去开会，我就不愿坐到观察员的角落里。所有的成员都讲完话后，我才有资格讲话。这是一个大国代表很难忍受的耻辱。

1994 年其实是非常有希望突破的。但是，因为国内一些部门之间的协调不够和对中国加入世界贸易组织的意义认识不够，扯皮拖了后腿。比如说，那次谈判开始时，形势很好。澳大利亚和新西兰代表跟我们说，坚决支持中国，但是希望解决一下羊毛的进口配额问题。当时给我的授权是每年进口 16.9 万吨羊毛，而澳大利亚和新西兰要的是 18 万吨。他们说，如果中国同意 18 万吨，澳大利亚和新西兰全力支持中国。这两国是西方国家，如果西方国家谈判的营垒出现了分裂，那么中国复关的机会就很大了。我很想同意他这个 18 万吨，但是与代表团其他成员商量的时候，他们堵死了任何可能性。

我只好按 16.9 万吨这个数字谈，最后拒绝了澳大利亚和新西兰的要求，于是澳大利亚和新西兰坚决站在美国方面与我们进行了非常强硬的谈判。使我感到沮丧的是，1994 年我们实际进口了 31 万吨羊毛，远远超过 18 万吨的要求。当时管理很松散，"一般贸易进口""加工贸易进口"以及其他贸易形式的进口不一而足，而管理则是分兵把口，各管其事，连全国每年进口多少羊毛都没有一个清楚的概念，所以拿出了一个奇怪的 16.9 万吨配额，而澳大利亚、新西兰明明知道当时中国平均每年是进口 22 万吨，要 18 万吨并不过分。在这种情况下，我就感到我们当时整个经济管理体制，特别是我们的进口管理体制有很大的问题，需要改革的地方实在太多了。

1994 年冲刺没有冲出去，应该说很大的问题在于内部协调和管理体制。所以我感到的是失望，而失望的人特别是我这种人是不会哭的。

然后就是 1999 年，我看到报纸上说，1999 年 11 月，中美达成协议以后，我哭了。错了，我激动的时候是不会哭的，有什么好哭！最后达成协议时，我当时脑子里面想到的，不是达成协议这个事情，而是一直在想，哪个问题要再那么谈一点就好了。我有很多的遗憾，我那天并没有出席签字仪式，我一直在想着那些谈判的条款。我从来没有感到什么胜利的喜悦，更没有哭。我那天甚至没有笑过，因为我当时还在想谈判细节，哪一点我更好地把握一下就更好了。我是个责任心很强、追求完美的人。

有些人说，这次到了 9 月最后全面结束谈判的时候，我也哭了。又错了，我当时也是一点笑容也没有。我感到如释重负，总算了结了。我没有什么激动心情，更谈不上什么哭。

我是很有感情的。有时候看一个普通电视剧的时候，我会流泪。但是到了重大时刻，我不流泪。可能是因为在重大的时刻，想得更多的是理性上的东西。

中国外经贸法律体系中所存在的主要问题，首先是透明度的问题。

过去有很多所谓内部的文件，现在得把过去大量的内部文件着手整理，要么废止，要么公开，或者经过修改以后公开。这是我们加入世界贸易组织所作承诺的一部分。

第二个问题是，加入世界贸易组织以后，我们过去缺少的许多法律法规现在需要着手制定了，比如说《反倾销法》《反补贴法》，还有关于保障条款的法律，我们只有建立这样一些国内法律，才能用以保护自己的利益。根据世界贸易组织的规定，世界贸易组织的规则并不是自动适用于某一个成员，这个成员必须把世界贸易组织的法律条款转化成自己的"国内法"，然后每个成员按照自己的"国内法"来实施。

（选自鲁林、卫华、王刚主编：《红色记忆——中国共产党历史口述实录（1978—2001）》，济南出版社 2002 年版。）

申办 2008 年奥运会

导 读

2008 年 8 月 8 日至 24 日，第 29 届夏季奥运会在北京成功举行。在闭幕式上，国际奥委会主席罗格在致辞中称赞北京奥运会是"一届真正的无与伦比的奥运会"。从 1908 年至 2008 年，从第一个中国人提出申办奥运会，到北京主办奥运会，中国人实现了百年梦想。

1894 年，国际奥委会成立。1896 年、1915 年，国际奥委会都发来邀请，但当时的中国政府都由于各种原因没有派人参加。1908 年，《天津青年》首次提出：中国何时能派一名运动员参加奥运会？中国何时能获得奥运金牌？中国何时能自己举办一届奥运会？这一声声呼喊，在那个中国人被蔑称为"东亚病夫"的年代，是如此地悲壮与高昂。1936 年柏林奥运会，进入撑竿跳决赛的中国运动员符保卢，竟买不起比赛用杆；1948 年伦敦奥运会，中国代表团是参赛团中唯一住不起奥运村的。

1979 年，中国在国际奥委会的合法席位得到公正、圆满的解决。1984 年 7 月 29 日，在洛杉矶奥运会上，随着许海峰的一声枪响，中国奥运金牌"零"的纪录成为现实。从第 23 届洛杉矶奥运会的 15 枚金牌，到第 27 届悉尼奥运会的 28 枚金牌，再到第 29 届奥运会上 51 枚金牌，居金牌榜第一位，中国当之无愧地成为国际公认的体育大国。

中国成功举办第 29 届夏季奥运会，具有十分重要的意义。

第一，举办奥运会实现了中华民族的百年梦想。一百多年来，中华民族始终以坚忍不拔的意志，百折不挠的精神，持之以恒的努力，在艰苦奋斗、自强不息，实现伟大复兴的道路上跋涉。北京奥运会既是中华民族伟大复兴进程上的一次盛事，又是一个宏伟的目标，也是一次漫长的征程，更是一次伟大的出发。

第二，举办奥运会是综合国力和国际地位显著提升的体现。申办奥运会的竞争，实际上是一场综合国力、经济实力、科技实力、文化魅力的竞争。我国实行改革开放三十年来，把重点放在经济社会发展建设上，有力地促进了政治经济社会发展，标志着政治稳定、经济繁荣、社会进步、民族团结的中国国际地位空前提高。

第三，奥林匹克是一扇窗口，成功举办奥运会将增加中国与世界相互了解。奥林匹克运动会提供了一个国家与国家之间宣传、展示、交流的舞台，成功举办北京奥运会将在很多方面对我国产生深远的影响。

◤ 作者简介 ▶

何振梁，1928 年生，江苏无锡人。1955 年起到国家体委从事国际联络工作。1964 年起历任中国体操协会副秘书长、中国乒乓球协会秘书长、中华全国体育总会秘书处主任、中华全国体育总会副秘书长、中国奥林匹克委员会副秘书长、国家体委司长、中国奥委会执委、中华全国体育总会常委等职。1981 年 10 月 2 日，在国际奥林匹克委员会第八十四届大会上当选为国际奥林匹克委员会委员。1985 年起任国家体委副主任、党组副书记，同年当选国际奥委会执委。1989 年当选中国奥委会主席，并当选国际奥委会副主席，曾任国际奥委会大众体育委员会副主席。后任国际奥委会文化委员会主席，曾任奥林匹克运动委员会和百周年大会成果研究委员会委员。是北京申办 2000 年、2008 年夏季奥运会申奥团陈述人之一。2006 年获得"体育终身成就奖"。梁丽娟为何振梁先生的夫人。

振梁永远不会忘记 1993 年 9 月 23 日那个令人沮丧的日子，不会忘记当时刊登在许多报刊上的那张定格了的照片。照片展示，体育界元老荣高棠和李梦华及王光美等其他不少人在北京听到申奥未果时的茫然和沮丧。这种失落的表情深深刺痛了振梁的心。他感到自己有负全国人民的重托。他下定决心，在他有生之年，只要再有申办奥运会的机会，他一定要拼全力去争取把奥运会申办到手。他也坚信，中国迟早将再次提出申办。所以，他在一本描述北京申奥过程的名为《两票之差》的书上，题了"锲而不舍"四个字。

萨马兰奇一直是最积极推动北京再次申奥的世界体育领导人。在蒙特卡洛投票后的一星期，他就写信给江泽民主席，表示如中国再次申办，整个奥林匹克运动将为之感到高兴。1994年，在悉尼举行的一次新闻发布会上，萨马兰奇公开表示希望中国申办2004年奥运会。1995年，萨马兰奇应邀出席在天津举行的世界乒乓球锦标赛。在与中国领导人会见时，他又一次希望中国再次申办奥运会。返回国际奥委会总部后，他又就此致函中国领导人。

国际奥委会一些委员也在不同场合向振梁表达了世纪之交第27届奥运会的举办权未授予北京的惋惜心情。比利时委员、多年来领导国际体育反兴奋剂斗争的梅罗德亲王（Princede Merode）说："委员们迟早会认识到没有投票支持北京是一个错误。"另一位来自英联邦国家甚具影响的委员说："相信悉尼奥运会会办得很成功，但它将只是像在加拿大、美国或任何其他国家办的任何一届运动会，它对奥林匹克运动甚至世界的影响决不可能像在北京举办奥运那样深远。"1995年10月，9位亚洲的国际奥委会委员借在汉城参加一次聚会的机会，联名写信给我国领导人，表示如果中国再次申办奥运会，他们将全力支持，希望中国不要放弃努力。

振梁感到，从国际奥委会内的舆论和气氛来判断，如果北京申办2004年奥运会，有较大胜算。事实上，有几个国家一直在等待中国的态度，以便决定自己是否投入申办2004年奥运会的竞争。但是由于1993年与申奥成功失之交臂所引起的极度失望挫伤了广大中国人民的感情，一位领导人说："一朝被蛇咬，十年怕井绳"。再次申办一时提不上日程。

1997 年 9 月，在国际奥委会第 106 次全会上，希腊雅典取得举办 2004 年奥运会举办权。同年 10 月，萨马兰奇来上海出席我国第八届全国运动会，他看完开幕式后对振梁说："在我任主席期间，国际奥委会犯了两个错误。一个是 1996 年百周年奥运会没有回到奥运会的发源地——希腊，而给了亚特兰大；另一个错误是 2000 年跨世纪奥运会给了悉尼而没有给北京。第一个错误我们已经纠正了，希望在我离任前，我们可以纠正第二个错误"。振梁很能理解萨马兰奇的心情。萨马兰奇刚刚在第 106 次全会上以全票当选为国际奥委会主席，这是他自 1980 年当选为国际奥委会主席以来第四次连任，也将是他的最后一个任期。2001 年在他任期结束时，如能宣布 2008 年第 29 届夏季奥运会在世界人口最多的国家举行，将是他担任国际奥委会主席长达 21 年画上的最为圆满的句号。

振梁密切关注着国内外的舆论。国际体育界的舆论越来越对我国有利。我国改革开放所取得的巨大成就以及社会的安定，都使国际奥委会内众多的朋友更希望中国从上次申办与成功擦肩而过的沮丧中走出来，再次提出申办。有的委员说，你们的确是被蛇咬了一口，但现在早已过了三年，再也不用怕"井绳"了。国内的舆论也在积极酝酿再次申办。对举办奥运会有兴趣或积极性的城市除北京外，还有这些年来经济飞速发展的上海、广州等。

对振梁来说，在中华大地举办奥运会，一直是他多年的强烈心愿。1993 年举行蒙特卡洛全会时，振梁是国际奥委会第一副主席，会后他任期结束，担任普通委员。1994 年 3 月，他因已届退休年龄，被免去国家体委副主任、党组副书记职务，仅保留了他在全国政协常委的职务，也就是通常说的"退居二线"。但是在国际奥委会内，他被要求担任更多的工作。在按规定担任普通委员一年期满后，在 1994 年 9 月全会上，他以 61 票对 20 票的高票再度当选为执委。1994 年 12 月，萨马兰奇任命他为国际奥委会文化委员会主席。1999 年文化委员会与奥林匹克教育委员会合并，他出任合并后的委员会主席。他作为国际奥委会委员的退休年龄是 80 岁，但毕竟岁月催人老，他默默地期待着我国早日再次申办奥运会，以便他精力尚算充沛时能为国家和人民的需要去做最后的拼搏。

请 缨 的 曲 折

1998 年 11 月，中央批准由北京申办 2008 年第 29 届夏季奥运会。这个决定像一声春雷，再一次激发起全国人民支持申奥的巨大热情。久藏在振梁心底始终跃动着的火苗因中央的决定而熊熊燃烧，请缨再战的时刻终于来到。

但是世界是复杂的。有些事情尽管令人费解，但是现实生活中却时有发生。中央决定由北京市再度申奥的消息，振梁却是几天后才有所风闻。确实，他已从国家体委的领导岗位退下来，不再过问机关事务。但是申办奥运会非同一般。振梁与国际奥委会的委员们打了几十年交道，他比谁都更熟悉国际奥委会的人和事；他担任了多年国际奥委会执委和副主席，在国际奥委会中人缘好、威信高。委员们常说："何是国际奥委会中少有的没有'敌人'的人"。这是申办城市求之不得的最优越的资源。按常理，北京再次申奥肯定会要振梁参与其事，发挥别人难以具有的作用。而他这头伏枥的老骥，也切望能全身心投入到这次申办工作中去。可是，现实却不是那样。

"凭谁问，廉颇老矣，尚能饭否？"日子一天一天过去，没有人让振梁参与申办 2008 年北京奥运会的可行性研究，没有人告诉他中央的决定。当然更没有人来问他"尚能饭否"？等到 11 月 23 日，听说机关内部早已传达到司、局级干部，仍然没有人给本国的国际奥委会委员振梁通报有关申办的任何消息。振梁忍不住，打电话给后来改称为国家体育总局的对外联络司负责人，问他申奥的事。得到的回答是，因为此事正在报批过程中，总局领导没有发话，所以未向振梁讲。当然这只是借口。

振梁从北京市的同志那里听说，体育总局的一位领导人在与北京市的领导同志开会时，说上次申办 2000 年奥运会时北京比悉尼少了两票。这两票都是当时北京市的领导人丢掉的。这位总局领导人力主这次申办以国家体育总局为主，申办到手后筹办时才以北京市为主。振梁得知后不以为然。他认为，上次申办未成有更深层次的原因，绝不能把责任归之于某几个人。他更不能同意的是，北京市申办奥运会竟然由国家体育总局包揽申办工作，把北京市放在从属的地位，这既不合情理也做不到。他感到有必要向分管体育工作的中央领导李岚清副总理反映自己的意见。

11 月 30 日，李岚清召见了振梁。关于申办工作，振梁认为应以北京市为主，体育总局配合。他说，申办工作分三大块：规划、对外联络、宣传。对外联络，由于主要对象是国际奥委会等国际体育组织，可以由体育总局方面为主，但另两方面工作，体育总局无法主导。李岚清副总理表示，既然是北京市申办，当然应该以北京市为主。李副总理把中央的精神告诉振梁，还就体育工作其他问题征询了振梁的意见。振梁告别时，李副总理要振梁保重身体，为北京申奥多出力。与李岚清的谈话使振梁深受鼓舞。

北京申办的宣传工作着重点是对外，但国内媒体适应国内民众的要求，仍然多次采访振梁。振梁为了让大家了解申办的有关规定及竞争形势，有选择地接受了最必要的访问。他认为这是他的责任。1999 年 1 月 13 日中央电视台《东方时空》栏目就当时发生的国际奥委会的信任危机采访了振梁，并讲明这是专访。但到了 1 月 27 日节目播出时却是另外两个人的访谈，振梁成了陪衬，只在节目结束前有他一个短镜头，讲了一句不痛不痒的话。中央电视台也感到不好向振梁交代，派人来告诉振梁，他们把编好的节目征求体育总局的意见时，总局压了好几天，要求电视台修改，说不要出现振梁的画面和声音。振梁除了苦笑，还能说什么？

振梁听说总局有人强调这次申办要坚持"三新"方针，要有"新理念、新方法、新面孔"。前面两个"新"没有错，因为比起上次申办，国内外的情况都有了变化，国际奥委会关于申办的程序也作了改变。应该有新的申办理念。但"新面孔"指什么？国际奥委会的老委员仍占多数而且起着中坚作用，与这些委员有着多年交往并且有上次申办经验的人是这次申办的可贵资源，这次申办难道对他们都要弃之不用？与关心申奥的朋友谈起此事时，振梁说："提出这一方针的人自己也曾参与了上次申办的工作，他们是老面孔还是新面孔？"振梁明白，强调所谓"新面孔"只是排斥秉公直言、不盲从、不奉承的那些干部的借口而已。所以当北京市向体育总局这位领导人正式提出，希望多发挥振梁的作用时，这位领导人不以为然地回答说："他不是中国人吗？他总得投北京一票。"对这位领导人来说，似乎振梁可以起的作用，仅仅只是他作为委员所持有的一票而已。

任何一个国家申办奥运会时唯恐本国的委员不出力、不积极发挥作用。振梁不能理解，为什么我们有的人却不这样想。这样的人尽管是极少数，但却居体育界的要位。振梁的一些朋友气愤不过，对他说："那些人迟早会在现实面前碰壁后转而求你'出山'，那时你更主动。"振梁从来不是个耍心计的人。申奥重任当前，他是坐等别人来找他"出山"还是主动请缨？振梁选择了后者，他不能因少数人对他的态度而对申办甩手不管。

好在对振梁持排斥态度的人毕竟少之又少。北京市、体育界以及传媒对他都寄予厚望。1999年1月，振梁为《新体育》写了一篇题为《北京与2008年奥运会》的文章，分析了北京申奥的形势，指出："北京在这次竞争中有着相当好的机会"。同时他提醒，机会好不等于肯定成功。他强调一定要有一个好的规划、一个好的工作班子、好的推介策略，他就这三方面提出了具体的建议。北京市负责申办工作的副市长刘敬民把这篇文章推荐给贾庆林书记和刘淇市长。

在酝酿奥申委的组成时,有人问振梁希望在奥申委中担任什么职务,振梁的回答很干脆:"不管我在奥申委中挂不挂名、挂什么名,我都将倾全力争取申奥成功。"北京奥运会申办委员会迟迟建立不起来,工作进展也相当缓慢。振梁只能耐心地等待着。

此时,国际上却热闹非凡。美国盐湖城申办 2002 年冬季奥运会的违规行为引发了国际奥委会前所未有的危机。西方国家,特别是美国对国际奥委会施加强大的政治压力,逼迫国际奥委会改变领导。如何应对美国的政治压力、如何改革,成为所有国际奥委会委员思考和讨论的重要问题。振梁在此期间在多种场合慷慨陈言,鼎力支持国际奥委会领导顶住压力。委员们认为振梁代表了大家的心声。振梁在国际奥委会中的威望进一步提升。1999 年 6 月,国际奥委会汉城第 109 次年会上,振梁再次以全票当选为执委,这在国内引起了热烈的反响。贾庆林向振梁表示祝贺时说,这对北京申办 2008 年夏季奥运会十分有利。

有 利 的 形 势

一开始,共有 10 个城市申请举办 2008 年奥运会。这些城市是:亚洲的北京、大阪、曼谷和吉隆坡,非洲的开罗,美洲的多伦多和哈瓦那,欧洲的巴黎、塞维利亚和伊斯坦布尔。

大阪市早就透露申办 2008 年奥运会的意图,但一直没有正式宣布。他们通过多种渠道询问我方态度。中国如申办,他们将另作考虑。我方迟迟没有决定。1998 年 2 月第 18 届冬季奥运会(日本长野)期间,我们有一位体育领导人访问了大阪,他在那里说,中国决定不申办 2008 年奥运会。于是,大阪正式宣布申办第 29 届奥运会。不料数月之后,北京宣布申办,此时大阪想撤回申请已不可能了。

曼谷受成功举办 1998 年第 13 届亚运会的鼓舞而申请举办奥运会。吉隆坡也因成功举办了英联邦运动会受到多方赞誉而决定申办。但两者的真实目标不是第 29 届奥运会,而是此后。

　　亚洲有 4 个城市申办同一届奥运会，是前所未有的事。这不能不意味着亚洲在经济、文化、体育等多方面的崛起。如果说奥林匹克五环标记按照通俗的理解代表着五大洲的话，代表非洲的黑环迄今未能因举办过奥运会而闪光。所以在非洲举办奥运会一直是非洲和奥林匹克运动领导人向往的目标。南非开普敦 4 年前申办第 28 届奥运会，可惜没有成功。现在埃及的开罗接过了接力棒申办第 29 届奥运会，当然是令人高兴的事。

　　2000 年 8 月底，经过考核，执委会确定 5 个城市为候选城市，即：北京、巴黎、多伦多、大阪、伊斯坦布尔。

　　几个争办对手都各有强项。巴黎这个文化名城提出了诱人的计划，他们打算利用这个旅游胜地的优势，在埃菲尔铁塔下举办沙滩排球赛，在布隆尼森林举行铁人三项比赛，在荣誉军人院广场举行马术比赛等。他们在 1998 年曾经成功举办过世界杯足球赛，有世界上最好的体育场。多伦多自称是个高科技的申办，并提出了"为了运动员、由运动员办"奥运会的理念，声称要举办最为运动员欢迎的奥运会。他们的 17 个场馆集中在多伦多湖畔，奥运会 28 个比赛项目中的 25 项在湖畔举行，80% 以上的运动员将在这个集中的场地比赛。加拿大与美国处于同一时区。掌握奥运会转播大权的美国 NBC 电视公司届时可以即时转播在多伦多的各种比赛。大阪声称要举办一个"海上奥运会"，大部分场馆建设在大阪湾的 3 个人工岛上，将近一半的比赛可以在岛上举行。伊斯坦布尔是土耳其的最大城市和经济中心，已是第三次连续申办，其位于亚欧大陆的交界处，风貌别具一格，而且政府有奥林匹克法规提供充分的政治和经济支持。但是几个对手也有各自的弱点。巴黎的交通堵塞是个难题。多伦多的财力保障并不雄厚。大阪目前经济上很不景气，借款过多。伊斯坦布尔则是市政建设不足，社会也不够稳定。

　　这次申办，北京占有天时地利上的优势。与上次申办相比，中国的经济实力大大提高，加入世贸组织基本已成定局，国内政治稳定，国际上的分量也越来越重。中国这个占世界人口五分之一、雄踞世界体坛前三位的体育强国，却未曾举办过奥运会，这些都是北京申奥的最大优势。加上上次申办 2000 年奥运会时仅以两票之差失去了机会，之后又揭发出悉尼使用了变相行贿的不正当的手段拉票，使北京这次申办更赢得了同情分。可以说北京是先声夺人。从国际奥委会的地缘政治考虑，北京也占优势。法国举办过 4 届奥运会，其中的两届夏季奥运会都在巴黎举办。根据国际奥委会从 1952 年起不成文的传统，奥运会是一届在欧洲办，下一届在欧洲以外的地点办，然后又回到欧洲办。2004 年的夏季奥运会将在希腊的雅典举办，2006 年的冬季奥运会将在意大利的都灵举办。2008 年奥运会如再在欧洲举办，不太符合国际奥委会主张的普遍性原则。这一点成为巴黎的软肋。如从欧洲以外选择东道国，中国仍应是首选。加拿大举办过夏季奥运会和冬季奥运会，邻近的美国也举办过多届奥运会，2002 年在美国盐湖城又将举办冬季奥运会，人们对在北美过多举办奥运会已有微词。日本也举办过一届夏季奥运会和两届冬季奥运会。所以，从未办过奥运会的东方城市北京更有其独特的吸引力。

上次申办的徽记是北京天坛的祈年殿的造型，是静止的，有中国特色但少了一点活力。这次的徽记选用了更为活泼的造型，既像个中国结，也像个正在打太极拳的人形，很有动感。上次的申办口号是"给北京一次机会，还世界一个奇迹"，"开放的中国盼奥运"，表达了开放的中国人民的意愿，但现在看来，期盼的色彩浓了一点，少了一点自信。这次申办的口号是"新北京，新奥运"，"绿色奥运、科技奥运、人文奥运"，"以申办促发展，以发展助申办"，这些口号显示了由于近年中国的发展成就，北京的申办相当积极自信。

倾 情 投 入

北京第一次申办时，振梁就说过，把奥运会的圣火带到中华大地上来，是他为国家所能做的最后一件大事。1993 年之后，岁月在流逝。

但他"壮志未与年俱老",他为自己规定的任务是在国际奥委会范围内创造一个对我国申办有利的外部条件,因为没有人能替代他在这方面的作用。他默默地、毫不懈怠地不放过任何一次机会为有朝一日我国再次申奥做准备。

1998 年 1 月在澳大利亚珀斯举行的世界游泳锦标赛上,发生了我国 1 名教练员和 1 名运动员携带违禁药物入境以及 4 名运动员服用兴奋剂事件。在国际上掀起了一阵全面否定中国体育的浪潮。有人把我国比作当年的民主德国。连萨马兰奇等朋友也怀疑北京如在此时提出申办是否适宜。1998 年 2 月振梁在国际奥委会执委会上就此作了简短但斩钉截铁的发言。他说:"中国发展体育的目的是增强体质,参加国际比赛的目的是为了加强同各国人民的友谊和相互了解,交流经验,共同提高。中国人民乐于看到自己的选手获奖,尤其是金牌。但中国不需要通过几枚奖牌来确立她在国际上的地位,她坚决拒绝任何被欺骗手段玷污了的奖牌……我不能保证中国今后不再发生任何兴奋剂事件,但我可以保证中国奥委会和中国体育当局将不遗余力地把反兴奋剂的斗争进行到底。"执委们说这是他们听到的最明确的中国反对兴奋剂的声明。

国际足联选择 2006 年世界杯举办地点时,非洲和德国竞争激烈,中国和亚洲国家足协没有投票支持非洲。振梁批评了这种行为,认为这损害了国际体育界经过长期努力才锻成的亚非团结。非洲委员为此深受感动。1998 年、1999 年他先后两次把竞选国际奥委会副主席的机会让给了另外两个委员,因为他们是振梁的好朋友,将来中国申办时能得到有把握的这两票并通过他们争取到更多的票。

盐湖城丑闻引发危机时,面对巨大的政治压力,国际奥委会匆忙中提出的有些改革措施仔细推敲得不够。例如执委会决定今后举办奥运会地点不是由全会投票选定,而是另行组织一个挑选委员会(包括委员代表、国际单项组织代表、运动员代表和专家等)来决定。当时振梁正值章程规定的必须在执委任期满后离开执委会轮空一年期间,他以普通委员的身份在各种会议上一再说明这个做法不可行,应该由全会选定举办奥运会的城市。他的考虑是，首先，由小范围来挑选举办城市，是剥夺了奥林匹克章程中规定的全体委员的权利。其次，如果将来中国申办，由这样组成的挑选委员会来决定地点，增加了不确定的因素。第三，基于我们多年的工作，由全体委员来挑选举办城市，对我们更有利。由于这一主张符合绝大多数委员的要求，萨马兰奇和执委会接受了这个意见。振梁也在这期间的多次发言中狠批了美国一些政客对奥林匹克事务的蛮横政治干预，使很多委员看清了美国逼迫萨马兰奇下台、攫取对国际奥委会控制权的企图。振梁知道，委员这种对美国干预的反感，对将来中国再次申办时抗击美国的政治压力是有利的。

1999 年 9 月 6 日，北京 2008 年奥运会申办委员会宣布成立并举行大会。振梁担任奥申委顾问和执行委员会委员。北京市的领导人多次希望振梁对奥申委的工作提出意见。他决心奉献出自己全部的知识、经验以及对事物的判断力。振梁认为，规划也好、对外联络也好、宣传推广也好，说到底，什么事都要由人去干。申奥工作班子应以中青年人员为主。但是他同时指出，有过上次申办经验的人是这次申办十分宝贵的资源。他从旁观察过各国申办班子的情况，很多申办城市花重金聘请其他国家的熟悉奥林匹克事务的专家或主管人员，使这些申奥城市很快掌握了申奥的要诀。所以振梁多次向贾庆林和主管奥申委常务的刘敬民、王伟等推荐万嗣铨、楼大鹏、魏纪中、吴重远等人。令振梁高兴的是，他的建议被采纳。万嗣铨出任奥申委顾问，楼大鹏出任他的老行当体育主任，魏纪中、吴重远等则在制订规划和起草申办报告中起了重要作用。振梁还结合讨论工作，向初次接触申奥工作的人员细心地介绍国际奥委会工作机制、申奥程序等等不可或缺的基础知识，帮助他们尽快进入角色。

2000 年 4 月，中央决定调整国家体育总局领导班子。随着申办工作的逐渐深入开展以及振梁处境的改变，他可以全身心地投入申办工作了。

2000 年 6 月 20 日晚，当时的政治局委员、市委书记贾庆林邀请振梁共进晚餐，两人边吃边谈。贾庆林说，中央对北京第二次申办的态度依然相当宽松。中央的态度是，如果申办成功当然好，如不成也没有什么"了不得"，换句话，就是不给北京施加压力。贾庆林接着说，但是，对于我们来说，如果北京第二次申办再不成功，那却是"不得了"的事。他希望振梁对申奥工作多提意见和建议，必要时可以随时找他。

振梁明白贾庆林所说的分量。他也从人民群众以各种方式表达对北京申奥支持的无比热情、海外华人的殷切期待和国外朋友的大力协助中深感自己所肩负的重任。他没有犯任何差错和有任何疏漏的权利，而只有拼全力去争取成功的责任。

这次申办，北京一开始就处于领先地位。但犹如长跑比赛一样，最初领跑并不意味着最终的胜利。相反，领跑者除非实力非凡，往往在最后阶段被后随者超出。

振梁知道，要巩固领先的优势，必须要让多数委员从感情到理性上都认为北京应该获得奥运会的举办权。这样的票才是"铁"的，不会因一些偶然事件而动摇。再就是不能犯任何错误。哪怕是最细小的差错，都会被对手利用。

作为顾问，振梁参加奥申委的执委会会议并对各方面工作提出自己的意见和建议，真正做到了知无不言、言无不尽。他不必顾虑他的坦率是否会得罪人，因为他相信从领导人到同事都会理解他除了力争申奥成功外没有任何个人的企求。

振梁进入执委会多年，熟悉国际奥委会的工作规律，因此在申办过程中他也能得心应手地运用国际奥委会的游戏规则。根据国际奥委会对申办工作的新规定，申办过程中申办城市不得邀请委员往访，也不得访问委员。针对这一形势，振梁认为，对外沟通更具有了突出的重要性。他强调要把对外宣传工作放到战略高度来对待。振梁认为，在整个世界舆论看，主要媒体掌握在西方国家手里。大的舆论环境很难改变，但体育界舆论形势只要工作得当得力，则存在改善的可能。大家接受了他的建议，把营造体育舆论环境作为重点，在积极争取改善国际舆论环境的同时，大力展开与各国体育记者的沟通工作，以便在国际体育舆论方面有所突破。从2001年10月到2002年6月，奥申委共主动邀请和接待了境外记者240批，其中包括多批资深的体育记者，让他们了解北京的真实面貌。到申办后期，国际上反对北京申办的噪音虽然一直此起彼伏，一些西方政客也不断制造反对北京申办的事端，但是根据国际奥委会对世界体育传媒的调查研究，到2002年四五月，北京在国际体育传媒的报道分量中已多于其他申办城市，而且正面的、积极的和中性的报道也越来越占上风。

振梁还建议北京奥申委与委员的交往采取"打擦边球"的做法。国际奥委会禁止奥申委访问委员，但并没有不允许委员们之间互相往来，中国的国际奥委会委员可以利用自身的有利条件，分别出国面对面地做委员们的工作。中国的3个委员，即振梁和于再清、吕圣荣，加上运动员委员会的邓亚萍，于2001年3月起，分别访问过近70个国家和地区与近百名委员面对面地进行沟通。

这次申办班子的领导坚强得力，配合也默契。贾庆林、刘淇等北京市领导亲自抓申奥工作。主持常务工作的刘敬民、王伟等同志既能干又愿听取意见。振梁与他们合作心情很舒畅。

2000年悉尼奥运会是2001年选定2008年奥运会举办城市之前委员们最集中、期限最长的一次活动。在此期间，江泽民主席连续两次写信给萨马兰奇。第一封是赞扬国际奥委会及萨马兰奇为各国人民之间的友谊和世界和平所作的努力，支持国际奥委会倡导的"奥林匹克休战"。另一封是以中华人民共和国主席的名义支持北京申办奥运会。这两封信在委员中引起了良好的反响。振梁在悉尼的日程中安排满了密密麻麻的与委员们的接触会见。在他的力主下，中国奥委会举行了一次大型招待会。来出席的委员十分踊跃，连一些历来不去参加任何招待会的委员以及个别用轮椅代步的委员都来参加了。袁伟民比喻这次招待会的成功等于是得了一枚奥运会金牌。我国运动员在悉尼奥运会上获金牌总数第三，引起轰动。多数委员们更感到是该在中国举办奥运会的时候了。

　　这次申办的最后表决是与新主席的选举在同一次全会上进行，因而大大增加了复杂性。萨马兰奇2001年任满，他早就宣布不再寻求连任。新主席的候选人也同申奥城市一样，多达5个，即比利时的罗格、韩国的金云龙、加拿大的庞德、美国的德弗朗兹、匈牙利的施密特。这5名候选人在委员中都有自己的支持者。振梁同这5位候选人都有较深的友谊。如果中国的委员过早表明自己的倾向，必然会影响北京的选票，而如果态度暧昧，同样会使北京丢掉一些选票。所以振梁周旋于这些主席候选人和委员之间，必须十分谨慎。他以"如履薄冰"来形容他的处境。

　　主席候选人也感到确定奥运会地点和选举新主席之间的关系错综复杂，特别是本国有申办城市的加拿大候选人庞德对此体会更深。于是他于2000年7月执委会期间向萨马兰奇建议，在2001年7月莫斯科全会上只选举新主席，之后另行召开全会就奥运地点进行表决。振梁认为庞德的建议有利于多伦多而不利于北京，于是立即与萨马兰奇面谈，指出此议不妥。他说，如另行召开全会表决奥运会地点，宣布表决结果将是新当选的主席。由萨马兰奇来宣布2008年第29届奥运会在北京举办是他多年的夙愿，他也可以在由此掀起的最高潮中结束他的主席任期。萨马兰奇认为有理，所以没有接纳庞德的建议。

　　振梁记忆最深的是2000年12月29日他71岁生日这一天。早上他到奥申委上班。一进办公室，就看到同志们送给他的大花篮，贺卡上祝贺的语句后面是大伙密密麻麻的签名，使他激动不已。下午他与韩国委员晤谈后，晚上出席贾庆林书记招待这位委员的晚宴。没想到送走客人后，贾庆林、张百发、刘敬民等同志把振梁留下，让人送上大蛋糕，并一起为振梁的生日干杯。振梁还从来没有经历过人们隆重地祝贺他的生日，他理解这代表了大家对他的工作的期望。振梁说："吹蜡烛时我许的愿是明年申办成功。喝了贾书记和大家敬的酒，我只有一句话来回答大家，鞠躬尽瘁，力争申办成功。"回到家，他看到的是国家体育总局领导送来祝贺生日的大花篮和大蛋糕。花篮的红绸带上用金色署上了总局所有领导人的名字，其中5位同志还亲切地只署名不写姓。看到这些真诚的祝贺，振梁心中久久不能平静。振梁是"为知己者死"那种类型的中国知识分子。他不求功名利禄，但重视真诚的友谊和对自己人格的尊重。他非常重视和珍惜北京市奥申委和体育总局的领导对他的器重。振梁忘记了自己健康欠佳和年岁日增，一往无前，他要对得起大家的期待和自己的承诺。在奥申委中，大家亲切地称他是"最年长的志愿者"。医生要他不要过度劳累，需要长时间坚持服西药和中药。在紧张的申办过程中，每次出国拉票，他总是随身带一个小箱子，其中装满了熬好的装成小包的中药。一路走，一路吃药，回国时带回空了的箱子，下次出国时照样办理。可以毫不夸张地说，振梁在申办过程中扔掉的空小药包，遍布了几大洲。

得 道 多 助

申奥成功的关键是争取委员的支持。这是个争取人心的工程，要日积月累，不是件临到申办时才想到、才动手就能成功的事。

几十年来振梁以自己的学识、能力和人品，名副其实地成长为国际体坛有影响力的领导人之一。他也在国际奥委会中广交朋友，成为在国际奥委会委员中朋友最多的人。连国际奥委会总部的工作人员都评价说，振梁是国际奥委会中最受他们工作人员尊重的有限的几个委员之一。振梁十分清楚，一到国际上，他就不再是他个人。他代表的是我们的国家、我们的民族。人们是从他身上、从他的一言一行中来评判中国的。他赢得了尊重，就是为国家赢得了荣誉。他交了朋友，就是为国家争得了支持。申办过程最能凸显这一关系。

第一次申办时，国际奥委会副主席、加拿大委员庞德主动向我们提出了长达二十多页的书面建议。第二次的申办报告则是那时的国际奥委会副主席、澳大利亚委员高斯帕自告奋勇帮我们核改英文稿和提出修改意见的。这两位国际奥委会的高层领导，完全是义务地为北京申奥出谋划策，不要任何报酬，在当今追求物质利益的社会更显出他们的真诚友谊之可贵。

亚洲委员与振梁惯常以兄弟相称。他们为支持北京各尽其能。在2000 年韩国釜山亚奥理事会大会时的亚洲委员聚会上,印度委员库马尔主动提出说,所有亚洲委员都应该支持在北京举办奥运会,而当时除了北京外,另外还有 3 个亚洲城市在申办 2008 年奥运会。日本一位委员恳切地说:"因为大阪在申办,所以第一轮投票时我只能投大阪的票,但我的思想和灵魂都在北京方面。"2001 年 3 月,我们去马来西亚、泰国、新加坡访问。3 国奥委会和委员都十分重视并且都明确表示将支持北京。鉴于马来西亚委员哈姆扎年事已高,振梁与马来西亚奥委会秘书长谢国骥(Koh—Chi Sieh)仔细商量了如何确保哈姆扎出席莫斯科全会并在表决时不按错电钮的措施。泰国委员纳特(Nat Indrapena)在与振梁交谈时,事先准备了详细提纲,他不仅表示支持而且提出了一系列确保北京申奥成功的建议。新加坡委员黄思绵不但自己关心支持,还帮我们向他熟悉的欧洲委员拉票。中国台北委员吴经国上次申办时不顾岛内的政治压力不记名投票时支持了北京,这次从一开始起他就公开支持北京。他还在台湾组织了一场国际女子乒乓球四强邀请赛,请了亚洲委员参加,为北京申办奥运造势。在会场上他请振梁讲话,振梁在简短讲话中感谢台湾同胞对北京申办奥运会的支持,全场热烈鼓掌。台湾同胞对北京申办奥运会确实是非常关心的。1999 年 11 月 19 日,中央电视台的《五环夜话》节目播放了对振梁的采访,振梁在谈到上次申办未成时动了感情。后来中央电视台转给振梁一封台湾听众的来信。这位台湾同胞送给振梁一本书,并在信中写道:"上次申办未成,不仅你流了泪,我们也都流泪了。"

非洲和拉丁美洲的委员也是积极帮北京做拉票工作。塞内加尔的姆巴伊是非洲委员中的领袖人物,虽然塞内加尔与中国几年前中断了外交关系,但他与振梁却情同手足。悉尼奥运会时,他告诉振梁,上次北京申办没有成功,他和夫人整宿未能入睡。这次他当然将再次支持北京。2001 年 2 月,国际奥委会在塞内加尔首都达喀尔举行执委会,议题之一是评估委员会的评估范围是限于技术性问题抑或也包括政治性问题（当时国外有人想刁难北京申办，要求将包括人权等政治问题列入评估的范围）。当执委会讨论这一问题时，为了回避，振梁离开了会场。好在包括姆巴伊在内的执委会成员中，平时振梁已做了大量工作。所以讨论时，执委们表达的方式和侧重点虽各有不同，但一致认为评估委员会不应涉及政治问题。这一决定不仅使评估委员会内部统一认识，也使评估委员会可以理直气壮地面对某些媒体的纠缠，顶住外部压力。巴黎原以为法语非洲各国的委员会支持他们。多伦多则寄希望于英语非洲委员的支持，但实际上非洲委员之中的多数都支持了北京。拉美各国的委员几乎全都支持北京。墨西哥委员马里奥·拉尼亚、巴西委员阿维兰热、秘鲁委员迪沃斯（Ivan Dibos）都帮北京在本洲委员中拉票。他们总是说，"请不要浪费时间做我的工作，只需要告诉我我可以为北京做些什么。"

欧洲国家的许多朋友也在为北京申办尽力。法国委员赫尔佐格当北京第一次申办时就公开讲话、写文章支持。这次他态度依然，但是由于巴黎也是申办城市，他当然首先要支持巴黎，但他仍发表过希望巴黎不要申办的说法，为此遭到了法国报纸的攻击。乌克兰运动员委员布勃卡（Sergey Bubka）2 月份曾参加评估团来过北京，他说，当时他就已选定北京了。德国委员特洛格尔（Walther Troger）不满意西方舆论界对北京的片面攻击，几次公开表示应该公平对待北京，为此在国内遭到了报纸的围攻。北欧有些国家的官员对本国委员施压，要他们不支持北京，但遭到了拒绝。比利时委员罗格说，上一次北京申办他没有投票，是因为他看到苏联和东欧前社会主义国家政局动荡，他不敢肯定邓小平以后中国政局将怎样，但 8 年来中国的发展证明了他的担忧是不必要的，这次他有 13 亿条理由支持北京的申办。萨马兰奇由于主席的身份不能公开说他支持北京，但是他一再表示在北京举办奥运会将是他留给国际奥委会的遗产。实际上萨马兰奇支持北京已是公开的秘密。他的好朋友、巴塞罗那申办奥运会的功臣罗德斯更是在全世界为北京奔走拉票。

对持有不同观点或已承诺支持别的城市的委员，振梁也区别情况尽可能做工作，把这类委员减少到最低程度。2001 年初，接连发生了德国和捷克两名运动员委员巴尔（Roland Baar）和泽莱兹尼（Jan Zelezny）先后向媒体发表不利于北京的谈话。这些著名运动员的舆论影响大。振梁感到必须全力争取他们改变看法或"中和"他们的意见。对巴尔，振梁请他的好友、另一位德国委员帮忙做工作。自己也趁在德国访问期间，专程接连乘坐火车和汽车花了近 7 个小时到巴尔所在的城市，同他一起吃饭交谈，坦诚地同他交换看法，最终消除了他的抵触情绪。在莫斯科全会后，巴尔还专门来中国参观全国运动会，从此变成了中国的好朋友。对泽莱兹尼，振梁通过斯洛伐克委员、老朋友切努萨克（Vladimir Cemusak）做他的工作。最后泽莱兹尼再次发表声明，说记者歪曲了他的意思，他的原意是不能因为制度不同而反对在中国办奥运会。

振梁在国际奥委会中与委员们真诚相见，几十年来在工作讨论和交往中缔结了牢固纯真的友谊。令振梁高兴的是，上次申办时，只有他能以委员的身份与委员们推心置腹地交流。这次则有 4 人可以与委员们面对面地交谈了。分别是于 1996 年和 2000 年当选为委员的吕圣荣和于再清，以及在运动员委员中深得人心的邓亚萍，都为北京争取到了很多支持。而中国台北的委员吴经国，中国香港的委员霍震霆以及委员中众多的好友都成为北京奥申委"游说兵团"中的重要成员。我们的驻外机构和遍布各国的华人团体和侨领都为争取所在国舆论和委员对北京的支持做了大量工作。振梁认为这是任何其他候选城市所难以拥有的优势。众多朋友的亲切友谊在我们申办时转化为强大的支持力量，使我们激动不已。朋友们对中国山高水长似的深情厚谊我们终生也不会忘记。

当然，环绕北京申奥的不可能只有赞扬和支持。振梁在总结上次申奥的教训时曾说过，一方面我国的综合国力还不如人，悉尼的基础设施优于北京；另一方面，以美国为首的部分西方国家联手干预奥林匹克事务，则是北京功败垂成的主要原因。一位奥林匹克领导人多次对振梁说："美国无法阻挡中国的发展，但他们决不愿意中国因举办奥运会而获得更加飞速的发展。"在这些阴暗势力的支持、唆使下,"藏独"分子、"法轮功"痴迷者、个别所谓人权组织以及"民运"分子,组成了反对北京申奥的合唱。他们或是向委员和国际奥委会寄发反对北京申奥的宣传品,或是在舆论上造谣生事、胡说八道。在北京获得候选资格后,这些噪音的分贝也提高了。

欧美的某些政客不会错过这样的机会作政治秀为自己拉选票。3 月下旬,美国众、参两院通过了没有约束力的决议,反对在北京举办奥运会。7 月初,欧洲议会通过了类似的决议。但是与 1993 年申办时的情况已大大不同。这次美国议会对北京申办奥运会的态度已不是铁板一块。有数名议员提出了议案,反对干预奥运会举办地点的选择,主张由国际奥委会自行决定。布什政府也采取了不干预的态度。

2001 年 5 月,国际奥委会评估委员会的报告把北京、巴黎、多伦多并列为 3 个在技术上有能力举办一次出色的奥运会的城市。评估报告特别指出:"奥运会将为中国和(世界)体育留下一份独一无二的遗产。"振梁认为这是北京抢占了一个至关重要的制高点,北京通向成功已是任何力量不能阻挡的了。

评估报告的结论使大阪和伊斯坦布尔明显地落在了后面。有人劝大阪撤出申办,免得再耗费金钱。但日本人有股倔劲,不肯认输,非要奉陪到底不可。伊斯坦布尔则是从 2 月开始,采用了"哀兵战术"。他们给委员写信,说他们知道取胜无望,但为了顾全他们的颜面,希望委员们在第一、第二轮投他们的票,使他们不至于在一开始就被淘汰。这一招还很管用,博得了不少委员的怜悯,一些人真的后来在第一、第二轮投了伊斯坦布尔的票,使伊斯坦布尔在表决中得票超过了巴黎。

到了申办中期以后,北京的申办愈益被国际上看好,但各种反对势力纷纷加强了他们的活动。有的委员有时一天能收到上百封反对北京申办的材料。有的极端的"藏独"组织甚至给委员们寄发过恐吓信,说是要对任何敢于支持北京申办的委员进行人身攻击。这次反对北京申办的逆流比上次的更激烈、更有组织。显然支持这股逆流的黑手为此也付出了更大的财力。反对北京的人曾经希望北京奥申委对他们的攻击采取针锋相对、以牙还牙的方针，以便他们组织更大规模的围攻。但是北京的申办工作更加冷静沉着，稳扎稳打，不给攻击者以任何可乘之机。国外有反映说，北京的申办更加成熟了，他们对成功满怀信心。

在此期间，我们的竞争对手方面发生了几起偶然事件，引起了一些虽不大但有利于巩固北京优势的风波。一起是 6 月上旬去肯尼亚蒙巴萨出席非洲奥林匹克协会大会前，多伦多的市长拉斯特曼（Mel Lastman）向记者发表谈话说，他很怕去非洲，他的夫人更怕非洲的蛇。他似乎已看到自己被扔在大锅的沸水里煮，周围是土著人在唱着歌、跳着舞。拉斯特曼这番污蔑非洲人民的言论被记者揭发出来后，大大激怒了非洲各国体育界。另一起是巴黎奥申委主席贝贝阿（Claude Bebear）因涉嫌洗黑钱而被拘留审讯。贝贝阿是一家世界闻名的保险公司的老板，由于他在企业界的名望所以巴黎把他找来主持申办工作。他身陷囹圄个把月后被释放，但已给巴黎的申办带来了重大的打击。这两件事客观上都起了帮助北京的作用。

对于那一段的北京申奥形势，振梁用"两岸猿声啼不住，轻舟已过万重山"来形容。

决胜莫斯科

2001 年 7 月在莫斯科举行国际奥委会第 112 次全会。全会两个主要议题：选择 2008 年奥运会举办地点和选举国际奥委会的新主席，吸引了世界媒体的注意，众多记者云集莫斯科。奥运会 5 个候选城市也都派出了庞大代表团投入"决战"。北京代表团挂帅的是中央政治局常委、国务院副总理李岚清。

7 月 7 日，振梁和我飞莫斯科。机上，振梁对委员们逐轮的投票意向作最后一次评估。结论是：北京在表决中第一轮得票数在 42 票至 48 票之间，第二轮可获 54 票上下，北京有可能在这一轮胜出。之前，北京奥申委领导人贾庆林、刘淇等曾多次主持会议，对表决前景进行分析，6 月作出的结论是"胜利在望"。会议指出，在莫斯科一定要仔细做好各项工作，不能出任何差错，要使"胜利在望"变为"胜利在握"。与上次飞往摩纳哥出席国际奥委会第 101 次全会时忐忑不安的心情不同，这次我们是信心十足登上飞机的。飞行途中，想的是把表决前的最后几天利用好，以确保成功。

可以说莫斯科是最好不过的会议地点。通过北京市和中国奥委会以及驻俄罗斯使馆的工作，莫斯科市和俄罗斯奥委会都为我们提供了最好的物质条件。莫斯科市长卢日科夫（Yuri Lujkov）保证，他要在开全会的那半个月时间里，让人们只听得到北京的声音。为了防止少数捣乱分子聚众去莫斯科示威，他们采取了法律允许的一切手段。有一次少数"藏独"分子、"法轮功"分子刚在会场外面的街头集结，就被保持警惕的莫斯科警方驱散。

到达莫斯科后，振梁和我争分夺秒地与委员及其夫人广泛接触。我们感到人们似乎普遍认为北京胜出已成定局。但是北京代表团并未因此而有任何松懈，相反代表团领导反复告诫，越是形势有利，越要防止意外，要求全体人员把工作做实做细，做最后的巩固和争取工作。

7 月 13 日是最关键的日子。这一天将决定 2008 年奥运会花落谁家。

上午陈述的是大阪、巴黎和多伦多。大阪的副市长是主要陈述人，他的英语很好，态度诚恳，陈述中反复强调"心与心的交流"，大阪将是运动员的天堂，还有一位 12 岁的韩裔日本女孩用小提琴演奏了《奥林匹克颂》。单从陈述来讲，大阪是不错的，只可惜在大家心目中他们已胜出无望。第二个陈述的是巴黎。法国总理若斯潘、巴黎市长和著名足球运动员齐达内都参加了陈述班子。班子里还有一位坐在轮椅上的残疾运动员。他们的陈述突出巴黎的奥运会将是一次"城市中的运动会"，把比赛场地分设在巴黎的名胜所在处，他们还强调自由、平等、博爱在体育中的体现等等。在上午会议作最后陈述的是多伦多。加拿大总理让·克雷蒂安（Chretien）也来出席。多伦多意图用喧闹的场面取胜，一开始就是几个印第安土著人边敲鼓边舞蹈进入会场，陈述当中还有个黑人少女唱歌，想以此安排突出他们多元种族的特色。没有想到在陈述后委员的提问时，几内亚委员迪阿洛（Alpha Ibrahim Diallo）问他们："在多伦多市长的（侮辱非洲人的）言论后，你们有何改进措施？"这是一发重炮，使多伦多十分被动。

客观地说，这3个城市的陈述内容都很好，形式也较活泼。不过，正如一位富有经验的委员告诉振梁的："很少有城市因陈述好而得分，更多的是因陈述差而失分"。因为对于多数委员来说，他们的投票意向已定，只有极少数的委员要听完陈述之后才决定投票给谁。

下午陈述的是北京和伊斯坦布尔。北京的陈述由振梁主持。振梁在开场白后请李岚清副总理致辞。李副总理以流利的英语阐述了我国改革开放以来取得的成就、体育事业的发展，并代表中国政府全力支持北京的申办。他许诺如经费不敷，中国政府将予补足，如有盈余，将建立一个奥林匹克友谊合作基金。振梁告诉我，李岚清副总理的讲话是他召集有关人员研究后亲自起草的，然后熟读英文译稿直到背诵如流。接着是刘淇市长用英文介绍了北京市申办的计划和前景。这两位国家和市领导的英文发言效果都非常好，充分显示了中国改革开放以来的新一代领导人形象。坐在我旁边的日本委员猪谷的夫人晶子(Akiko Igaya) 称赞说："你们的领导人真不简单，英语这样好。"从当时会场的气氛，我觉察得出他们两人的致辞已先声夺人。接下来袁伟民、王伟、楼大鹏、杨澜、邓亚萍和杨凌每个人的发言都很扎实、诚恳，显示了北京申奥代表团的信心和认真，并从各自的角度阐述了对奥运会的期盼。

最后是振梁的结束语。他陈述的第一句话就抓住了大家的心。他说："不论你们今天作出什么决定，都将载入史册。但是只有一种决定可以创造历史。你们今天的决定可以通过体育运动促使世界和中国拥抱在一起，从而造福于全人类。"他交替着用英语和法语说出自己对奥林匹克精神的崇敬、对在中国举办奥运会的长期梦想、对委员们的友谊和对他们选择的尊重以及发自内心地对他们投票的期待。最后他以平静而诚恳的语调说:"亲爱的同事们,如果你们把举办 2008 年奥运会的荣誉授予北京,我可以向你们保证,7 年后的北京,将让你们为今天的决定而自豪。"

同振梁一起生活了几十年,我知道哪些是他真正动情的时刻。听他发言时,我觉得嗓子眼都紧了,会场里的人特别安静地倾听振梁的发言。他的发言刚结束,我还沉浸在他的激情里,坐在我旁边的阿维兰热夫人(Anna Maria Havelange)一面鼓掌一面用胳膊肘捅我说:"快鼓掌。"在满场的热烈掌声中我听见身后有位女士在大喊:"Bravo!(好极啦)"。我回头看,原来是都灵市冬季奥运会组委会副主席、意大利朋友艾弗琳娜(Evelina Christillin)。她不好意思地笑着低下了头。因为全会会场一般都是很严肃庄重的,从来没有人会在会场里大喊。事后她向我解释说:"当时我太激动了,控制不住自己。"

北京的陈述在气势磅礴的纪录片所掀起的高潮中结束。

接下来的是伊斯坦布尔的陈述。他们似乎只是在应付差事。事实上,整个会场已没有人在关注他们讲了些什么。会场里的气氛,是人们焦急地等着表决,尽管谁都已预感到表决的结果。

陈述结束后,是委员们的秘密投票。电子表决第二轮刚一结束,三名监票员就已在统计表上签字并一起离开监票席,把装有表决结果的信封封了口交给萨马兰奇。莫斯科时间下午 6 时,萨马兰奇庄严地走上讲台,拆开信封,宣布:2008 年第 29 届夏季奥运会举办权授予北京!

北京市刘淇市长以及整个代表团欢呼着跳了起来,相互拥抱握手,祝贺胜利。从大屏幕上我看到会场里委员们排着长队走上主席台与振梁拥抱祝贺。我自己也被周围的委员夫人们紧紧围住,她们以亲吻和拥抱向我表示祝贺。

国际奥委会的朋友们告诉我们,北京的得票数比第二名多出 34 票,这是个奥林匹克纪录。国际奥委会法律部主任斯托普(Howard Stupp)事后对我们说,听完北京的陈述后,他就把当选城市要签署的城市合同的最后一页换上了有北京落款的那一页,因为他认为"北京是必胜无疑的了"。

委员们都高度评价北京的陈述，他们也为振梁的真诚所感动。美国委员德弗朗兹对他说："你的话都说到我的心坎里了"。波兰委员泽温斯卡（Irena Szewinska）告诉振梁："听你说话时，我的喉咙都哽咽了"。乌克兰的运动员委员布勃卡告诉振梁，原来意大利的运动员委员迪珊塔（Manuela Di Centa）一直未拿定主意选哪个城市，听了振梁的陈述后就决定投票选北京。爱开玩笑的德国委员巴赫对振梁说："你是个杰出的演员，好莱坞应该与你签约。"振梁回答说："我不是在表演，我只是说出我心里的话。"振梁原先的预计是对的，国际奥委会的委员们看重的不是那些华而不实的"噱头"，而是候选城市的能力和主事者的可亲和可信。他们与振梁相处多年，彼此之间友情深厚，中国的发展和稳定、中国人民对奥运会的向往，以及北京陈述人的真情倾诉，赢得了他们的心。

振梁和我冲出友人和国际奥委会工作人员热情祝贺的重围，去出席散会后立即举行的新闻发布会。有记者问振梁他在申奥胜利那一刻的个人感受。振梁深情地说："我为我的国家而骄傲，我为我的人民而自豪。"我知道这是多年来深植于他内心的两句话。

从新闻中心我们又赶至我国驻俄大使馆。那里武韬大使正在举行庆祝申奥成功的盛大招待会。大厅里挤满了前来祝贺的国际奥委会委员们，以及来自国内和当地的来宾。李岚清副总理发表了热情洋溢的讲话，并宣读了江泽民主席发来的致萨马兰奇的信。信中感谢国际奥委会选择了北京，并再次保证中国政府将全力支持办好北京奥运会。

7月15日，江泽民主席抵达莫斯科进行国事访问。当晚，江泽民主席、钱其琛副总理在大使馆接见了萨马兰奇、4位副主席德弗朗兹、姆巴伊、高斯帕、巴赫和总干事卡拉尔。振梁陪同前往。江泽民主席感谢国际奥委会对中国的信任，并说国际奥委会的决定使北京人民、全中国人民欢腾不已。他重申支持北京把2008年奥运会办成最出色的奥运会。萨马兰奇和各位副主席、总干事先后讲话。萨马兰奇说："对北京这次胜利，我事先很有信心。但令我惊讶的是，北京以如此压倒性的多数胜出。中国获得了巨大的胜利。"

总干事卡拉尔对江泽民主席说："从 1993 年北京第一次申办以后，我就注意观察何先生如何在国际奥委会内一块砖、一块砖地砌成了通往今天胜利的长城。"卡拉尔真不愧为在国际奥委会总部当家管事的，他细致地注意到了振梁这些年来在国际奥委会所做的一切以及他为把奥运会带到中国的执着追求。

人民的"厚爱"

人们将长久地记住北京和全国人民乃至全世界华人为申办成功而沸腾的 2001 年 7 月 13 日那个夜晚。人们欢呼，人们高歌，人们为自己是中国人而自豪。此情此景是一部多么雄伟壮丽的诗篇啊！在中国历史上哪个年代有过这样一个全民高度一致忘情欢腾的时刻？也许是因为当前正是中华民族历经坎坷磨难，在艰苦的奋斗后，终于迎来伟大复兴的时刻，所以申奥成功喜讯的传来，格外令人兴奋，格外令人情不自禁。全部历史积攒下来的中华民族的满腔激情，这种兴奋和扬眉吐气之感，犹如火山岩浆迸发那样即时表达出来。

7 月 17 日，《人民日报》等好几家报纸刊登了同一篇关于振梁的专文，题目是《此生无憾》。文中摘引了振梁的一段话："有人对我讲，北京成功了，该为你记功。对我来说，没有什么功利可言。'俏也不争春，只把春来报'。能看到我们国家举办奥运会是我一生中最大的快乐，我已很满足了。北京申办成功后，我只想好好休息休息。"

7 月 18 日，振梁和我悄悄地从莫斯科返回北京。但国家体育总局和北京市的领导人张发强、刘敬民等在机场廊桥口给予我们以热烈的欢迎。尤其令振梁感动的是他的老领导、新中国体育奠基人贺龙元帅的最重要的助手荣高棠也来机场迎接。荣老和振梁紧紧相拥、喜极而泣。荣老一生经历了各种坎坷和"文革"时期的折磨，从未见他流过泪。此时此刻他却为祖国人民实现了心愿而激动万分。这样的场合令很多在场的人不由也热泪盈眶。

电话、信件、传真从四面八方涌向我们家，祝贺申奥成功，实现了振梁长期的梦想。媒体在大量的报道中给他加上了许多称号，什么"申奥功臣""中国体育外交家""中国的奥林匹克先生"，等等，使振梁既感到高兴，但也为这些过誉感到不安。他在日记中写道："我仅仅是做了一些我应该做的事。人贵有自知之明。在某个特定的时期、在某个特定的事情上，你会被历史推到主要的位置上。当事情过去，你应懂得离开这个中心位置，退到舞台的边缘，甚至离开舞台。"他反复对人说明，他只是集体中的一分子，申办成功是靠集体的努力。

7月23日中宣部等六个部门在人民大会堂举行大型报告会，由刘淇、袁伟民、刘敬民和振梁分头报告申办的有关方面。原来要振梁谈他的个人感受。但是振梁的整个发言中谈的都是别人，谈奥申委中同志们的忘我劳动对他的鼓舞和激励，结束语又重复提到了"我为我的国家而骄傲，我为我的人民而自豪"。振梁的发言，使会场里不少听众止不住抹眼泪。

2002年3月22日中央电视台颁发2001年多项电视体育奖，规模盛大隆重。评委会一致决定把"体育终身成就奖"颁给振梁。那天正好是中国开国元勋之一、中国体育事业奠基人贺龙元帅的106周年诞辰。贺龙元帅的女儿贺晓明、贺黎明来到会场宣布振梁获奖，荣高棠亲自给振梁颁奖。颁奖过程中全场观众起立长时间鼓掌表示祝贺。当时振梁非常激动，他哽咽着动情地说："今天领受这个荣誉，我愧不敢当，因为我想荣誉应归于为国家作出卓越功勋的无高不可攀的登山队员，40年长盛不衰的乒乓球队，无坚不摧的中国人民解放军军事五项队，等等；荣誉应归于在体育工作岗位上默默无闻、辛勤劳动，把我国体育事业推向辉煌的千万个体育工作者……此时此刻，我要感谢党组织，感谢50多年来与我共事的同事们、同志们，我就是代表他们来领受这份荣誉的。"振梁这些发自肺腑的话令颁奖现场不少人抹眼泪，听说也有好些电视观众流泪了。

　　由于人们对申奥的关心，使振梁的人品和才识在更广的范围内被人们所认识。我们所到之处，往往被人民的厚爱所感动。也数不清有多少人祝愿过振梁要他保重身体，为2008年北京奥运会的成功出力。但振梁总是对人说，他对自己要求有两个"自"。"既要有自知之明，也不要自作多情。两次申办，由于我的特殊地位，我责无旁贷，鞠躬尽瘁是我的使命。现在使命已完成，筹备奥运会，应该由年轻人来干。虽然按照国际奥委会的规定，我必须留在奥运会组委会的执委会内，但我可以而且应该逐渐淡出了。"相对于社会对他的厚爱，振梁深感他欠下的实在是太多太多了。作为回报，他能够做的是，在身体还可以的时候，尽可能地做一点力所能及的工作，向多年来培养了他、教育了他的祖国和人民献上一颗赤子之心。

（选自梁丽娟：《何振梁——五环之路》，
世界知识出版社2005年版）

青藏铁路建设的决策

　　早在一百多年前，魏源曾断言："卫藏安，则西北全境安。"其意为西藏安危关系西北全境安危，西北安危关系国家安全。孙中山在其《实业计划》中曾专门提出要建设高原铁路系统，其规划了以昆明、成都、兰州连接拉萨的铁路网，共有 16 条线，不可谓不周全、不宏大。新中国成立后，即便在三年经济困难时期，青藏铁路的线路勘察工作也没有停顿。王震将军出任铁道兵司令员后，曾向毛主席表态："我们一定把铁路修到巴山、天山、昆仑山，一直修到喜马拉雅山去。"1973 年，毛泽东会见尼泊尔国王比兰德拉时，再次向作为"利益相关方"的尼泊尔重申："我们一定会加快青藏铁路建设。"

　　建设青藏铁路是党中央、国务院在新世纪之初作出的战略决策，是西部大开发的标志性工程。青藏铁路由青海省西宁市至西藏自治区拉萨市，全长 1956 公里。

　　青藏铁路于 2001 年 6 月 29 日开工。青藏铁路一期工程（西宁至格尔木段）建成通车后，已成为开发青海柴达木盆地及推动青、藏两省区经济发展的主要交通线路。它促进了青海钾肥厂、锡铁山铅锌矿、青海铝厂、青海油田、格尔木炼油厂、茫崖石棉矿和龙羊峡、李家峡两座大型水电站等一大批大中型项目的建设和发展，为青海 460 万各族人民脱贫致富和现代化建设打下了坚实的基础；同时也为西藏的开发发挥了重要作用，现在进藏物资的 85% 以上都要通过格尔木来转运。续建青藏铁路，将极大地提高综合运输能力，从根本上改善两省区的交通条件和投资环境。

建青藏铁路，是党中央、国务院在新世纪之初作出的重大战略决策。党中央、国务院历来十分关心西藏的经济建设和人民的生活，西藏和平解放后，为打破交通"瓶颈"，国家在十分艰苦的条件下，相继修通了川藏、青藏、滇藏、新藏公路，对加强西藏地区与祖国内地的联系，促进西藏经济社会发展，发挥了重要作用。然而，随着西部大开发战略的实施，西藏以公路和民航为主体的对外通道，已不能满足经济发展的需要，建设铁路运输通道势在必行。

修建青藏铁路，是实施西部大开发战略，造福高原人民的标志性工程。西藏地区资源丰富，有得天独厚的自然风光和人文景观，又是著名的旅游胜地。修建青藏铁路，将填补我国西部铁路网的空白，进一步改善青藏高原的交通条件和投资环境，在青藏铁路建成通车之前，西藏自治区是目前我国唯一不通铁路的省级行政区。交通运输设施的落后，已经严重制约了这一地区经济、社会的发展，使之成为我国主要的贫困地区之一。随着西部大开发战略的实施，运往西藏的物资大幅度增加，西藏原有的以青藏公路为主体的运输通道无论从运能、运量上，还是从运输的快捷、方便上，都远远不能满足经济发展的迫切要求。建设青藏铁路，是克服目前的交通"瓶颈"，加快青海、西藏两省区经济发展，促进西部大开发的客观需要，修建青藏铁路已是势在必行。

作者简介 ▶

阴法唐，1922 年生，山东肥城人。1938 年加入中国共产党。曾任八路军一一五师旅组织干事，冀鲁豫军区县大队政委、团政治处主任、团政委，第二野战军团长兼团政委、师副政委。参加了进军大别山、淮海、渡江、西南等战役和进军西藏。1952 年后，历任中共西藏江孜分工委书记兼西藏军分区政委，西藏军区、福州军区政治部主任，济南军区政治部主任、副政委，成都军区副政委兼西藏军区政委，中共西藏自治区区委第一书记，西藏自治区第三届政协主席。1988 年被授予中将军衔。

　　我 1922 年出生于山东肥城，1938 年参加革命，1950 年随所在的第二野战军第十八军第一批进藏，任第五十二师副政委；1951 年西藏和平解放后，连续十年任中共西藏江孜地委书记；1959 年任某平叛部队第一政委，参与指挥平息西藏上层反动集团叛乱；1962 年参加指挥中印边境自卫反击战，任第四一九部队政委；1963 年起任西藏军区政治部主任；"文化大革命"中遭迫害，于 1971 年被调出西藏，任福州军区政治部副主任、主任，济南军区政治部主任、副政治委员；1980 年奉命第二次进藏，担任西藏自治区党委第一书记、成都军区副政治委员兼西藏军区第一政治委员；1985 年第二次被调出西藏，任中国人民解放军第二炮兵副政治委员；1988 年被中央军委授予中将军衔。我在西藏前后工作了 27 年，可以说修建青藏铁路一直是我心中盼望已久的心愿，自己也为此积极努力，多方呼吁，做了自己应该做的事。

　　早在 1978 年，鉴于国力难以承受几十亿元的建设费用，加上高寒缺氧、多年冻土等难题没有解决，铁道部、铁道兵部开会论证、分析认为，修建青藏铁路的难度较大，建议青藏线停修，选择修建海拔较低的滇藏铁路，并形成书面报告。铁道部部长段君毅、铁道兵司令员陈再道、铁道兵政治委员吕正操等领导同志都赞成修滇藏铁路。铁道部的报告上报给中央后，邓小平也同意修滇藏线，放弃青藏线，华国锋、叶剑英等其他中央领导也都赞同铁道部的意见。与此同时，四川省委、省政府也派工作组进行勘探、论证，想修川藏铁路，当时中央人民广播电台对此还有专门的报道。我想，当时之所以没有选择青藏线，主要是因为走青藏线在当时来看难度大、成本高。

　　1980 年初春，经中央通盘考虑，让我回西藏自治区任党委第一书记，我就有了更多直接关注青藏铁路建设的机会。1981 年 12 月召开中央工作会议期间，我就西藏的各项工作作了专题发言，这个发言里面有很大一部分就涉及青藏铁路的修建问题。我较详细地阐述了修建青藏铁路的政治、经济、军事等重要意义，建议中央把修建由内地通往西藏的铁路列入国家"六五""七五"计划。在听完我的发言后，胡耀邦、万里等中央领导同志表示，同意我关于修建青藏铁路的看法和建议。

1982 年 12 月 9 日，我到北京参加会议，和巴桑（时任西藏自治区党委副书记）一起向胡耀邦、邓小平、陈云、叶剑英、李先念等中央领导同志写报告，提出加快修建青藏铁路的建议与措施，并设想青藏铁路可从南北两路一齐动工，预计 1990 年或者稍后一些时间可以修通。这一建议得到胡耀邦等中央领导的赞许。不久，中央将此报告批给了铁道部部长陈璞如。1983 年全国人大会议期间，陈璞如部长找到我，共同探讨青藏铁路建设问题。他表示，只要青藏铁路在国家计委立了项，铁道部自己就能修，用不着西藏地方政府修。他担心的一个问题是永久冻土问题，希望我能帮助他们做做一些同志的工作。我当时很爽快地答应了，并说西藏可以做你们的坚强后盾，我们可以向中央进言。随后，我就请新华社记者写了一篇关于修建青藏铁路的建议，并发了内参，引起了一定程度的关注。

1983 年夏，我到北戴河向正在那里休假的邓小平汇报工作，小平同志对西藏修建铁路特别关心，主动问起进藏铁路的有关情况，这些细节至今让我记忆犹新。他问："你是'老西藏'，你觉得进藏铁路走哪里好？"我成竹在胸地回答："还是走青藏线好。"小平同志接着问："走青藏线，盐湖问题怎么办？"我说："铁路修到格尔木了，盐湖已经过去了。"小平同志又问："还有什么问题？"我如实地回答："主要是冻土问题，不过专家认为可以解决，问题不大。"小平同志还问："从青海格尔木到西藏拉萨有多远，要多少钱？"我迅即回答道："从格尔木到拉萨有 1100 多公里，我们西藏与国家计委预算过，原来说需要 28 个亿，现在看可能要三四十个亿。"小平同志扳着手指头算了算，说："用不了这么多，30 来个亿就足够了。"我说："现在物价都涨了，费用要高一些。但是，西藏群众迫切希望青藏铁路能够早日上马。"小平同志沉思了一会儿说："看来还是修青藏铁路好啊！"

1984 年 2 月，中央召开第二次西藏工作座谈会，我在会上又一次提出青藏铁路上马的问题，并且指出，只有把铁路修通，才能从根本上改变西藏交通运输的落后状况，请国家能够尽早安排。但因种种原因，青藏铁路的修建再一次被搁置。

1985 年 7 月，根据组织安排，我第二次被调出西藏，到解放军第二炮兵任副政治委员。我虽然离开了西藏，但仍尽自己所能关注和呼吁青藏铁路的建设问题。1990 年，我作为全国人大常委代表回西藏调查，调查报告的中心内容就是建议下决心修建青藏铁路。1994 年 7 月 15 日，中央召开第三次西藏工作座谈会前夕，我和时任西藏自治区政府主席的多杰才旦一起向江泽民、胡锦涛等中央领导汇报工作时，又提到修青藏铁路的问题，建议中央将其列入 2000 年前的工作计划。两位领导听后很重视，指示铁道部做好相关准备工作。也就在几天后召开的第三次西藏工作座谈会上，总书记江泽民郑重提出，进藏铁路的论证和勘探工作要继续进行。听到这一铿锵有力的话语，我当时激动不已，觉得青藏铁路建设的历史性机遇来了。

2000 年 2 月 12 日，我又专门写了《关于建议青藏铁路复工的情况报告》，上报党中央、国务院，引起江泽民等中央领导的高度重视。同年 4 月，江泽民在听取"十五"期间大项目建设计划汇报时，没有听到建设青藏铁路的项目，感到很惊讶，随即指示铁道部要做好进藏铁路的相关准备工作。为此，铁道部先后派副部长蔡庆华、孙永福带队进藏进行实地考证。

2000 年 10 月 10 日，中共十五届五中全会期间，西南组的热地等也提出建设青藏铁路的问题，请求中央尽快修建进藏铁路。11 月 10 日，江泽民在铁道部的报告上作了长达 3 页的批示，指出，"应下决心尽快开工修建进藏铁路，这是我们进入新世纪应该作出的一个重大决策。"随后，傅志寰部长、孙永福副部长等铁道部相关领导亲自抓可行性论证。但是，就在相关部门紧锣密鼓地准备时，12月的《人民日报》刊登了一篇持有不同意见的文章，重提滇藏线和青藏线之争。我得知这一情况后，立即给《人民日报》总编辑许中田打电话，说中央上青藏线已成定局，身为党的"喉舌"不要再有杂音。放下电话，我仍然不放心，担心媒体再起争论，将青藏铁路的建设搅黄了。于是，我又写信给丁关根，呼吁在修建青藏铁路的方案已经定下来时，媒体不要再出现杂声，以免引起不必要的争论，影响中央的决心。

2001年6月，在中央召开第四次西藏工作座谈会期间，西藏自治区党委、政府主要领导对修建青藏铁路提出了很多很好的建议。我被邀请参加这次盛会，并再次向中央提出修建青藏铁路要达到三个目标，即快（尽快修）、好（质量好）、续（修延续线）。中央领导非常赞同西藏自治区党委、政府及我提出的建议。

经过充分准备，2001年2月，国务院将青藏铁路批准立项。6月29日，令人欣喜的日子终于到来了，青藏铁路正式开工。此时此刻，我很感慨，自己二十多年的愿望终于快要实现了，这是何等的快意！2004年国庆节期间，我和夫人、两个女儿重回西藏，亲眼目睹了青藏铁路建设的火热场面。此情此景让我十分自豪。在实地考察、详细咨询铁路专家后，我再次向中央提出建议，将青藏铁路的通车时间从2007年提前到2006年，这项建议又被中央采纳了。

（原载《百年潮》2006年第8期）

从 ARJ21 到 C919

——中国民用客机的自主创新历程

导　读

　　2006 年 2 月 9 日，国务院发布《国家中长期科学和技术发展规划纲要（2006—2020 年）》。大型飞机重大专项被确定为 16 个重大科技专项之一。2007 年 2 月 26 日，国务院召开第 170 次常务会议，原则通过了《大型飞机方案论证报告》，原则批准了大型飞机研制重大科技专项正式立项。

　　2008 年中国商用飞机有限责任公司成立，总部设在上海，是实施国家大飞机重大专项中大型客机项目的主体。设计研发中心承担了我国首次自主研制的 C919 中型客机、ARJ21 新支线飞机的工程设计任务和技术抓总责任。

　　2009 年 1 月 6 日，中国商飞公司正式发布首个单通道常规布局 150 座级大型客机机型代号"COMAC919"，简称"C919"。2010 年 12 月 24 日，中国民用航空局正式受理 C919 大型客机型号合格证申请。2015 年 11 月 2 日，C919 大型客机首架机在浦东基地正式总装下线。这标志着 C919 首架机的机体大部段对接和机载系统安装工作正式完成，同时，标志着 C919 大型客机项目工程发展阶段研制取得了阶段性成果，为下一步首飞奠定了坚实基础。2018 年 2 月 6 日，中国商用飞机有限责任公司宣布 2021 年交付首架 C919 单通道客机。2018 年 10 月 27 日，C919 大型客机第二架机从山东东营胜利机场起飞，历经 2 小时 6 分，平稳降落在南昌瑶湖机场，圆满完成转场飞行任务。2018 年 12 月 28 日，C919 第三架机从上海浦东国际机场第四跑道上起飞，完成首次飞行。

▌ 作者简介 ▶

　　吴兴世，1945 年出生，上海人，1967 年毕业于西北工业大学，1972 年参加运 10 飞机研制，历任上飞所（上飞院前身）研究室副主任、副所长兼总设计师、所长兼总设计师。国家大型飞机重大专项专家咨询委员会委员，是新型涡扇支线飞机 ARJ21 研制的首任总设计师；曾在中国空气动力研究与发展中心、中国直升机设计研究所工作；是中国商飞公司专家咨询组成员、国家大型飞机重大专项专家委员会委员和中国商飞公司科技委委员。

　　C919 是中国高端制造业的一个历史性突破，标志着中国进入世界上少数几个能够研发制造大型客机的国家之列。大飞机项目，几乎涉及工业中所有门类，代表的是一个国家整体的工业水平。C919 在这个领域的成功，表明中国在最为薄弱的战略性产业取得了长足进步。

始于运–10 的中国大飞机之路

　　党和国家领导人多次做过大飞机研制的指示和决策。毛主席 1958 年在上海与上海市委负责同志谈话时指出："中国要造自己的大飞机！"1969 年，周恩来总理曾提出在轰–6 飞机基础上搞喷气客机。1970 年 7 月中旬，毛主席视察上海，上海市革委会负责人向毛主席汇报火箭项目时，毛主席说："上海工业基础这么好，可以搞飞机嘛。"空军航空工业领导小组立即向三机部传达了毛主席的这一指示，要求三机部与上海联系。三机部起初拟将研制中的歼–12 飞机交上海生产，上海市则提出要研制大型客机，作为国家领导人出国访问的专机。新中国成立初期，随着我国外交局面的打开，领导人出国活动频繁，当时普遍使用的是从国外购买的三叉戟等客机，领导人希望能够乘坐我国自己研制的飞机。就上海市的要求，航空工业领导小组于 1970 年 7 月 26 日向中央军委国防工业领导小组提出《关于上海、广州地区制造飞机问题的请示》。7 月 30 日，国防工业领导小组原则同意航空工业领导小组的请示，并上报国务院。经周恩来总理批准，中央军委、国家计委于 8 月 27 日正式行文，向上海下达大型飞机研制任务，后来命名为运 10 飞机。1972 年 1 月 12 日，运 10 设计组向国家计委汇报设计方案，余秋里主持汇报会，会议确定运 10 工程以上海为主，业务由三机部归口管理，至此，运 10 列入国家计划。会议决定将巴基斯坦在新疆失事的波音飞机运回上海作参照设计之用。1 月 15 日，中央军委办公会议听取运 10 情况汇报，叶剑英、李先念等参加。会议听取了关于"708 工程"和运 10 飞机设计方案的汇报，批准了运 10 研制团队不唯上、不唯书、不盲目跟风，经过深入论证采用的后掠机翼下吊挂涡扇发动机短舱布局的运 10 设计方案。这在当时并非多数同类飞机所选，今天已成为主流的高亚声速大型民用飞机布局。叶剑英指出："设计要对头，工艺、材料要对头，第一架出来了，不要一下就投入成批生产，要吃'小灶'，一架一架过关，零配件要配套。这是第一架大飞机，要从全国的设计人员中挑选出比较好的来审查设计。全国支援上海，上海支援全国，集中搞运 10。"

　　1973 年 6 月，国务院、中央军委决定在上海组建大型客机设计院并将空军第 5703 工厂划归上海市领导，两者分别是今天中国商飞上海飞机设计研究院和上海飞机制造有限公司的前身。之后，研制工作以上海飞机设计院和上海飞机制造厂为主，全国 10 多个部、委，21 个省、市、自治区，262 个单位、1.3 万多人参加了这项工作。运 10 于 1975 年完成了全部设计图纸，1976 年完成静力试验飞机制造，1978 年完成全机静力破坏试验，1980 年 6 月完成飞行试验机制造，8 月完成操纵、液压、燃油、航电网络 4 大系统模拟试验。

　　1980 年 9 月 26 日上午，中国独立自主研发、拥有完全自主知识产权的第一架大型远程喷气客机运10，在上海大场机场首飞成功，实现了一次意义深远的攀登。之后，运10飞机经历了系统的航线试飞实践，曾经飞到过北京、哈尔滨、广州、昆明、乌鲁木齐、成都，并从成都飞抵西藏拉萨。最大航程8300公里，最大巡航速度974公里/小时，最大起飞重量110吨，最大巡航高度1.2万米。可惜的是，之后因为种种原因，运10项目被搁置。

运10后的干线飞机项目是我国自己要搞大型民用客机的第二次努力。这个项目从1986年开始论证，到2000年结束共14年的时间。1986年以前，我国领导人曾在各种场合表示要搞民用客机。如1981年10月13日，邓小平在中共中央政治局扩大会议上指出"国内航线飞机，要考虑自己制造"。同年12月底，他又指示："今后国内民航飞机统统用国产飞机。"

1986年8月15日，胡耀邦在听取国家科委副主任吴明瑜汇报时指出："……航空工业……几十万人的队伍，要搞国内干线上用的大飞机，要讲振国威，这就是振国威嘛！"当时国务院的方针是"现在发展国内干线飞机很有必要"。但希望走的是与国外合作生产的道路。之后开始了飞机选型、总设计单位定点、选择国外合作对象、编制可行性报告，一直搞了6年，直到1992年年初才上报项目可行性报告，最后研制项目变成了中美合作生产MD-80和MD-90的国产化。一共生产了37架飞机，其中有5架还出口到了美国。该项目提高了我国民用飞机工业的制造能力、技术水平和管理水平，但没有产品的知识产权，不能自主面向全球市场生产销售，只有在"亚产品"层面"国产化"型的技术学习而不是在产品层面的自主型学习，作为全球大型民机产业的新手必不可少的技术学习效果受到明显局限。

鉴于市场对大型民机的旺盛需求和自主研制大型民机的重大意义，1986年8月，著名航空教育家西北工业大学原校长季文美、北京航空学院原院长沈元、南京航空学院原副院长张阿舟和航空工业部飞机局原局长胡溪涛联名上书小平同志，建议立即着手研制我国的150座干线

（大型）客机。小平同志随即批转当时党和国家的主要领导同志。1986年12月国务院作出通过国际合作走与国外合作生产的道路，消化吸收国外技术发展我国150座干线客机的决定。

1991年1月31日，邓小平视察上海航空工业公司，听取公司负责人汇报，参观铆装和总装车间时指出：飞机制造业也是国民经济的带头工业，是很有发展前途的，闭关自守不行。1993年10月下旬，宋健受国务院委托，在上海召开了研制干线飞机会议。11月29日，国务院又专门对此下发了会议纪要，明确要求"要下决心，不失时机地研制我国自己的、掌握知识产权和总体设计技术的150座级以上的干线飞机，力争在2000年前后搞出样机并取得国内适航证"。在这次会上，中国航空工业总公司负责人代表航空工业发言，明确表示飞机的座级应该比150座要大一些。自1993年年底起，中国航空工业寻求实施通过国际技术合作研制生产100座中型客机的项目，得到国务院批准，曾与韩国、波音、新加坡、空客等合作对象商谈。波音、韩国、新加坡先后退出，1998年因空客无意合作，以巨额技术转让费相挟，国家决定终止该项目。

下决心自主研制大型飞机

直到21世纪我国大型飞机重大专项立项前，尽管国内大型民用飞机市场容量迅猛扩张到举世瞩目的规模，中国航空工业在转包生产国外先进大型民用飞机部件和与国外企业合作生产或总装先进大型民用飞机方面也达到相当水平，由于中断了面向市场研制生产中国有自主知识产权的大型民用飞机的实践，我国大型民用飞机主流产业技术体系、技术能力体系的建设和主流生产经营模式的形成过程在整体上处于停滞状态。正确的认识是从实践中来的，民机发展的历程使我们深刻认识到，高举自主创新，牢牢掌握知识产权，践行"以客户为中心，寓自身增值于客户增值之中"的价值观，坚持一以贯之，锲而不舍的实践，是中国大型民用飞机和大型民用飞机产业取得长足发展的生命线。

2006 年，国务院发布《国家中长期科学和技术发展规划纲要 (2006—2020 年)》，将大型飞机重大专项确定为 16 个重大科技专项之一。2007 年中央做出了自主研制大型飞机，发展有竞争力航空产业的战略性决策，我国出现了一个大型民机产业发展全新的大好局面。2008 年 5 月 11 日，中国商用飞机有限责任公司成立。中国商用飞机有限责任公司（以下简称"中国商飞"）是实施国家大型飞机重大专项中大型客机项目的主体，同时也是统筹干线飞机和支线飞机发展，实现我国民用飞机产业化的主要载体。大型民机产业以大型民机产业主体企业为核心和存在标志，包含价值链中专门从事民机业务的企业。中国商飞就是这样一个体现大型民机产业范围经济性，旨在实现效益最大化的大型民机产业主体企业，具备三大特征：专业从事大型民机整机市场开发、研制生产和客户服务，掌控完整价值链，向用户提供大型民机产品和服务，拥有五项"特权"：市场开发的自主权、包含产品创意的所有权和产品构型的控制权在内的自主知识产权、供应商选择和工作分工的决定权、产品集成和交付的唯一权、产品销售和服务的排他权，处于"唯一"地位：目前在一个国家或多国联合体只有一个大型民机产业主体企业，即波音公司、空客公司、俄罗斯联合飞机公司和中国商飞公司。

ARJ21 设计、试制、试验到试飞、取证、生产的民用飞机被业内分为支线飞机和干线飞机。我们国家的定义是 100 座以下的飞机为支线飞机，主要在国内城市之间飞行；100 座以上是干线飞机，多用于国与国之间、洲与洲之间长途飞行。

目前的干线飞机市场制造几乎被波音和空客两家公司垄断，支线飞机主要在加拿大、巴西制造。波音和空客不做 100 座以下的飞机是因为他们觉得盈利空间有限，比起干线飞机，支线飞机的座位少，每个乘客的均摊成本高，而且飞行距离短，面临地面交通的竞争压力大，价格又不能太高，所以利润空间有限。而中国民机选择的战略是同时制造干线飞机和支线飞机。

ARJ21 是支线飞机，是我国首次按照国际民航规章自行研制、具有自主知识产权的中短程新型涡扇支线飞机，座级 78—90 座，航程2225—3700 公里。ARJ21 于 2002 年 4 月国家批准立项，2008 年 11 月28 日在上海成功首飞。首飞后，先后投入 5 架飞机进行试飞取证，累计安全试飞 2942 架次 5258 小时。2014 年 4 月 9 日，赴北美开展自然结冰试飞取得圆满成功，实现了 3 万公里环球飞行。12 月 30 日，中国民用航空局颁发了 ARJ21 新支线飞机型号合格证（TC）。2015 年 3 月16 日起，在全国 15 个机场开展了为期半年的航线演示飞行，体验飞行乘客达 1866 人次。11 月 8 日，通过了航空器型别等级测试（T5 测试），首批 10 名飞行员获得航线飞行执照。完成了正式交付前的所有工作。从 2002 年中航工业第一集团公司启动 ARJ21 新支线飞机的研制工作，到 2015 年 11 月 29 日首架 ARJ21 成功交付首家用户——成都航空公司，从研制到交付使用，ARJ21 经过了 13 年。

ARJ21 标志着我国具备了喷气式支线客机的研制能力和适航审定能力。13 年里，我国走完了喷气式支线客机设计、试制、试验、试飞、取证、生产、交付全过程。经历了历史上最长时间的试飞，通过了保证飞机安全性的 398 个适航条款的审查，整个过程让我们知道了飞机怎么试验、怎么试飞、怎么适航认证。其间，克服了种种难以想象的困难。美国在实验室就能通过模拟完成的试验项目，我们只能用土方法。譬如高寒试飞项目，要求飞行环境低于零下 40 摄氏度，我们只能在最冷的季节前往海拉尔试飞，在零下 40 多摄氏度的环境中冻上一整晚，一次不行两次。为了测试高温、高湿条件下的飞机性能，飞机要关掉空调在50 多摄氏度高温环境下测试，工作人员为了跟踪数据也要待在飞机上。再如发动机短舱防冰试验，我们先通过仿真，根据温度、水含量等，计算出结冰的最坏形状，在这种情况下测试飞机的安全情况，然后在仿真风洞里，让发动机结冰，看飞机的承受程度。这样还不行，我们还得去找真实条件，进一步论证，只有乌鲁木齐有类似的结冰条件，我们就去乌鲁木齐找，4 年中每年去 1 个月，只找到一次，还不完整。后来去了加拿大五大湖地区，那儿的气象部门只能提前两天告诉你什么时间在什么位置会出现什么云层，这个云层是符合我们条件的，我们就去"追云"。在云层中，防冻系统关闭半小时，待结冰后，检验飞机在结冰情况下的性能，然后再除冰……

怎么按照国际标准设计，怎么理解适航条款，用什么方法解决，这些程序以前都不知道，只能花很多时间去找方法，慢慢去适应。最后我们攻克了鸟撞试验、全机高能电磁场辐射试验、闪电防护间接效应试验等一批重大试验课题，掌握了失速、最小离地速度、颤振、自然结冰、起落架摆振等关键技术及新材料、新工艺，取得了弥足珍贵的重要科技成果，积累了重大科技项目管理经验。初步探索了一条"自主研制、国际合作、国际标准"的民机技术路线，构建了民机技术创新体系和"以中国商飞公司为核心，联合中航工业，辐射全国，面向全球"的中国民机产业体系，提升了我国产业配套能级，培育锻炼了一大批具有国际视野的民机领军人物和一支高水平的人才队伍，为 C919 大型客机项目顺利推进开辟了道路，创造了有利条件。通过这个平台，我们拉动了各行各业的创新，譬如前面说到的加拿大气象部门可以详细告诉我们一些具体指标，但因为我们之前没有民机产业，中国气象条件这方面的研究还是空白。通过这次经历，我们联合国家气象部门填补了这方面的空白。再如我国的航空管制比较严格，试飞之前要先申请航线，只能在航线范围内飞，有时看到旁边哪块云比较符合条件，却因为不允许，不能去飞，这些管理制度也都在调整。

通过 ARJ21 项目，民机发展探索出"坚持以我为主、自主创新，在拥有自主知识产权的前提下，积极开展多种形式的国际合作"的发展途径和"主制造商—供应商"发展模式，这种"主制造商—供应商"发展模式，可以说是举全国之力，聚全球之智，打造民机产业"生命共同体"。

C919 的自主创新之路

C919 作为中国首款按照最新国际适航标准研制的干线民用飞机，最大起飞重量 72.5 吨、准航程型的设计航程为 4075 公里，增大航程为 5555 公里。基本型全经济舱布局为 168 座，最大载客量 190 人，是中短程干线客机。与波音 737–800/900 及空客 A320 客机同类竞争机型相比，C919 具有"更安全、更经济、更舒适、更环保"等特性，譬如由于机头、机身、翼梢、吊挂等方面的改进，C919 比同类竞争机型要减阻 5%，可以有效降低油耗。飞机碳排放量较之同类机型可以降低 50%。机舱尺寸加大，行李舱位置加高，座位布局采用单通道，两边各三座，中间的座位空间加宽（可以提高坐在中间顾客的舒适度）。与国际同类机型比，价格却低廉很多。后续还可在基本型的基础上，研制出加长型、缩短型、增程型、货运型和公务型等系列化产品。目前，C919 大型客机国内外用户数量为 21 家，总订单数达到了 517 架。

对于大飞机这样高度复杂的产品，产品开发的关键不是对某种单项技术的掌握，也不是把零件买来组装上就行了，而是综合各种技术的能力，最核心的就是匹配设计也就是集成能力。项目启动后，我们先要进行联合概念设计，确定飞机各个组成部分的技术参数，然后向供应商描述这些技术参数，让供应商按照要求来做，拿到零部件，我们还要进行匹配设计，大规模集成，再完成组装。中国商飞作为主制造商，重点加强飞机设计集成、总装制造、市场营销、客户服务和适航取证等能力建设。飞机上复杂的大型系统如航电、飞控，都被拆成子系统让供应商做。国内有 22 个省市、200 多家企业、36 所高校、数十万产业人员参与了大飞机的研制。包括宝钢在内的 16 家材料制造商和 54 家标准件制造商成为大型客机项目的供应商或潜在供应商。在择优选择 16 家跨国公司作为大型客机机载系统供应商的同时，我们努力推动国际供应商与国内企业开展合作，他们与国内企业组建了航电、飞控、电源、燃油和起落架等机载系统的 16 家合资企业，通过技术转移、扩散、溢出，提升我国民机产业研发与制造的整体水平，提升国内民机产业配套能级。

C919 大型客机是建设创新型国家的标志性工程，具有完全自主知识产权。体现在完全自主的飞机总体方案，完全自主的飞机气动外形设计，完全自主的飞机机体设计、计算、试验和制造，完全自主的系统集成。针对先进的气动布局、结构材料和机载系统，研制人员共规划了 102 项关键技术攻关，包括飞机发动机一体化设计、电传飞控系统控制律设计、主动控制技术等。先进材料首次在国产民机大规模应用，第三代铝锂合金材料、先进复合材料在 C919 机体结构用量分别达到 8.8% 和 12%（这使得飞机更轻）。机翼和机体上的 20 多个钛合金部件，还使用了中国自己研制的激光粉末冶金技术（3D 打印的一种），舱内噪声在 60 分贝以下（同类机型为 80 分贝）。C919 大型客机研制实现了数字化设计、试验、制造和管理，数百万零部件和机载系统研制流程高度并行，由全球优势企业协同制造生产。对比参照国际民机先进制造水平，作为国产大型客机未来的批生产中心，中国商飞总装制造中心浦东基地已经建成全机对接装配、水平尾翼装配、中央翼装配、中机身装配和总装移动 5 条先进生产线，采用了自动化制孔、钻铆设备、自动测量调姿对接系统等设备，可实现飞机的自动化装配、集成化测试、信息化集成和精细化管理。研制中很多技术突破了国外的技术封锁，譬如 C919 采用了比波音 737 更为先进的全时全权限电传飞控系统和先进的主动控制技术。这种技术是高综合、高安全、高复杂度的关键机载系统之一，其中多项属于民机研制的核心技术，也是美国政府明令禁止出口的技术。中国商飞几乎是从零开始，自主研发。

控制律像是汽车的方向盘，电脑的 Windows 操作系统，被比喻成飞机的灵魂。全时全权限电传飞控系统，相当于汽车的自动挡。波音直到 777 才使用了电传飞控系统。飞机控制律有三个层级：正常模式控制律、辅助模式控制律、直接模式控制律。飞机在正常情况下，使用的是正常模式控制律，当飞机某些系统非正常运作时，就要切换到辅助模式，此时很多操纵动作需要飞行员手动完成。而直接模式一般是飞机出现故障后使用的模式，提供保证飞行安全的最基本的操稳性能。中国商飞团队目前已突破了首飞控制律初步设计评审。首飞控制律是指满足首飞需求的控制律设计，它在直接模式控制律的基础上新增加了增益调参、失速告警、副翼配平等功能，使得飞控系统能够满足首飞及初始试飞阶段所必需的操稳性能。副翼配平功能，在直接模式控制律是没有的。飞机在制造时产生的公差有可能让飞机左右两个机翼不完全对称，导致左右机翼升力不对称，从而产生滚转，这时就需要副翼来进行调整，使左右机翼达到完全平衡。在正常模式控制律下，系统会自动配平。在辅助模式控制律下，飞行员需要手动进行副翼配平，而由于控制律会对飞机自身性能进行修复，如果在首飞时使用正常控制律，就有可能掩盖飞机系统存在的问题。因此，首飞控制律实际上包括对直接控制律的优化迭代和辅助控制律设计。除了副翼配平功能，首飞控制律还增加了增益随空速调参、失速告警等功能。直接模式控制律承担系统发生故障时的控制任务，仅设计高速、低速两套固定增益，保证最低飞行安全。而在首飞控制律模式下，飞行员操纵侧杆引起舵面的转动是一个复杂的逻辑算法，它综合考虑飞行高度速度、襟缝翼位置、重量重心等许多因素，这就要对增益进行迭代设计。

最难的就是增益参数的确定，当中涉及几十个参数，对每个参数都要经过先桌面线性设计与分析，然后非线性分析，再进行工模试验，最后又返回桌面修改的过程；每个参数之间相互不是独立的，一个参数的改变往往会带动其他参数的变化，因此增益参数的确定大都要来回迭代几十次，有的甚至上百次。失速告警阈值的确定也是一个大难题。对于飞机而言，进入失速状态无疑是灾难性的，因此，飞机必须具备失速告警功能。但是在什么情况下告警呢？提早告警是最安全保险的方法，但这必然以损失飞机部分性能为代价，比如没达到最大迎角就提早告警，飞机的可用升力就会减小，从而降低飞机的设计载重，对其他一些性能指标也会产生影响。失速告警阈值也要经过反复试算、反复修改。技术人员参考大量相关资料和行业规范，仔细研究适航规章要求，综合听取航空老前辈的意见，最终确定了这个阈值，而这个值在后续的设计过程中还有可能继续优化。

C919 研制成功后对产业升级和经济发展的巨大意义

我们以前是 8 亿件衬衫换一架空客 A380，8 亿件衬衫消耗的资源和能源却要比 1 架 A380 飞机多得多。如果按照产品单位价值作比的话，船舶单位质量创造的价值是 1，小汽车是 9，电子计算机是 300，喷气式客机是 800，航空发动机是 1400。所以航空业被誉为工业之花。大飞机项目创新的辐射效应，可以带动中国传统产业的转型升级，进一步提升中国制造的整体水平和能级。就 1 架 150 座飞机构造，需要 300 万到 500 万个零部件，需要成千上万家企业，而飞机本身涉及的产业链包括能源、生产加工、制造集成、信息技术、物流、金融等，覆盖几乎所有的工业门类。所采用的新技术、新材料、新工艺无疑会带动电子工业、数控机床、锻件制造、冶金、仪器仪表等领域实现产业升级。国家要求我们以中国商飞产品和企业长足、快速、跨越式的发展，引领我国大型民用飞机产业和相关产业的发展。这种引领作用的火车头是长足、快速的发展带来的"增量"，而不是既有的"存量"。国内发展大型民用飞机和大型民用飞机产业的现状，可以用"蓄势多年，需求强劲；基础具备，突破坚冰；开局良好，任重道远"这 24 个字来概括。中国商飞继ARJ21 和 C919 交付市场后，在 10 年左右时间将形成比较完整的包括大型远程宽体客机在内的大型民用飞机产品链，并在产品开发和技术进步的互动中，对外不断产出升级换代的大型民机产品和优良服务，对内产出包含技术能力在内的企业核心能力的增长，在生产经营实践中实现企业长足的建设发展。

为了履行引领产业发展的职责，中国商飞"三管齐下"，在起步大型客机项目主体企业产业化发展的同时，牵引相关产业群的形成和产业化发展：首先是以大型客机项目对民用飞机发动机、机载设备和航空材料的国内市场需求和与波音、空客同等的国际化高标准，引领相关企业产品开发和产业化发展的方向，使取得中国商飞的合格供应商资格也意味着基本获得了进入国际市场的通行证，为其实现产业化发展提供了保障；其次是坚持同等合格条件下优先选择国内供应商，包括民营企业，目前大型客机机体供应商已全部选定国内优质供应商；再次是对国内尚不能提供合格产品，但有发展潜力和决心的潜在供应商，通过两大渠道切实帮助他们在成为中国商飞合格供应商的同时起步走向世界。

　　中央和各地方政府也配合"三管齐下"，对相关国内企业直接提供有力支持，除了发挥政府主导作用支持中国商飞直接扶植大型客机项目的国内供应商外，还积极引导目前主业经营状况良好、有发展潜力的大型国企和中小型企业进军航空工业和相关产业，牵线搭桥帮助他们提高技术能力，取得必要资质，成为国外航空工业和相关产业以及国内其他航空工业企业的合格供应商，为大型民用飞机战略性新兴产业和相关产业群的形成与产业化发展打下更广博、坚实的基础。虽然我国的运输总量世界排名第二，但就质量而言只能说是航空运输大国而不是航空运输强国。全球民用飞机市场需求巨大。发达国家基本已经饱和了，而"金砖五国"还处在上升期，我国民用航空产业发展面临重要战略机遇期。中国大飞机有两个前途无限，一个是将直接创造巨大价值，另一个是产业前景广阔。目前，中国大飞机刚刚进入产品的导入期，真正大放异彩是在成熟期，等我们进入增长期，产业链的价值数字将非常壮观。美国的一项研究表明，美国飞机销售额每增长 1%，GDP 就增长 0.74%。另外有研究表明，向航空工业每投入 1 万美元，10 年后就可以产生 50 万美元至 80 万美元的收益。根据市场预测，C919 现有 517 架订单全部交付，首批将获得 257 亿美元规模以上的收入。从宏观上看，作为高端制造业集大成者的大飞机，融合了机械、电子、化工几乎所有门类的高新技术，通过各个行业在民机产业链上的融合发展，必将促使各行各业转型升级，也必将带动优化增长方式，带动科学技术发展，增强中国综合实力，增强中国竞争力，以及加快现代化步伐。虽然面临最大机遇，但我们目前也存在三个方面的挑战：一是民机研制经验和能力不足，前期技术储备不够。公司没有经历符合国际适航标准的喷气式客机研制全过程，边规划、边建设、边研制、边引才、边探索，经验和能力不足。缺少技术储备，民机人才总量不够，项目管理能力有待提高。二是中国民机基础薄弱，国内配套能力不足，民机产业链需要加快完善。三是国际竞争日趋激烈，项目面对新的市场竞争压力。中国商飞到 2020 年的目标是力争进入全球先进民机制造商行列，主要有四个标志：一是完成 C919 大型客机和 ARJ21-700 飞机两个具有国际标准的民机自主产品，完成宽体客机预先研究并启动该项目；二是能力平台达到相当规模，"一个总部、六大中心"全面建设完成；三是人才总量超过 1 万人，拥有两支完整的型号队伍和一支预研队伍；四是基本建成中国商飞管理体系、民机产业体系和民机技术创新体系。

（原载《百年潮》2016 年第 4 期）

我所亲历的改革开放

导　读

　　党的十一届三中全会是在党和国家面临何去何从的重大历史关头召开的。当时，世界经济快速发展，科技进步日新月异，而"文化大革命"十年内乱导致我国经济濒临崩溃的边缘，人民温饱都成问题，国家建设百业待兴。党内外强烈要求纠正"文化大革命"的错误，使党和国家从危难中重新奋起。邓小平同志指出："如果现在再不实行改革，我们的现代化事业和社会主义事业就会被葬送。"

　　党的十一届三中全会冲破长期"左"的错误的严重束缚，批评"两个凡是"的错误方针，充分肯定必须完整、准确地掌握毛泽东思想的科学体系，高度评价关于真理标准问题的讨论，果断结束"以阶级斗争为纲"，重新确立马克思主义的思想路线、政治路线、组织路线。从此，我国改革开放拉开了大幕。1978 年 12 月党的十一届三中全会后中国开始实行对内改革、对外开放的政策。中国的对内改革先从农村开始，1978 年 11 月，安徽省凤阳县小岗村实行"分田到户，自负盈亏"的家庭联产承包责任制（大包干），拉开了中国对内改革的大幕。在城市，国营企业的自主经营权得到了明显改善。

　　1979 年 7 月 15 日，中央正式批准广东、福建两省在对外经济活动中实行特殊政策、灵活措施，迈开了改革开放的历史性脚步，对外开放成为中国的一项基本国策、中国的强国之路，是社会主义事业发展的强大动力。改革开放建立了社会主义市场经济体制。1992 年邓小平南方谈话发表后中国改革进入了新的阶段。改革开放使中国发生了巨大的变化。1992 年 10 月召开的党的十四大宣布新时期最鲜明的特点是改革开放，中国改革进入新的改革时期。2013 年中国进入全面深化改革新时期。

40 多年来，从实行家庭联产承包、乡镇企业异军突起、取消农业税牧业税和特产税到农村承包地"三权分置"、打赢脱贫攻坚战、实施乡村振兴战略，从兴办深圳等经济特区、沿海沿边沿江沿线和内陆中心城市对外开放到加入世界贸易组织、共建"一带一路"、设立自由贸易试验区、谋划中国特色自由贸易港、成功举办首届中国国际进口博览会，从"引进来"到"走出去"，从搞好国营大中小企业、发展个体私营经济到深化国资国企改革、发展混合所有制经济，从单一公有制到公有制为主体、多种所有制经济共同发展和坚持"两个毫不动摇"，从传统的计划经济体制到前无古人的社会主义市场经济体制再到使市场在资源配置中起决定性作用和更好发挥政府作用，从以经济体制改革为主到全面深化经济、政治、文化、社会、生态文明体制和党的建设制度改革，党和国家机构改革、行政管理体制改革、依法治国体制改革、司法体制改革、外事体制改革、社会治理体制改革、生态环境督察体制改革、国家安全体制改革、国防和军队改革、党的领导和党的建设制度改革、纪检监察体制改革等一系列重大改革扎实推进，各项便民、惠民、利民举措持续实施，使改革开放成为当代中国最显著的特征、最壮丽的气象。

改革开放是我们党的一次伟大觉醒，正是这个伟大觉醒孕育了我们党从理论到实践的伟大创造。改革开放是中国人民和中华民族发展史上的一次伟大革命，正是这个伟大革命推动了中国特色社会主义事业的伟大飞跃！

▌ 作者简介 ▶

任玉岭，1938 年 10 月出生，河南遂平县人。1960 年南开大学毕业后留校任教，后在中国科学院、国家科委等部门从事科研工作，曾任北海市副市长。1993 年任全国政协委员，1998 年担任第九届全国政协常委，2002 年任国务院参事，2003 年任第十届全国政协常委，被十多所大学聘为教授。出版《中国政府参事论丛·任玉岭文集》《大国民生：从公平中国到美丽中国》等著作。

实行改革开放的 1978 年正逢我年富力强的 40 周岁，从那时至今，我先后工作于北京、北海、深圳、昆明、成都、广州，后又回京任全国政协常委、国务院参事、国家教育咨询委员会委员，至今没有停步，仍奔波于各地，或参加调研或出席会议，同上上下下接触较多。基于我的广泛阅历，使我有机会参与和了解改革开放的更多情况与细节。为此，我欣然同意《同舟共进》的约稿，作为《同舟共进》的老编委，我很愿意在改革开放 40 周年之际，谈谈我对改革开放的认知和感受。

改革开放之初

树有根、水有源。中国改革开放既是原有发展基础上的继续前行，也是客观需求的积极推动。1978 年时，新中国已成立近 30 年，我国既取得了诸多成就，也受到了"文革"的干扰。但总的看来，改革开放应是水到渠成的顺势而为，是在大势所趋、国情所迫、国运所系、民情所需的基础上得以启动的，它有着政治、经济、人才、国防以及外交基础。不过，改革开放是一个巨大的系统工程，怎么开放、怎么改革，从哪儿开放、从哪儿改革，既需要高屋建瓴的设计师发号施令、正确指导，更需要各方的精密组织和行动。据我了解，改革开放的启动至少是从以下 5 个方面入手的。

邓小平复出，解放思想、拨乱反正。改革开放的计时是由 1978 年开始的。之所以这么讲，是因为邓小平是这一年复出的。1978 年 3 月初的全国政协会议上，一批革命同志呼吁"邓小平应彻底恢复名誉，出来主持工作"，大会闭幕时，邓小平当选为全国政协主席，并由此拉开了改革开放的序幕。

代表团走出国门，开眼界、搞引进。1978年外事活动极为频繁，截止到9月，中央派出了多个代表团，分头走访了31个国家，并接待了15个国家的领导人。10月22日，邓小平到日本访问。12月16日，中美发表建交公报。国门的敞开不仅为各方面走出去、开眼界、搞引进奠定了基础，也为增进同国外的联系、吸引外商投资创造了条件。例如，上海宝山钢铁厂、天津化纤厂等一批大型项目被引入国内，与此同时，开放外资在中国的投入，诸如北京的建国饭店、兆龙饭店，广州的中国大酒店、花园酒店、白天鹅宾馆都是那时启建的。

1981年，我被借调到国家科委组织生物技术的"六五"科技攻关，为了学习国外生物技术开发经验，由国家科委组团，吸收上海、广东和中科院的专家参加，到英国考察了7个城市约20家大学、企业和研究机构。接着参加了广东组织的中国生物工程考察团，走访了欧洲11国，同国外建立了广泛联系。此后，国际遗传工程与生物技术中心中国分中心及欧洲共同体—中国生物技术中心开始在中国组建。欧共体还根据协议，为我方提供一批留学生名额，让他们有机会走进欧洲。此后，我又参加了国家科委的考察团，考察了日、美、加、德、奥、匈等国，引进了"一村一品"的发展理念、做法和"公司＋农户"的农业合作社经营模式，以及中国第一颗配餐西红柿种子、第一项活性干酵母生产技术等。并从加拿大引进了第一个饲料添加剂工厂装备，于广东顺德北滘镇建厂，从而推动了饲料工业的大发展。以后的岁月里，我们又通过国家星火计划，在北滘镇星火计划密集区内引进了第一条易拉罐生产线、第一个花卉大棚、第一家国外投资的食品加工厂、第一个鳗鱼生产基地等。20世纪80年代末我到北海工作后，还参与了奥地利蓄电池生产线、台湾二郎皮制革厂及德国牛皮纸生产线的引进。

大搞人才建设，外派和引智并行。改革开放一开始，国家就把派人到国外留学和进修作为培养的重要抓手予以推进，同时引进国外专家来促进我们的工作。我那时在中科院微生物研究所做研究。一时间，刚从北大、复旦、南开走出来的工农兵学员及少数英语基础甚好的老同志便成了第一批走出国门的幸运儿。由于国门长期封闭，很多人英语水平远跟不上时代需要。于是，中科院每个研究所都着手举办外语培训班。那时，我也在研究所内参加了为期 4 个月的英语培训。与赴国外进修学习并行的是从国外引进专家参与我们的对外开放。中科院研究生院引进外国教师进行教学，全国不少地方、不少学校也开始这样做。我到国家科委工作的第二年即 1983 年 3 月，中国召开了中美科技政策讨论会，从美国来了 20 多位专家，就中国多方面的科技发展进行了深入讨论。参加生物技术讨论的来自美国康奈尔大学、马里兰大学和美国国立卫生研究院的 3 位学者，不仅提出中国要发展遗传工程，而且要发展适用技术，并建议中国组建管理生物技术发展的中国生物技术中心。他们让我为之代笔给邓小平写建议书，以他们三人的名义上报后，获得了副总理万里的批示。中国生物技术发展中心组建后，方毅副总理又为这个中心聘任了 11 名美、法教授专家担任顾问。国家外经贸部通过联合国的渠道，设立了 TOKTEN 经费和 STAR 经费，专门提供给全国各地引进华裔和外国专家申请使用。20 世纪 80 年代末我到北海任副市长时，就通过申请 STAR 经费，引进温哥华市长城建顾问前来给我们做培训。

农村改革率先突破，乡镇企业异军突起。中国的改革实际上是从农村开始的，1978 年前实行了 20 年的人民公社制度，把农民牢牢拴在土地上，"大锅饭"阻碍了农村生产力的发展。1978 年 12 月 24 日晚，安徽凤阳小岗村的 18 户农民打响了农村改革"第一枪"。家庭联产承包责任制从此在全国开展，促成了农村面貌的迅速改变，粮食产量不断增长。农村改革突破的另一方面是乡镇企业的崛起。我多次到江苏华西村、天津大邱庄、河南的刘庄、南街村和竹林调研，它们都是改革的先锋和发展乡镇企业的典范。华西村党委书记吴仁宝同志曾几次给我讲，华西村曾办有一个五金作坊，但长期被认为是不务正业，不受保护，只能偷偷摸摸地运行。直到党的十一届三中全会后，《人民日报》刊发了《农民爱这样的社会主义——欣欣向荣的江阴县华西大队》的报道，吴仁宝才躲过了一场风波，由此迎来了华西村发展的春天。2017年7月我又去了华西村，在同接班人吴协恩书记的交流中，了解到他们村的产值已超过300亿元，就业人数达1万多人，村民年收入超过10万元。

改革管理体制激发开放活力。为了推进改革开放，必须改革管理体制。管理体制的启动是从干部年轻化和精简政府机构开始的。刚一开放，我就听到万里副总理对沂蒙山区的考察谈话，他说那里的干部是"七个书记八个牙"，表明干部的老化问题十分突出。为此，中央下大决心推进干部队伍年轻化。结合精兵简政，一大批老干部从岗位上退下，一批有学历、有知识的年富力强的干部走上了管理岗位，其中也包括一批无党派和民主党派人士。为了安置戎马一生的老同志和更好地发挥他们的作用，中央专设了一个庞大的顾问委员会，使老同志也有机会发声。管理体制改革的另一方面就是设立特区。这些特区除了有特殊政策外，外来投资均可享受"免二减三"的税收优惠。20世纪90年代初，改革开放进入了历史发展的关键期。1992年，邓小平视察了武昌、深圳、珠海、上海等地，并发表了重要谈话。此后，人们的胆子更大了，敢闯敢试的劲头更足了，极大地推动了改革开放向纵深发展。我是20世纪80年代末被派往沿海开放城市北海做副市长的，临行前国务委员兼国家科委主任指示我，到北海后"一定不要就项目论项目，要从总体上、全局上、战略上推进北海的发展"。当我提出北海的发展一要确立三个观念（开放、商品经济、科技兴市）、二要明确三个观点（发展工业为重、从北海实际出发、发展外向型经济）、三要搞好"三引进"（资金、技术、人才）、四要引进三种人（戴眼镜的、说普通话的、讲外语的）、五要从"3S"要素突破（海水、阳光、沙滩）后，市人大向市委建议支持我干好工作，市委常委会为我配10位秘书，还成立了任玉岭办公室，从此北海开展了大规模招商引资活动。进入1992年，平均每天有6家新公司在北海注册，全国30多个省、市、自治区都有人走进北海，北海翻天覆地的变化和风生水起的发展体现了改革开放体制改革的优势和对外开放的巨大活力。

中关村的民企一条街

我记得很清楚，1982年几次出国归来时，总有人问我国外怎么样，被问得多了，我就把回答概括为几句话：在国外"人们生活在地毯上，行走在汽车上，休闲在草坪上，城市里高楼林立，汽车如流，晚上灯火辉煌，商店里物质极大丰富"。而那时的中国是路不平、灯不明，买东西要凭票、要排队，马路上基本没有轿车，北京最高的楼17层（北京饭店新楼）。而今经过40年改革开放，中国同欧美的差距已大大缩小。我国的经济总量已位居世界第二，经济增长对世界的贡献率超过30%。中国已经成为制造大国，有220种产品产量位居世界第一，每年为世界每一个人生产两双鞋子、两套服装，这些奇迹是我们当初做梦都不曾想到的。经过初期的启动，改革开放出现了举一反三的潮涌般发展浪潮。特别是民营经济的成长与崛起，"三来一补"等外向型经济的发展给中国经济注入了更多活力。对民营经济的成长是逐步放开的，对民营经济的认识是逐渐深化的。"文革"期间，民营经济是作为"资本主义尾巴"必须割掉的。所以改革开放之初，小型贸易活动者常受到打击。民营经济的正式启动，应该说是从1979年由荣毅仁创办的中国国际信托投资公司开始的。外国公司在中国投入则是从日本松下公司事务所在北京设立而起步的。总的来看，民企的成长并不容易，安徽芜湖的民营企业家年广久创办"傻子瓜子"，迎来好生意，雇工超过7人，收入达百万元。当时有人想打击他，邓小平知道后，指示不要动，主张放两年再看，认为不会影响大局。这不仅保护了民营经济的萌芽，也给后来的大发展开辟了坦途。民营公司于1984年开始加速兴起。该年年初的国务会议纪要指出，公司制是当代经济管理经营的最好模式，在中国还没有公司的情况下，要鼓励国有经济和民营经济组建公司。可能与这样一个国务院决定有关，一批民营公司开始相继问世。四通、联想、海尔、万科等都是在这一年横空出世的。我当时住在中关村，这年早春，四通公司在中关村大街西侧盖了一间门面房，3个月后改成两间，又过了3个月，两间上面接了一个二层楼。我因较早看到国务会议纪要，又因自己是味精技术的创始人之一，所以当看到近200家味精公司产品过剩难销时，便与朋友们协商决定成立中国味精技术公司，推动味精的市场开拓和产业效益的提升。当我把报告送出后，得到了商业部、食品协会和时任中央书记处书记胡启立的三重批示："这样的味精技术公司越多越好。"1984年5月，我们这个挂有"中国"字头的味精技术公司，邀请了18位董事，每人出资2000元，正式宣布成立。由于成立大会得到了多个厂家的赞助，我推进了七项改革：一是实行总经理经营，二是董事会监督，三是进人才不要档案（为了争取人才），四是实行高工资待遇（全员工资均比社会高3倍），五是实行小汽车办公（提高效率），六是组建技术小分队并面向全国服务，七是组建顾问委员会。经营一年下来，不仅为企业创造了效益，自身也收入600万元，《人民日报》还发表了相关报道。1984年中关村科技一条街迅速形成，没想到的是，到1985年年中一股"寒风"向街上的民企袭来，科技一条街成了"骗子一条街"。好在当时中央高瞻远瞩，派出芮杏文和温家宝进行调查，发表报告后，一条街的情况才稳定下来。正是由于中央的掌舵和对民营经济发展政策的逐步放开，才有了民营经济的崛起。当然，民营经济本身的优势也是它发展的主要动因。民营经济管理灵活，决策自如，加上很多创业者都是草根出身，大多有着如温州商人那样的"四个千万"创业精神，这就注定了它们的发展速度快，发展效率和效益高，这也是民营经济能从小到大、从弱到强的重要条件。2016年，民营经济总户数已达6504万家，民营企业达到2628万家，创造的国内生产总值占到全国总量65%，在吸纳新就业人员方面占全国总量的90%。民营经济已成为我国经济发展不可缺少的半壁江山。随着"互联网+"的发展和普及，民营经济又走出了一批黑马，升起一批新星，它们对科技创新、金融创新及智能经济的贡献更值得点赞。

回归初心，破解难题

改革开放的初心就是为了让人民群众过上好生活。一开始，邓小平就讲"贫穷不是社会主义"，"我们搞革命就是要解放穷人"，"世界上一些国家发生问题，从根本上说，都是因为经济上不去，没有饭吃，没有衣穿，工资增长被通货膨胀抵消，生活水平下降，长期过紧日子"。所以"社会主义必须大力发展生产力，逐步消灭贫穷，不断提高人民的生活水平"。

记得改革开放初期，很多人穿衣服要打补丁，为了发展经济，也曾动员大家改变一下"新三年、旧三年，缝缝补补又三年"的意识和习惯。那时候人们很少进饭馆，吃一次馆子是很奢侈的事情。现在大家常喝的干白葡萄酒和干红葡萄酒，那时根本没有。每逢节假日，走走亲戚、逛逛公园是普遍选择，极少有什么旅游的。改革开放在提高人民生活水平方面是循序渐进的。经过 40 年发展，老百姓在学有所教、住有所居、病有所医、老有所养方面都获得了基本保障和很大的改善。我 1960 年大学毕业，从开始参加工作，到 1977 年的 17 年中只是因为转正，工资有过一次提升，转正后的 16 年里工资一直没有变动。改革开放后，随着经济增长，我的工资就从 1977 年的 62 元增长到 1988 年的 270 元。如今，农民的收入从开放初的 133.6 元提高到 12336 元，城市居民的收入从开放初的 343 元提高到 28840 元，在吃穿喝用方面都有了很大提高。

改革开放的成就是伟大的，但发展中出现的各种问题也是突出的。其中的最大问题就是腐败，正是腐败，破坏了党风、政风和社会风气；正是腐败，导致圈子文化盛行，买官卖官普遍发生；正是腐败，严重破坏了党对军队的领导，给国防安全带来了极大的风险；正是腐败，削弱了党中央、国务院应有的权威。第二大问题是长期刺激发展积累下一系列风险。"以 GDP 论英雄"，"GDP 出干部"，GDP 成了一些人的升迁阶梯，政绩工程、形象工程、"花上垒花"、"跑部钱进"、经营城市、炒房地产成了刺激发展的普遍手段。而由此引发的各种经济社会问题积重难返。我作为全国政协常委、国务院参事，曾于 2010 年年初向《中国社会科学报》反映我对社会存在问题的总结与概括。第三大问题是收入差距的拉大和两极分化趋势日趋严重，而问题又主要集中于农村。改革开放初期，为了拉开差距、以利竞争、增强发展活力，邓小平提出让少数地区、少数人先富起来带动大家共同致富，这是十分必要的。但在操作上，由于市场经济的强势影响和未能及时引导政策向欠发达地区和低收入一方倾斜，导致贫困地区和贫困人口同发达地区的差距越拉越大。第四大问题就是环境污染。据我所知，我们的环境保护开始时是过于放松的。1972 年我国出席斯德哥尔摩会议的代表团在回国后的报告中讲到，环境污染是资本主义的产物，我们是社会主义国家，不会有污染发生。这样的思想影响了环境保护措施，多少项目的环评虽然花费了大量人力物力，但最后却成了项目"可批性"的依据。长期以来不注重环境保护，不注重生态建设和腐败干扰生态建设造成的恶果，给人民生活带来了危害。第五大问题是我们的发展要不要中国的独立性，要不要以马克思主义为指导，要不要自信和信仰。改革开放初邓小平就指出："中国革命的成功，是毛泽东同志把马克思列宁主义同中国实际相结合，走自己的路。现在中国搞建设，也要把马克思列宁主义同中国的实际相结合，走自己的路。"

党的十八大以来，以习近平同志为核心的党中央面对中国改革进入深水区、攻坚期和啃硬骨头的实际，从理论和实践结合上系统回答了新时代坚持和发展什么样的中国特色社会主义，以全新的视野深化对共产党执政规律、社会主义建设规律、人类社会发展规律的认识，并取得重大理论创新成果，让中国特色社会主义展现出更强大的生命力，也为发展中国家走向现代化拓展了新途径，为解决人类问题贡献出了中国智慧与中国方案。

（原载《同舟共进》2018 年第 1 期）

10 个亲历故事透析"一带一路"

　　"一带一路"是"丝绸之路经济带"和"21 世纪海上丝绸之路"的简称。2013 年 9 月和 10 月由中国国家主席习近平分别提出建设"丝绸之路经济带"和"21 世纪海上丝绸之路"的合作倡议，充分依靠中国与有关国家既有的双多边机制，借助既有的、行之有效的区域合作平台，高举和平发展的旗帜，积极发展与沿线国家的经济合作伙伴关系，共同打造政治互信、经济融合、文化包容的利益共同体、命运共同体和责任共同体。

　　2015 年 3 月 28 日，国家发展改革委、外交部、商务部联合发布了《推动共建丝绸之路经济带和 21 世纪海上丝绸之路的愿景与行动》。"一带一路"经济区开放后，承包工程项目突破 3000 个。2015 年，中国企业共对"一带一路"相关的 49 个国家进行直接投资，投资额同比增长 18.2%。2015 年，我国承接"一带一路"相关国家服务外包合同金额 178.3 亿美元，执行金额 121.5 亿美元，同比分别增长 42.6% 和 23.45%。2016 年 6 月底，中欧班列累计开行 1881 列，其中回程 502 列，实现进出口贸易总额 170 亿美元。2016 年 6 月起，中欧班列穿上了统一的"制服"，深蓝色的集装箱格外醒目，品牌标志以红、黑为主色调，以奔驰的列车和飘扬的丝绸为造型，成为"丝绸之路经济带"蓬勃发展的最好代言与象征。至 2018 年，已经有八十多个国家和国际组织同中国签署了合作协议。

　　第 71 届联合国大会决议欢迎"一带一路"等经济合作倡议，敦促各方通过"一带一路"倡议，呼吁国际社会为"一带一路"倡议建设提供安全保障环境。

共建"一带一路"符合国际社会的根本利益，彰显人类社会共同理想和美好追求，是国际合作以及全球治理新模式的积极探索，将为世界和平发展增添新的正能量。

▌作者简介 ▶

王文，中国人民大学重阳金融研究院（人大重阳）执行院长，兼中国金融学会绿色金融专业委员会秘书长、国务院参事室金融研究中心研究员。曾任《环球时报》编委（主管评论）和社评起草人，曾获 2011 年"中国新闻奖""2014 年中国智库十大代表人物""2015 年中国改革发展领军人物"、2016 影响中国年度智库、2017 年文化名家暨"四个一批"人才等荣誉，2016 年习近平总书记主持哲学社会科学工作座谈会，王文是十位发言学者之一。专译编著作主要有《看好中国：一位智库学者的全球演讲》《伐谋：中国智库影响世界之道》《美国的焦虑》等 30 余本。

时为中国人民大学重阳金融研究院执行院长。

"一带一路"三年多来到底取得怎样的进展，已成为国内外舆论极度关注的焦点议题。大量报道与学术研究习惯用宏大形容词与不同数据概括，却往往忽视那些有血有肉的"一带一路"故事背后的多面性。笔者与所在机构同事曾去过 40 多个国家宣讲、对话与参会，写过一些理论阐述与综合文章，这次想用 10 段简短的亲历故事透析"一带一路"进程中的复杂与不易。

防范"大包大揽"

故事 1：在某区域大国的双边《共建备忘录》谈判桌上，笔者作为中方3位文本谈判代表一度如坐针毡。文本中原则性的问题，谈得相当快，但僵局陷在具体重大项目上。对方急切借"一带一路"重大契机发展本国经济，把国内许多重大项目都往《共建备忘录》里塞，中方谈判人员不得不就每个新增项目临时打电话回京，寻求相关机构帮助。

这次谈判提醒我们，不仅要为"一带一路"目前得到全球多数国家的支持而喜悦，也要防范一些国家的过高期待以及项目合作中的"大包大揽"。前三年，"一带一路"为了更快地推进与国外的合作，与四十多个国家签署相关合作备忘录，赢得了一百多个国家与国际组织的公开支持，做大做强"一带一路"的全球影响力，进而推进中国下一轮开放势头，这是无可厚非的。

下一步中国需要防范"贪多嚼不烂"，虽然还要努力做大项目、签大协议、寻求大国支持，但也要从小处着手，完善小细节，严防小纰漏，注重小条款。毕竟，"一带一路"已经取得阶段性重大进展，接下来要进入"精耕细作"期。

继续戒骄戒躁

故事2：在肯尼亚，笔者调研该国100年来第一条铁路：从最大港口蒙巴萨到首都内罗毕的蒙内铁路。这条铁路完全由中国企业承建。所接触到的当地官员、民众都对中国感激不尽，也对中国系统的运营前景充满了信心，给了中国企业未来多年的运营权，希望中国能够"传帮带"，以实现肯尼亚经济的可持续性自主发展。但令人诧异的是，某国的公司在铁路沿线投资了公路及相关基础设施，意在对蒙内铁路展开营运竞争。这个项目警示我们，在经历千辛万苦而取得"一带一路"许多重大项目突破性进展之后，更要继续戒骄戒躁。中国企业以物美价廉、合作共赢等方法与西方企业在全球市场分"蛋糕"、做"蛋糕"，体现了不断提升的中国软实力，但同样引起了西方企业的警觉、竞争甚至是市场的反扑。走到一个新的国家，拿下一些大项目，如同"打天下"，但

"打天下容易，守天下难"。中国崛起之路注定是不平坦的，中国企业在全球崛起之路同样不容易，而"一带一路"的推进进程则必将是不平坦之路的集中折射。

企业借机"凤凰涅槃"

故事 3：义乌是"一带一路"贸易领域的重要支点城市。这些年义乌对外贸易连续多年以两位数增长，2015 年更是实现了进出口总额增长 41.5%，这在全球贸易多年平均增长仅 3% 左右的大背景下，无疑是巨大的亮点。当地官员与商户告诉笔者，义乌批发的小商品物美价廉，不同于欧美奢侈品牌，很对"一带一路"发展中国家的胃口。两年前，"义新欧"班列开通，目前已来回数百趟，在义乌小商品城专门开设了"进口馆"，足不出户就能购买到数十个国家的一手商品，义乌实实在在受益于"一带一路"。

这个典型案例反映了"一带一路"的务实性。诸多地方企业尤其是数以千万计的中小企业主，主流想法都是图"变"，希望在未来能借"一带一路"，审时度势，实现企业的"凤凰涅槃"，此时，各级政府如何全面深化改革、提供优惠政策、创造条件、帮助诸多中小企业顺利转型升级，是不得不面对的重大责任。

不是无偿让利，而是共赢

故事 4：2015 年笔者在波兰某重要智库调研。刚落座，对方就调侃，"您是本周我们接待的第四批中国代表团了，相信也是来谈'一带一路'的。我们就想问一个问题：中国到底能给波兰什么实际利益？"此后的谈话中，对方还反复问及中国给其带来的务实利益。

这段回忆至今如鲠在喉。当下，"一带一路"研究与对外交往多是强调给对方带来利益，生怕对方不愿合作，这代表着中国走向世界进程的诚意与善意。但必须注意，类似的诚意、善意有时也会助长一些偏见，误以为中国主动送上门的合作意愿，意味着中国有求于他们。事实往往相反，中国"走出去"是相互需求的结果，不是谁求谁，更多时候，中国是合作的"甲方"。

"一带一路"追求合作不是中国无偿让利，而是共赢。对方要赢，中国也要赢。全球面临着经济增长长期低迷、贸易增长萎靡不振、各国基础设施落后的困局，中国改革开放以来的成功发展经验有助于世界的未来，越来越多国家主动寻求对华合作。因此，对外合作，也需要自信。这应是未来"一带一路"进程的重要规则。

完善"走出去"的规则

故事5：在拉美某大国调研时，笔者与一位国企老总交谈，我问他最大的竞争对手是谁，他没有指涉美国、日本或欧洲公司，而是谈到了同行业的一些中国公司，还列述了一些项目竞标过程中中国公司竞相压价的难堪与尴尬。他的另一句话更加令我瞠目："中国企业不怕与任何发达国家在海外竞争，但很害怕与国内企业竞争。"他暗示，国内企业有时会出现竞相压价、不守规则的现象。

这类竞争状况当然是中国企业"走出去"的市场化表现，但也折射了"一带一路"大背景下一些企业蜂拥而出，以"占领市场份额"为唯一战略目标的盲目扩张性。完善现代企业管理制度，强化企业"走出去"进程的行业管理与规则制订，提升中国企业的品牌，打造"百年老店"式的企业，目前看来越来越变成了"一带一路"的当务之急。

对外传播需供给侧结构性改革

故事6：在奥地利萨尔茨堡，笔者曾给来自中欧各国上百位企业家、商会负责人与政府官员宣讲"一带一路"。课后，副州长感叹道，没想到近两小时的课程，下面竟如此鸦雀无声地听讲，他们太渴求知道"一带一路"的真实故事与实际情况了。一些企业家的问题问得非常基础，比如，"一带一路"倡议提出的过程，"一带一路"倡议中到底有哪些内容，中国"一带一路"倡议到底会持续多久，等等。这些问题都反映了中国的思想供给还远远未跟上。

类似经历，许多出国调研的学者都曾遇到过，这使中国的对外传播工作压力倍增。笔者在数十个国家宣讲"一带一路"，遇到更多的问题不是听众的刁难，而是一些"一带一路"的基础知识。这些年，国内已有数百万篇的"一带一路"新闻报道，但外语传播的有效性、广泛性仍不够，如何借助新媒体、新技术更深入人心地传播中国信息，借助电影、文学等脍炙人口的方式讲好"一带一路"故事，传播好中国故事，涉及话语体系、传播机制、运营人才等对外传播方面更深化的供给侧结构性改革，可谓任重道远。

完善心理地缘观

故事 7：在哈萨克斯坦首都阿斯塔纳，几位当地学者感叹道："一带一路"令中哈两国走近，但许多哈萨克斯坦人在社会心理上仍觉得与欧洲国家更近。事实上，哈萨克斯坦最大城市阿拉木图飞到乌鲁木齐仅需 1 小时。笔者曾问过一个研究生班的学生，有谁能说出"中亚五国"的首都？结果没有任何一位学生能立刻答出来。

这种反差是对中国社会心理的重大告诫。对于多数中国人而言，国外通常指的是欧美、日、韩等发达国家，却忽视了多数邻国尤其是中亚国家的存在。"一带一路"沿线国家在中国社会的心理中是一个巨大的盲区，是中国人的全球观失衡的重要表现。目前，越来越多的国家对华签证采取免签、落地签的方式，这是调适民族心理的重要基础。中国舆论不妨建议普通民众，多加强与邻国的互动，多到"一带一路"沿线国家走走看看，完善中国人心理的地缘观。这也是"一带一路"民心相通领域的一项重大工作。

资金融通开始发力

故事 8：这些年，笔者在泰国、马来西亚等个别城市的商场、景点能直接使用人民币，有的商家甚至还用人民币标价。在春节期间，泰国曼谷与北京的航班数量竟超过了"中国航班最忙碌"的京沪线。"一带一路"民心相通在东南亚有极大的优势，使得资金融通领域也水涨船高。不只是在东南亚国家，笔者在埃及、埃塞俄比亚等国的一些著名景点，也发现几乎所有当地人都会用"你好""谢谢"与中国人打招呼。

这种交易仅仅是开始。中国虽已与23个国家实现了货币的直接交易，但仅有8个来自"一带一路"沿线国家。以"资金融通"为目标的金融合作，是"一带一路"倡议核心内容"五通"中必不可少的部分，发挥着人体血液般的作用，保证"一带一路"的经济运行稳定。

不过，相比于政策沟通、设施联通、贸易畅通、民心相通，目前看来，资金融通在"一带一路"的"五通"中刚刚开始发力，推进人民币国际化，便利贸易和投资，让金融合作成为"一带一路"新引擎，这应是可预见的期待。

化解大国纠结

故事 9：2016年夏天，印度孟买曾举行规模盛大的全球智库会议，全球治理是讨论重点，提及基础设施建设时，一些印度学者都推崇中国的贡献。一位出租车司机告诉笔者："很想去中国。中国比印度富，但印度未来也会越来越好。"另一位贫民窟里的印度教徒说，我们也有梦想，就像电影《贫民窟里的百万富翁》那样。不过，一旦谈起"一带一路"，他们就显得有些拘谨。对于中巴经济走廊、孟中印缅经济走廊，多数印度智库都有各自的想法，使得"一带一路"南亚段的进程变得复杂。

这种纠结是一些区域大国的典型体现，包括德国、土耳其等区域大国也有部分学者存在类似纠结。一方面他们希望与中国合作，搭中国的经济增长便车，学习中国的发展经验，向中国取经；另一方面他们也焦虑于中国在地缘政治上的影响力日益增强，怕中国过于压制本国在本区域的影响力。事实上，"一带一路"不是零和博弈，共赢价值观、共商共建共享的原则、如何深入全球人心，在区域大国尤其显得迫切。

推进全球新进程

故事 10：2016 年 4 月 18 日，笔者所在机构与美国著名智库 CSIS 共同举办了"中美'一带一路'智库对话"，据说这是在华盛顿第一次举行"一带一路"主题中美对话，上百位官员、学者与相关人士听取了对话的新闻发布会。一位官员说，为何会有这次对话，因为美国开始严肃地思考"一带一路"。一年多来，笔者还曾两次去美国国务院宣讲"一带一路"，其间有数位执行层面的中层官员问询"一带一路"的逻辑。他们不是完全排斥"一带一路"，而是想急切了解"一带一路"的真实情况。

这些反馈在近期中美交往中得到了更多印证。从近年来数十份美国公开智库报告中看出，美国政府尤其是特朗普执政以来，在"一带一路"的看法有松动。2017 年 4 月初"习特会"上，习近平主席表示欢迎美国加入"一带一路"。这是中国主动向美国伸出"一带一路"橄榄枝，获得了美国的积极回应。可以预见，中美在"一带一路"展开重大合作的可能性更是越来越大，而这将进一步推进"一带一路"的全球新进程。

（原载《人民日报·海外版》2017 年 5 月 10 日第 5 版）

亲历党的十九大：
振奋人心的空前盛会

导 读

中国共产党第十九次全国代表大会于 2017 年 10 月 18—24 日在北京召开。习近平代表第十八届中央委员会向大会作了题为《决胜全面建成小康社会 夺取新时代中国特色社会主义伟大胜利》的报告。

大会的主题是：不忘初心，牢记使命，高举中国特色社会主义伟大旗帜，决胜全面建成小康社会，夺取新时代中国特色社会主义伟大胜利，为实现中华民族伟大复兴的中国梦不懈奋斗。

会议的议程主要是听取和审查十八届中央委员会的报告、审查十八届中央纪律检查委员会的工作报告、审议通过《中国共产党章程（修正案）》、选举十九届中央委员会、选举十九届中央纪律检查委员会。

十九大报告共分 13 个部分：一、过去五年的工作和历史性变革；二、新时代中国共产党的历史使命；三、新时代中国特色社会主义思想和基本方略；四、决胜全面建成小康社会，开启全面建设社会主义现代化国家新征程；五、贯彻新发展理念，建设现代化经济体系；六、健全人民当家作主制度体系，发展社会主义民主政治；七、坚定文化自信，推动社会主义文化繁荣兴盛；八、提高保障和改善民生水平，加强和创新社会治理；九、加快生态文明体制改革，建设美丽中国；十、坚持走中国特色强军之路，全面推进国防和军队现代化；十一、坚持"一国两制"，推进祖国统一；十二、坚持和平发展道路，推动构建人类命运共同体;十三、坚定不移全面从严治党,不断提高党的执政能力和领导水平。

党的十九大是在全面建成小康社会关键阶段、中国特色社会主义发展关键时期召开的一次十分重要的大会,对鼓舞和动员全党全国各族人民继续推进全面建成小康社会、坚持和发展中国特色社会主义具有重大意义。

▌作者简介 ▶

乔新江,1961 年生,河南长葛人,郑州大学中文系毕业;1984 年7 月进入河南省林业厅工作,历任河南省林业厅办公室科员、副主任科员、主任科员、副主任、主任;河南省林业厅植树造林处处长;河南省林业厅副厅长、党组成员;河南省信阳市委常委、组织部部长;河南省信阳市委副书记、组织部部长;河南省信阳市委副书记、市长、市委书记;河南省人大常委会副主任,信阳市委书记,信阳市人大常委会主任。是党的十九大代表,十二届全国人大代表。

时为党的十九大代表,信阳市委书记、信阳市人大常委会主任。

金秋逢盛会。2017 年 10 月 18 日至 24 日,党的第十九次全国代表大会在北京举行。我作为一名来自大别山革命老区信阳的十九大代表,肩负着全市 25 万多名党员和 875 万人民的重托,十分荣幸地全程参与了大会,现场聆听了习近平总书记的精彩报告,深感荣幸和自豪。这次盛会紧张而又有序,庄严而又和谐,举世关注、硕果累累,让我备受洗礼、倍感振奋,令我感受很多、感触很深。

亲身参与举世瞩目的盛会,倍感光荣

我国发展正处于实现"两个一百年"奋斗目标的重要战略机遇期,

第一个百年奋斗目标即将实现，第二个百年奋斗目标正要开篇。所以，党的十九大是我们党在全面建成小康社会决胜阶段、中国特色社会主义进入新时代的关键时期召开的一次十分重要的大会，是一次不忘初心、牢记使命、高举旗帜、团结奋进的大会，是党领导人民开启全面建成社会主义现代化国家新征程的大会，具有重大而深远的历史意义、时代意义、世界意义。

在这次大会上，我们党在政治上、理论上、实践上取得了一系列重大成果，就新时代坚持和发展中国特色社会主义的一系列重大理论和实践问题阐明了大政方针，就推进党和国家各方面工作制定了战略部署，是我们党在新时代开启新征程、续写新篇章的政治宣言和行动纲领。作为一名普通党代表，能够有幸参加这样一次盛会，亲身参与讨论和审议党的十九大报告、中央纪委工作报告和党章修正案，亲眼见证中国共产党历史上的伟大时刻，并为大会取得圆满成功贡献一份力量，是我莫大的光荣。

亲身经历庄严神圣的大会，倍感激动

这次党代会的庄严神圣让我铭记于心、难以忘怀。这种神圣，体现在大会的庄严肃穆上。在 10 月 18 日的大会开幕式上，习近平总书记代表十八届中央委员会，向大会作了题为《决胜全面建成小康社会　夺取新时代中国特色社会主义伟大胜利》的工作报告。整个报告长达 3.2 万余字，用时 210 分钟。在整个开幕式期间，2338 名代表和特邀代表，包括高龄的原中央领导同志都全神贯注、聚精会神地聆听报告，没有一位代表在会场上走动，整个会场充满着庄严神圣的氛围。

这种神圣，体现在全党的万众一心上。习总书记长达近 3 个半小时的报告，获得了 70 余次雷鸣般的掌声，平均不到 3 分钟就有一次。这些掌声背后代表着心声、浸透着自豪、传递着自信，体现了大家对以习近平同志为核心的党中央的衷心拥戴、对大会报告的完全认同、对实现社会主义现代化和中华民族伟大复兴的强烈期盼。雷鸣般的掌声，还出现在习近平总书记在十九大闭幕会上发表重要讲话时，出现在习近平、江泽民、胡锦涛等大会代表投下神圣选票时，出现在新一届中央领导人集体亲切会见出席党的十九大代表、特邀代表和列席人员时。如潮的掌声时时在耳畔响起，更让我深刻感受到，党的十九大使全党在思想上政治上达到空前的团结和统一。

这种神圣，体现在会风的简朴务实上。大会代表的驻地没有特意装饰，房间没有配备一次性用品，开会时没有摆放鲜花，讨论时笔和纸张都是再生材料制造，会务用车调剂使用，会议期间严禁无关人员往来驻地，会议用餐是统一标准、不带酒类的自助餐，甚至于习近平总书记作报告的发言席也没有鲜花和绿植映衬……整个大会期间，没有花篮、没有欢迎标语、没有红地毯，代表们集中精力、专心致志地讨论党和国家前行大计。这种简朴、高效、务实的会风，充分折射出中央八项规定实施以来，党风政风发生的历史性变革。

这种神圣，体现在代表的严格筛选上。选好代表是开好十九大的重要基础。自 2016 年 9 月起，中央政治局常委会和中央政治局先后召开会议，就十九大代表选举工作进行专门研究，提出总体要求和工作任务。10 月，中共中央又专门印发了《关于党的十九大代表选举工作的通知》，明确了选举单位的划分、代表名额分配、代表条件和构成、产生程序等政策规定。各级党组织严格贯彻中央要求，坚持把政治标准放在第一位，深入发动、严格考察、逐级遴选、激浊扬清，确保选出符合中央要求、党员拥护的代表。以我们信阳为例，全市各级基层党组织共推荐上报了 6000 多名意向性人选，基层党委对党支部提出的代表人选集体研究遴选出 278 名，各县区委和管理区党委研究遴选出 43 名，市委正式研究确定 3 名正式推荐人选上报省委，最终我和黄久生同志被选为党的十九大代表。这是一个逐级遴选的过程，也是全党遴选、择优产生十九大代表的一个缩影。2017 年 9 月 29 日，2287 名十九大代表的名单正式向社会公布。在大会召开之前，又发现 7 人存在不适宜作为代表的问题，经中央批准，不再作为代表。这充分体现了我们党全面从严治党的坚定决心，也映射出大会的庄严神圣。

亲耳聆听气势恢宏的报告，倍感振奋

党的十九大召开期间有许多令人难忘的时刻，能够在人民大会堂亲耳聆听习近平总书记作报告，更让我倍感振奋。总书记的声音自信从容、掷地有声，总书记的报告博大精深、气势恢宏、思想深刻、内涵丰富，通篇闪耀着马克思主义真理的光辉。报告开宗明义，用短短68个字明确了大会的主题，明确回答了我们党在新时代举什么旗、走什么路、以什么样的精神状态、担负什么样的历史使命、实现什么样的奋斗目标的重大问题，充分体现了我们党准确把握时代大势、毫不动摇坚持和发展中国特色社会主义的坚定信念和强大定力。报告在客观总结党的十八大以来所取得的辉煌成就和深刻变革的大背景下，用三个"意味着"、五个"时代"宣告了中国特色社会主义进入新时代，这是我国发展新的历史方位。报告进而系统阐述了新时代中国共产党的历史使命——实现中华民族伟大复兴。实现伟大梦想，必须进行伟大斗争，建设伟大工程，推进伟大事业。报告提出了习近平新时代中国特色社会主义思想和基本方略，并以八个"明确"、十四个"坚持"进行了全面阐述，这是具有开创性的重大理论观点和重大战略思想。报告又站在历史和时代的高度，在综合分析国际国内形势和我国发展条件的基础上，对2020年到21世纪中叶作出了两个阶段的战略安排，并从"贯彻新发展理念，建设现代化经济体系""健全人民当家作主制度体系，发展社会主义民主政治"等九个方面进行了具体部署。

这一系列的新思想、新论断、新目标、新征程，充分体现了以习近平同志为核心的党中央对世情、国情、党情的深刻洞察和科学把握，带领全党全国各族人民实现中华民族伟大复兴中国梦的坚定意志和历史担当，不仅让全体中华儿女站在"两个一百年"的历史交汇点上，看到了未来的光明前景，而且以鲜明的国际视野和全球担当，为世界其他国家解决发展难题贡献了中国智慧和中国方案，让我们深受教育、深受鼓舞、深感振奋。

亲眼见证新指导思想的诞生，备受启迪

十九大最具核心意义的理论成果，最根本、最重要的历史贡献，就是对习近平新时代中国特色社会主义思想的时代背景、形成过程、丰富内涵和基本方略进行了系统阐述。

党的十八大以来的5年，我们党以坚定的政治定力革除积弊，以深厚的为民情怀推动发展，提出一系列新理念新思想新战略，出台一系列重大方针政策，推出一系列重大举措，推进一系列重大工作，解决了许多长期想解决而没有解决的难题，办成了许多过去想办而没有办成的大事，推动党和国家事业发生历史性变革，彰显出习近平新时代中国特色社会主义思想的巨大力量。习近平新时代中国特色社会主义思想是对马克思列宁主义、毛泽东思想、邓小平理论、"三个代表"重要思想、科学发展观的继承和发展，是马克思主义中国化最新成果，是党和人民实践经验和集体智慧的结晶，是中国特色社会主义理论体系的重要组成部分，是全党全国人民为实现中华民族伟大复兴而奋斗的行动指南。

这次大会根据新形势新任务对党章进行适当修改，将习近平新时代中国特色社会主义思想写入党章，旗帜鲜明地将其确立为党必须长期坚持的指导思想。这是全党共同的意志、人民共同的意愿，体现了马克思主义执政党与时俱进的理论勇气，体现了中国特色社会主义迈入新时代的客观要求，体现了我们党勇于自我革命、从严管党治党的鲜明品格，必将不断激励全党全国各族人民以新的精神状态和奋斗姿态，把中国特色社会主义"四个伟大"实践推向前进。对此，作为代表，我完全赞同、衷心拥护。我们每一名党员干部都要坚定不移地把学习贯彻习近平新时代中国特色社会主义思想当作首要的政治责任和政治任务，真正学

懂弄通新指导思想的核心要义和丰富内涵，以便更好地武装头脑、指导实践、推动工作。亲身感受对革命老区贫困地区的关爱，备受鼓舞党的十九大报告通篇贯穿着以人民为中心的发展思想，体现着群众立场和为民宗旨，体现着为人民谋幸福、为民族谋复兴的初心和使命。尤其在脱贫攻坚、乡村振兴等方面，报告给予了重点强调，提出"深入开展脱贫攻坚，保证全体人民在共建共享发展中有更多获得感"，首次提出"实施乡村振兴战略"，在生态领域还提出"建立市场化、多元化生态补偿机制"。

习近平总书记在参加党的十九大贵州省代表团讨论时多次询问脱贫攻坚情况。作为来自革命老区、农业大市、生态大市的代表，我们备受鼓舞、充满信心。信阳是国家大别山集中连片特困地区，是国家精准扶贫综合改革试点市，是河南"三山一滩"扶贫攻坚重点地区，也是河南省唯一一个所辖县均为贫困县的省辖市，肩负着维护国家生态安全、粮食安全、决胜全面建成小康的多重任务。

我们一定要深入学习宣传贯彻党的十九大报告，把思想和行动统一到十九大精神上来，在党中央、国务院和河南省委、省政府的坚强领导下，团结带领全市广大人民群众紧密团结在以习近平同志为核心的党中央周围，按照报告提出的全面建成小康社会各项要求，坚持以脱贫攻坚统揽经济社会发展全局，坚决扛起政治责任，坚决完成政治任务，坚决打赢脱贫攻坚战，确保老区人民与全国全省一道迈入全面小康社会。

亲眼目睹党的领导核心的风采，倍感自豪

在作3个多小时的报告时，习近平总书记那种稳如泰山、坚如磐石的强大定力令人叹服；在会见出席党的十九大代表、特邀代表和列席人员，并同大家合影留念时，习近平总书记那种平易近人、朴实无华的独特魅力令人钦佩；在同中外记者见面时，习近平总书记那种"新时代要有新气象，更要有新作为"的强烈自信令人振奋。举手投足、一言一行

之间，习近平总书记都充分展示了作为马克思主义政治家、大国领袖、党的领导核心、军队的统帅的雄才伟略、人格魅力、为民情怀和责任担当，得到全党全军全国人民的衷心拥戴。我深感这种风范和精神是全党全国人民的宝贵财富，是中华民族振兴的希望。亲历历史性盛会，见证新时代开启，深感光荣自豪，也倍感责任重大。我们要更加树牢"四个意识"，更加坚定"四个自信"，更加紧密地团结在以习近平同志为核心的党中央周围，坚决维护党中央权威和集中统一领导，坚定维护习近平总书记的核心地位，始终在思想上政治上行动上与党中央保持高度一致，为决胜全面建成小康社会、夺取新时代中国特色社会主义伟大胜利、实现中华民族伟大复兴的中国梦、实现人民对美好生活的向往而不懈奋斗。

（原载《百年潮》2017 年第 12 期）

后　记

本书主要通过选取亲历者对新中国 70 年历史具有重要影响事件的回忆或者亲历文章，认识和了解新中国 70 年历程中的重大事件和重要决策，力争让读者从这些关键的事件中理解和感受新中国发展历程的功绩和荣光、艰难和曲折，从而更加珍惜今天幸福美好的生活，更加拥护中国共产党的领导，去为开创更加美好的生活而贡献自己的力量。

参加本书编写的有：栾颖、曹蓓、冯欢霞、陈园、朱琳、吴凌、肖丹、侯睿、郑颖、马冬媛、王宏伟、朱虹、连晓萌、孙医、丁延晶、布丁钰等。

由于编者水平有限，在文章选择、材料取舍等方面还有许多不尽如人意的地方，希望读者批评指正。同时，由于编写时间仓促及历史原因，我们未能联系上书中个别文章和图片的作者，请原作者见到本书后，及时与我们联系，我们定按规定将稿酬奉致，恳请予以谅解。

编　者

2019 年 8 月

责任编辑：王世勇

版式设计：顾杰珍

图书在版编目（CIP）数据

亲历共和国 70 年：历史进程中的重大事件与决策／丁晨 编 . —北京：
　人民出版社，2019.12
ISBN 978－7－01－021465－8

I. ①亲⋯　　II. ①丁⋯　　III. ①中国历史－现代史－历史事件　　IV. ① K270.5

中国版本图书馆 CIP 数据核字（2019）第 255923 号

亲历共和国 70 年

QINLI GONGHEGUO 70 NIAN

——历史进程中的重大事件与决策

丁　晨　编

人民出版社 出版发行

（100706　北京市东城区隆福寺街 99 号）

中煤（北京）印务有限公司印刷　新华书店经销

2019 年 12 月第 1 版　2019 年 12 月北京第 1 次印刷

开本：710 毫米 × 1000 毫米 1/16　印张：27.25

字数：389 千字　印数：0,001—6,000 册

ISBN 978－7－01－021465－8　定价：82.00 元

邮购地址 100706　北京市东城区隆福寺街 99 号

人民东方图书销售中心　电话（010）65250042　65289539